붓다-스터디 3

새롭게 열린다
붓다의 시대

김재영 지음

동쪽나라

귀의(歸依)합니다〔Namo〕

전법고행(傳法苦行) 사십오 년-,

낡은 수레처럼 무너져 내리면서도 멈추지 않고

헌 누더기 발우 하나로 많은 사람들 섬기시는 붓다 석가모니

이 지극한 연민헌신의 삶에 귀의합니다.

부처님은 영겁을 넘어 빛나는 구원의 등불이십니다.(法燈明)

'우리도 부처님같이-',

이 소박한 염원으로 험한 세파(世波) 무거운 짐 짊어지고

나누고 섬기면서 열심히 살아가는 이 땅의 작은 동포들

이 고결한 보살고행의 삶에 귀의합니다.

이 동포들이 실로 자주당당 역사의 주역이십니다.(自燈明)

'빠리사운동'은 '보살부흥운동'이다
'우리시대 시민들의 희망운동'이다

이 글 『새롭게 열린다 붓다의 시대』는
「붓다의 불교」 3부작 시리즈의 마지막 제3부이다.
1부 『화엄코리아』(2017년), 2부 『붓다의 일생 우리들의 일생』(2018)과
더불어 온갖 잡것들(雜華) 잡초(雜草)들-, 이 땅의 평범한 소시민들이
한데 어우러져 함께 눈뜨는 '만인견성-만인해탈'의 나라
'화엄코리아의 꿈'을 현실로 개척해내려는 우리 불교도들의 뜨거운
염원을 추구하고 있다.

'빠리사운동'은 '재가불교운동'이 아니다.

무슨 출가불교의 대안운동도, 사회운동도 아니다.

'빠리사운동'은 '보살부흥운동'이다.

출가-재가의 모든 불교도들이 자리를 박차고 자주당당한 불멸(不
滅)의 보살주역으로 다시 일어서려는 '우리시대의 보살부흥운동'이다.

'붓다 석가모니-사제팔정도-보살고행'으로,

만고불변(萬古不變)- 불교의 정법당간(正法幢竿) 다시 세우는 운동
이다.

까맣게 망각한 붓다정신-, 저때 붓다 석가모니께서 '사제팔정도의 법바퀴' 굴리며 목말라 하며 걷고 걸으시는 보살고행, 붓다께서 몸소 피땀 흘리며 하시는 「붓다의 불교」, 다시 살려내려는 '우리 불교도들의 순결한 신앙 부흥운동'이다.

'빠리사운동'은 '우리시대 시민들의 희망운동'이다.

붓다와 초기 빠리사들이 절망과 차별의 검은 인도대륙을 뚫고 개척해갔던 황급빛 찬란한 *Buddhist India*-, 노비들도 거리의 청소꾼들도 다함께 천상천하에서 존귀한 주역 되는 신천지(新天地)-. 좌파/우파, 남/북, 노/사, 남/녀, 갑/을 … '이념(理念)'이라는 분별망상에 속아 끝없는 증오와 차별, 폭력으로 눈앞에서 몰락해가는 우리나라-, 만인이 적(敵)과 적으로 서로 해치는 우리 동포들-, 이 캄캄한 시대의 절망을 뚫고 *Buddhist Korea* 로, 온갖 잡것들, 잡소리들이 한데 어울려 평화롭고 생명력 넘치는 화엄불국토-화엄코리아로 다시 한번 일으켜 세우려는 간절한 절규-, '우리시대 시민들의 마지막 희망운동'이다.

빠리사(Parisā)- 부처님도 함께 둘러(pari) 앉는(sā) 공동체.

함께 둘러앉아 대화하고 토론하고 공감 합의하고, 다함없는 연민헌신으로 법바퀴 굴리며 거친 벌판 개척해가는 보살공동체-, 불교는 이렇게 처음부터 연민헌신의 대승보살운동이다. 불교도는 이렇게 처음부터 자주당당한 보살빠리사다. 죽는 것 가운데서도 죽지 아니 하는 불멸의 보살주역이다. 연기도 윤회도 아니고, 무아도 공도 아니다. 우리가, 우리 보살이 연기도 윤회도 만들어내고, 무아도 공도 넘어서서 당당 불멸의 실체로 빛난다.

왜 망각하고 있을까? 왜 찾아 헤맬까?
왜 주저앉아 있을까? 왜 박차고 일어서지 못할까?
지금 도처에서 수많은 시민빠리사들이 고심참담하게 '붓다의 시대' 열어가고 있는데-, 붓다의 가르침은 '이렇게 눈앞에 보이고 즉각적인 것인데-'

(Sn 113P; 숫따니빠따 5 「피안으로 가는 길」)

2019년 5월 21일 오후 6시
의정부 집에서 **김재영**

새롭게 열린다
붓다의 시대

차 례

제3편 「빠리사운동」
– ‘우리인생 우리세상 혁신하는 길’ –

제8장 | 「빠리사 운동」 ···································· 345
빠리사운동은 보살고행을 통한 사회적 혁신운동

제9장 | 전도전법 운동 ································ 393
전도전법이 최선의 빠리사 운동

비판적 성찰과 새로운 개척 바리사 운동

1. 이 글은 빠리사의 교재, 또는 자습서다.

  1) '우리 빠리사'에 둘러앉아 함께 읽고 토론하거나, 혼자 자학자습 할 수 있다.

  2) 전체 10장, 각 장 4강의로, 총 42강으로 구성돼 있다.

  3) 각 강의는 '붓다의 현장'과 '푸른 숲 거닐며 – 정사유(正思惟)의 시간'으로 나뉘어져 있다.

2. 이 글은 철저하게 경전에 입각해서 전개하고 있다.

  1) 초기경전을 중심으로 삼고, 대승경전도 함께 보았다.

  2) 초기경전은 빨리어 경전을 중심으로 삼고, 한역경전을 함께 보았다.

  3) 빨리어 경전은 한글본을 기본으로 삼았다.

  4) 빨리어 한글 표기는 학계의 일반적 기준을 따랐다.

  5) 빨리어 경전의 약어는 PED의 기준에 따랐다.

  6) 경전인용에서 장문일 경우 간략하게 간추리고, 경우에 따라서는 원문의 뜻을 살려서 의역하기도 하였다.

  7) 동일한 참고문헌이 나올 때 저자 이름 대신 저서 명칭으로 표기하였다.

| 약어 |

빨리어 경전(한글본)의 약어는 Pāli-English Dictionary의 약어에 준함.

A   Aṅguttara-Nīkāya (증지부)

AA   Aṅguttara-Nīkāya Aṭṭhakathā (증지부 주석서)

D   Dīgha-Nīkāya (장부)

DA   Dīgha-Nīkāya Aṭṭhakathā (장부 주석서)

Dh   Dhammapada (법구경)

DhA   Dhammapada Aṭṭhakathā (법구경 주석서)

J   Jātaka (본생담)

M   Majjhima-Nīkāya (중부)

MA   Majjhima-Nīkāya Aṭṭhakathā (중부 주석서)

S   Saṅyutta-Nīkāya (상응부)

SA   Saṅyutta-Nīkāya Aṭṭhakathā (상응부 주석서)

Sn   Sutta-nipāta (경집)

Thag   Theragāthā (장로게)

Thig   Therīgāthā (장로니게)

U   Udāna (감흥어)

Vin   Vinaya-Piṭaka (율장)

PED   Pāli-English Dictionary

PTS   Pāli Text Society

T   대정신수대장경

사띠 일구(Sati 一句) – 사띠 삼념(三念)

– 붓다의 마음 비우는 관찰법 –

보살수행의 제1조다.
문득 허리 곧게 펴고
두 눈 코끝에 집중하고
들숨 날숨 헤아리며
안팎으로 있는 그대로 관찰한다.
무심히– 무심히–
순간, 어둠은 사라지고
광명찬란 광명찬란–
'붓다의 빛(Buddha-ābha)'이 밝아온다.

(죽비 / 목탁 3번)
들숨 날숨 하나–,
제행무상(諸行無常)　제행무상(諸行無常)
마음이 허공처럼 텅– 비어간다.

들숨 날숨 둘–
제행무상(諸行無常)　제행무상(諸行無常)
마음이 허공처럼 텅– 비어간다.

들숨 날숨 셋–
제행무상(諸行無常)　제행무상(諸行無常)
마음이 허공처럼 텅– 비어간다.

들숨 날숨 넷– … (사띠 삼념~십념) (죽비 / 목탁 3번)

[희망합송] ; '우리들의 팔정도'

– '만인견성-만인해탈'의 정도를 찾아서 –

「Buddha / 붓다-

우리도 부처님같이–   세상에 대한 연민으로

붓다 석가모니 생각하는 간절한 그리움으로(Namo / 귀의)

'사제팔정도'– 구원의 등불 삼아

따뜻한 미소로 먼저 다가가 인사하고

작은 것 하나라도 함께 나누고(Danā / 나눔)

오계 굳게 지켜 산목숨 해치거나 차별하지 아니 하고

적게 먹고 검소하게 절제하며 살아간다.(Sīla / 지계)

Sati / 사띠–

문득 허리 곧게 펴고, 두 눈 코끝에 집중하고,

마음 집중하여 자연스럽게 들숨 날숨 헤아리며,

눈앞의 상황–, 안팎으로 있는 그대로 관찰한다.

무심히- 무심히-　　　(죽비 / 목탁 3번)

(마음속으로 외우며 지켜본다)

'들숨 날숨 하나-,

제행무상(諸行無常)　제행무상(諸行無常)

마음이 허공처럼 텅- 비어간다.

들숨 날숨 둘- … 들숨 날숨 셋- … 열' (사띠삼념~십념) (죽비/목탁 3번)

Parisā/빠리사-

가정, 직장, 마을, 법회-

도처에 '평등공동체 우리 빠리사' 개척하고

때때로 '둘러(pari) 앉아(sā)' 함께 공부하고 토론하고 공감, 합의하고

대중울력으로 거친 벌판 전법개척의 길 열어간다.

한 도반을 인도하기 위하여 일 년 십 년- 일생을 건다.

이렇게 Buddha Sati Parisā로

따뜻한 연민, 고요한 관찰, 자유로운 토론으로

'깨달음' '한소식' '성불'-, 아무것도 구하지 아니하고

다만 피땀 흘리며 보살고행의 길 걷고 또 걷는다.

(합장) 나무석가모니불(나무서가모니불)- (3념)　(죽비 3번)」

　　　　　　　　　　　　　　　　　　😊 전법; 청보리/빠리사학교

☺[대화극] 돌조각으로 상처 입은 붓다

•
•

— 가족끼리, 또는 빠리사에서 둘러앉아서 함께 해본다.

— 역할을 맡아서 먼저 연습하고 함께 모여 공연한다.

— 잔잔한 배경 음악을 깔면 좋을 것이다.

— 동영상으로 촬영해서 널리 배포하면 좋은 공덕이 될 것이다.

— 발표 마치고 노래 하나 같이 부르면 좋을 것이다.

  악보를 미리 준비하고, 반주를 하면 더 좋을 것이다.

— 출연자들이 돌아가면서 '1분 스피치'로 감상을 발표하면 더욱

  좋을 것이다.

* 역할담당 연출 ;   나레이션 ;

  붓다 ;   빠삐만(악마) ;

  법사 ;   연꽃보살 ;   하늘거사 ;

[나레이션]

이와 같이 나는 들었다.

어느 때 세존께서 라자가하의 맛다꿋치 숲에 있는 미가디야에 계셨다. 그때 세존께서는 돌 조각 때문에 발에 상처를 입으셨다. 세존께서는 몸이 몹시 아프고 불쾌하고 언짢은 것을 심하게 느끼셨다. 그러나 세존께서는 올바른 마음관찰(sati)과 올바른 지혜로 마음을 가다듬어 고통 없이 참아내셨다. 그때 악마 빠삐만이 세존께 다가와서 말했다.

[빠삐만(악마)]

"게으르게 생각에 잠겨 누워있는가?
해야 할 일이 많지 않은가?
홀로 외로운 휴식처에서
졸린 얼굴로 왜 이렇게 잠자고 있는가?"

[붓 다]

"게으름을 피우거나 생각에 잠겨 눕지 않았고
나는 할 일을 다 마쳐 번뇌를 떠났네.
홀로 외로운 휴식처에서
모든 중생을 불쌍히 여기며 누워 있네.

화살이 가슴에 박혀서
심장이 순간마다 괴로움을 받는 사람마저도
그 화살에도 불구하고 졸음에 빠지네.
나는 맞은 화살도 없는데 왜 누우면 안 되는가?

깨는 데 주저함이 없고 잠드는 데 두려움 없네.

나는 번뇌 없이 밤낮으로 괴로울 바가 없고

또한 세상 어디서든 해를 입지 않는다네.

나는 모든 중생들 연민히 여겨 여기 누워 있네."

[나레이션]

그러자 악마 빠삐만은 '세존께서 나를 알고 계신다. 부처님께서는 나에 대해 알고 계신다.'라고 알아채고 괴로워하고 슬퍼하며 그 곳에서 사라졌다.」

— 쌍윳따니까야 4, 13「돌조각의 경」/ *Sakalika-sutta* — [1]

[거사, 보살] … …

[법 사] "거사님, 왜 아무 말이 없으십니까?

아니 연꽃보살님, 지금 울고 계십니까? 눈물을 흘리시는 겁니까?"

[연꽃보살] "아, 법사님, 죄송합니다. 돌 조각에 상처를 받으시고 괴로 워하며 누워 계시는 부처님을 생각하니까 그만 저도 모르게 …"

[법 사] "아, 아닙니다. 연꽃보살님은 참으로 순수하십니다. 그 마 음이 아름답습니다. 돌 조각(Sakalika)에 발을 다쳐 괴로워 하시 면서도, '홀로 외로운 휴식처에서, 모든 중생을 불쌍히 여기며 누워 있네.-', 이렇게 토로하시는 붓다를 보고 감회가 없다면,

---

1) SN Ⅰ, 110 ; 각묵 스님 역, 『쌍윳따니까야』 1권 pp.418-419.

그것은 메마른 사람이지요. 이 광경을 보고도 한줌 눈물이 없다면, 그것은 참으로 안타까운 일이지요. 불자의 정서가 아니지요."

[하늘거사] "법사님, 붓다께서는 지금 아픔을 참으시고 중생들의 고통을 생각하고 계시는 겁니까?"

[법 사] "바로 그렇습니다. 붓다께서는 지금 자기 고통을 제쳐놓고 우리 중생들의 고통을 생각하고 마음 아파하고 계십니다."

[연꽃보살] "법사님, '자기 아픔을 제쳐놓고-'라기 보다는, '자기 아픔을 통하여'-, 이렇게 말씀하시는 게 옳지 않겠습니까?"

[법 사] "하하하, 옳거니- 내가 한방 맞았습니다. 연꽃 보살님이 아주 정확하게 보셨습니다. 바로 그렇습니다. 붓다께서는 자기 고통을 통하여 우리들 중생들의 고통을 보시고, 또 우리들의 고통을 통하여 자기 고통을 보십니다. 붓다는 저 높은 곳에 홀로 계시는 초월자가 아니라, 항상 우리들 중생들과 함께 계시는 동반자이십니다."

[하늘거사] "이 고통스런 세상을 떠나서 어디 높은 하늘이 따로 있겠습니까? 지금 이 지상에서, 세속에서 괴로워하는 우리들을 떠나서 부처님, 구세주가 어디 따로 존재하겠습니까?"

[법 사] "그렇습니다, 실로 그런 것입니다. 부처님은 지금 우리들 고통 속에 함께 계십니다. 연민으로 우리들 고통 보살피며 함께 계십니다.

하늘거사님, 연꽃보살님, 두 분들 공부가 참으로 대단하십니다.
이미 깨달음의 길로 들어섰습니다."

〈대중들〉 박수 환호―   [대본 김재영]

〈다함께 노래〉 '우리도 부처님같이' (반주 나온다)

'어둠은 한 순간― 그대로가 빛이라네.

바른 생각 바른 말 바른 행동이

무명을 거두고 우주를 밝히는

이제는 가슴 깊이 깨달을 수 있다네.

정진하세 정진하세, 물러남이 없는 정진

우리도 부처님같이, 우리도 부처님같이

원망은 한순간― 모든 것이 은혜라네.

지족하는 마―음 감사하는 마음이

나누는 기쁨을 맛 볼 수 있―는

이제는 여실히 깨달을 수 있다네.

정진하세 정진하세, 물러남이 없는 정진

우리도 부처님같이, 우리도 부처님같이―

제1편

「불멸의 실체를 찾아서」

– '무아(無我)'를 넘어서

'무아(無我), 내가 없다?'

그럼 나는 허깨비인가?

중생모습 – 이 속에서 실체를 찾는다

제1장

'무아논쟁'

'무상 – 고 – 무아냐?'
'무상 – 무아 – 열반이냐?'

●

'남방'과 '북방'
이 어리석은 고집싸움
이제 그만 놓아버려라.

사왓티의 '자등명 법문' 앞에서

"자신을 등불 삼고 자신에게 귀의하라"

「① 이와 같이 나는 들었다.

한때 세존께서 사왓티의 제타숲에 있는 아나타삔디까 승원(기원정사)
에 머무셨다.

그때 세존께서는 부르신다.

"수행자들이여-"

수행자들이 대답한다.

"네, 세존이시여-"

세존께서 이와 같이 말씀하신다.

"수행자들이여, 자신을 등불 삼고,

자신에게 귀의하라. 남에게 귀의하지 말라.

법을 등불 삼고, 법에 귀의하라.

다른 것에 귀의하지 말라."

"오온을 나(自我)라고 생각하기 때문에-"

② "수행자들이여, 자신을 등불 삼고 자신에게 귀의하지 않으며, 법을 등불 삼고 법에 귀의하지 않는 자들은 '근심·슬픔·고뇌·절망이 무엇으로부터 생겨나고 무엇으로부터 발생하는가?'- 그 원인을 이치에 맞게 관찰해야 한다.

수행자들이여, 그러면 '근심·슬픔·고뇌·절망'이 무엇으로 인하여 발생하는가?

수행자들이여, 여기 배우지 못한 범부는 성자를 친견하지 못하고, 성스러운 법을 배우지 못하고, 성스러운 법으로 인도되지 못하고 … 물질을 자아라고 관찰하고, 물질이 자아 안에 있다고 생각하고, 물질 안에 자아가 있다고 생각한다. 그러나 그런 그의 물질은 변하고 다른 상태로 되어간다. 그의 물질이 변화고 다른 상태로 되어가기 때문에, 그에게는 '근심·슬픔·고뇌·절망'이 생겨난다.

그는 느낌을 … 지각을 … 형성을 … 의식을 자아라고 관찰하고 … 그에게는 '근심·슬픔·고뇌·절망'이 생겨난다.

"오온을 무상하다고 관찰하기 때문에-"

③ 수행자들이여, 물질은 무상하고 변하고 사라지고 소멸하는 것을 알고, '과거의 물질이나 현재의 물질이나 모든 물질은 변하고 사라지고 소멸하는 법이다.'-라고 관찰지로 있는 그대로 관찰하는 자들은 '근심·슬픔·고뇌·절망'에서 벗어난다. 여기서 벗어나면 갈증 내지 아니한다. 갈증내지 아니하면 행복하게 머문다. 이렇게 행복하게 머무는 자들은 '번뇌의 불이 꺼져 열반으로 향한다'-라고 일컫는다.

느낌은 … 지각은 … 형성은 … 의식은 … 무상하고 변하고 사라지고 … 이렇게 행복하게 머무는 자들은 '번뇌의 불이 꺼져 열반으로 향한다'-라고 일컫는다."」

－ 쌍윳따니까야 22, 43「자등명의 경」/ Attā-dīpa-sutta [1]

1) S Ⅲ p.42 ; 각묵 스님 역, 『쌍윳따니까야』 3권 pp.183-186.

[푸른숲을 거닐면서]

제1강

'자등명(自燈明)' 앞에 서서

•
•

"수행자들이여, 자신을 등불삼고,*

자신에게 귀의하라. 남에게 귀의하지 말라.

법을 등불삼고, 법에 귀의하라.

다른 것에 귀의하지 말라.- "

― 쌍윳따니까야 22, 43 「자등명의 경」 ―

---

* 'Attā-dīpa/앗따 디빠'의 'dīpa'는 본래 '섬(洲)', '난파선이 만난 구원의 섬'이란 뜻이다. 중국의 역경가들이 이것을 '등불(燈明)'로 번역하였다. 우리는 '빛' '등불(燈明)' '구원의 섬'으로 함께 쓸 것이다.

'Attā-dīpa,

Attā-saraṇā, Anaññā-saraṇā'

'나(자신)를 등불 삼고,

나(자신)에게 귀의하라. 남에게 귀의하지 말라.'

지금 붓다께서 사왓티 제타숲절(Jetavana)에서 이렇게 설하신다.

우리들과 무릎 맞대고 둘러앉아 이렇게 설하신다. 두 눈 초롱초롱 우리는 이전에 듣지 못했던 이 법문을 고요히 지켜보며 듣고 있다. 이것이 바로 '자등명(自燈明) 법문'이다. '자등명(自燈明) 법등명(法燈明)'–,[2] 불교사상을 대표하는 상징적 법구(法句)라고 할 수 있다. 지금 우리는 이 귀한 법문을 듣고 있는 것이다.

'그대 자신을 등불 삼고

그대 자신에게 귀의하라.

남들에게 귀의하지 말라.'

하아– 놀랍다.

---

2) '자등명(自燈明) 법등명(法燈明) 법문'은 흔히 붓다의 말년, 마지막 유행 때, 웨살리에서 설해진 것으로 알려져 있으나, 그 이전에도 도처에서 설하고 계신다. '사왓티의 법문'도 그런 사례 가운데 하나다. 따라서 '자등명(自燈明) 법등명(法燈明)'은 붓다의 가장 기본적인 법문 가운데 하나로, 불교의 정통성을 선포하고 있는 것이다. 궁극적인 귀의의 대상은 곧 '자기 자신'이다. 이것은 '삼귀의' 이전의 본질적인 문제다.

지금 우리 부처님께서 이리 설하신다.

신명이 난다. 움츠려졌던 어깨가 으쓱 올라간다.

'내가 등불이라니, 내가 빛이라니―

내가 귀의처라니,

내가 세상 사람들 살려낼 구원의 섬이라니―'

그러나 기쁨도 잠시, 우리는 이 법문을 감당할 수가 없다.

망설이지 않을 수 없다. 금새 붓다께서는 또 이렇게 설하고 계시지 않은가?

"수행자들이여, 여기 배우지 못한 범부는 성자를 친견하지 못하고, 성스러운 법을 배우지 못하고, 성스러운 법으로 인도되지 못하고 … 물질을 자아라고 관찰하고, 물질이 자아 안에 있다고 생각하고, 물질 안에 자아가 있다고 생각한다. 그러나 그런 그의 물질은 변하고 다른 상태로 되어간다. 그의 물질이 변화고 다른 상태로 되어가기 때문에, 그에게는 '근심 · 슬픔 · 고뇌 · 절망'이 생겨난다.

그는 느낌을 … 지각을 … 형성을 … 의식을 자아라고 관찰하고 … 그에게는 '근심 · 슬픔 · 고뇌 · 절망'이 생겨난다."

― 쌍윳따니까야 22, 43 「자등명의 경」 ―

이게 어찌된 것일까? '등불'이 '괴로움의 원인'이라니―.

내(自我)가 구원의 등불에서 금새 '근심 · 슬픔 · 고뇌 · 절망'의 원인이 되고 있다. 우리는 이 물질, 곧 이 몸이 나의 것이고 나 자신(自我)이고, 느끼고 생각하는 정신작용이 나의 것이고 나 자신(自我)이라고 아무 의심 없이 생각하고 있다. 그래서 '이것이 내 몸이다.' '이 몸과 정신이 바로 나 자신(自我)이다.'—, 이렇게 믿고 이렇게 행동하고 있다. 그래서 내 몸을 지키고 건강하게 오래 살기 위해서 온갖 노력을 다하고 있다.

그런데 지금 붓다께서는 바로 그것이 '근심·슬픔·고뇌·절망'의 원인이 되고, '물질 안에, 내 몸 안에 내(自我)가 없다' '정신작용 안에 내가 없다'—, 이렇게 보라고 말씀하신다. 그래야 '근심·슬픔·고뇌·절망에서 벗어나 행복하고 열반으로 향한다'—, 이렇게 말씀하신다.[3]

'구원의 등불인 나(自我)'
'근심·슬픔·고뇌·절망의 원인이 되는 나(自我)'—
이게 무슨 모순된 법인가? 어찌 이럴 수가 있는가?

---

3) 『초기불교의 사회적 실천』 pp.170-197.

제2강

남방 – '무상 – 고 – 무아'

•
•

"형성된 모든 것들은 무상하다.

형성된 모든 것들은 괴로움이다.

모든 법들은 무아(無我)다."

― 『법구경』/ *Dhmmapada* 게송 277-279 (간추림) ― *

---

* Dhp. 277-279 간추림 ; 거해 스님 역, 『법구경』 pp.171-173.

1. 왜 '무아'인가?

'물질은 내(自我)가 아니다.

느낌 등 정신작용은 내(自我)가 아니다.─'

이것은 한때의 말씀이 아니다. 사왓티 제타숲절 한 경우의 말씀이 아니다. 도처에서 붓다는 이렇게 설하고 계신다.

『법구경』「길의 품」에 의하면, 한때 붓다께서 사왓티 제타숲절에서 500명의 수행자들에게 이와 같이 '청정의 길'에 관하여 설하신다.

"'형성된 모든 것들은 무상하다'
지혜로써 이렇게 관찰한다면
괴로움에서 벗어나느니,
이것이 청정의 길이다.

'형성된 모든 것들은 괴로움이다'
지혜로써 이렇게 관찰한다면
괴로움에서 벗어나느니,
이것이 청정의 길이다.

'모든 법들은 무아(無我)다'
지혜로써 이렇게 관찰한다면
괴로움에서 벗어나느니,

이것이 청정의 길이다."

-『법구경』/ *Dhmmapada* 게송 277-279 - [4]

'무상(無常)-고(苦)-무아(無我)'[5]

우리는 이것을 흔히 '삼법인(三法印)'이라고 일컬어 왔다.[6]

그리고 이 '무상-고-무아'는 초기불교에서 '무엇이 불교이고 무엇
이 불교 아니냐'를 판단하는 '만대의 기준이요 표준이며 잣대였다.'[7]
그 중에서도 '무아'가 표준의 핵심으로서, 이후 다른 부파에서도 이 법
구를 불교의 보편적 진리로 인식해 왔다. '무아'가 핵심주제로 논의되
어 온 것이다.

'무아(無我)다, 자아(自我, attā)라로 할 것이 없다.'-.

이것은 무엇을 말하는 것인가?

임승택은 이렇게 논하고 있다.

「무아(無我, anattā)란 무엇인가?

'나'의 현실을 구성하는 물질현상(色)·느낌(受)·지각(想)·지음

---

4) Dhp. 277-279 ; 거해 스님 역, 『법구경』 2권 pp.171-173.
5) '제행무상(諸行無常, sabbe saṅkhārā aniccā) 일체개고(一切皆苦, sabbe saṅkhārā
   dukkhā) 제법무아(諸法無我, sabbe dhammā anattā). 앞으로 '무상-고-무아'로 쓸
   것이다.
6) 그러나 초기불교에서는 '삼법인'이란 용어 대신에 '삼특상(三特相)'이란 용어로 통용되
   었지만, 붓다 자신은 이런 용어들을 사용하지 않았다. ; 각묵 스님, 『초기불교의 이해』
   p.24. ; 이수창/마성 스님, 「三法印說의 起源과 展開에 관한 研究」(2015학년도 동방
   문화대학원대학교 박사학위 논문) pp.10-18.
7) 『三法印說의 起源과 展開에 관한 研究』 p.24.

(行, 본문과 같이, 필자 주) · 의식(識)의 다섯 가지 경험적 요인들, 즉 오온(五蘊)이 '나의 것'이 아니라는 의미이다. 또한 이들과 관련하여 형이상학적 주체로 내세울 만한 '나' 혹은 '나의 자아'도 있지 않다는 의미이다. "일체의 물질현상, 그것은 '나의 것' 아니고(netam mama), (그것을 소유하는 존재로서의) '나'는 있지 않으며(neso hamasmi), (또한) '나의 자아'도 있는 것이 아니다(na me so attā). (느낌(受) · 지각(想) · 지음(行) · 의식(識)도 마찬가지다.) (S Ⅲ p.68)"」[8]

2. 왜 이렇게 '무아'가 강조되는가?

가) 인도 주류사상계의 자아(自我, Ātman)사상

'무아(無我, anattā)'

'제법무아(諸法無我, sabbe-dhammā-anattā)—

일체의 법에는 자아가 없다. 영원한 실체가 없다.'

이렇게 일체의 실체—자아(自我, attā, Skt. ātman)를 부정하고 있다. 욕심, 분노, 어리석음(탐진치) 등 어둔 행위에 의하여, 정확하게 말하면, 오온에 집착함으로써 생겨나는 어둔 행위를 조건으로 형성되는 현상과 존재 등 '조건 지어진 것들(saṅkhārā, *conditioned things*)', 곧 '유위(有爲, saṅkhata / 상카따)'—'유위법(有爲法, saṅkhata-dhamma)'에서, 일체의 유위법에서, 어떤 자아도, 불변의 실체도 부정하고 있다.

---

8) 임승택, 『초기불교』 p.105.

우리가 애지중지 하는 내 몸·재산·권력 등 어둔 생각과 행위로 형성된, 생겨난, 조작된, 조건 지어진(*conditioned*) 모든 것(有爲, 有爲法)이 변화하고 괴로움을 초래한다. 그리고 '이것이 나다.' '내것이다'라고 할 영원한 어떤 실체가 없을 뿐만 아니라, 어둔 이기적 욕심 등을 벗어난 형성되지 아니한, '조건이 지어지지 아니한 것들(*unconditioned*)' — 열반 등 '무위(無爲, asaṅkhata)' — '무위법(無爲法, asaṅkhata-dhamma)'의 불변적 실체 — 자아마저 부정하고 있다.[9]

왜 이렇게 '무아'가 강조되는가?

왜 이렇게 초기불교에서 '형성된 것(有爲法)'은 물론이고 '형성되지 아니 한 것(無爲法)' — 열반·신(神, 梵天)·영혼까지 '무아다' '어떤 불변의 실체(自我)도 없다' — 이렇게 강조하고 있는가?

불교가 이렇게 '무아 — 제법무아'를 특별히 강조하는 것은 당시 인도 사상종교계를 지배하던 브라만교가 브라만(Brahman, 梵天, 梵)이나 아트만(Ātman, 自我, 我) 같은 상주불멸의 절대적 주체들의 존재를 주장하고 있던 상황과 관계 깊다.[10] 브라만교는 우리 개인의 영원한 자아(Ātman/아트만)를 인정하고, 우주적 절대자 브라만과 불변의 실체인 나(自我, Ātman)의 합일(梵我一如)을 궁극의 이상 — 구원으로 추구하고 있었다.

---

9) 『印度佛敎의 歷史』(상) pp.174-176. ; 『초기불교』 pp.339-341. ; W. Rahula, *What the Buddha taught?* p.17.
10) 김재영, 『초기불교개척사』 pp.136-142.

브라만과 아트만은 곧 하나이다. 둘이 아니다. *Chāndogaya*에서는 이러한 원리를 '*Tat tvam aci*'라고 표현하고 있다. '너가 바로 그것이다'-, 이런 의미다.[11] 또 '이 아트만은 곧 브라만이다(*Avan Ātama Brahma*)', '나는 브라만이다(*Aham Brahmasmi*)'라고 선언되기도 한다.[12] '내가 곧 부처다' '마음과 부처가 둘 아니다'-불교의 법구를 연상시킨다.[13]

이렇게 당대 주류사상인 브라만교-우파니사드 철학이 영구적 자아(Ātman)와 절대적 실재인 브라만(Brahman)의 권위를 강조함으로써 결과적으로 민중들을 신(神)에게, 실제로는 의식을 주관하는 성직자들(바라문)에게 예속시키고, 신(神)에게 헌공하는 잔인한 동물학살(供犠, yañña, Skt. yajña / 야쥬나) 등을 자행함으로써 심각한 민중적 사회적 병폐를 야기하고 있었다.[14]

나) '자아'와 '무아' - 이 혼란 속에서

신흥불교는 이 문제와 관련하여 '무아'라는 입장을 명백히 하고 있다. 불교는 이렇게 '무아'를 표방하여 당대 주류사상-종교계를 비판함으로써 붓다 교법의 진리성을 과시하는 법의 기치로 빛을 발하였다.[15] 이렇게 해서 '무아'는 장구한 불교사를 통하여 불교 전체를 대표하는 정통적 사상으로, 진리로 표방되고 있는 것이다. 이렇게 '무아'는 처음

---

11) *Chāndogaya* 6, 8, 6. 앞의 책 p.139에서 재인용.
12) 정태혁, 『印度宗教哲學史』 p.45 ; 김동화, 『印度佛教思想』 p.29 ; 앞의 책 p.139에서 재인용.
13) 이것은 '내가 곧 부처'라는 등의 주장들이 '브라만교의 범아일여로부터 사상적 영향을 받은 것이다.'라는 사실을 시사하는 것이다.
14) 『초기불교개척사』 pp.83-86.
15) 앞의 글 pp.44-49.

부터 '순수한 진리'로서 추구된 것이 아니라, 브라만교의 낡은 사상체제를 비판하고 민중을 구제하려는 '현실적인 입장'으부터 출발하고 있다. 이것은 붓다의 정각이 순수명상의 산물이 아니라, 숙명통(宿命通)·천안통(天眼通)에서 보이는 것과 같은 역사적 사회적 문제의식을 전제하고 있다는 사실과도 관련되는 것이다.[16]

"자기 자신을 등불 삼아라－

다른 것을 등불 삼지 말라."

붓다는 이렇게 '나의 존재' '나의 실체'를 긍정하고 있다.

"무아(無我)다.

내가 없다, 나(自我)라고 할 어떤 실체도 없다".－

다른 한편 이렇게 '나의 존재' '나의 실체'를 부정하고 있다.

'무아'의 목소리가 훨씬 더 강력하다. 도처에서 '무아'를 부르짖고 있다. 이것이 불교의 표준이며 보편적 진리라고 부르짖고 있다. '무아'를 이해하고 해설한다고 끝없이 머리 굴리고, '무아'를 깨닫는다고 눈감고 눈뜨고 앉아있다. 혼란스럽다. 갈등을 느낀다. 우리는 자문하지 않을 수 없다.

'자아'는 무엇이고 '무아'는 또 무엇인가?

---

16) 김재영, 붓다―스터디 2부 『붓다의 일생 우리들의 일생』 pp.185-187.

불교는 이렇게 '무아'를 근본교리로 내세우는데, "내가 없다."-, 이렇게 끊임없이 외치는데, 어찌 붓다께서는 "나(Attā)를, 자아(Attā)를 등불 삼아라."하실까? "구원의 섬이 되라."하실까? 이 모순을 어떻게 이해해야 할까?-'

　'자아'와 '무아', '등불'과 '괴로움'
　지금 우리는 이 모순된 '자아의 혼란' 속에 서 있다.

제3강

북방 – '무상 – 무아 – 열반'

•
•

"제행은 모두 무상하고,

제법은 모두 무아며,

적정은 곧 열반이다."

– 근본설일체유부 비나야 / (根本說一切有部毘奈耶) 권9 – *

* 의정(義淨) 譯, 『根本說一切有部毘奈耶』 卷9(大正藏, 22, p.670c). 『三法印說의
起源과 展開에 관한 研究』 p.14-21)에서 재인용.

1. '삼법인'이란 용어에 관하여

'무상-무아-열반'

우리는 이 세 가지 법을 흔히 '삼법인(三法印)'이라고 일컫는다.[17]
이 삼구가 처음 나타나는 것은 의정(義淨) 번역의 『근본설일체유부
비나야(根本說一切有部毘奈耶)』이다. 여기서는 이렇게 기록하고 있다.

'세존께서 제자들에게 삼구법(三句法)을 설하셨다.
즉 제행은 모두 무상하고,
제법은 모두 무아며,
적정은 곧 열반이다.'[18]

역사적으로 관찰하면, '무상-고-무아'의 '삼특상(三特相)'은 남방불
교에서 흔히 쓰는 용어이고, '무상-무아-열반'의 '삼법인(三法印)'은
주로 북방불교에서 흔히 쓰는 용어이다. '삼법인(三法印, Skt. tri-dharma-
lakṣaña)'은 '세 가지 도장(Three Signata)' '세 가지 진리의 도장' '세 가지
법의 표지'[19] '불교의 세 가지 명제(命題)'[20] -등 많은 개념들로 해석된

---

17) 『三法印說의 起源과 展開에 관한 硏究』pp.10-18.
18) 의정(義淨) 譯, 『根本說一切有部毘奈耶』卷9(大正藏, 22, p.670c). 『三法印說의 起源
과 展開에 관한 硏究』p.14-21)에서 재인용. 여기서는 '열반'과 '적정'이 바뀌어 있다.
19) 『三法印說의 起源과 展開에 관한 硏究』pp.10-11.

다. '삼법인'이란 고유한 용어를 쓰는 것은 앞의 세 가지 법이 붓다로부터 인감도장을 받은 '진리가 틀림없다.' '절대적 진리다.'—, 이런 확신이 내재해 있기 때문이다.

여기에는 인도 사상계를 지배하고 있던 브라만교나 사문들(여기서는 육사외도 등 불교 이외의 출가유행자들), 후대의 힌두교와 기타 인도철학과의 차별화를 분명히 선포함으써, 붓다 교법의 진리로서의 권위를 안팎으로 드러내 보이려는 의도가 작동하고 있다. 이렇게 삼법인은 부파경론에 나타나기 시작하여 대승불교 전체로 확산되고, '무상—무아—열반'은 북방 대승불교의 가장 전형적인 진리관(眞理觀)으로서, 특히 중국불교에 이르러서는 '불멸의 진리' '부동의 진리'로서 확립된 것이다.

그러나 붓다께서는 '법인' '삼법인'이란 용어를 쓰지 않았다. '삼특상' 이란 용어도 쓰지 않았다. 극히 제한된 경전에서만 예외적으로 쓰이고 있다. 앞에서 보았던 법구경의 가르침에서도 '법인'이니 뭐니 하는 특별한 용어를 쓰지 않았다. 초기경전에서도 이 용어는 나오지 않는다. 다만 'ti-lakkhaṅa'란 용어가 나오는데, '세 가지 특성/특징'—이런 뜻이다. 이수창은 그의 학위논문『三法印의 基源과 展開에 관한 研究』에서 '삼특상(三特相)'이라고 옮기고 있다.[21] 각묵 스님은 '보편적 성질 (sāmañña-lakkhaṅa)'로 번역하고 중국에서는 '공상(共相)'으로 옮겼다. 그리고 북방 아비달마, 반야·중관, 유식과 화엄에서도 그대로 다 채용

---

20) 金東華,『原始佛敎t思想』pp.69-90. 앞의 글 p.39 참조
21)『三法印의 基源과 展開에 관한 研究』p.12.

해서 즐겨 사용하고 있다.'라고 논술하고 있다.[22]

2. '삼법인' – 절대적 진리 아니다

'무상-고-무아' '무상-무아-열반'

우리는 앞으로 '삼법인'이란 용어를 최대한 자제하고, '삼구법'으로 일컬을 것이다. '법인(法印)' '삼법인(三法印)'-이런 표현이 붓다시대 실제로 쓰이지도 않았고, 또 '법인(法印)'이란 표현이 붓다의 가르침을 '절대적 진리'로서 과도하게 규정함으로써 우리들의 자유로운 사유(思惟)를 방해할 수 있기 때문이다. '삼특상'이던 '삼법인'이던 절대적 진리로서가 아니라 현실의 문제상황을 극복하기 위한 하나의 과정으로서 설해진 것이다. 금강경에서 보는 바와 같이, '무유정법(無有定法)'-'어떤 법도 진리로서 결정되어 있는 것이 없다'는 것이 2천 7백년 불교사의 고귀한 전통 아닌가?

'무상-고-무아' ; '무상-무아-열반'

이것은 단순한 하나의 교리-교설이 아니다. 이 '초기-대승의 삼구법'은 불교교리, 불교사상 발전의 전체과정에서 결정적 역할을 견인해왔다. 이 교설을 어떻게 인식하고 해석하느냐에 따라 붓다의 전체 교설을 이해하는 불교관(佛教觀)이 달라질 뿐만 아니라, 이 '삼구법'을 어떻게 이해하는가에 따라서 초기-부파-대승의 수많은 부파들이 분화되

---

22) 『초기불교의 이해』 p.216.

어 나왔다.

　이 '삼구법'의 교설을 '무상-고-무아'의 '삼특상'으로 이해하면 남방 상좌부가 되고, '무상-무아-열반'의 '삼법인'으로 이해하면 북방 대승 불교가 된다.[23] 동시에 수행체계까지도 달라진다.'[24] 정확하게 말하면, '내가 어떻게 살 것인가?'-, 개개인의 인생관까지도 달라진다. 붓다 이래, '초기 삼구법'이나 '대승 삼구법'은 하나의 교설이나 이론 이전에 많은 사람들의 어둔 이기주의를 치유하고 청정한 삶으로 인도하는 가르침(法, Dhamma)으로서 등불의 역할을 해왔다. 따라서 '삼법인'이니 '삼특상'이니 하면서 그 용어를 과도하게 문제 삼는 것은 무의미한 집착이 될 것이다.

23) 『三法印의 基源과 展開에 관한 研究』 p;18.
24) 앞의 글 p.11.

제4강

남방 · 북방의 어리석은 진리 싸움, 이제 '붓다의 정견(正見)'으로 돌아가라

•
•

"그러므로 수행자들이여,

죽음을 면하고자 하거든, 마땅히 네 가지 법의 근본을 생각하라.

어떤 것이 네 가지인가?

'일체는 무상하다.' 이것이 첫 번째 법의 근본이니, 잘 생각하고 수행하라.

'일체는 괴로움이다.' 이것이 두 번째 법의 근본이니, 다 함께 생각하라.

'일체의 법은 무아다.' 이것이 세 번째 법의 근본이니, 다 함께 생각하라.

'번뇌가 다하면 열반이다.' 이것이 네 번째 법의 근본이니,

다 함께 생각하라."

－ 증일아함경 권 23, 제4경 － *

* 『增一阿含經』 卷23, 第4經 ; 『三法印의 基源과 展開에 관한 研究』 p.35-각주
  95) 재인용.

1. 자유로운 관찰, 다양한 처방들

'무상-고-무아' '무상-무아-열반'

이것이 '삼구법'이다. 앞의 것이 '남방 삼구법/삼특상'이고 뒤의 것이 '북방 삼구법/삼법인'이다. '남방의 삼구법'이나 '북방의 삼구법'은 붓다께서 정각의 지혜와 중생제도의 연민으로 확립한 '해탈열반의 길'이다. '북방 삼구법'에서 '남방 삼구법'의 '고(苦)-일체개고(一切皆苦)' 대신에 '열반-열반적정(涅槃寂靜)'이 들어간 것이 차이라면 차이다. 그러나 여기에 특별한 의미를 부여하는 것은 경계해야 할 점이다. 경전에서는 이러한 용어들의 순서가 바뀌고 또 다른 용어들이 들어가고- 이런 다양한 변화가 흔하게 일어나고 있기 때문이다.

『잡아함경』110경에서는 이렇게 설해지고 있다.

"나는 실로 모든 제자들을 가르쳐 내 법의 가르침을 따르게 하고, '색에는 내가 없고, 수·상·행·식에도 내가 없다.'라고 관찰하게 하며, '이 오취온은 병(病)과 같고, 종기와 같으며, 가시와 같고, 살기와 같으며, 무상(無常)하고 고(苦)이고 공(空)이며, 내가 아니다(非我)'라고 관찰하도록 항상 가르친다."

– 『잡아함경』110 – [25]

---

[25] 『雜阿含經』 卷5, 第110經 ; 『三法印의 基源과 展開에 관한 研究』 p.29-각주 79) 재인용.

'무상-고-무아/비아(非我)-공(空)'

여기서는 이렇게 '공(空)-사구법(四句法)'이 설해지고 있다. 특히 '공 (空)'의 소박한 본래 의미가 잘 드러나 있다. '무상-고-무아/비아(非 我)'-, 이렇게 관찰하는 것이 곧 공(空)이다. 지금 우리는 공(空)이 마 치 우주법계의 대진리인 것처럼 과장하고 '공성(空性)'이니 '공상(空相)' 이니 '공(空)'이니 '불공(不空)'이니 온갖 잡다한 관념들을 늘어놓지만, 공은 본래 이렇게 '무상-고-무아'를 관찰하며 고집을 비우는 단순 소 박한 관찰법이다.

또 『증일아함경』의 한 경에서는 이렇게 설해지고 있다.

"그러므로 수행자들이여, 죽음을 면하고자 하거든, 마땅히 네 가지 법의 근본을 생각하라. 어떤 것이 네 가지인가?

'일체는 무상하다' 이것이 첫 번째 법의 근본이니, 잘 생각하고 수 행하라.

'일체는 괴로움이다' 이것이 두 번째 법의 근본이니, 다 함께 생각하라.

'일체의 법은 무아다' 이것이 세 번째 법의 근본이니, 다 함께 생각하라.

'번뇌가 다하면 열반이다', 이것이 네 번째 법의 근본이니, 다 함께 생각하라."[26]

'무상-고-무아-열반'

여기서는 이렇게 '열반-사구법(四句法)'이 설해지고 있다. 특히 '열

---

26) 『增一阿含經』卷23, 第4經 ; 『三法印의 基源과 展開에 관한 研究』 p.35-각주 95) 재인용.

반(涅槃)'의 간결한 본래의미가 잘 드러나고 있다. '무상-고-무아'를 잘 생각하고, 사유하고 숙고하고 잘 관찰하고 몸으로 실천함으로써 어둔 생각, 어둔 욕심을 극복하는 것이 곧 해탈열반이다. '유여열반' '무여열반' '구경열반' '대열반'-이 끝없이 전개되는 열반론이 참으로 부끄럽다.

'법구'니 '법인'이니 하면서 붓다의 가르침을 무슨 인수분해 하는 수학공식처럼 규격화하고 획일화하는 것은 불교적인 방법이 아니다. 붓다는 철저하게 고정관념-고집을 비우고 눈앞의 현실상황에 대한 있는 그대로의 관찰에 근거해서, 순간순간 찰나생·찰나멸 변화하는 많은 사람들의 사회적 고통과 자기 자신의 개인적 고통에 대하여 다양하고 자유로운 처방을 구사하고 있다.

이런 다양하고 자유로운 처방들이 '연기' '중도' '사제팔정도' '무상' '고' '무아' '공' '열반' … 이다. '삼법인' '사법인'이 무슨 '불멸의 표준'이거나 '불멸의 진리'가 아니다. 불교에는 그런 것 없다. 많은 사람들의 현실적 괴로움에 대한 자유로운 관찰, 다양한 처방-이것이 많은 다양한 법구로써 표현되고 있을 뿐이다.

2. 염세주의도, 낙관주의도 아니다

많은 사람들이 남방불교와 북방불교를 대립적으로 비판하고 있다. 흔히들 남방을 '소승(小乘, Hinayāna)'으로, 북방을 '대승(大乘, Mahāyāna)'으로 규정하면서 남방불교를 염세적 은둔적 이기주의로 인식하고 있는 것 같다. 일부 논자들은 남방의 고관(苦觀)과 북방의 낙관

(樂觀)의 차이를 거론한다. '남방 삼구법'에는 '고(苦)'가 들어가고 '북방 삼구법'에는 '고(苦)'가 빠지는 대신 '열반' '열반적정'이 들어가고 '상락 아정(常樂我淨)'의 열반사덕(涅槃四德)이 강조되고 있는 것을 두고 하는 거론이다.

이수창은 그의 학위논문에서 이렇게 논하고 있다.

'대승불교에서 상(常)·락(樂)·아(我)·정(淨)을 열반사덕(涅槃四德)이라고 부른다. 이처럼 (초기-부파불교에 대하여, 필자 주) 정반대의 주장이 나타나는 것은 현상계를 보는 시각이 전혀 다르기 때문이다. 초기불교에서는 고관(苦觀)에 바탕을 두고 있기 때문에 인간고(人間苦)를 어떻게 제거할 것인가에 초점을 맞추고 있다. 반면 대승불교에서는 고(苦)를 극복한 낙(樂)에 초점을 맞추고 있다. 즉 대승불교에서는 비록 중생들이 번뇌에 덮여 있지만, 붓다가 될 수 있다는 잠재력, 즉 여래장(如來藏), 혹은 불성(佛性)을 갖고 있기 때문이라고 설명한다. 전자(前者, 초기-부파, 필자 주)가 부정적 시각이라면, 後者(북방 대승불교, 필자 주)는 긍정적 시각이라고 할 수 있다.'[27]

그러나 '고(苦)'와 '열반(涅槃)'을 내세워 남방·북방의 차이를 논하고, 남방을 '부정적'으로 북방을 '긍정적'이라고 차별화하는 논의는 문제가 있는 것으로 보인다. 붓다의 법에서는 '고(苦)'와 '열반(涅槃)'이 별개의 대립적 개념으로 설해지는 것이 아니고, 붓다는 현실을 부정적으로

---

27) 『三法印의 基源과 展開에 관한 研究』 p;.182.

도, 긍정적으로도 보지 않는다.[28] 다만 '있는 그대로(如實, *yathābhūtṃ* / 야타부탕)', 사실(事實, fact) 그대로, '눈앞의 fact'로 객관적으로 관찰하고 그 극복을 통한 행복과 평정의 삶을 열어 보인다.

W. 라훌라는 이렇게 논하고 있다.

"첫째로 불교는 염세주의도 낙관주의도 아니다.

무엇보다도 불교는 현실적(*realistic*)이다. 불교는 현실적인 인생관과 세계관을 갖고 있기 때문이다. 불교는 객관적으로(사물을 있는 그대로, *yathābhūtṃ*) 보게 한다. 불교는 사람들을 어리석은 이상향(理想鄕)으로 거짓으로 이끌거나, 온갖 종류의 상상적인 공포나 죄악감에 놀라거나 괴로워하도록 하지 않는다. 불교는 '내가 무엇인가, 나를 둘러싼 세계란 무엇인가'에 대해서 정확하게, 그리고 객관적으로 설명할 뿐만 아니라, 인간이 자유와 평화, 청정과 행복을 누릴 수 있도록 길을 제시해주고 있다.'[29]

3. 이제 그만 '뱀 꼬리' 놓아버려라, '눈앞의 fact', 있는 그대로 보라

'무상-고-무아'

'무상-무아-열반'

---

28) W. Rahula, *What the Buddha taught* p.17.
29) W, Rahula, Ibid., p.17.

'무상-고-무아-공(空)'

'무상-고-무아-열반'

'무상-고-무아-염오(厭惡)-이욕(離慾)-해탈열반' …

무엇이 다른가? 이것이 모두 한 흐름의 과정 아닌가?

경전에 따라, 부파에 따라 이런 저런 용어들 자유롭게 말하고 있는 것 아닌가?

무엇이 '법인(法印)'이고 무엇이 '법인(法印)' 아닌가?

무엇이 '진리'이고 무엇이 '진리' 아닌가?

무엇이 붓다의 법이고 무엇이 붓다의 법 아닌가?

무엇이 행복과 평화로 이끄는 붓다의 법이 아닌가?

무엇이 '소승'이고 무엇이 '대승'인가?

무엇이 '염세주의'고 무엇이 '난관주의'인가?

'고(苦)'를 말하면 '염세주의'고, '열반'을 말하면 '낙관주의'인가?

'고(苦)'가 없이 무슨 수로 '열반'이 성립되는가?

열반은 고멸(苦滅) 아닌가?

그런데 왜 싸우는가? 남방·북방, 상좌부·대승-, 왜 싸우는가?

'불설이다' '불설 아니다', '직설이다' '직설 아니다', '소승이다' '대승이다', '염세주의다' '허구주의다'- 왜 이렇게 서로 비난하고 폄하하며 갈등하고 싸우는가? 갈등하고 싸우면서 끝없이 극단주의로 치닫는가? '육신이 소멸돼야 무여열반이다'- 한쪽은 이렇게 공포와 절망으로 몰아넣고, '내가 곧 부처다, 닦을 것이 없다'- 다른 한쪽은 또 이렇게 허위의 망상으로 몰아넣고-

맛지마니까야 22경 「뱀의 비유경」/ *Alagaddūpama-sutta*에서 붓다께서 이렇게 설하고 계신다.

"수행자들이여, 이를테면 땅꾼이 뱀을 원하고 뱀을 탐색하고 뱀을 찾아다니다가 큰 뱀을 보았다 하자. 그 사람이 그 뱀의 몸통이나 꼬리를 잡는다면, 그 뱀은 되돌아서 그 사람의 손이나 팔이나 몸의 다른 부분을 물어버릴 것이다. 그 때문에 그 사람은 죽음에 이르기도 하고 고통을 당할 것이다. 그것은 무슨 까닭인가? 수행자들이여, 뱀을 잘못 잡았기 때문이다. … "

― 맛지마니까야 22경 「뱀의 비유경」/ *Alagaddūpama-sutta*」 ― [30]

남방·북방, 상좌부·대승불교―

이런 것은 본래 없는 것이다. 이제 그만 놓아버려라.

뱀 꼬리를 놓아버리듯, 이제 그만 놓아버려라. 거대하고 아름다운 붓다의 숲―빠리사의 숲(*Mahā-vana*, 大林, 叢林)―, 여기에 이런 것은 본래 없는 것이다. 한데 어우러져 아름답고 푸르른 숲, 함께 눈뜨는 화엄동산이다.

니까야·대승경전, 위빳사나·참선, 아라한·도인―, 남방·북방의 다소의 차이(差異)―, 이것은 도리어 빠리사―공동체의 숲을 장엄하는 풍성하고 아름다운 다양성 아닌가. '법인(法印)' '삼법인' '사법인'―, 이런 것은 본래 없는 것이다.

'눈앞의 fact, 있는 그대로(*yathābhūtṃ*),

있는 그대로 관찰하라(如實知見, *yathābhūtṃ-passati*)'―

---

30) M Ⅰ pp.134-135 ; 대림 스님 역, 『맛지마니까야』 1권 p.543.

이제 그만 붓다의 정견(正見)로 돌아갈 것이다.

머리 굴리며 앉아서 사유(思惟)를 조작하지 말 것이다.

붓다의 가르침을 사유화(私有化)하고 사교화(私教化)하지 말 것이다.

땅꾼들이 염소발 모양의 막대기로 뱀 머리를 잘 누르듯이, 이제 그만 뱀 꼬리를 놓고 뱀 머리를 누를 것이다.[31]

---

31) 앞의 경 p.544.

제 2 장

'무아(無我) 혼란'

'무아'로 인한 민중들의 혼란과 슬픔

불교사 최대의 난제,

넘어설 수 있을까?

위사카(Visākhā) 부인의 슬픔

물에 흠뻑 젖은 위사카(Visākhā) 부인

「① 나는 이와 같이 들었다.

한때 세존께서는 사왓티 동쪽 동산에 있는 녹자모 강당(Migāramātupāsāda, 鹿子母講堂)에 계셨다.

그때 '미가라의 어머니(Migāramātā, 鹿子母)'라 불리던 위사카(Visākhā) 부인은 끔찍이도 사랑하던 손녀를 잃었다. 그래서 위사카 부인은 한낮애 머리와 옷이 흠뻑 젖은 채(장례의식 때문에) 세존께 나아갔다. 세존께 절하고 한쪽에 앉았다.

[붓 다] "위사카 부인이여, 그대는 어찌하여 이 한낮에 머리와 옷이 흠뻑 젖은 채 이곳에 왔습니까?"

[위사카] "스승이시여, 제가 그토록 사랑했던 손녀를 잃었습니다. 손녀의 장례를 치르고 이런 모습으로 왔습니다."

[붓 다] "위사카 부인이여, 그대는 사왓티 사람의 수만큼 많은 자손들을 갖기 원하십니까?"

[위사카] "스승이시여, 그러합니다."

"물에 젖지 않은 사람을 단 한번이라도 본 적 있는가?"

② [붓 다] "위사카 부인이여, 이 사왓티에서는 매일 얼마나 많은 사람들이 죽어 나가고 있습니까?"

[위사카] "스승이시여, 사왓티에서는 매일 열 명의 사람들이 죽어나가기도 하고, 또는 아홉 여덟 … 한 명의 사람이 죽어나가기도 합니다."

[붓 다] "위사카 부인이여, 그렇다면 그대는 언제 어디서나 젖지 않은 옷을 입고 젖지 않은 머리를 한 사람을 단 한번이라도 본 적이 있습니까?"

[위사카] "본 적이 없습니다, 스승이시여. 자손들을 잃고 슬픔에 젖어 있는 모습을 너무나 많이 보아 왔습니다."

"백 명의 애착하는 사람에게는 백 가지 괴로움이 있고"

③ [붓 다] "위사카 부인이여, 백 명의 애착하는 사람들을 가진 자에게는 백 가지 괴로움이 있고, 아흔 명의 애착하는 사람들을 가진 자에게는 아흔 가지 괴로움이 있고, … 열 명의 애착하는 사람들을 가진 자에게는 열 가지 괴로움이 있고, … 한 명의 애착하는 사람들을 가진 자에게는 한 가지 괴로움이 있습니다.

위사카 부인이여, 애착하는 사람을 갖지 않은 사람에게는 괴로움이 없습니다. 그에게는 슬픔이 없고 번뇌가 없고 고뇌가 없습니다."」

– 우다나 / *Udāna* 8, 8 「위사카경」 / *Visākha-sutta* – [1]

---

1) Ud pp.91-92 ; Peter Masefield tr. *Udāna* (PTS, 1997) pp.179-180.

제1강

'밖의 무아(無我)', 상심하고 슬퍼하는 민중들

•

[붓 다] "위사카 부인이여,

그렇다면 그대는 언제 어디서나

젖지 않은 옷을 입고 젖지 않은 머리를 한 사람을

단 한번이라도 본 적이 있습니까?"

[위사카] "본 적이 없습니다, 스승이시여.

자손들을 잃고 슬픔에 젖어 있는 모습을

너무나 많이 보아 왔습니다."

— 우다나 / *Udāna* 8, 8 「위사카경」 / *Visākhā-sutta* — *

---

* Ud 91 ; tr, Peter Masefield, *The Udana* (PTS Oxford, 1997) pp179-181.

1. "사람들은 근심하고 상심하고,
가슴을 치고 울부짖고 미쳐 날뛴다"

물에 흠뻑 젖은 위사카 부인,

사랑하는 손녀를 잃은 슬픔의 눈물로 사리(sārī)도 옷도 몸도 흠뻑 젖은 채,

녹자모 강당으로 스승을 찾아온 위사카 부인-

이 모습을 지켜보면서, 우리는 '무아'에 관하여, '밖의 무아', 애착하는 '나의 것'을 다시 가질 수 없는 '무아의 아픔'에 대하여 다시 한번 생각해본다.

사람들이 이렇게 의문을 제기할지 모른다.

"'무아'가 이런 것인가?

'내가 없다'는 것이 이런 것인가?

'나' 밖의 것들을 상실하는 것도 '무아'라고 할 수 있는가?"

그런 것이다. '무아'는 '나의 것이 없다.'는 것으로부터 시작된다.

'내가 없다' '나의 자아, 나의 실체'가 없다는 '무아'는 '밖의 것', 내가 애착하고 사랑하는 '밖의 것들'의 상실로부터 실감되는 것이다. '이것은 나의 것이 아니다.' '이것은 다시 가질 수 없다.'는 상실감으로부터 '무아'는 실감되는 것이다.[2] 귀중한 자녀를 잃었을 때, 재산과 명예를

잃었을 때, '아— 세상은 덧없구나, 내가 살아도 산 것이 아니구나—',
이렇게 '무아'를 심리적으로 절감하게 되는 것이다.

맛지마니까야 22 「뱀의 비유경」에서는 이렇게 기록하고 있다.

「나는 이와 같이 들었다.

어느 때 세존께서는 사왓티의 제따숲 아나따삔디까 원림(園林, 급고
독원, 기원정사)에 머무셨다.

그때 전에 독수리 사냥꾼이었던 아릿타(Ariṭṭha)라는 한 비구가 붓다
의 법을 비방하는 사건이 발생하였다. 그러자 많은 비구들이 아릿타
비구를 찾아가 항의하였다.

"도반 아릿타여, 그렇게 말하지 마십시오.

세존을 비방하지 마십시오. … "

그러나 아릿타 비구는 자기주장을 굽히지 않았다.

이 소식을 듣고 세존께서는 여러 회중들을 불러 모으고 이와 같이
설하신다.

"수행자들이여, 잘 배운 성스러운 제자들은 성자들을 친견하고 성스
러운 법에 능숙하고 성스러운 법에 인도되어 이렇게 관찰한다.

물질을 두고, '이것은 내 것이 아니다. 이것은 내가 아니다. 이것은
나의 자아가 아니다.' … "

---

2) '이것은 나의 것이다(etaṃ mama)' '이것은 나(自我)이다(eso 'ham asmi)' '이것은 나의
자아(自我, 實體)다(eso me attā)'—, 이것이 '나(自我, attā)'의 의미이고, 이것을 부정하
는 것이 '무아(無我)'다. ; 『三法印의 基源과 展開에 관한 硏究』 p.45.

이때 한 비구가 세존께 여쭈었다

[수행자] "세존이시여, 밖으로 존재하지 않는다는 것(자녀, 재산 등 눈에
  보이는 물질적인 것, 필자 주)에 대하여 사람들은 고민하지 않겠습니까?"

[붓 다] "그렇다, 수행자여.

  수행자여, 여기 어떤 사람이 이런 생각을 할 것이다.

  '오- 내게 (밖으로, 필자 주) 귀한 것들이 있었는데, 더 이상 내게 없
  다, 내가 그것들을 가지면 얼마나 좋을까? 그러나 (그것들이 나의 것
  이 아니라니, 필자 주) 나는 그것들을 얻지 못하는구나.'

  그 사람들은 근심하고 상심하고 슬퍼하고 가슴을 치고 울부짖고
  미쳐 날뛴다.

  수행자여, 이와 같이 밖으로 존재하지 않는다는 사실에 대하여 괴
  로워한다."」

— 맛지마니까야 22「뱀의 비유경」— 3)

2. 무아 – 밖의 것을 잃고 슬픔에 젖어 있는 사람들

  제타숲에서 벌어지는 '독수리 사냥꾼 출신의 아릿타(Ariṭṭha) 비구 사
건'에서, 무아의 민중적 심각성이 잘 드러나고 있다. 이 문제에 대하여
학인이 용기 있게 질문하고 붓다가 솔직하게 대답하고 있는 과정을
통하여, 우리는 붓다와 함께 무릎 맞대고 둘러앉아 토론하고 합의하는
'붓다의 불교' '빠리사-불교'의 한 현장을 보고 있다. 붓다의 법이 일방

---

3) M Ⅰ pp.137-138 ; 대림 스님 역, 『맛지마니까야』 1권 pp.551-552.

적 설법이나 전수가 아니라 많은 사람들의 치열한 대화와 토론을 통하여 법으로서 확립되는 아름다운 모습을 보고 있다. 그래서 붓다의 법이 고귀하고 만인 앞에 열려있는 것이다.

"밖으로 얻지 못하는 것에 대하여
세상 사람들은 근심하고 상심하고 슬퍼하고
가슴을 치고 울부짖고 미쳐 날뛴다.-"

붓다는 이렇게 민중들의 혼란과 울부짖음을 증언하고 있다. '붓다의 삼구법', 특히 '무아의 법구'가 당대 인도 민중들에게 얼마나 충격적이었던가를 이렇게 증언하고 있다. '내가 애착하는 나의 것을 상실하는 밖의 무아'가 많은 사람들의 삶을 슬픔과 울부짖음, 혹은 목숨을 포기하게 하는 심각한 충격으로 몰아넣고 있다는 사실을 붓다는 이렇게 솔직하게 증언하고 있다. 그리고 이러한 증언은 도처에서 현실로서 벌어지고 있다.

[붓 다] "위사카 부인이여, 그렇다면 그대는 언제 어디서나 젖지 않은 옷을 입고 젖지 않은 머리를 한 사람을 단 한번이라도 본 적이 있는가?"
[위사카] "본 적이 없습니다, 스승이시여. 자손들을 잃고 슬픔에 젖어 있는 모습을 너무나 많이 보아 왔습니다."

하아- 충격이다. '밖의 무아'가 이렇게 사실이다.
머리도 몸도 물에 젖은 위사카 부인의 상심과 슬픔, 울부짖음이 사실로서 우리 앞에 전개되고 있다.

이것은 위사카 부인만의 울부짖음이 아니다.

이것은 바로 나 자신, 우리 모두의 울부짖음이다.

이 귀중한 내 몸, 사랑하는 가족들, 친구들, 직장, 명예, 재산이 '나의 것이 아니고' '반드시 파괴되기 마련이고' '더 이상 내가 가질 수 없다'는 무아의 상실감 앞에서, 지금 우리는 얼마나 충격 받고 당황하고 괴로워하고 있는가? 평생을 군(軍)에서 헌신해 온 한 군인은 두 손에 묶인 포승줄로 귀한 명예를 잃고 스스로 목숨을 끊고 있다. 이것은 단순히 한 불행한 군인의 문제가 아니다. 바로 우리들 자신의 문제다.

지금 우리는 귀한 자손들을 잃고, 사랑하는 남편 아내를 잃고, 직장을 잃고, 친구들을 잃고-, 의롭지 못한 권력을 탐하고, 명예를 탐하고, 재산을 탐하고, 남의 여인, 남의 남자를 탐하고- 그러면서 끝없이 근심하고 상심하고 슬퍼하고 울며 부르짖고-. '나는 아니다' '우리 집은 아니다'-, 이렇게 말할 수 있는 사람이 몇이나 될까?

이렇게 지금 우리는 '무아'에 직면하고 있다.

'무아'는 저기 멀리서 논해지는 추상적인 철학적 명제가 아니라, 바로 우리가 직면하고 있는 '귀한 내 것의 상실'이다. 그러면서도 우리는 이 '귀한 내 것들'이 끊임없이 소멸해 가고 있다는 '무아의 현실'을 망각하고, 천년만년 누릴 것으로 착각하고 매달려 집착하고 '내 것이다' '내 자식이다' '내 재산이다' '내 명예다' '내 권력이다'- 이렇게 끝없이 고집 부리고 있다. 그러면서 그것들을 얻고 유지하고 영원히 소유하기 위하여 끊임없이 남들 괴롭히며 온갖 악행을 다 저지르고 있다. 온갖 갑질을 다 저지르고 있다. 머지않아 파괴되고 사라져 갈 것들을 위하여 고귀한 인간성을 포기하고 있다.

그리고 그것들을 상실하는 날, 가슴 치며 탄식한다.

'아- 내 딸아' '내 부인이여' '내 권력이여'- 하며 외치고 있다.

이것이 바로 '무아의 충격'이다. '밖의 것을 상실한 무아의 충격, 무아의 슬픔'이다. 우리는 이런 모습을 너무 자주, 많이 보아왔다. 이것이 '무아'다. '무아'는 단순히 철학적 교학적 문제가 아니다. 눈앞의 절박한 현실이다.

'안의 무아'-, 민중들의 상실과 절망

●

●

"참으로 나는 단멸해 버리겠구나.

참으로 나는 파멸해 버리겠구나.

참으로 나는 더 이상 존재하지 않게 되겠구나.…"

– 맛지마니까야 22「뱀의 비유경」–*

* M Ⅰ pp.137-138 ; 대림 스님 역, 『맛지마니까야』 1권 pp.551-552.

1. "신(神)이여, 그대는 무명(無明)에 빠져있다"

'세계는 곧 자아(Ātman)다.

나는 죽은 뒤에도 존재할 것이고,

영원하고 머물고 변하지 아니하며,

영원토록 존재할 것이다'―

― 맛지마니까야 22「뱀의 비유경」― [4]

지금도 많은 사람들이 이렇게 생각하고 있다.

'아트만(Ātman)', 곧 '영혼(Soul)' '자아(自我, Self)'라는 영원한 실체가 있어서, '나는 영생불멸로 존재할 것이다.' '죽은 뒤에도 새로 태어날 것이다.'― 이렇게 믿고 생각하고 있다. 또 '나의 영혼은 신(神)―절대자와 연결되어 있고 일치하고 있다.' '신(神)―절대자가 나를 구원해 줄 것이다.'― 이렇게 믿고 생각하고 있다.

'영혼과 영생, 신(神)―절대자― 구원― '

이 복잡하고 뿌리 깊은 사변적 문제에 대한 붓다의 대답은 명쾌하고 확고하다.

'눈앞의 fact―

---

4) M Ⅰ pp.137-138 ; 대림 스님 역,『맛지마니까야』1권 pp.551-552.

눈뜨고 있는 그대로 관찰하라.

제법(諸法)은 무아(無我, AnĀtman, Anattā)다.

어떤 불멸의 영혼도, 영생도(永生)도, 존재하지 아니한다.

어떤 절대적 신(神)도, 절대자도, 존재하지 않는다.

존재하는(존재한다고 생각하는) 모든 것은 어둔 관념(無明)에 불과한 것이다.'

이와 관련하여 중아함경 「범천청불경(梵天請佛經)」에서 붓다는 신(神, 梵天, Brahma)을 향하여 이렇게 선언하고 있다.

"신(神)이여, 그대는 항상하지 않은 것을 '항상하다' 하고

항상 즐겁지 않은 것을 '즐겁다' 하고

존재하지 않는 것을 '존재한다' 하고

고요하지 않은 것을 '고요하다' 하고

끝이 있는 것을 '끝이 없다' 하고 …

신(神)이여, 그대는 무명(無明)에 빠져있다."[5]

2. "참으로 나는 더 이상 존재하지 않게 되겠구나.-"

'무아(無我, AnĀtman, Anattā)다.

---

[5] 中阿含經 78 「범천청불경(梵天請佛經)」; 동국역경원 편, 『한글대장경 中阿含經』 1권 p.418.

어떤 영원한 영혼도 신(神)도 존재하지 않는다. -'[6]

이것은 '안의 무아'다. 나 자신의 내면적 영원성을 부정하고 타파하는 이러한 '안의 무아'는 많은 사람들에게 보다 큰 충격으로 다가왔다. '밖의 무아'는 눈으로 볼 수 있는 현실이기 때문에 그 슬픔과 절망을 극복해낼 수 있지만, 나의 영원성과 실체를 부정하고 타파하는 이 '안의 무아'는 민중들에게 극복하기 어려운 슬픔과 절망을 안겨주는 것이다.

「뱀의 비유경」에서는 이렇게 계속하고 있다.

[수행자] "세존이시여, 안으로 존재하지 않는 것에 대하여 사람들은 고민하지 않겠습니까?"

[붓 다] "그렇다, 수행자여.

수행자여, 여기 어떤 사람이, '세계는 곧 자아(Ātman)다. 나는 죽은 뒤에도 존재할 것이고 영원하고 머물고 변하지 아니하며, 영원토록 존재할 것이다'-, 이런 견해를 가지고 있다. 그는 여래나 그 제자들이 모든 견해의 토대, 결심, 편견, 고집, 잠재의식들을 근절시키고, 모든 형성된 것들을 가라앉히고, 모든 재생(윤회, 필자 주)의 근거를 놓아버리고, 갈애를 멸진하고, 탐욕을 삭이고, 소멸하고, 열반을 증

---

6) 붓다는 신(神, 梵天)을 인간의 무지가 만들어낸 유한하고 불완전한 존재로 판단한다. 따라서 불교는 '무신론(無神論)'이 아니다. '신(神)'이라고 하는 어둔 번뇌에서 벗어났기 때문이다. '무신론(無神論)'은 '유신론(有神論)'과 꼭 같이 '있다' '없다'라는 허구적 극단론에 묶여있는 것이다. 이 극단론을 깨도 자유로워지는 것이 해탈이다. 그래서 기원전 588년경 와라나시 사슴동산 '전법선언'에서 붓다는, '나는 신(神)의 올가미에서 벗어났다'-, 가장 먼저 이렇게 선포하고 있다.

득하기 위하여 설하는 법을 듣고 생각한다.

'참으로 나는 단멸해버리겠구나.

참으로 나는 파멸해버리겠구나.

참으로 나는 더 이상 존재하지 않게 되겠구나.'

사람들은 이렇게 근심하고 상심하고 슬퍼하고 가슴을 치고 울부짖
고 미쳐 날뛴다.

수행자여, 이것이 안으로 존재하지 않는 것에 대한 고뇌이다."」

– 맛지마니까야 22 「뱀의 비유경」 – [7]

"참으로 나는 단멸해버리겠구나.

참으로 나는 파멸해버리겠구나.

참으로 나는 더 이상 존재하지 않게 되겠구나. –"

많은 사람들은 붓다의 '무아 법문'을 듣고 충격에 빠져 이렇게 부르
짖고 있다.

아니–, 지금 나 자신이 이렇게 부르짖고 있다. 이 '무아의 법문' 듣
고, 지금 우리 자신도 우리 존재의 단멸(斷滅)에 관하여 충격 받고 탄식
하고 속으로 부르짖고 있다.

'나는 살고 싶어.

나는 영원토록 살고 싶어.…'

---

7) M Ⅰ pp.137-138 ; 대림 스님 역, 『맛지마니까야』 1권 pp.551-552.

그러면서 영혼을 염원하고, 영혼을 믿고, 신(神)을 찾고 있다.

그리고 본능적으로 '무아'를 거부하고 회피하고 있다. 우리라고 해서 인도 민중들과 별반 다를 것이 없다. 이것이 '무아의 충격' '무아의 슬픔'이다. 우리 자신의 내면적인 '안의 무아– 그 충격, 그 슬픔'이다.

붓다 자신도 민중들의 이러한 충격을 잘 알고 이렇게 토로하고 있다.

"사람들은 이렇게 근심하고 상심하고 슬퍼하고
가슴을 치고 울부짖고 미쳐 날뛴다.
수행자여, 이것이 안으로 존재하지 않는 것에 대한 고뇌이다."

— 맛지마니까야 22 『뱀의 비유경』 / *Alagaddūpama-sutta* —

제3강

'무아윤회(無我輪廻)', '실체는 없어도 현상은 존재한다?'

●
●

"수행자들이여, 그 시작을 알 수 없는 것이 바로 윤회다.

무명에 덮이고, 갈애에 묶여서, 유전하고 윤회하는 중생들에게 (윤회의) 처음 시작점은 결코 드러나지 않는다.

수행자들이여, 어떻게 생각하는가?

그대들이 오랜 세월 유전하고 윤회하는 동안, 마음에 들지 않는 사람들과 만나고 마음에 드는 사람들과 헤어지면서, 슬픔에 빠지고 울부짖으며 홀로 흘린 눈물과 사대양의 물 가운데 어느 쪽이 더 많겠는가?"

— 쌍윳따니까야 15, 3「눈물 경」/ *Assu-stta* — *

* S Ⅱ p.179 ; 각묵 스님 역,『쌍윳따니까야』p.444.

1. 윤회는 우리들이 직면한 역사적 사회적 현실이다

'마음에 들지 않는 사람들과 만나고
사랑하는 사람들, 그리운 사람들과 헤어지고
그러면서 끊임없이 흘리는 눈물-'

하아- 할 말이 없다. 이것은 바로 우리들 현실 아닌가?

얼마 전 금강산 '남북이산가족 상봉'-, 그들은 만나서도 울부짖고 헤어지면서도 울부짖고-. 이것이 남의 일인가? 바로 우리들 자신의 현실 아닌가? 바로 우리 집, 우리 자신들의 현실 아닌가? 윤회(輪廻, saṃsāra)- , 이것은 우리 현실이다. 우리 가정, 직장, 사회에서 무차별적으로 겪고 있는 많은 사람들-동포들의 아픈 현실이고, 이 크나큰 흐름 속에서 우리 스스로 겪어야 하는 나 자신의 고통스런 현실이다.

윤회는 유전(流轉)이다.

역사적 사회적 고통의 유전-악순환이다.

역사적으로 끊임없이 지속되고 사회적으로 누구도 피할 수 없는 거대한 '고통의 흐름' '고통의 악순환'이다. 이렇게 역사적 사회적으로 끊임없이 반복되기 때문에 곧 '윤회(輪廻)'다. '윤회(輪廻, saṃsāra)는 '함께 휩쓸려 돌고 도는 것'이다. '고통의 격류에 휩쓸려 악순환하는 것'이다.

윤회-유전-, 이것은 이렇게 역사적 사회적 고통의 현실이다.

나 자신, 나 개인의 문제이기 이전에, 많은 사람들-동포들이 한데 휩쓸려 돌아가면서 겪는 역사적 사회적 고통의 악순환이다. '윤회'하면 개인의 생사문제로 몰아넣고 '다음 생에 사람으로 태어나느냐? 짐승으로 태어나느냐?'- 이런 이기적 폐쇄적 논란에 몰두해 왔던 윤회-유전에 대한 소승적 견해는 마땅히 역사적 사회적 현실인식으로 전환돼야 할 것이다.

'윤회가 있는가? 없는가?'

'윤회를 믿는가? 안 믿는가?

'전생이 있는가? 없는가?'-

이것은 전혀 문제가 되지 않는다.

이것은 윤회를 개인의 문제로만 인식하는 낡은 소승적 관념에서 파생되는 비(非)실제적 견해들이다. 지금 많은 사람들-동포들이 크나큰 고통의 흐름 속에 휩쓸려 돌아가고 있다는 이 엄연한 우리들 현실-, 그 고통의 흐름 속에서 나 개인의 고통도 피할 수 없다는 우리들 현실-, 누가 부정할 수 있는가? 이 고통의 격류는 역사적으로 과거에도 있어 왔고, 또 미래에도 계속될 것이라는 이 불행한 현실-, 누가 부정할 수 있는가?

이 불행한 고통의 격류로부터, 고통과 모순의 악순환으로부터 우리 동포들을 구출하기 위하여, 지금 우리가 정신 차려 눈뜨고 연민 헌신의 사회적 보살고행으로 가야한다는 현실-, 이 의(義)로운 사회적 헌신의 보살고행을 통하여 나 자신 또한 고통의 악순환-윤회로부터 훨훨 벗어나 자유로울 수 있다는 현실-, 누가 부정할 수 있는가?

지금까지 우리는 윤회를 과도하게 '개인적 사건' '개인적 문제'로만 인식해 왔다. 그러면서 '윤회의 주체'를 문제 삼고 '무아'와 '윤회'를 연결시키기 위하여 과도하게 비현실적 관념에 집착해 왔다. '무아와 윤회의 논쟁'이 그런 사례 가운데 하나다.[8]

2. '무아윤회(無我輪廻)'

'무아(AnAtta)-무영혼(No-Soul) 무자아(No-Self)'

이것은 붓다께서 확립하신 부동(不動)의 가르침이다. 재론의 여지가 없다.[9] 그리고 이 '무아'가 안으로, 밖으로 많은 사람들을 슬픔과 절망, 혼란 속으로 몰아넣고 있다는 사실 또한 분명하다.

그런데 이 '무아'가 '윤회(輪廻, saṃsāra)의 주체'와 관련되면서 교리적으로 더욱 복잡한 문제를 불러일으키고, 많은 사람들을 더 큰 혼란으로 빠뜨린다.

'내가 없다면, 어떤 주체가 없다면,

누가, 무엇이 윤회하는 것인가?

영혼(Soul, Attā, Ātman)이 없다면, 무엇이 윤회하는 것인가?

자아(Self, Atta, Ātman)가 없다면, 무엇이 윤회의 주체고, 무엇이 업을 짓고 그 결과 윤회의 고통을 받는 것인가?

---

8) 『초기불교』 pp.342-345.
9) W. Rahula, *What the Buddha taught?* pp.51-32.

윤회의 주체는 무엇인가? 대체 인과응보의 주체는 누구인가? 주체 없는 행위가 가능한가?'-

여기에 대하여 초기론자들은, '실체는 없어도 윤회라는 현상은 존재한다'- 이렇게 대답하고 있다.

『초기불교의 이해』에서는 이렇게 논하고 있다.

'주석서에서는 "5온-12처-18계(蘊·處·界)가 연속하고 끊임없이 전개되는 것을 윤회라고 한다"고 정의한다. 그러므로 불교에서 말하는 윤회는 서로서로 조건 지워져서 생성발전하고 천류(遷流)하는 일체법의 연기적 흐름을 뜻한다고 할 수 있다. 이처럼 불교에서의 윤회는 윤회의 주체가 없는(무아) 연기적 흐름을 윤회라고 멋지게 정의하고 있다. <u>그러므로 불교의 윤회는 무아의 윤회라고 불러야 한다.</u> …

근본적인 입장에서 보자면 매 찰나 전개되는 오온의 생멸자체가 윤회이다. 생사의 입장에서 보자면, 한 생애에서의 마지막 마음이 일어났다 멸하고, 이것을 조건으로 다음생의 재생연결식이 일어나는 것이 윤회다.

많은 불자들이 힌두교의 재육화(再肉化)와 불교의 재생(再生)을 정확하게 구분 짓지 못하고 있는 듯하여 안타깝다. 힌두교의 재육화는 자아가 새 몸을 받는 것이지만, 불교의 재생은 갈애를 근본원인으로 한 오온의 흐름이요, 다시 태어남(재생)이다.'[10]

'무아윤회- 무아의 윤회

---

10) 『초기불교이해』 pp.467-468..

실체(주체)는 없어도 윤회의 현상은 존재한다.'

이 주장 역시 무아와 윤회에 대한 개인적 소승적 견해를 벗어나지 못하고 있다. 불교를 과학적으로 해명하기 좋아하는 분들은, '물질의 세계에서는 특정한 주체가 없어도 물질 상호간의 작용을 통하여 전체 물질계가 한 흐름으로 운동하고 있다.-', 이렇게 불교계의 연기적 윤회-무아윤회를 합리적으로 설명하고 있다.

그러나 인간은 연기적 관계 이상이다. 인간의 윤회는 물리적 관계 이상이다. 이상이어야 한다.

왜? 인간은 인격적 사회적 존재이기 때문이다.

'사실 이 문제는 붓다의 입멸이후 교단분열의 중요한 원인 가운데 하나였다.'[11] 후기로 가면서 '무아와 윤회'라는 거의 양립하기 어려운 난문제를 해결하기 위하여 많은 대안들이 강구되기도 한다.[12] '실체는 없어도 현상은 존재한다.'라는 견해도 이런 대안들의 하나인 '상속설 (相續說)을 대변하는 것이다.[13] 그럼에도 불구하고 '윤회의 주체문제' 는 지금도 여전히 많은 민중적 실제적 의문을 제기시키고 있다.

---

11) A. Bureau, *Le Bouddhisme*, p.85. 앞의 글에서 재삼인용.
12) 앞의 글 pp.53-68.
13) 앞의 글 pp.64-68.-68.

'무아(無我)― 내가 없다'―,
이 곤경 넘어설 수 있을까?*

•
•

"사람들은 이렇게 근심하고 상심하고 슬퍼하고

가슴을 치고 울부짖고 미쳐 날뛴다.

수행자여, 이것이 '밖으로 안으로 존재하지 않는 것'에 대한 고뇌이다."

― 맛지마니까야 22 『뱀의 비유경』― **

---

* 4강 참고자료 ; 『三法印의 基源과 展開에 관한 硏究』 pp.106-213. ; 曇無讖 譯, 『大般涅槃經』 卷7(『大正藏』 12, p.407b). ; 김재영, 『화엄코리아』 6장 「무아 '공' '마음', 이것이 사람 살리는가?」 pp.1673-199.
** M I pp.137-138 ; 대림 스님 역, 『맛지마니까야』 1권 p.550, 551.

1. 불교사의 무수한 견해들

가) 초기·부파의 견해들

'무아-무실체

이것이 법(法)이다, 법인(法印)이다.

붓다께서 확립하신 불변의 진리다.'-

학자들은 이렇게 주장한다. '무아-무실체'가 신성불가침의 진리인 것으로 고정관념으로 뿌리 내리고 있다. 그러나 절대다수의 민중들이 고통 받고 충격 받고, 일상적 현실로 받아들일 수 없는 이 '진리의 맹점'을 해결하기 위하여 불교는 온갖 견해들, 무수한 견해들을 고안해 왔다. 불교 2천7백년사는 무아에 대한 이 무수한 견해들, 개념들, 장치들로 미로처럼 얽혀있다.[14)]

초기경전에서부터 '무아'에 대한 대안으로 '내가 존재한다'는 유아론적(有我論的) 견해가 나오고 있다. '보특가라(補特伽羅, pudgala)와 식(識, vijñāna)과 상속(相續, samtāna) 등이다.'[15)] 부파불교에서는 이러한 유아론적 경향이 더욱 강화되었다. 독자부(犢子部)에서는 '보특가라'를 우파니사드의 '아트만(Atman)'과 거의 동일시하여 실체적 존재를 인정

---

14) 『三法印의 基源과 展開에 관한 研究』 pp.109-122, 211-213.
15) 앞의 글 p.211.

하였다.[16] 화지부(化地部)의 '궁생사온(窮生死蘊)', 경량부(輕量部)의 '일미온(一味蘊)', 상좌부(上座部)의 '유분식(有分識)', 설일체유부(說一切有部)의 '명근(命根)', 대중부(大衆部)의 '근본식(根本識)' 등이 이런 견해들이다.[17]

부파불교의 이러한 유아론적 경향은 수행자들의 관심을 자기자신의 해탈에 집중하고 사회적 역할을 부차적인 것으로 인식하게 함으로써, 인도의 민중들은 이러한 복잡하고 이기적인 불교를 멀리하고 박티(Bhakti, 信愛)와 같은 단순하고 시민적인 삶을 강조하는 힌두교쪽으로 돌아갔다. '무아-무실체의 문제'가 불교발전의 중대한 장애요인으로까지 작용하게 된 것이다.

나) 대승-중관과 유식의 견해들

대승불교는 이러한 부파불교를 '성문승(聲聞乘)' '소승(小乘, hīnā)'이라고 비판하면서 삼법인설에 대한 새로운 견해들을 발전시켜갔다.[18] 대승 초기의 반야부는 부파들의 유아론적 견해를 조파(照破)하면서 다시 한번 붓다의 '무아'를 천명하였다.

다만 반야경에서는 '무아(無我, anātman)'라는 단어 대신 '공(空, Śunya)'이라는 단어를 사용함으로써, 무아설을 주장한 붓다 본래의 실천적 실제적 의미는 점차 퇴색되고 관념화되었다.[19] 또 '진공묘유(眞空妙有)' 등 지극한 모호한 관념적 용어들을 구사함으로써 존재(有)에 대

---

16) 앞의 글 pp.108-111.
17) 앞의 글 PP.108-122.
18) 앞의 글 pp.130-213.
19) 앞의 글 p.212.

한 집착과 갈등을 스스로 노출하고 있다. '공사상(空思想)'이 초래하는 심각하고 광범위한 허무공견적(虛無空見的) 병폐를 대치하기 위하여, 대승불교는 다양한 유아론적 견해들을 고안해 냈다.

반야부의 중관파(中觀派, Mādhyamika)는 공가중(空假中)의 삼론을 내세워 모든 견해 학설의 상대적 의존성을 지적함으로써 견해의 독단성을 비판하고 있으면서도, 속제(俗諦) 배후에 진제(眞諦)가 별도로 존재한다고 주장함으로써 '그(들)도 어쩔 수 없이 절대적 실체인 아트만(ātman)이나 브라흐만(brahman)의 존재를 인정하지 않을 수 없었던 것'이다.[20]

유식파(唯識派) / 유가행파(瑜伽行派, Yogācāra)는 보특가라(補特伽羅, pudgala)와 흡사한 '아뢰야식(阿賴耶識, ālayaviññāna)'을 윤회의 주체로 내세우면서도, 이 아뢰야식이 우빠니샤드의 아트만처럼 고정적 실체가 아니며 끊임없이 변화하는 의식(意識)의 흐름이라고 주장함으로써 붓다의 무아설을 벗어나지 않으려고 의도한다. 그러나 유식파 / 유가행파가 후대로 가면서, 대상에 고유한 특성(相)을 인정하는 유상유식(有相唯識)으로 발전하면서 우빠니샤드의 범아일여(梵我一如)의 사상과 크게 다르지 않는 경향으로 변화해 간다.[21]

다) 여래장-불성사상의 발전

자아의 실체를 극대화한 범아일여사상과 가장 가까운 불교사상을 전개하고 있는 것이 '여래장(如來藏, tathāgata-dhātu)사상', 또는 '불성(佛

---

20) 앞의 글 pp.145-146.
21) 앞의 글 pp.158-160.

性, buddha-dhātu)사상'이다. '모든 중생들에게 불성이 있다' '모든 중생들의 번뇌 속에서 성불할 수 있는 여래의 가능성이 있다'-, 이것은 하나의 학파라기보다는 하나의 강력한 신앙적 흐름으로 대승불교 거의 전반에 걸쳐 주장되고 있다. 그리고 지금도 모든 불교도의 의식 속에 하나의 공통된 흐름을 형성하고 있다.

'여래장' 보다 '불성'이란 용어가 더 선호되는 것은 '여래장'이 번뇌의 중생을 전제하는 소극적인 개념인 데 비해서, '불성'이 '부처' '성불'이라는 보다 적극적이고 성취지향적인 개념으로 인식되는 결과로 보인다. 불성사상의 완성으로 평가되는 『(북전)대반열반경』에서는 '자아(自我), 즉 아트만(Ātman)이 곧 여래장이다.'라며 거침없이 자아를 표방하며 나가고 있다.

"자아, 즉 아트만(ātman)이 곧 여래장이다. 일체중생이 모두 불성을 가진 것이 곧 나(自我)다. 이 나가 본래부터 한량없는 번뇌에 덮였으므로 중생들이 보지 못하는 것이다."[22]

『(북전)대반열반경』의 '아트만'이 우빠니샤드의 아트만과 일치하는 것이 아니다라는 견해도 있고, 또 이런 선언이 신앙적 실천의 입장에서 표방되고 있다는 역사적 상황을 충분히 감안하더라도, 여래장-불성사상이 '자아의 존재'를 강력히 지지하고 있는 것은 부정할 수 없다. 이렇게 불교가 끊임없이 자아의 존재를 갖가지 방식으로 주장함으로써 붓다의 무아설을 극복하려고 부단히 애쓰고 있는 것은 분명한 역사적

---

22) 曇無識 譯, 『大般涅槃經』 卷7(『大正藏』 12, p.407b) 앞의 글 p.171,脚註-176) 재인용.

경향이다. 이런 경향은 '대아(大我)' '진아(眞我)'와 더불어 중국선종의 '주인공' '본래면목'으로까지 계속되고 있다. '무아의 극복' '무아의 창조적 극복-, 이것은 2천7백 년 불교사의 운명적 과제로서 지금도 여전히 우리 앞에 엄중하게 제기되고 있는 것이다.

2. '무아 – 무아윤회', 누가 이해할 수 있을까?

'무아– 나의 것이 없다.
나의 것이라고 할 어떤 것도 없다.
모든 것은 변하고 무너지고 다시 가질 수 없다.–'

참 당황스럽다. 아무리 붓다의 법이라 해도 받아들이기 어렵다.
지금도 여전히 많은 사람들이 이 '무아'에 대하여 회의적이다.
아니, 나의 귀한 것들이 엄연히 존재하고, 이렇게 열심히 일하고 서로 사랑하고 있는데– 내 가정, 가족들, 친구들, 직장, 명예–, 그럼 이런 것은 무엇인가? 아무 의미 없는 한때의 허상인가? 이 귀한 것들 버리고 사랑하지 않는 것이 행복인가? 버리고 떠나는 것이 행복인가? 가정도 직장도 사랑하는 사람들도 다 버리고 떠나는 것이 행복인가? 이 세상 버리고 출가라도 하는 것이 행복인가? 그런 행복이 대체 무슨 의미가 있는가?

'무아–, 내가 없다.
영혼이 없다. 불변의 자아가 없다.

나라고 할 어떤 불변의 실체가 없다.—'

믿기지 않는다. 아무리 부처님 법이라도 믿기지 않는다.

내가 여기 이렇게 있는데, 왜 '무아다' '내가 없다' 하는가?

그럼 나는 무엇인가? 허깨비인가?

실체 없이, 인격적 주체 없이 출몰하는 허깨비인가?

우리들 인생은 주체도 실체도 없는 어둠 속의 허깨비 놀음인가?

우리는 무의식적으로 내 안에 내 생명을 지탱하고 향상시키고 육신의 소멸을 넘어 영속적으로 존재하는 영혼 같은 신성한 무엇이 있다고 믿고 있다. 그러나 붓다는, '이것은 나(自我)이다.(eso 'ham asmi)' '이것은 나의 자아(自我, 實體)다.(eso me attā), 영구불변의 실체다.'—, 이렇게 주장할 어떤 것도 존재하지 않는다고 도처에서 밝히고 있다. 영혼 같은 불변하는 어떤 것도 존재하지 않는다고 역설하고 있다. 허망해진다. 감당하기 어려운 상실감, 무력감을 느낀다.

윤회한다고? 한 생애로 끝나는 것도 아니고, 어둔 세계를 돌고 돌면서 다시 태어난다고? 누가 윤회하는가? 내가 없는데, 누가 다시 태어나는가?

'무아윤회, 연기적 윤회
실체는 없어도 현상은 존재한다.—'

대체 이것이 무슨 말인가? 누가 알아듣겠는가?

'실체는 없어도 현상은 존재한다.'—. 윤회가 나의 주체적 판단이 작용하지 아니 하는 단순 연기적 현상이라면, 우리가 윤회를 고통이라고 인식하고 벗어나려고 고민할 것이 무엇인가? 인과응보(因果應報)를 두려워할 것이 무엇인가? 현상대로 흘러가는 것인데, 그대로 두면 될 것인데-. '짓는 자는 없어도 받는 자는 있다.-', 이런 모순을 누가 이해하겠는가?

불교도가 모두 학자라도 돼야 하는가? 틀고 앉아서 수행자라도 돼야 하는가? 내가 없다면, 어떤 실체도 없는 것이라면, 내 인생은 누가 책임지는가? 이 세상은 누가 책임지는가? 주체가 없는 무아의 윤회-, 인간은, 이 사회는 단순히 연기법에 따라 상호작용하는 하나의 물리적 관계, 물리적 인력(引力)작용의 장(場)에 불과한가?

3. '무아' -, 이 곤경 -, 극복할 수 있을까?

가) '개념들의 수렁'에 빠진 불교

'무아-,
나의 것이 없다, 내가 없다. 나의 자아-나의 실체가 없다.
무아윤회-,
실체는 없어도 연기적 현상은 존재한다.-'

아무리 붓다의 법이라 할지라도 누가 믿겠는가? 누가 동의하겠는가?

이것이 과연 진리일까? 외치기만 하면 '법'이고 '진리'일까? 많은 사람들-동포들이 믿을 수 없고 받아들이기 어려워도 '법'이고 '진리'일까? 절대다수의 민중들이 받아들일 수 없는 '무아의 진리'-, 이것이 진리일까?

이것이 이 세상 동포들의 고통 구제할 수 있을까? 이 절박한 현실, 현실의 고통들 감당할 수 있을까? 이것은 소수 전문가들의 관념의 유희에 불과한 것 아닐까?[23] 붓다께서는 왜 존재하지도 않는 '나'를 '등불 삼아라.' 하시는가?

이 '나(自我, Attā)'는 무엇인가? 이 '나' 역시 '오온현상'에 불과한 것인가?[24] '당신 무엇입니까?' '아— 나는 오온의 합성체입니다.'— 이렇게 대답할 것인가? 그런 것이라면, 끊임없이 소멸하고 괴로움에 차 있고 실체가 없는 '오온적(五蘊的)—오취온적(五取蘊的) 나(Attā)'를 어찌 '등불삼아라.' 하시는가? 금새 사라지고 괴로움에 차 있는 침몰하는 섬(dīpā, 洲)이[25] 구원의 섬이 될 수 있는가? 또 길고 번잡한 분석과 해설이 필요한가?

'보특가라(補特伽羅, pudgala)'

'공(空)' '불공(不空)' '진공묘유(眞空妙有)'

'속제(俗諦)' '진제(眞諦)' '공가중(空假中)'

'아뢰야식(阿賴耶識, ālayaviññāṅa)'

'여래장(如來藏, tathāgata-dhātu)' '불성(佛性, buddha-dhātu)'

'마음' '자성' '진여자성' '본래청정' '본각(本覺)'

'대아(大我)' '진아(眞我)' '주인공' …

이 끝없는 교설들, 이론들, 부파들, 종파들 …

---

23) 김재영, 『화엄코리아』 6장 「무아' '공' '마음', 이것이 사람 살리는가?」 pp. 1673-199.

24) 『초기불교이해』 pp. 155-156.

25) 'Attā-dīpā' 'Dhamma-dīpā'의 'dīpā'는 '섬(洲)' '구원의 섬'이란 뜻인데, 중국 역경가들이 '등불(燈明)'이라고 번역하였다.

'무아'를 감당하지 못하고 '개념들의 수렁'에 빠진 불교,

'무아' '공' '마음'– 말하는 자도 듣는 자도 모르는 불교,

대안을 찾아 헤매다 끝없는 관념과 허상의 수렁에 빠진 불교,

'불교'하면 머리 굴리고 눈감고 눈뜨고 앉아야 하는 판,

깨닫지도 못하면서 '깨달아라.' '깨닫는다.'– '깨달음'의 미신에 빠져 있는 판,

평생 불교해도 무엇인지 모르고 헤매다 지쳐서 포기하는 사람들,

수없이 방황하는 사람들– 버리고 떠나는 사람들–

나) 자주당당하고 신명나는 '나'를 확립할 수 있을까?

"사람들은 이렇게 근심하고 상심하고 슬퍼하고

가슴을 치고 울부짖고 미쳐 날뛴다.

수행자들이여, 이것이 밖으로, 안으로 존재하지 않는 것에 대한 고뇌이다."

이것은 단순히 경전상의 서술이 아니다.

지금 우리가 직면하고 있는 절실한 현실이다.

이제 우리는 불교사상의 가장 큰 곤경(困境) 앞에 섰다.

이 곤경 넘어서지 못하면 우리는 사실상 한 발짝도 전진할 수 없다.

아무리 이것이 법이고 '진리의 명제'라 할지라도, 많은 사람들, 대중들, 동포들이 현실적으로 받아들일 수 없는 것이라면, 이것은 실로 본질적 위기며 치명적 결함이 아닐 수 없다. 많은 사람들, 대중들, 동포들이 '진리' 앞에 선행하기 때문이다. '법' '진리'는 이 동포들 위하여 필요한 뗏목이며 도구이기 때문이다. '진리절대주의' '진리고집' '법집

(法執)'— 이것은 사견(邪見, micchā-diṭṭhi)이며 희론(戲論, papancā)이기 때문이다. 불교가 역사발전을 역동적으로 주도하지 못하고 무력(無力)한 비주류로 전락해버린 이 불행한 현실도 이 '무아'의 비(非)민중적 모호성 문제와 깊이 관련돼 있는 것이다.

'무아— 내가 없다.

무아— 나의 것이 없다.'—

이 난제(難題), 이 곤경(困境)—, 극복할 수 있을까? 넘어설 수 있을까? 우리가 '무아'를 창조적 동력으로 열어갈 수 있을까? 자주당당하고 신명나는 '나'를 확립할 수 있을까? '나'를 불멸의 실체로 확립해 낼 수 있을까?

붓다께서 설하신 '무아—무실체'—, 그 진실한 뜻은 무엇일까?

"자신을 등불 삼아라.—"—, 그 진실한 의미는 무엇일까?

우리가 추구하는 '붓다의 불교' '붓다—빠리사운동'—, 그 미래는 실로 여기에 달려있다.

제3장

'무아- 붓다의 관찰법'

'무아(無我)- 내가 없다'가 아니다

이것은 붓다의 치유-관찰법이다

'내 잘났다'- 이 고집에서 벗어나라

와라나시 오온무아(五蘊無我)의 법문[1]

"수행자들이여, 오온은 무아다"

「① 나는 이와 같이 들었다.

한때 세존께서 와라나시의 이시빠따나 사슴동산에 계셨다.

그때 세존께서, "수행자들이여-" 하고 부르셨다.

"예- 세존이시여." 다섯 수행자들이 대답하였다.

"수행자들이여, 물질(色)은 무아(無我)다.[2]

수행자들이여, 만약 물질이 참된 자아라면, 이 색에 병이 생기지 않을 것이고, 색에게 '나를 위해 이렇게 되어라, 저렇게 되어라.'라고 하면, 뜻대로 되어야 할 것이다. 그러나 수행자들이여, 색은 내가 아니기 때문에 병이 생기고, 색에게 '나를 위해 이렇게 되어라, 저렇게 되어라.'라고 해도 뜻대로 되지 않는다.

---

1) '오온무아'에 관한 문제는 필자의 학위논문 『초기불교의 사회적 실천』 pp.170-197 '오온과 자아의식의 문제'에서 집중적으로 논하고 있다.

2) "rūpaṃ anatta"; 각묵 스님 역, 『쌍윳따니까야』 3권 p.236, 각주-191)

느낌(受)은 무아(無我)다. …

인식(想)은 무아(無我)다. …

형성(行)은 무아(無我)다. …

알음알이(識)은 무아(無我)다. …"

'무상 – 고 – 무아 – 이욕(離慾) – 해탈'

② "수행자들이여, 어떻게 생각하는가?

물질은 영원한가? 무상한가?"

"세존이시여, 물질은 무상합니다."

"무상한 것은 괴로움인가? 즐거움인가?"

"세존이시여, 괴로움입니다."

"무상하고 괴로움이고 변하기 마련인 것을 두고, '이것은 내것이다. 이것은 나다. 이것은 나의 자아다'라고 관찰하는 것이 옳은 것인가?"

"세존이시여, 그렇지 않습니다."

"수행자들이여, 느낌은 … 인식은 … 형성은 … 알음알이는 … 영원한가? 무상한가?"

"세존이시여, 무상합니다."

"무상한 것은 괴로움인가? 즐거움인가?"

"세존이시여, 괴로움입니다."

"무상하고 괴로움이고 변하기 마련인 것을 두고, '이것은 내 것이다, 이것은 나다, 이것은 나의 자아다.'라고 관찰하는 것이 옳은 것인가?"

"세존이시여, 그렇지 않습니다."

"있는 그대로 바르게 관찰하라,
그리하면 해탈한다"

③ "수행자들이여, 그런 까닭에 어떠한 물질이건, 느낌이건, 인식이건, 형성이건, 알음알이건, … '이것은 내 것이 아니다. 이것은 내가 아니다. 이것은 나의 자아가 아니다.'라고 관찰지로 있는 그대로 바르게 관찰해야 한다.

수행자들이여, 이와 같이 보는 잘 배운 성스러운 제자들은 물질에 대해서도 싫어하고, 느낌·인식·형성·알음알이에 대해서도 싫어한다.

싫어하면 탐욕이 사그라들고, 탐욕이 사그라들면, 해탈한다. 해탈하면 '해탈했다'는 지혜가 생겨나서, '태어남은 끝났다. 청정한 삶은 확립되었다. 해야 할 일 다해 마쳤다. 다시는 윤회의 몸 받지 않을 것이다.' 이렇게 꿰뚫어 안다."

④ 세존께서 이렇게 말씀하시자,

다섯 수행자는 흡족한 마음으로 세존의 말씀을 크게 기뻐하였다.

그리고 이러한 설법이 설해졌을 때, 다섯 수행자는 집착이 없어지면서 번뇌들로부터 마음이 해탈하였다.」

– 쌍윳따니까야 22, 59 「무아의 특징 경」 / *Anattalakkhaṇa-sutta* – [3]

---

3) S Ⅲ pp.66-68 ; 각묵 스님 역, 『쌍윳따니까야』 3권 pp.234-239.

제1강

'무아'의 '아(自我)'는 내가 아니다

•
•

"수행자들이여, 어떻게 생각하는가?

물질은 영원한가? 무상한가?"

"세존이시여, 물질은 무상합니다."

"무상한 것은 괴로움인가? 즐거움인가?"

"세존이시여, 괴로움입니다."

"무상하고 괴로움이고 변하기 마련인 것을 두고, '이것은 내것이다.

이것은 나다. 이것은 나의 자아다.'라고 관찰하는 것이 옳은 것인가?"

"세존이시여, 그렇지 않습니다."

— 쌍윳따니까야 22, 59 「무아의 특징 경」/ *Alagaddūpama-sutta* — *

---

* S Ⅲ pp.63-66 ; 각묵 스님 역, 『쌍윳따니까야』 3권 p.234-239.

1. '무아'는 '오온무아(五蘊無我)'다

이것이 '오온무아(五蘊無我, pañcakkhandhā-anatta) 법문'이다.[4]

'무아', '무상-고-무아-해탈'의 출발점이 되는 역사적인 해탈법문이다.

기원전 588년경, 와라나시 사슴동산의 '첫 설법(初轉法輪)' 직후 다섯 수행자-오비구들에게 행한 법문이기 때문에, '초전법륜의 연장'으로 볼 수 있는 붓다 가르침의 초석이 되는 중요한 법문이다. 이 법문을 PTS 영역본에서는 경의 제목을 'The Five/Pañca'라고도 하고 있는데,[5] 이 '다섯'은 꼰단냐(Aññāta-Kondañña) 등 초전법륜의 다섯 수행자를 일컫는다.

다섯 수행자는 초전법륜의 첫 설법- '깨달음의 차례법문'을 듣고 깨달음의 흐름으로 들어서고, 이 '오온무아 법문'을 듣고 마침내 모든 번뇌를 여의고 해탈하여 '온전히 눈뜬 자'- '아라한'이 된다. 경전기록이다.

"수행자들이여, 어떻게 생각하는가?
물질은 영원한가? 무상한가?"
"세존이시여, 물질은 무상합니다."

---

4) 『초기불교의 사회적 실천』 p.187.
5) *The Book of The Kindred Sayings* Ⅲ(1995, PTS) p.59. 이 때의 '다섯'은 와라나시 초전법륜의 꼰단냐 등 다섯 수행자를 의미한다.

"무상한 것은 괴로움인가? 즐거움인가?"

"세존이시여, 괴로움입니다."

"무상하고 괴로움이고 변하기 마련인 것을 두고, '이것은 내것이다. 이것은 나다. 이것은 나의 자아다.'라고 관찰하는 것이 옳은 것인가?"

"세존이시여, 그렇지 않습니다."

이 '오온법문'이 '무아법문'의 기본이다.

왜 무아인가? 무아가 무엇인가? '무아법문'의 의도가 무엇인가?

이 '와라나시 오온법문' 속에 명료하게 드러나고 있다. 경전 도처에 수없이 등장하는 '무아법문'이 실로 이 '오온법문'에 기초하고 있는 것이다. 이 '오온무아 법문'이 확장되어 온갖 형태의 무아설(無我說)─무아사상─삼법인 사상이 잡초처럼 얽혀간 것이다. '제법무아(諸法無我)'도 이 '오온무아'에 기초하고 있다. 모든 형태의 무아가 곧 이 '오온무아'다. 귀중한 나의 것들─ '밖의 무아'도 이 '오온무아'이고, 영혼·자아 등 불변의 나─ '안의 무아'도 이 '오온무아'를 말하는 것이다.

붓다의 와라나시 초전법륜─

'고집멸도를 중심으로 하는 깨달음의 차례법문' (첫 법문)

'오온을 중심으로 하는 무아─해탈법문─' (두번 째 법문)

이 두 법문을 이원적으로 구분하는 것은 또 알음알이의 오류를 범하는 것이다. '고집멸도'를 통해서도 얼마든지 해탈열반에 이를 수 있고, '오온무아'를 통해서도 얼마든지 해탈열반에 이를 수 있다. '고집멸도'는 유학(有學, 덜 눈뜬 자)의 길이고 '오온무아'는 무학(無學, 온전히 눈뜬 자)의 길이라고 구분하는 방식은 또 하나의 분별망상으로 떨어지는 것이다. 큰 틀에서 볼 때, '오온법문'은 '고집멸도' 속에 포괄되는 것이다.[6] 깨달음의 길— 해탈의 길은 만인 앞에 도처에 갖가지 방식으로 열려있는 것이다.

'이것이다' '저것이다' 다 놓아버리고,
'연기법'도 '고집멸도'도 '오온무아'도 다 놓아버리고,
'깨달음'도 '해탈열반'도 다 놓아버리고
무심히 보살고행의 길로 걷고 걷는 그 자체가 바른 인생의 길 아닐까? 바른 깨달음의 길 아닐까? 그래서 반야심경에서 '무고집멸도 무지역무득—' 하는 것 아닐까? 사성제·오온·무아·연기·중도·공·자성 … 이 좋은 법문들 선용하되, 놓아버릴 것이다. 어느 하나 붙잡고, '이것이 법이다' '이것이 최상의 진리다'— 고집하지 말 것이다. 불교는 이 속에 있지 않다. 깨달음은 이들 용어들—개념들 속에 있지 않다. 피땀 흘리는 순간순간의 연민 헌신의 삶 속에 있는 것이다.

2. 부처님도 '나(自我, Attā)'를 긍정하신다, 나는 사회적 역할과 수행의 주체다

가) "자기 자신(Attā)이야 말로 자신의 수호자다"

「붓다께서 제따 숲절(기원정사)에 계실 때다.

---

6) 『三法印의 基源과 展開에 관한 研究』 pp. 21-23.

사왓티의 한 부호의 딸이 출가를 원하였으나 부모가 허락하지 않았다. 이 여인은 부모의 뜻에 따라 혼인하게 되자, 다시 남편에게 출가를 청하였고, 남편은 이를 허락하였다. 여인은 데와닷따 장로의 승단으로 출가하였으나, 이미 임신중이었다. 데와닷따 장로는 승단의 법도를 세우기 위하여 이 여인을 추방하였다.

이 수행녀는 도반들의 도움으로 제따 숲절의 부처님께 찾아가서 구원을 요청하였다. 붓다께서도 혼자 결정하기 어려운 문제여서, 꼬살라의 국왕 빠세나디(Pasenadi)와 아나타삔디까(Anāthapiṇḍika) 장자(長者, 거사) 부자(父子)와 재가의 우바이 위사카(Visākha) 부인과 우빨리(Upāli) 장로 등을 불러서, 이 여인의 범계(犯戒) 유무와 처리를 함께 의논하게 하였다. 우빨리 장로는 위사카 부인으로 하여금 수행녀의 몸을 점검하고, 임신사실을 확인하였다.

대중들이 논의한 결과 이 수행녀의 무죄를 선언하고 승단으로 받아들였다. 그후 이 수행녀는[7] 남자아기를 낳고, 정식으로 계를 받고 비구니가 되었다. 그리고 이 아이는 빠세나디왕의 양자가 되었다가 출가하였는데, 그가 곧 꾸마라-깟사빠(Kumāra_kassapa) 장로다.

이 사건을 보면서 붓다께서 대중들에게 설하셨다.

"자기 자신이야말로 자신의 의지처,
다른 누가 의지처가 되리.

---

7) 이런 경우를 고려하여 젊은 여성이 비구니계를 받기 전에 일정한 유예기간을 두고 지켜보게 하였다. 이런 수행녀를 '정학녀(正學女, Sikṣamāñā, 式叉摩那/ 식차마나)'라고 한다. ;『원시불교의 연구』 p.220.

자기 자신을 잘 제어할 때

실로 얻기 어려운 수호자를 얻는다."

- 법구경 160게송 - [8]

"자기 자신이야말로 자신의 의지처-"

(Attā hi attano natho)

여기서 붓다는 분명히 '자기 자신' '자아' '나(Attā)'를 인정하고 계신다. '나(Attā)'를, '나 자신(Attā)'의 존재를 인정하고 계신다. '나 자신(Attā) 을 귀의처로 삼아라'- 꼭 같은 말씀 하고 계신다.

또 하나, 이 '꾸마라-깟사빠 어머니 사건'에서 우리는 빠리사의 존재와 역할을 뚜렷이 목격하고 있다. 붓다께서는 승단의 중대문제가 있을 때 '출가ㆍ재가의 빠리사'를 소집하고, 빠리사의 대중들은 둘러앉아 토론하고 합의에 이르고 있다. 재가의 대중들이 승단문제까지 참여하고 있다.

지금 우리하고는 근본이 다르다. '어떻게 출가와 재가가 둘러앉는가?' '어떻게 재가가 승단의 문제에 관여할 수 있는가?-, 이런 생각은 어디에도 없다. 바로 이것이 '붓다의 불교'다. 붓다께서 몸소 하시는 '붓다의 불교'다. 지금 우리는 '불교 아닌 것'을 '불교'라고 우기며 족보에 없는 우월감을 내세우고 있다.

---

8) Dhp. 160 ; 거해 스님 역, 『법구경』 1권 pp.465-466.

나) 나(自我, Attā)는 세상 사람들 사랑하고 수호하는 주체다

"자기 자신을 사랑하는 자, 남을 해치지 말라"

「빠세나디 왕이 누각에 올라 왕비 말리까 부인에게 묻는다.

"말리까여, 그대 자신보다 더 사랑스런 자가 있습니까?"
"대왕이시여, 제게는 저 자신보다 더 사랑스런 자가 없습니다.
대왕이시여, 대왕께서는 자기 자신보다 더 사랑스런 자가 있습니까?"
"말리까여, 나도 나 자신보다 더 사랑스런 자가 없습니다."

두 사람은 부처님 계신 곳으로 달려가 자신들의 대화를 고한다.

"세존이시여, 저희들은, '저희 자신보다 더 사랑스런 자는 없다'-,
이렇게 대화를 나눴습니다."

부처님께서 그 뜻을 알고 그 사실에 대하여 이렇게 말씀하신다.

"마음으로 사방을 찾아보건만
자신보다 더 사랑스런 자 볼 수 없네.
다른 사람들에게도 자기 자신이 사랑스러운 법
그런 까닭에 자신을 사랑하는 자는 남을 해치지 말 것을."

― 쌍윳따니까야 3, 8 「말리까 경」/ *Malikā-sutta* ― [9]

---

9) S Ⅰ p.75 ; 각묵 스님 역, 『쌍윳따니까야』 1권 pp.345-346.

**"자신을 수호하면 남들을 수호하는 것이고,
남들을 수호하면 자신을 수호하는 것이다"**

「부처님께서 말씀하신다.

"수행자들이여,

젊은 곡예사 메다까달리까가 자기 스승 데사까에게 말했듯이,

'나는 나 자신을 수호할 것이다.' 하면서 사띠의 토대를 닦고,

'나는 남들을 수호할 것이다.' 하면서 사띠의 토대를 닦아야 한다.

수행자들이여, 자신을 수호하면 남들을 수호하는 것이고, 남들을 수호하면 자신을 수호하는 것이다.

수행자들이여, 어떻게 자신을 수호하면서 남들을 수호할 것인가?

(사띠, 곧 사념처의 확립을) 받들어 행하고 닦고 많이 수행함으로써 한다.

수행자들이여, 이와 같이 자기 자신을 수호하면서 남들을 수호한다.

수행자들이여, 어떻게 남들을 수호하면서 자기 자신을 수호할 것인가?

인내하고, 해치지 않고, 사랑하고, 연민함으로써 한다.

수행자들이여, 이와 같이 남들을 수호하면서 자기 자신을 수호한다.

수행자들이여, 이와 같이 '나는 남들을 수호할 것이다' 하면서 사띠의 토대를 닦아야 한다. '나는 남들을 수호할 것이다' 하면서 사띠의 토대를 닦아야 한다. 수행자들이여, 자기 자신을 수호하면 남들을 수호하고, 남들을 수호하면서 자기 자신을 수호하는 것이다."」

– 쌍윳따니까야』 47, 19 「사다까경」 / *Sedaka-sutta* – [10]

이렇게 '나(自我, Attā)'는 당당한 주체다.

나는 나 자신의 수호자이며 귀의처일 뿐만 아니라, 이 세상 많은 사람들(bahujana) · 중생들 · 동포들을 해치지 아니 하며, 연민하며, 사랑하고, 헌신하며, 수호하는 당당한 사회적 역할의 주체다. 나는 나 자신의 인생을 책임질 뿐만 아니라, 이 세상 많은 사람들의 수호를 책임진다. 동시에 나는 수행의 주체다. 사띠 수행의 주체다. 나 자신을 수호하고 남들을 수호하는 것으로써 사띠의 토대를 닦는다.

"수행자들이여,
자신을 수호하면 남들을 수호하는 것이고,
남들을 수호하면 자신을 수호하는 것이다. -"

이것은 참으로 놀라운 발견이다.

초기불교시대, 우리 선대들은 자기 자신(Attā, 自我)을 이렇게 고양시키고 보살적 자아로 확대시키고 있다. 자타불이(自他不二)의 대승 보살사상을 이렇게 자연스럽게 일상적인 삶으로 인식하고 살아내고 있다.

자주당당한 내 인생의 주체.

세상사람들, 동포들을 해치지 아니 하고 연민 헌신하고 수호하는 사회적 주체.

이러한 삶으로써 사띠 수행의 기초를 닦는 이타적 수행의 주체-

---

10) S Ⅴ p.168 ; 각묵 스님 역, 『쌍윳따니까야』 5권 pp.496-498.

부처님은 이렇게 '나'를 긍정하신다.

붓다 석가모니는 이렇게 '나(自我, Attā)'를 긍정하고 높이 일으켜 세우며, 당당한 인격적 사회적 주체로써 귀하게 평가하고 있다. 여기 어디에도 '무아다, 나가 없다'− 이런 말은 없다. 어떤 주석가는 이 당당한 주체로서의 '나(自我, Attā)'를 오온과 연결시키고 있지만, 이것은 큰 착각이다. 이 당당한 '나(自我, Attā)'에게는 오온−오온무아가 끼어들 여지가 없다.

3. '무아(無我)'의 '아(我)'는 '나(自我)'가 아니다, 물질이 '나의 것'이 아니고, 물질이 '나'가 아니고−

"수행자들이여,

물질(色)은 무아(無我)다.

느낌(受)은 무아(無我)다.

인식(想)은 무아(無我)다.

형성(行)은 무아(無我)다.

식(識)은 무아(無我)다. …

수행자들이여, 그런 까닭에 어떠한 물질이건, 느낌이건, 인식이건, 형성이건, 알음알이건, … '이것은 내 것이 아니다. 이것은 내가 아니다. 이것은 나의 자아가 아니다.'라고 관찰지로 있는 그대로 바르게 관찰해야 한다."

− 쌍윳따니까야 22, 59 「무아의 특징 경」 −

"내가 없다."

"나의 것이 없다."

"나의 실체가 없다."–

이 법문 어디에도, 이런 말씀은 없다.

"색이 무아다, 수상행식이 무아다"라고 하지, "내가 무아다"– 하지 않는다.

붓다께서는 철저하게, "물질이 내 것이 아니다" "물질이 내가 아니다" "물질이 나의 자아가 아니다"– 이렇게 말씀하시지, 무턱대고 조건 없이, "내 것이 아니다." "내가 아니다." "나의 자아가 아니다" 하시지 않는다.

경전 도처에서 수없이 설해지는 '무아'에서 무턱대고 조건 없이, "무아다, '내가 없다' '나의 것이 없다' '나의 자아가 없다'"–, 이렇게 설해지는 경우는 어디에도 없다. 반드시 '오온무아'를 전제하고 있는 것이다. '제법무아'도 마찬가지다. '오온무아'를 전제로 하는 것이다.

심지어 반야심경에서도, '관자재보살이 깊은 반야를 행할 때, 오온이 공한 것을 비춰보고 일체 고통을 건네느니라.'–, 이렇게 설해지고 있다. '오온이 공한 것을 비춰본다'는 것이 곧 '오온무아를 비춰본다'는 것이다.

'무아(無我)'의 '아(我)'는 내가 아니다.

'무자아(無自我)'의 '자아(自我)'는 내가 아니다.

'AnAttā'의 'Attā'는 내(Attā)가 아니다.

자신을 지키고 많은 사람들을 수호하고 열심히 수행하고–, 이런 '일상적 자아' '인격적 자아' '사회적 주체의 자아'를 두고, '무아다' '나가 없다'- 이런 것 결코 아니다.

'무아(無我, anatta)'는 '오온무아(五蘊無我, pañcakkhandhā-anatta)'다.

'무아(無我)'의 '나'-'자아(自我)'는 곧 '오온'이다. '오온자아(五蘊自我)'다. 지금 와라나시 사슴동산에서 붓다께서는,

'오온무아다'

'이 오온의 자아가 실로 없다'

'이 오온은 나가 아니다'

'나의 것이 아니다'

'나의 자아가 아니다'-

이렇게 선포하신다. 이 '오온무아'는 곧 '오온자아'를 타파하는 것이다. 색수상행식의 오온을 보고 '이것이 나다'라고 착각하는 '오온의 나'를 타파하는 것이다.

이 엄연한 전제를 망각하고 '무아' '무아'-, '내가 없다' '내가 없다-' 하니까, 내가 사라진 것이다. 여기 이렇게 펄펄 살아있는 내가 실체 없는 허깨비가 되고 만 것이다. 그래서 당황하고, 방황하고, 절망하고, 떠나가는 것이다.

'오온'은 '나(自我)'가 아니다
'오온'은 '나의 구성요소'가 아니다

●
●

"수행자들이여,

물질이 있을 때, 물질에 집착하고 물질에 탐착하여,

이와 같이 '이것이 나이고, 이것이 세상이고, 죽은 후에 항상하고,

견고하고, 영원하고, 불멸로 존재할 것이다'라는 견해를 일으킨다.

수행자들이여, 느낌이 있을 때 …

수행자들이여, 지각이 있을 때 …

수행자들이여, 형성이 있을 때 …

수행자들이여, 식(識)이 있을 때 … "

― 쌍윳따니까야 22, 59 『무아의 특징 경』 / *Alagaddūpama-sutta* ― *

* S Ⅲ pp.66-68 ; 각묵 스님 역, 『쌍윳따니까야』 3권 pp.234-239.

1. 나는 해체대상이 아니다

'오온이 공한 것을 비춰보고-'
반야심경에서 이렇게 말할 때, 많은 사람들은 이렇게 생각한다.
'오온이 나이다.
오온이 나의 구성요소이다.
나는 오온으로 구성되었다. -
그런데 물질은 무아다. 내가 아니다.
느낌은 무아다. 내가 아니다. … '

이렇게 '오온무아의 법문'을 듣고는 또 이렇게 생각한다.
'오온은 나의 구성요소다.
물질, 느낌 등 오온 하나하나가 무아이기 때문에, 나는 무아다. -'

이것이 바로 '수레식 무아론'이다. [11]
'수레를 구성하는 수레바퀴 · 널판 · 수레줄 · 못 · 쇠장식-
이 모든 구성요소들이 부서져 없어지는 것이기 때문에
수레는 아무 실체가 없다. 수레는 무아다.
이와 같이 오온의 요소 하나하나가 무아이기 때문에 나는 무아다. -'

---

11) *Milinda Pañha*; SBE, vok, 35. pp.40-45 ; 딧사나야케/정승석 역,『불교의 정치철학』pp.42-49.

아주 근사한 논리다. 일견 합리적 분석으로 들리기도 하다.

이 기막힌 발상-, 이 어리석은 발상-

나는 수레가 아니다. 인간은 수레가 아니다. 인간생명은 수레가 아니다.

나는 수레같이 조각들을 모아서 만든 조각들의 합성품이 아니다. 나는 해부의 대상이 아니다. 나는 해체의 대상이 아니다. 인간생명은 해체해서 분석해 볼 수 있는 합성품이 아니다.

'오온무아'를 '나 무아' '인간생명 무아'로 몰고 가는 것은 외과의사가 팔 다리 머리 가슴 심장 신장- 이렇게 분해해놓고, '내가 어디 있느냐? 어디에도 '나'라는 실체가 없다.'-, 이렇게 주장하는 것이다. 이렇게 요소들로 갈기갈기 분해되면 이미 내가 아니다. 생명 아니다. 송장이다. 지금 송장 붙들고 '내가 있다, 없다'하자는 것인가?

이런 식이라면, 어디서 인간의 존엄성과 사회적 책임을 찾을 수 있을 것인가?

'나를 수호함으로써 동포들 수호하고 동포들 수호함으로써 나를 수호하는' 인격적 사회적 주체, 보살적 주제인 나를 어디서 찾을 수 있을 것인가?

초기불교가 방법론적으로 '분석(分析, 分別, 解體, vibhajja)'을 중시한다고 하지만, 그 대상은 어둔 생각들로 형성된 것들(諸行, 諸法)이지, 이렇게 펄펄 살아 숨쉬는 생명이 아니다.

나는, 인간생명은, 아니 만류의 생명은, 해부하고 해체해서 볼 그런 대상이 아니다. 나는, 만류의 생명은 지금 여기서 팔팔 살아 숨쉬는 존엄한 생명체다. 느끼고, 생각하고, 사랑하고, 미워하고, 창조하고- 살아 숨쉬는 존엄한 존재다.[12]

2. 오온은 '내(自我)'가 아니라, '자아의식(自我意識)'이다

'오온(五蘊, pañcakkhandhā)은 나를 구성하는 다섯 가지 요소다.
오온이 쌓여서 내가 형성된 것이다.
오온이 공하면 나도 공하다.'―
대부분 사람들이 이렇게 생각하고 있지만, 이것은 참으로 크나큰 착각이다. 오온은 '나의 구성요소'가 아니라, '자아의식(自我意識)의 구성요소'이다.
'자아의식'이란, '이것이 나의 것이다.' '이것이 나다.' '이것이 불변의 나의 자아이다.'― 이렇게 생각하고 집착하는 어둔 의식이다.
붓다께서 쌍윳따니까야 24, 2 「이것은 나의 경」에서 이렇게 설하신다.

"수행자들이여,
물질이 있을 때, 그리고 물질에 집착하고 물질에 빠져서,
'이것은 내것이다.' '이것은 나다.' '이것은 나의 자아다.'라고 관찰한다.
느낌이 있을 때 … 지각이 있을 때 … 형성이 있을 때 …
식(識)이 있을 때, 그리고 식(識)에 집착하고 식에에 빠져서,
'이것은 내것이다' '이것은 나다' '이것은 나의 자아다'라고 관찰한다."

― 쌍윳따니까야 24, 2 「이것은 나의 경」―

---

12) 『초기불교의 사회적 실천』 pp.172-176.

'이것은 내 것이다— 내 몸이다.'

'이것이 있다— 내 몸이 있다.'

'이것이 나다— 내 몸이 나다.'

'이것이 나의 자아다— 내 몸이 나의 자아이다.',

몸(色, 물질)을 보고 내 몸에 집착하여, 이렇게 생각하고 집착하는 것—

오온을 보고 '내가 있다— 자아가 있다.'— 이렇게 생각하고 집착하는 것—,

이런 의식(意識), 이런 견해(見解)— 이것이 곧 '자아의식(自我意識)'이다.

교학적인 용어로는 '유신견(有身見, sakkā-diṭṭhi)'이라고도 한다. '내 몸이 있다.' '내 몸이 곧 나(自我)이다.' '(따라서) 불변의 자아가 존재한다.'라는 견해이기 때문에 '유신견(有身見)'이라고 한다.

'유신견'은 곧 불교적 '자아의식' '존재의식'이다. '내 몸이 나이고, 이 몸이 영원히 사는 것이다.'— 이런 몸을 영원한 '나'로, '나의 것'으로, '나의 자아, 나의 불변의 실체' '나의 불변의 존재'로 고집하는 견해가 '유신견'이고, '자아의식' '존재의식'이다. 있는 그대로 보지 못하는, 몸에 집착하는 어둔 이기적 의식(無明識)이다.

실제로 물질이 '나'이고 '내 자아'이고 '내 존재'가 아니라, 내 몸(물질)에 집착하고 내 몸에 깊이 빠져서, '이 몸이 나이고 내 자아이고 내가 실체로 존재한다.'— 이렇게 생각하고 이런 견해를 갖고 이런 고집을 갖는 것이다. 물질(色)의 경우와 같이, 느낌(受)·지각(想)·형성(行)·의식(識)의 경우에도 애착하고 집착해서 이와 같이 '유신견' '자아의식' '존재의식'이 형성된다.

3. '오온'은 '자아의식의 구성요소'다

남녀가 몸으로 부딪치고(色, touch, 부딪침)

'좋다' '싫다' 느끼고(受, feel, 느낌)

'이런 것이 남자다' '여자다'라는 개념(想, concept)이 형성되고, 머리에 '남자' '여자'라는 고정관념- 그림/이미지가 생겨나고(相, image, 지각),

'탐난다' '소유해야겠다'는 욕심이 생기고 서로 사랑하고 미워하고 (行, doing, 형성),

'이 남자는 내 것이다' '내 여자가 더 멋있어' '저 사람은 미워' 이렇게 의식하고 분별하고(識, consciousness, 알음알이/의식)-'

우리가 세상 살아가면서 이리저리 부딪치고 느끼고 생각하고 행위하고 분별하면서-, 이렇게 색수상행식의 체험에 대한 집착이 하나 둘 쌓여서, '이것이 내 것이다' '이것이 나다' '이것이 나의 실체(自我)다'라는 '자아의식' '존재의식'이 생겨나고, 이런 의식들이 뿌리 깊은 견해와 고집을 형성하게 되는 것이다.

이렇게 오온은 '자아의식의 구성요소'이다. '자아의식' '존재의식'을 형성하는 '형성요소'다.

이렇게 우리가 부딪치고 체험하는 오온에 대하여 집착하는 것을 '오취온(五取蘊, pañca upādāna-khanda)'이라고 한다. 정확하게 말하면, '집착되어진 오온'이란 뜻이다.

내가 직장에서 동료 여성/남성과 아무 생각 없이 자주 악수하고 이런 체험들이 그냥 쌓일 때는 '색온(色蘊, 부딪침의 쌓임)'이지만, 이 부딪침에 대하여 '참 좋구나' '만지고 싶다' '갖고 싶다' 하고 몸(色)에 대하여 탐내고, 이런 탐냄이 쌓이면 '색취온(色取蘊, 부딪침에 대한 집착의 쌓임)'이 된다.

이렇게 '오온(五蘊, pañca-khanda)'에 대한 집착과 애착(取, upādāna, 집착)이 쌓여서(蘊, khanda) '오취온(五取蘊, pañca upādāna-khanda)'이 되고, 이 오취온의 집착과 애착이 '자아의식' '존재의식'이라는 어둡고 이기적인 무의식을 형성해 낸다.

'오취온(五取蘊)' – '집착된 오온'

우리가 문제 삼는 것은 바로 이 '오취온'이다. 집착하고 탐내는 오온이다. 그러나 지금 우리 오온이 이미 집착된 상택이기 때문에, 우리가 이미 우리 오온 – 육체적 정신적 작용에 깊이 빠져있기 때문에, 이미 오취온이 돼 있는 상태기 때문에, 우리는 '오온' '오취온'을 구분할 필요 없이 같은 뜻으로 쓰는 것이다. 아름다운 남성/여성과 처음으로 부딪쳐도, 좋아하고 소유하고 싶은 탐욕이 한 순간 그대로 발동하는 것이 우리 현실이다. 오온이 이미 오취온이 돼버린 것이다.

부딪치면서(色),
느끼면서(受),
지각하고(개념) 이미지를 그리면서(想),
욕심을 내고 어떤 행위를 지어가면서(行),
분별하고 시비하면서(識) –
이렇게 집착하고 애착하는 오온들이 쌓여서 '내가 있다' '나의 것이다' '나의 자아다, 불변의 실체다'– 이런 어둔 '자아의식' '존재의식'이 형성되어간다. 이렇게 '오온'–'오취온'이 '자아의식의 구성요소들'이 다.'[13]

13)『초기불교의 사회적 실천』 pp.176-186. ;『초기불교』 pp.105-106.

왜 '오온'을 이렇게 문제 삼는가?

●
●

"수행자들이여, 나는 괴로움과 괴로움의 뿌리에 관하여 설하리라. 잘 들어라.

수행자들이여, 무엇이 괴로움인가?

물질이 곧 괴로움이다. 느낌이 곧 괴로움이다. 알아차림이 곧 괴로움이다. 형성이 곧 괴로움이다. 의식이 곧 괴로움이다.

수행자들이여, 이 오온이 곧 괴로움이다.

수행자들이여, 어떤 것이 괴로움의 뿌리인가?

그것은 곧 갈애이다. 이 갈애는 다시 태어남을 가져오고, 즐김과 탐욕이 함께하고, 여기저기서 즐기는 것이다. 곧 감각적 욕망에 대한 갈애, 존재에 대한 갈애, 무(無)존재에 대한 갈애가 그것이다.

수행자들이여, 이것을 일러 괴로움의 뿌리라 한다."

— 쌍윳따니까야 22, 31 ;「고통의 뿌리경」/*Aghamula-sutta*— *

* S Ⅲ p.32 ; 각묵 스님 역, 『쌍윳따니까야』 3권 p.166.

1. '오온의 자아'는 허구적 존재다

'무아(無我)'의 '아(我)'는 '내'가 아니다.

지금 여기 이렇게 팔팔 살아 숨쉬는 '내'가 아니다.

동포들을 수호하고 연민 헌신하는 보살적 삶으로 나 자신을 수호하고, 이런 의식으로 사띠를 확립하는 사회적 수행적 주체인 '나', '본연의 나'가 아니다. '무아(無我)'의 '아(我)'는 '오온의 아(我)'다. 오온에 대한 집착과 탐욕, 곧 갈애가 쌓이고 쌓여서 형성된 '오온자아(五蘊自我, pañcakkhandhā-attā)'다.

오온자아는 실제로 존재하는 자아가 아니고, 하나의 '자아의식(自我意識)' 존재의식(存在意識)'에 불과하다. 의식(意識), 곧 '생각' '어둔 생각'에 불과하다. 부딪치고 느끼고 알아차리고 형성해가고 의식하는 육체적 정신적 체험—오온에 집착하여, '이것이 나다' '이것이 내 몸이다' '이것이 내 자아(自我, attā)다' '이것이 나의 존재(有, bhava)다' '나는 불변의 실체다' '영원히 살고 싶다' '소유하고 지배하고 싶다'— 이렇게 생각하고, 이렇게 어둔 탐욕을 일으키고, 이렇게 삿된 견해(邪見, michā-diṭṭhi)를 일으킨다.

오온자아, 곧 오온에 대한 집착과 탐욕, 곧 갈애가 어둔 자아, 어둔 존재, 어둔 세상을 만들어 낸다. '나(自我)' '나의 존재'는 바로 이렇게 '생겨난 것' '형성된 것(諸行, 諸法)'이다. 본래 있는 것이 아니라 '생겨난 것' '형성된 것'이다.

쌍윳따니까야 「자아의 경」에서는 이렇게 설해지고 있다.

"수행자들이여, 물질이 있을 때, 그리고 물질에 집착하고 물질에 탐욕을 일으켜, '이 자아가 바로 이 세상이다. 그것은 죽은 뒤에도 항상하고, 견고하고, 영원하며 변하지 않을 것이다'ㅡ 이런 사견이 일어난다. 느낌이 … 지각이 … 형성이 … 의식이 있을 때, 그리고 물질에 집착하고 물질에 탐욕을 일으켜 , '이 자아가 바로 이 세상이다. 그것은 죽은 뒤에도 항상하고, 견고하고, 영원하며 변하지 않을 것이다.'ㅡ 이런 사견이 일어난다."

ㅡ 쌍윳따니까야 24, 3 「자아의 경」 / *Soatta-sutta* ㅡ 14)

따라서 이 '나(自我, attā)'는 실재하는 자아가 아니다.

이 '나의 존재(有, bhava)'는 실재하는 나의 존재가 아니다. 실체가 아니다.

지금 여기서 팔팔 살아 숨쉬는 실체가 아니다. 이것은 오온이라는 심리작용이 만들어낸 '허구(虛構)'다. '허구적 자아' '허구적 존재'다. 정확하게 말하면, '허구적 자아의식' '허구적 존재의식'이다. '나라는 개체적 존재가 이렇게 있다'라는 허구적 관념에 불과한 것이다.

그런데 우리는 이 허구적 관념, 허구적 의식을 나의 실체로 착각하고, 실재하는 나로 착각하고, 이 거짓 나, 나의 존재, 곧 거짓 생각, 거짓 의식, 어둔 의식, 오온에 집착해서 조작해 낸 어둔 의식ㅡ'오온자아 의식'에 빠져서 온갖 탐욕을 일으키고 악행을 저지르고 있다.

---

14) S Ⅲ p.204 ; 각묵 스님 역, 『쌍윳따니까야』 3권 p.507

'오온-어둔 자아의식,

허구적 존재, 허구적 자아, 허구적 관념, 허구적 의식'-

그러나 이것은 한갓 추상적 이론(理論) 아니다. 지금 이 세상이 이렇게 돌아가고 있다. 지금 우리가 이렇게 돌아가고 있다. 좌파/우파들이 이렇게 돌아가고 있다. 서로 원수고 적(敵)이다. 이미 동포가 아니다. 오온은 이렇게 무서운 현실이다. 오온자아-오온에 집착해서 조작해낸 자아의식은 이렇게 무서운 현실을 만들어내는 근본원인이다. 좌파/우파들은 '나' '우리' '내 주장' '우리 주의(主義)'라는 허구적 관념을 실체로 착각하고, '이념(理念)'으로 포장하고, 거기에 빠져서 서로 해치는 데 열중하고 있다.

'무아'는 이렇게 심각한 현실을 문제 삼고 있는 것이다.

'오온' '무아'- 알아도 좋고 몰라도 좋고-, 이런 이론이 결코 아니다. 여기에 우리 생사가 달려있다. 우리들의 평화와 안식이 달려 있다. 그래서 지금 우리는 이 '오온문제' '무아문제'를 잠 못 이루며 문제 삼고 있는 것이다. 그래서 붓다께서 끊임없이 '오온' '오온' '무아' '무아' 하시는 것이다.

2. 나는 어떻게 생겨나고, 어떻게 소멸하는가?

"나는 무엇입니까?

내 존재는 어떤 것입니까?

인간은 무엇입니까?

인간존재는 어떤 것입니까?

신(神)의 피조물입니까?

단지 태어났다 소멸하는 생물학적 존재입니까?

아니면, 본래부처입니까?

닦을 것이 없는 본래부처입니까?"

이런 질문에 대하여 붓다께서는 항상 대답하신다.

"수행자들이여, 그대들에게 자기존재(有身)와 자기존재의 일어남과 자기존재의 소멸과 자기존재의 소멸로 인도하는 길을 설하리니, 잘 들어라.

수행자들이여, 어떤 것이 자기존재인가?

오온에 집착하는 것(五取蘊)이 그것에 대한 대답이다. …

수행자들이여, 곧 감각적 쾌락에 대한 갈애(欲愛), 존재에 대한 갈애(有愛), 존재하지 않음에 대한 갈애(無有愛)다.

수행자들이여, 어떤 것이 자기존재의 소멸인가?

이러한 갈애를 남김없이 소멸해 버리고 놓아 버리고 벗어남, 집착하지 않음이다.

수행자들이어, 어떤 것이 자기존재의 소멸로 인도하는 길인가?

그것은 곧 팔정도다.(간추림)"

— 쌍윳따니까야 22, 105 「자기존재의 경」/ *Sakkāya-sutta* — [15)]

여기서 일컫는 '자기존재'는 곧 '허구적 자아' '허구적 존재'다.

---

15) S Ⅲ p.159 ; 각묵 스님 역, 『쌍윳따니까야』 3권 pp.421-422.

붓다께서 긍정하신 '열심히 살아가는 나의 존재' '남을 제 몸처럼 사랑하는 나의 존재' '많은 사람들을 수호함으로써 나를 수호하는 보살적인 나의 존재' '등불 삼는 나의 존재'를 일컫는 것이 아니다.

이미 관찰한 바와 같이, 오온에 집착함으로써 탐욕과 고집, 곧 갈애를 일으키고, 이 갈애의 어둔 에너지(煩惱)가 '나' '나의 것' '나의 자아' '나의 존재'라는 허구적 자아의식, 곧 허구적 자아–허구적 '나의 존재'를 형성해내는 것이다. 붓다는 바로 이 '허구적 나의 존재'를 문제 삼고 있는 것이다.

따라서 "어떤 것이 자기존재의 일어남인가?"하는 질문에 대하여, "그것은 곧 갈애다.", 하시고, "어떤 것이 자기존재의 소멸인가? 이러한 갈애를 남김없이 소멸해 버리고 놓아 버리고 벗어남"이라고 설하시는 것은 너무나 당연한 귀결이다. 이것은 문제의 본질이 '오온' '오취온'에 있다는 사실을 다시 한번 명료하게 드러내 보이는 것이다.

"수행자들이어, 어떤 것이 자기존재의 소멸로 인도하는 길인가?
그것은 곧 팔정도다."

'팔정도, 팔정도–'

하아– 하아– 참으로 충격이다. 눈이 번쩍 뜨인다.

우리 앞에 길이 환– 하게 열린다. 이 고된 세상살이 벗어나 훨훨 자유롭게, 한번 인간답게 살아갈 새벽길이 동해일출로 어둠을 뚫고 밝아온다.

하늘 땅 진동하도록 큰 소리로 외친다.

"만세- 길을 찾았다.

만세- 해탈의 길을 찾았다.

만세- 자유의 길을 찾았다. -"

3. 왜 '오온'을 문제 삼는가?

가) 불교의 대전제 -'괴로움의 문제'

도처에 오온이 깔려 있다.

'오온'이라는 용어가 불경 전편에 걸쳐서 끊임없이 나오고 있다.

'관자재보살이 깊은 반야바라밀을 행할 때, 오온이 공한 것을 비춰 보고 일체의 괴로움을 건너느니라.'

이렇게 오온이 초기경전, 대승경전의 중심 테마로 제기되고 있다.

무엇 때문일까? 왜 이렇게 불교의 모든 부파가 오온을 심각하게 문제 삼는가?

붓다께서 이렇게 명료하게 분석하고 계신다.

"수행자들이여, 나는 괴로움과 괴로움의 뿌리에 관하여 설하리라. 잘 들어라.

수행자들이여, 무엇이 괴로움인가?

물질이 곧 괴로움이다. 느낌이 곧 괴로움이다. 알아차림이 곧 괴로움이다. 형성이 곧 괴로움이다. 의식이 곧 괴로움이다.

수행자들이여, 이 오온이 곧 괴로움이다.

수행자들이여, 어떤 것이 괴로움의 뿌리인가?

그것은 곧 갈애이다. 이 갈애는 다시 태어남을 가져오고, 즐김과 탐
욕이 함께하고, 여기저기서 즐기는 것이다. 곧 감각적 욕망에 대한 갈
애, 존재에 대한 갈애, 무(無)존재에 대한 갈애가 그것이다.

수행자들이여, 이것을 일러 괴로움의 뿌리라 한다."

– 쌍윳따니까야 22, 31 ; 「고통의 뿌리경」 / Aghamula-sutta – [16]

붓다–불교가 문제 삼는 대전제는 곧 '괴로움의 소멸'이다.

많은 사람들, 동포들을 수호하고 괴로움으로부터 벗어나게 하는
것이다.

붓다의 모든 가르침은 곧 '괴로움의 소멸(苦滅, dukkha-nirodha)', '괴
로움으로부터 벗어나는 것'이다. 불교의 궁극적 목표인 '해탈열반'이
바로 이것이다. 우리가 추구하는 '만인견성–만인해탈'이 바로 이것이
다. '괴로움의 문제'를 전제하지 아니하고 불교가 성립될 수 없다. '본래
괴로움이 없다.'–, 이런 주장은 어둔 절망(絶望)을 치유하려는 한때의
처방에 불과한 것이다. 괴로움이 없는데, 왜 '불교'가 필요하겠는가?
병이 없는데 왜 의사가 필요하겠는가?

무엇이 괴로움인가?

곧 오온이다. 색수상행식이다.

정확하게 말하면, 오취온(五取蘊)이다.

오온에 집착함으로써 '허구의 나(自我, atta)', 허구의 '나의 존재(有,

---

16) S Ⅲ p.32 ; 각묵 스님 역, 『쌍윳따니까야』 3권 p.166.

bhava)'를 형성해 내고-, 내 존재에 대한 탐욕으로 인해서, 남들 무시하고, 외면하고, 수호하지 않고, 소유하려 하고, 지배하려 하고, 싸우고, 해치고, 죽이고- 이렇게 오온에 집착하는 오취온이 곧 괴로움이다. 나 개인의 괴로움, 가정의 불화, 사회적 갈등, 진영논리, 차별, 폭력, 테러, 전쟁, 집단살육- 이 모든 고통이 실로 오온이다. 생노병사가 실로 오취온이다.

오온은 '허구적 자아의식의 형성요소'인 동시에 괴로움 그 자체다. 실재하지도 않는 '허구적 나'를 두고 여기에 집착하고, 이것 때문에 서로 싸우고 서로 해치고- 이 이상의 허망한 괴로움이 어디 있겠는가?

나) 오온이 문제다,
오온이 괴로움이고 괴로움의 뿌리다

무엇이 문제인가?

무엇이 괴로움의 뿌리인가?

무엇이 사회적 개인적 괴로움의 뿌리며 원인인가?

괴로움에 관한 이론(理論)도 많고, 괴로움을 일으키는 번뇌도 많고, 부파불교는 이 번뇌 분석하고 분석하다고 본분을 잃고-, 그러나 이 문제에 관한한 붓다의 법은 단순명료하다. 의문의 여지가 없다.

기원전 588년. 와라나시 사슴동산 초전법륜.

붓다께서는 다섯 수행자를 향하여 이렇게 사자후하신다.

('사띠 삼념'하고, 합장하고, 낭랑하게 외우며 깊이 새긴다.-)

"수행자들이여, 이것이 괴로움 생겨남의 성스러운 관찰이다(苦集聖

諦).

　　<u>그것은 바로 갈애이다.</u> 다시 태어남을 가져오고, 즐김과 탐욕이 함께
하며, 여기저기서 즐기는 것이다. 곧 감각적 욕망에 대한 갈애, 존재에
대한 갈애, 존재하지 않음에 대한 갈애가 그것이다."

－ 쌍윳따니까야 56, 11 「전법륜경」 － [17)]

　　<u>갈애(渴愛, taṅha, thirst/craving),</u>
　　<u>오온에 집착함으로써 생겨나는 갈애,</u>
　　<u>과도한 감각적 쾌락과 욕심, 견해에 대한 고집</u>－[18)],

　　이 갈애가 모든 번뇌를 작동시키는 '번뇌의 동력(動力)'이다. 오온과
십이연기를 작동시키는 '연기의 동력'이다. 연기는 '무지(無知, 無明,
avijja)'로부터 시작되고 있지만, 이 갈애가 무지를 작동시키는 동력이
다. 이 갈애가 유일한 원인은 아니지만, '손으로 만져볼 수 있는 가장
직접적 원인(*The most palpable immediate cause*)'이고 '중요하고 보편적
인(*principal thing and the all-pervading thing*) 원인'이다.[19)]

　　우리는 다시 한번 노(老) 삥기야의 고백으로 돌아간다.

---

17) S Ⅴ p.421 ; 각묵 스님 역, 『쌍윳따니까야』 6권 pp.375-386.
18) '여기서 갈애란 용어는 탐욕, 감각적 쾌락과 재산, 권력에 대한 고집뿐만 아니라,
　　신념, 이상, 견해, 의견, 이론, 개념, 신앙에 고집, 곧 법에 대한 갈애(dhamma-taṅha,
　　法愛)도 포함한다.' ; W. Rahula, *What the Buddha taught* pp.29-30..
19) W. Rahula, Ibid p.29.

"붓다의 가르침은 눈에 보이고 즉각적인 것입니다.

갈애를 소멸시키고 괴로움이 없는

가르침을 제게 설하여 주셨습니다.

그분께 견줄 자는 아무도 없습니다."[20]

‘오온’ ‘오취온’

‘색수상행식에 집착함으로써 생겨나는 갈애’–[21]

이렇게 오온은 괴로움 그 자체인 동시에 괴로움을 초래하는 괴로움의 뿌리다. 그래서 도처에서 이렇게 오온을 문제 삼고 찾아 헤매는 것이다. 이것은 곧 ‘허구적 자아의식’을 극복하고 ‘일상의 나’를 있는 그대로 발견하려는 자아탐구의 노력이고, ‘세상의 등불’로 이 세상 많은 사람들, 동포들을 수호하고 고통과 죽음의 악순환으로부터 구원하려는 치열한 보살 구세(救世)의 과정이다.

---

20) Sn 1141 ; 일아 스님 역, 『숫따니빠따』 p.399.

21) ‘갈애’는 ‘느낌/감수(感受, vedanā)’에서 발생하고(M Ⅰ p.51), 느낌/감수작용은 12처의 ‘접촉(觸, phassa)’에서 일어난다. ‘촉(觸, 접촉)으로 인하여 수(感受, 느낌)가 있고, 수로 인하여 애(愛, 渴愛)가 있고 … ’, 이것이 십이연기의 과정이다. 이 접촉과 느낌은 오온의 색(色, 물질적 감각적 부딪침)–수(受, 느낌) 작용과 일치하는 것이다. 곧 갈애는 오온에 대한 집착에서 생겨나고 소멸하는 것이다. 오온과 십이연기는 설명방식을 달리하고 있을 뿐, 괴로움 생겨남의 과정은 동일한 것이다. 초기경전에서는 오온관찰이 십이연기관찰 보다 높은 단계라고 규정하고 있다. 따라서 이 갈애로부터 벗어나려면, 이것저것 좋아하고 즐기는 느낌/감수작용, 쾌락에 대한 욕망을 절제하는 것이다. "갈애는 즐김과 탐욕이 함께하며, 여기저기서 즐기는 것이다."(S Ⅴ p.451, 「전법륜경」) ; W. Rahula, Ibid. pp.29-30 ; 『초기불교이해』 p.155. ; 『초기불교』 p.166. ; 『초기불교의 사회적 실천』 pp.181-186.

$$제4강$$

붓다의 관찰법으로 돌아가라

·
·

「"수행자들이여, 어떻게 생각하는가?

물질은 영원한가? 무상한가?"

"세존이시여, 물질은 무상합니다."

"무상한 것은 괴로움인가? 즐거움인가?"

"세존이시여, 괴로움입니다."

"무상하고 괴로움이고 변하기 마련인 것을 두고,

'이것은 내것이다, 이것은 나다, 이것은 나의 자아다'라고

관찰하는 것이 옳은 것인가?"

"세존이시여, 그렇지 않습니다." … 」

— 쌍윳따니까야 22, 59 「무아의 특징에 관한 경」 / *Anattalakkhaṇa-sutta*— *

* S Ⅲ pp.66-68 ; 각묵 스님 역, 『쌍윳따니까야』 3권 pp.234-239.

1. '무아'는 '진리(法印)' 아니다
'무아'는 '관찰법'이다

이제 우리는 다시 돌아왔다.

기원전 588년경, 와라나시 사슴동산의 '무아법문'으로 다시 돌아왔다.

여기서 우리는 '무아'를 다시 만난다. 붓다의 역사적인 '무아법문'을 다시 만난다.

'내가 없다.'-, '무아법문' 어디에도 이런 말은 없다.

붓다께서는 수행자들과 둘러앉아 다만 이렇게 문답하고 계신다.

"수행자들이여,

무상하고 괴로움이고 변하기 마련인 것을 두고,

'이것은 내것이다. 이것은 나다. 이것은 나의 자아다.'-

이렇게 관찰하는 것이 옳은 것인가?"

"세존이시여, 그렇지 않습니다." …

무아는 이렇게 '관찰법'이다.

무엇을 관찰하는 것인가?

'무아'는 '오온'을 관찰하는 '오온관찰법'이다.

'오온무아'를 관찰하는 것이다. 정확하게 말하면, '오온자아'를 관찰하고 그 치유법으로써 '무아', 곧 '오온무아'를 관찰함으로서 '오온자아'

를 깨는 것이다. '오온자아' '허구적 자아의식' '허구적 존재의식' '어둔 이기주의' '탐욕' '갈애' '고집'을 깨고 벗어나는 것이다. 자유로워지는 것이다. 이기적 자아의식을 벗어나 세상 사람들 수호하고 사랑하는 것이다. 곧 해탈이고 열반이다. 보살의 길이다.

'무아'는 곧 '허구적 자아의 질병'을 관찰하고 치유하는 것이다.

① 오온에 집착하여 형성해 낸- 조작해 낸 '나의 자아(自我, atta)'- '나의 존재(有, bhava)'가 실재하지 않는 한갓 허구적 관념- 허구적 의식에 불과한 것이라는 사실을 관찰하고, 곧 '이런 나는 없다.'는 사실을 관찰하고,

② 이런 '허구적 자아' '허구적 존재', 정확하게 말하면, '허구적 자아의식' '허구적 존재의식'에 대하여 갈애를 일으키고 집착하고, '내 것' '나' '나의 자아'라는 견해에 고집하는 '나 고집(我執, 我相)'이 고통과 죽음-윤회의 뿌리라는 사실을 관찰하고, 이런 고집을 뿌리 뽑는 것이다.

이렇게 무아는 무슨 불멸의 진리 아니다. 임상적 치유법이다.

얼마든지 선택할 수 있고, 병이 나으면 폐기할 수 있는 치유법이다. 이 '무아'를 무슨 '불멸의 보편적 진리'로 고집하고, 수많은 동포들 충격 주고, 방황하게 하고, 떠나가게 하고-, 끊임없이 대안을 만들어내고, '나'를 놓지 않으려고 안간힘을 쓰고 … 우리 불교사 생각하면 참 기가 막힌다.

다시 한번, <u>무아는 불멸의 진리 아니다. 버려도 좋은 관찰법, 치유법이다.</u>

2. '무아윤회' 아니다, '무아해탈'이다

'무아'는 관찰법이다. '무아관찰법―치유법'이다.

'나' '나의 자아' '나의 존재'― 이 모든 것이 '일상의 나'를 망각하고, '동포들 수호함으로써 나 자신을 수호하는 본래의 나'를 망각하고, 부딪치고 느끼고 생각하고 허구적인 것들 형성해내는 오온에 집착함으로써 형성된 허구임을 비춰보고, '내 잘났다.'라는 '나 고집(我執)', '내 주장, 우리 주의가 진리'라는 '진리 고집(法執)' '진리 갈애(法愛, dhamma-taṇha)'로부터 벗어나 해탈열반을 실현하는 것이다. 어둔 죽음과 윤회의 올가미를 풀고 훨훨 자유롭게 하늘 땅 활보하는 것이다.

이렇게 '무아는 곧 해탈'이다. '무아관찰'은 곧 '해탈관찰' '해탈 치유법'이다. 윤회의 악순환으로부터 벗어나는 '윤회 해탈법'이다.

'무아윤회다'

'실체는 없어도 윤회의 현상은 존재한다.'―

이런 견해는 재고돼야 한다. 아니 단호히 벗어나야 한다.

'나는 본래 아무 실체가 없는데―, 무아인데―', 이런 생각을 전제로 '무아윤회'라고 하는지 몰라도, 이런 발상 자체가 불교적 사유의 범주를 넘어서는 분별망상이다.

'실체가 있다.' '실체가 없다.'― 이런 말 불교에 없다. 부처님은 이런 말씀 안 하신다. '무아는 실체가 없다'는 본래적 존재론이 아니다. '무아'는 나의 실체를 문제 삼는 본질적 실체론이 아니다. 존재와 실체에 관한 진리가 아니다. 다만 '오온자아' '허구의 자아'를 문제 삼는다. '허구의 자아' '허구의 존재'라는 '허구의 실체'가 있을 때, '허구의 자아의식-존재의식'이 있을 때, 그 업력으로 윤회라는 어둔 현상이 발생하는 것이다.

'오온관찰' '무아관찰'을 통하여 이 '허구의 실체'를 타파할 때, 우리는 이 어둔 윤회의 고통으로부터 벗어나 해탈한다. '무아'는 곧 '해탈'이다. 그래서 '무상-고-무아-이욕(離慾)-해탈 열반'이다. '무아-윤회'가 아니다. '무아-해탈'이다.

어느 때 한 학인이 물었다.
"법사님, 윤회가 있습니까? 없습니까?"
"내가 있으면 윤회 있고
내가 없으면 윤회 없다." [22]

'무상-고-무아'
'무상-무아-열반'
'무상-고-무아-공(空)'
'무상-고-무아-열반'
'무상-고-무아-염오(厭惡)-이욕(離慾)-해탈열반' …

이 모든 법이 이렇게 '해탈 관찰법'이다. 오온이 형성해 낸 '나의 자아(自我, attā)'- '나의 존재(有, bhava)'가 허구라는 사실- 진실한 내가 아니라는 사실을 있는 그대로 관찰함으로서, 고통- 고통의 뿌리에서 벗어나는 '붓다의 관찰법'이다. '붓다의 해탈 관찰법, 해탈치유법'이다. '무아'는 이 연속적인 '관찰법'의 한 과정이다.

---

22) 이때의 '나'는 곧 '허구적 자아의식'이다.

'무아'는 이렇게 관찰법이다. 관찰-치유법이다.

3. 무아-, '무상관찰'로부터 시작한다

"수행자들이여, 어떻게 생각하는가?
물질은 영원한가? 무상한가?"
"세존이시여, 물질은 무상합니다."
"무상한 것은 괴로움인가? 즐거움인가?"
"세존이시여, 괴로움입니다."
"무상하고, 괴로움이고, 변하기 마련인 것을 두고, '이것은 내 것이다, 이것은 나다, 이것은 나의 자아다'라고 관찰하는 것이 옳은 것인가?"
"세존이시여, 그렇지 않습니다."

'물질은 영원한가? 무상한가?'-
이렇게 '색(色) 무상관찰'로부터 시작한다.
오온관찰-무아관찰은 '오온 무상관찰'로부터 시작한다.
'나'는, 정확하게 말하면, '나'라고, '나의 자아'라고 우리가 믿고 있는 어둔 '자아의식'은, 우리 무의식 속에 잠재해 있어서 잘 보이지 않는다. 그래서 이 '자아의식'을 다섯 가지 형성요소로, 곧 오온으로 분석하고, 사띠(sati)를 통하여, 색수상행식- 이 하나하나를 눈앞에 보듯이 있는 그대로 관찰하는 것이다.
'생겨난 것은 끊임없이 변하고 사라져간다.'는 현실을 관찰한다. 내 몸이나 매력적인 접촉도 순간순간 변해가고, 느낌이나 기분도 순간순간 변해가고 … 생겨난 모든 것이 순간순간 변해간다고 관찰한다. 이렇게 해서 '오온 무상관찰'은 '제행무상(諸行無常) 관찰'로 전개된다. 실제로는 '제행무상 관찰'로 일반화되었다. 이것이 '삼법구／삼특상'이다.

'색(色) 무상-오온 무상-제행무상' 관찰-

'무상한 것은 괴로움이다'라고 관찰한다. "무상하고 괴로운 것을 '나다' '내것이다' '영원한 나의 자아다'."라고 할 수 없다는 것을 관찰한다. 이렇게 관찰하면 내 몸도, 매력적인 접촉도 싫어지고, 싫어지면 멀리하게 되고(厭離), 멀리하게 되면 욕심도 갈애도 줄어들고(離欲, virāga), 마침내 몸이나 매력적인 접촉에 대한 집착에서 벗어난다. '나의 것' '나' '영원한 나의 자아'라는 허구적 자아의식-존재의식으로부터 벗어난다. '어둔 자아' '오온자아'로부터 벗어난다. '그런 어둔 나' '허구적인 자아는 없다'라고 깨닫게 된다.

무아를 있는 그대로 보는 것이다. 이것이 무아다. 이렇게 '나' '나의 자아'로부터 벗어나면, 생각이 자유로워지고, 남들의 존재가 소중하게 여겨지고, 작은 것 하나라도 함께 나누게 되고, 남들, 많은 사람들, 동포들 사랑하고 수호하게 된다. 이것이 해탈열반이다.

이렇게 무아는 무상관찰로부터 시작한다.

'무상-고-무아- 해탈열반'은 무상관찰로부터 시작한다.

아니, 정확하게 말하면, 이 '무상관찰'이 바로 '무아관찰'이다. 이 '무상관찰'이 곧 '무아관찰'이고 '해탈관찰'이다.[23]

---

23) 부파불교의 아비달마에서는 무상·고·무아를 각각 분리시켜 이것의 관찰을 통한 해탈도 각기 다른 것으로 구분하고 있지만, '무상-고-무아-염오-이욕-해탈', 이

'무아'는 이렇게 단순명료하다.

'해탈열반'은 이렇게 단순명료하다.

붓다의 법은 본래가 이렇게 단순명료하다. 붓다의 법은 본래가 이렇게 눈앞에 보이고 즉각적이다. 누구든지 눈앞에서 볼 수 있는 것을 보는 것이다. 이렇게 눈앞에서 볼 수 있는 것을 보는 것이 '깨달음'이고 '견성'이고 '해탈'이다. 그래서 '만인견성-만인해탈'이다.

4. '사띠 – 무상관찰 – 지혜해탈', 붓다께서 확립하신 수행의 표준

무상관찰

무상-고-무아관찰

무상-고-무아-해탈관찰

사띠(Sati)는 이렇게 관찰하는 수행이다.

사띠는 오온(또는 사념처 등)을 대상으로 이렇게 무상하다고 관찰하고 사유(思惟)하는 수행이다.[24] 사유하고, 깊이 생각하고, 이해하고, 알고, 보는(知見) 수행이다. 이것을 '정념정지(正念正知, sammāsati-sampajañña)'라고 한다. '바르게 사띠하고 바르게 알다.'-, 이런 뜻이다. 사띠는 마음집중과 앎(知)이 함께 작동하는 과정으로, 단순한 마

렇게 연속과정으로 보는 것이 붓다께서 확립한 해탈관찰법이다. ; 쌍윳따니까야 22, 59 「무아의 특징에 관한 경」;『초기불교이해』 pp.154-155.

24) 실제로는 '제행무상(諸行無常) 관찰'로 일반화되었다. 이것이 삼법구다.

음챙김이나 마음새김이 아니라 마음집중하면서 대상의 특성을 잘 알고 이해하는 것이다.

'알고 본다(知見, ñāṇa-dassana)'는 것이 이런 것이다. '사띠'를 '관찰'이라고 규정할 때,[25] 이 관찰은 이렇게 마음집중하면서 그 특성을 깊이 생각하고 잘 이해하고/알고 보는 것이다. 이것이 '정념정지(正念正知)'고, 이 정념정지가 붓다의 생애를 일관하는 관찰법이다.[26] 일종의 '지혜관찰'이라고 할 수 있다. 이런 지혜관찰을 통하여 갈애를 소멸하고 해탈할 때, 이것을 '지혜해탈(智慧解脫, 慧解脫, paññā-vimutti)'이라고 한다. 지혜(智慧, paññā/般若)는 이렇게 사띠하는 과정에서 생겨나는 관찰지(觀察智)다.[27] 사띠와 지혜가 서로 분리되는 것이 아니다. 동시적 동반적 관찰과정이다.

'사띠를 통하여,
오온을 대상으로,
관찰지로써 무상-고-무아로 관찰하는 것,
제행무상(諸行無常)을 있는 그대로 관찰하고 사유하고 아는 것-',
이것이 '오온관찰' '무아관찰'이고 '지혜관찰'이다. 이 '지혜관찰'이 붓다께서 확립하신 해탈법의 표준이다. 해탈을 실현하고 갈애를 소멸시

---

25) 사띠를 '마음챙김' '마음새김' 등 여러 용어로 옮기고 있으나, 본래의 뜻이 충분히 전달되지 못하는 것으로 보인다. 그래서 우리는 '사띠' 그대로 쓰고, '관찰' '고요한 관찰';이라고 규정한다. ; 『초기불교의 사회적 실천』 pp.238-240.
26) 『붓다의 일생 우리들의 일생』 pp.458-459.
27) 반야는 사띠를 통하여 눈앞의 현실을 보고 제행무상을 있는 그대로 관찰하는 관찰지(觀察智)다. 이 관찰지로 세상 많은 사람들을 수호하고 고통바다에서 건네는 것이 반야바라밀(般若波羅密, paññā-paramitā, 智度)이다.

키는 가장 구체적인 방법이다. 단순히 '지혜의 해탈'만 이루는 것이 아니라, '마음의 해탈(心解脫)'도 함께 이루는 것이다. 지혜와 마음이 분리되어 있는 것이 아니다. 한 흐름의 정신작용이다. 무지가 소멸하면 마음도 고요하게 빛나는 것이다.

각묵 스님은 이렇게 논술하고 있다.

「연기의 가르침을 주요주제로 다루고 있는 『대전기경(大傳記經)』(D 14)에서도 위빠시 보살은 '취착(取着, 고집, 필자 주)이 없어져서 번뇌들로부터 마음이 해탈하였다'(D 14, 2, 22)라고 분명하게 나타난다. 오온의 무상 · 고 · 무아야말로 소멸(해탈열반, 필자 주)로 가는 구체적인 방법이오, 사성제에서 보자면 갈애를 소멸하는 구체적인 방법이다.」[28]

'오온관찰 – 무상 – 고 – 무아

사띠 – 제행무상 관찰 – 지혜해탈'

이것이 '무아' '무아법' '무아관찰'이다.

이것이 붓다의 해탈수행법의 표준이다.

갈애를 소멸하고 해탈열반을 실현하는 단순명료한 수행법이다.

붓다 당시에도 대부분의 불교도들이, 깊은 선정수행 없이, 신비하고 특별한 수행 없이, 이 '사띠–무상관찰'로 지혜해탈을 실현하고 있다.[29]

붓다의 법은 이렇게 단순명료한 것이다. 눈앞에 보이고 즉각적인

---

28) 『초기불교이해』 p.155.
29) S Ⅰ P.191 ; 각묵 스님 역, 『쌍윳따니까야』 1권 p.619. ; 『초기불교의 사회적 실천』
　　 pp.248-253.

것이다.

이제 우리는 시급히 '무아관찰'로 돌아갈 것이다. '무아 – 내가 없다.', 이런 헛소리 벗어나 본래의 '무아관찰법'으로 돌아갈 것이다.

문득 허리 곧게 펴고
두 눈 코끝에 집중하고, 들숨 날숨 헤아리며
눈앞의 현실 안으로 밖으로 있는 그대로 관찰한다.
무심히– 무심히–
이제 '사띠 십념(十念)' 한다. (목탁/죽비 3번 내리고)

'들숨 날숨 하나–
제행무상(諸行無常) 제행무상(諸行無常)
마음이 허공처럼 텅– 비어간다.
들숨 날숨 들– …
들숨 날숨 셋– … 열'.

제4장

'자등명(自燈明) 법등명(法燈明)'

이 세상 살려내는 구원의 등불

늙고 병든 노(老)붓다와

함께 걸어라

보살고행이 불멸의 실체다

웨살리 대법문, 자신의 죽음을 내다보면서

노(老)붓다의 마지막 안거, 고뇌와 중병(重病)

「① 노(老)붓다께서는 암바빨리의 망고동산을 떠나, 웨살리 남쪽 근교 벨루와가마(Beluvagāma, 竹林村)라는 대나무숲 마을에서 마지막 안거를 보내신다. 이 마을이 작고 궁핍하여, 붓다께서는 제자들을 주변 여러 마을로 분산해서 안거를 보냈다. 아난다 비구만 한참 떨어져서 스승을 지켜보고 있다.

② 이때 노(老)붓다께서는 늙고 병들고 지쳐계신다.

노(老)붓다께서는 또 여러 가지로 상심하고 계신다.

4년 전, 붓다께서는 사랑하는 동족을 잃으셨다. 꼬살라국의 위두다바왕이 가빌라를 침공하여 석가족을 잔혹하게 살육하였다. 또 데와닷따가 교단분열을 도모하고, 붓다께서 바위조각에 맞아 몸에 피를 흘리셨다.

또 얼마 전 붓다께서는 상수(上首) 제자이자 가장 가까웠던 두 친구, 목갈라나(Moggallāna) 장로와 사리뿟따(Sāripiutta) 장로를 잃으셨다. 목갈라나 장로는 외도들의 습격을 받아 돌에 맞아 뼈가 가루가 되어 돌아가셨고, 사리뿟따 장로는 고향에서 노령으로 입적하셨다. 붓다께서 사왓티의 제따숲 아나타삔디까 정사에 계실 때, 사리뿟따 장노의 시자 쭌다까(Cundaka) 사미가 장로의 헌 발우 하나와 다 헤어진 가사 한 벌, 다비한 재(灰)가 담긴 병 하나를 붓다께 전하였다.

붓다께서 탄식하신다.

"'오− 사라지지 않기를−'

사람들이 이렇게 원해도

어찌 원하는 대로 이뤄질 수 있겠느냐.

사리뿟따 장로가 없는 나의 빠리사는 쓸쓸하구나−"[1]

'나는 지도자가 아니다'

③ 이때 세존께서는 안거 도중에 혹독한 병에 걸려서 죽음에 다다르는 극심한 고통을 겪으신다. 세존께서는 바르게 사띠하고 바르게 알면서, 곧 정념정지(正念正知) 하시면서 그 고통을 감내하시고, 이윽고 회복되셨다.[2]

④ 스승의 고통을 지켜보며 마음 졸이던 아난다 비구가 다가와 안도하는 마음으로 고한다.

"세존이시여, 저는 세존께서 승단에 대한 아무 말씀도(후계문제 등,

---

1) S Ⅴ p.161 ; 쌍윳따니까야 47, 13 「쭌다의 경」/ Cunda-sutta (각묵 스님 역, 『쌍윳따니까야』 5권 pp.480-485). ; 『초기불교개척사』 454-456.
2) D Ⅱ p.99 ; 대반열반경 2, 23 (각묵 스님 역, 『디가니까야』 2권 p.202).

필자 주) 하시지 않고 돌아가시지는 않을 것이라고 생각했습니다."

"아난다여, 그대들은 내게 더 무엇을 기대하느냐?

나는 안과 밖이 다르지 않는 법을 설하여 왔다.

내게는 감춰진 스승의 주먹(師拳, 秘拳, 신비주의) 같은 것은 없다.

'내가 승단의 지도자다.

승단은 내 지도를 따르고 있다.'

나는 이런 생각을 한 적이 없다.

그러니 승단의 문제는 내게 묻지 말라."

"아난다여, 나 자신을 등불 삼고, 자신에게 귀의하라"

⑤ "아난다여, 나는 이제 여든 살, 늙고 쇠하였구나.

마치 낡은 수레가 가죽끈에 묶여 간신히 굴러가듯

나 또한 가죽끈에 묶여 간신히 굴러가고 있느니라.

아난다여, 나 자신을 등불 삼고,

나 자신에게 귀의하라. 남에게 귀의하지 말라.

아난다여, 법을 등불 삼고,

법에 귀의하라. 다른 것에 귀의하지 말라.

⑥ 아난다여, 어떻게 하는 것이 자신을 등불 삼고, 법을 등불 삼는 것
이겠느냐?

아난다여, 곧 사띠(사념처)하는 것이니라.

몸·느낌·마음·안팎의 상황, 곧 사념처를 있는 그대로 지켜보라
(Sati하라). 이것이 자신을 등불 삼고 법을 등불 삼는 것이니라.

아난다여, 이렇게 자신을 등불 삼고 법을 등불 삼으며 살아가는 수행자는 최고의 경지에 이를 것이다."」

— 디가니까야 16「대반열반경」2, 25-26 (간추림) / *Mahāparinibbāna-sutta* — [3]

---

3) D Ⅱ p.100 ; 각묵 스님 역,『디가니까야』2권 p.204-206. ;『사캬무니 붓다』pp.298-301. ;『룸비니에서 구시나가라까지』pp.304-307.

제1강

'나'는 이렇게 엄연히 존재한다, 이것은 '눈앞의 fact'이다

•
•

"아난다여,

나 자신을 등불삼고,

나 자신에게 귀의하라.

남들에게 귀의하지 말라."

– 디가니까야 16 「대반열반경」2, 25-26

/ *Mahāparinibbāna-sutta* – *

* D Ⅱ p.100 ; 각묵 스님 역, 『디가니까야』 2권 p.204-206. ;

1. '나 자신을 등불삼고' –
얼마나 갈망하던 소식인가

「'Attā-dīpa 앗따 디빠 / 나 자신을 등불 삼고[4]
Attā-saraṅa 앗따 사라나 / 나 자신에게 귀의하라.'

얼마나 갈망하던 것인가?
얼마나 듣고 싶었던 것인가?
길고 어두웠던 굴종의 역사 끝에 마침내 만난 것인가?
찬란한 등불(法燈)
우리 속에 빛나는 찬란한 법등
이 세상 많은 사람들 살려내는 구원의 등불–
이제 내가, 우리가 이 세상 비추는 당당주인이다.」[5]

하아– 드디어 우리는 '나'를 보고 있다.
이렇게 엄연히 존재하는 '나 자신'을 보고 있다.
'무아(無我)의 미로'를 벗어나 눈앞에서 '나의 실체(Atta)'를 보고 있
다.

---

4) 'Atta / 앗따'는 '나 자신' '자아(自我)'란 뜻이다. 'dīpa/디빠'는 본래 '섬(洲)', 난파선이
  발견하는 '구원의 섬'이란 뜻이다. 이것을 중국 역경가들이 '등불'로, 'Atta-dīpa'를 '자
  등명(自燈明)'으로 옮겼다. 좋은 번역이다.
5) 『화엄코리아』 p.269.

어둔 '나 고집' '진리 고집' 벗어나 눈앞에서 환-하게 '내 존재'를 보고 있다.

'연기-무아-공-마음의 늪'을 벗어나 눈앞에서 '나 자신'을 보고 있다. '눈앞의 fact', 사실(事實)로, 현실(現實)로 보고 있다.

'무아다- 내가 없다.

공이다- 나의 실체는 본래 공한 것이다.

마음이다- 일체는 마음이 지어낸다.

연기다- 일체는 서로 상관되어 흐르는 한마당의 현상이다.

불교는 연기사상이다. 어떤 형태의 자아도 인정되지 아니한다.

실체는 없어도 현상은 존재한다. …'

이제 이 끝없는 허깨비 놀음을 벗어났다.

'나'를 보고 '나'라고 부르지 못했던 어둔 강박관념,

'무아다' '내가 없다' 끊임없이 내몰리며, '나'를 잃고 헤매던 방황-

'눈앞의 fact'- 이제 우리는 눈앞의 사실로 분명히 보고 있다. 이것은 이론(理論) 아니다. 이것은 견해 아니다. 이것은 고집 아니다. 이것은 사실이다. 현실이다. 있는 그대로 보는 것이다. 내가, 우리가, 여기 이렇게 엄연한 실체로서 있다는 사실- 삼척동자도 그대로 볼 수 있다.

2. "Ehi-passika, 와서 보라 / 지금 여기 당당한 '그대 자신'을 와서 보라."

'나, 나 자신'-, 어디 있는가?
'우리, 우리들 자신'-, 어디 있는가?
'눈앞의 fact-', 어디 있는가?
아직도 믿기지 않는가?
혹시 잘못된 주장을 하는 것 같아 믿기지 않는가?

"나 자신을 등불 삼아라,
그대 자신을 등불 삼아라.-"

붓다 석가모니께서 친히 말씀하시는데도 믿기지 않는가?
지금 곧 거울 앞으로 달려가 보라.
거울 속에 비친 그대 자신을 지켜보라.
지금 여기 이렇게 '내'가 있다.
지금 여기 이렇게 '나 자신'이 있다.
지금 여기 이렇게 '그대들 자신'이 있다.
지금 여기 이렇게 '그대들 실체'가 있다.
이것은 무슨 설명이나 이론이 필요 없는 눈앞의 fact다.
'Visible ar present- 현금법(現今法)'
이것은 지금 여기서 볼 수 있는 단순명료한 법이다.
그래서 붓다께서는 도처에서 목이 쉬게 외치고 계신다.

"Ehi-passika—

와서 보라. 눈 있는 자는 와서 보라.

아니, 시각장애우도 와서 보라."

저기 저 거울 속의 '나', '나 자신'—

지금 보고 있는 거울 속의 '그대', '그대 자신'—

'눈앞의 fact'—, 이것은 지금 여기 이렇게 환—하게 볼 수 있는 눈앞의 fact다. 더 이상 무슨 설명이 필요한가? 더 이상 무슨 이론이 필요한가? 더 이상 무슨 수행이 필요한가?

'찾아라.' '보아라.' '깨달아라.'

더 이상 필요한가? 저기 명명백백 눈에 보이는 '나'를 향하여 큰 소리로 물어보라.

"그대가 누구인가?

그대는 어디서 왔는가?

그대는 어디서 무엇 하려 이렇게 왔는가?"

"이 멍청한 친구야, 그대는 어찌 자신도 보지 못하는가?

어찌 그대의 본래면목도 알아보지 못하는가?

눈앞의 자신 말고 어디 본래면목 따로 있는가?

지금 눈에 보이는 '나' 말고, 어디 주인공이 따로 있는가?

무아가 따로 있는가? 이것 보자는 것이 무아이지—"

하아— 그렇지, 그렇지.

이제 우리는 벌떡 일어선다.

햇빛 찬란한 광장으로 달려나간다.
두 팔 번쩍 높이 치켜들고 사자처럼 외친다.

"자등명 자귀의(自燈明 自歸依)
Attā-dīpa / 앗따 디빠
Attā-saraňa / 앗따 사라나
'나 자신'을 등불 삼고
'나 자신'에게 귀의하리.
'나 자신'을 구원의 섬(洲)으로 삼고
'나 자신'을 귀의처로 삼으리.
남들을 등불 삼지 아니 하리.
맹세코, 다른 무엇을 귀의처로 삼지 아니 하리―

광명찬란, 광명찬란,
마음이 허공처럼 텅―비어 온다."

'연기' '무아' '공' '마음' –
이것이 불교 망치는 '개념병'이다

•
•

"수행자들이여, 이와 같이

'나는 나를 수호할 것이다' 하면서

사띠의 토대를 닦아야 한다.

'나는 남들을 수호할 것이다' 하면서

사띠의 토대를 닦아야 한다.

수행자들이여,

자기 자신을 수호하면서 남들을 수호하고,

남들을 수호하면서 자기 자신을 수호하는 것이다."

– 『쌍윳따니까야』 47, 19 「사다까경」 / *Sedaka-sutta* – *

* S Ⅴ p.168 ; 각묵 스님 역, 『쌍윳따니까야』 5권 pp.496-498.

1. 역대의 극단론자들과 공허한 개념들

'오온이다' '제법(諸法)이다'

'아(我)다' '무아다'

'내가 있다' '내가 없다'—

이것은 부파불교의 해체론자(解體論者, vibhajja-vādin)들의 방식이다. '나'를, 해체하고 분석하면서 '무아' '무실체'를 관찰함으로써 '내가 있다는 어둔 자아의식'을 치유하는 방식이다. 그러나 '무아'가 무턱대고 '관찰—치유법'으로서의 본래 의미를 잃고, '나(自我)가 없다' '나의 실체가 없다'는 일반적 논리로 전도됨으로써 불교를 허깨비 수준으로 왜곡시키고, 수많은 민중들을 불교로부터 떠나가게 만들었다.

'공이다' '불공이다'

'일체개공이다 일체가 비어있다'

'진공묘유다, 공한 가운데서도 뭔가 있다'

'현상은 공이고, 궁극의 경지는 불공이다.'—

이것은 대승불교의 반야론자(般若論者)들의 방식이다. 반야의 눈으로 일체의 본성이 비어있는 공성(空性)을 있는 그대로 관찰함으로써 이기적 자아의식을 치유하고 보살행으로 전환해가는 방식이다. 그러나 실제로는 '모든 것이 공이다'라는 맹목적 공관주의(空觀主義)—악취공(惡趣空)에 빠져 눈앞의 엄연한 현실적 고통을 외면하고, 사회적 역할 의지를 약화시킴으로써 불교를 허구적 관념론으로 전락시키고, 불교 도들로부터 창조적 에너지를 박탈하였다.

　'유식(唯識)이다.'
　'유식무경(唯識無境)이다.'
　'마음이다' '일체유심조다.'
　'여래장이다.' '불성이다.'
　이것은 대승불교의 유식론자(唯識論者)들－불성론자(佛性論者)들의 방식이다. 의식(意識)과 마음의 작용을 강조하고 우리 자신의 정신적 잠재능력을 크게 선양함으로써, 무아－무실체론의 현실적 무력감(無力感)을 치유하고 성불의지를 고취하는 방식이다. 그러나 이 세상을 오로지 의식(意識)－마음의 형성물로 인식하고 세상만사를 오로지 식(識)의 변화로, 마음의 조작으로 규정함으로써, 극단적 주관주의－관념론에 빠져서 급변하는 외부세계에 대한 능동적 대응능력을 무력화시켰다. 내 마음이 변해도 세상은 그대로가 아닌가?

　'자성이다'
　'청정자성'이다.
　'본래부처다' '내가 부처다'
　'진아(眞我)다' '대아(大我)다'
　'나를 본다.' '직지견성한다.' '한소식 한다.'
　이것은 중국 선종(禪宗)의 '한소식론자'들의 방식이다. '본래부처' '본래청정'을 드높이 선양함으로써 불교 속에 내재해 온 소극적 부정적 잠재의식을 치유하고 인간의 무애자재한 가능성을 직하에 드러내는 방식이다. 그러나 '돈오돈수' '본래부처'라는 이념적 지표를 맹목적으로 강조함으로써 피땀 흘리며 닦고 닦아서 중생제도를 추구하는 붓다의 불교- 그 불변의 정통성을 정면으로 부정하고 '닦을 것이 없다.' '한소식 하면 만사형통이다.'식의 외도로 이탈해갔다.

2. '연기 – 무아 – 공 – 마음 – 견성', 개념들의 끝없는 미로(迷路)이며 늪

해체론자 · 반야론자 · 유식–마음론자 · 한소식론자들.

이들은 거의 연기법을 사상적 대전제로 하고 있다는 의미에서 모두 연기론자(緣起論者)들이라고 할 수 있다. 이들은 연기법의 원리에 입각해서 그들 방식대로 인간을 분석하고 또는 직관한다. '조건생 조건멸(條件生 條件滅)'의 '연기법(緣起法, paṭicca-samuppāda)'이야 말로 불교의 '절대적 진리' '궁극적 진리'로서 신봉된다.

연기법이 만병통치다. 모든 것- 일체법이 연기의 흐름으로 분석되고 연기적 현상으로 해체된다. 이 흐름- 이 현상 가운데서 모든 것은 고유한 실체를 잃고 일련의 관계적 현상(關係的 現狀)으로 인식된다. 중중무진(重重無盡)- 거대한 연기적 흐름-관계적 현상-, '우주법계' '자타불이' '생사불이' '색즉시공 공즉시색'-, 그래서 이 모든 개념들이 가능하다. 이 거대한 연기적 흐름 속에서는 나도 하나의 현상으로 해체된다. '나' '나의 자아' '나의 실체' '나의 존재'- 이런 것은 어디서도 발견되지 아니 한다. 이러한 견해 자체가 비(非)불교적 사유로 비판된다. '실체는 없어도 현상은 존재한다'- 바로 이런 경지이다.

그러나 붓다는 '연기'를 이렇게 절대시하지 않았다.

우주만물의 존재와 변화의 '절대적 진리, 법칙'으로 내세우지 않았다.

연기법이 불교의 논리체계에서 중요한 역할을 하고, '연기법은 붓다 출현 이전부터 있었던 법으로 붓다가 깨달았다'고 설함으로써.(S Ⅱ.25) 그 중요성이 인정되고 있다. 이것은 붓다 출현 이전부터 생사의 고통이 있었고, 이 생사는 서로 '조건 지어진 것'이고, 이런 '조건적 관계'는 붓다 출현 이전에도, 이후에도 있는 것이라는 사실을 의미한다. 붓다가 이러한 연기법을 깨달음으로써 연기법이 비로소 생사해탈의 원리로서 중요성을 갖게 되었다는 사실을 의미하는 것이다.

따라서 붓다의 연기법은 '십이연기'를 중심으로 생사고통의 분석과 해탈에 집중되고 있다. 이것은 연기법이 지금처럼 우주만유의 형성과 소멸을 규정하는 절대적 진리가 아니라는 사실을 의미하는 것이다. 붓다는 연기법뿐만 아니라, '사성제' '오온법' 등 '전에 없었던' 보다 주요한 많은 해탈법들을 깨달았다. 역사적인 '와라나시의 초전법륜'에서도 붓다는,

"여래는 중도를 깨달았다. 중도가 무엇인가? 곧 팔정도다. 고집멸도다."

이렇게 선포하고 있다.[6] '중도-팔정도, 고집멸도', 이것이 붓다 정각의 '제일구'다.[7] 따라서 '십이연기법'은 '사제팔정도' '오온' 등의 해탈법

---

6) S Ⅴ p.420. ; 쌍윳따니까야 58, 11 「전법륜경」(각묵 스님 역, 『쌍윳따니까야』 6권 p.85.)
7) 『붓다의 일생 우리들의 일생』 pp.224-227.

에 비하여 '낮은 단계'의 수행법으로 평가되었다.[8]

임승택은 이렇게 논하고 있다.

'이러한 십이연기와 관련하여 반드시 유념해 두어야 할 사항이 있다. 이 가르침은 객관적인 실재의 발생과 소멸을 규명하기 위한 것이 아니라는 점이다. 이것은 다만 괴로움의 현실을 해명하기 위한 것이며, 또한 괴로움으로부터 벗어나도록 하기 위해 제시되었다. 이러한 사실을 망각하게 되면, 십이연기에 대해 세계의 구조를 밝히기 위한 형이상학적 교리로 오인될 수 있다. 그러나 붓다는 형이상학자도 자연과학자도 아니었다. 그는 오로지 괴로움의 실존을 극복하는 데 전력을 기울였고, 바로 그러한 동기에서 괴로움이 구체화되는 경로를 드러냈을 뿐이다.'[9]

'연기' '무진연기'

'무아' '공' '마음' '자성' '견성' '본래청정'−

어느새 이런 거대한 개념들−거대담론들이 불교를 점령하고 말았다.

눈앞에 보이고 즉각적인 붓다의 법으로서의 현실성을 상실하고 우주만물을 꿰뚫는 '절대적 진리'로써 개념화되고 관념화된 것이다. 사실대로 말하면, 이 끝없는 '개념병(槪念病)들' '관념병들' '알음알이병(識病)들'이 불교를 점령하고 망치는 암덩어리가 되고 말았다.

늙고 병들고 지친 노(老)붓다 석가모니 − 전법고행 45년 걷고 걸으

---

8) 『초기불교이해』 p.155.
9) 『초기불교』 pp.284-285.

면서, 피땀 흘리면서, 목말라 하면서 개척하고 현장으로 들어가 죽어가는 동포들 살려내고−, 이렇게 생동하는 역사적 사회적 변혁으로서의 불교를 끝없이 머리 굴리고 앉아 있는 무력(無力)하고 무책임한 은둔도 피의 불교로, '불교 아닌 것'으로 전락시키고 말았다.

나 개인의 실존−나 개인의 실체, 우리들의 시민적 역할은 이 거대담론의 폭류 속에서 실종되고 말았다.

3. 눈감고, 눈뜨고, 앉지 말라,
떨치고 뛰쳐나와라

'불교'하면 어디서든 끝없이 앉아 있다.

머리 굴리면서 개념 해석하고 앉아 있다. '한소식' 기다리며 앉아 있다.

'연기가 어떻고−' '공이 어떻고−' '견성이 어떻고−, 도처에서 말하는 자도 모르고, 듣는 자들도 모르는 말들을 '법문'이라고 하고 있다. '불교'하면 누구든지 뭘 보겠다고, 십 년 이십 년 눈감고 눈뜨고 앉았고 신통한 방편을 찾아서 끊임없이 방황한다.

굶어 죽어가는 지하방 모녀는 보지 못하면서, 우주진리−인간본성 보겠다고 앉았다. 불교도들이 이렇게 엄연히 실재하는 '자기 자신'이라는 '눈앞의 fact'도 보지 못하면서 '진아(眞我)' '대아(大我)' '주인공' '본래부처'를 보겠다고 세상 외면하고 매달리는 이상한 사람들이 되고 말았다. '무아−무자아−무실체' 하면서 실체를 잃고 방황하는 허깨비들이 되고 말았다. '불교'가 '불교 아닌 것'이 되고 말았다. 그래도 부처님

뵙기 민망한지 '보살론' 한 자락씩은 깔고 앉았다. '보살행' '보현행원'-
한 마디씩은 장식처럼 달고 다닌다.

'보살행' '보현행원'-
그러나 말뿐이다. 구호뿐이다.
'무아'를 논하고 '공'을 외치고 '한소식' 구하는 자들- 자기 몸 던져
남 살리는 일 거의 보지 못하였다. '자기를 바로 봅시다.' '자기를 바로
보면 곧 부처다.'-끝없이 한없이 '자기'에 매달려 있다. '무아' '공'이라
면서 끝없이 한없이 '자기' 속에 매몰되어 있다. 남들의 고통, 사회적
불의- 생각할 겨를이 없다. 아니, 처음부터 어떤 사회적 시민적 의지
도 발견할 수 없다. '중생제도' '구국구세'-, 포장일 뿐 어떤 대안도
고민도 없다.

이런 불교- 누가 좋아할까?
이런 불교- 얼마나 오래 갈까?
이것은 비난 아니다. 폄하 아니다. 이 행자가 뭣이 잘났다고 선대들
의 역사를 비난하고 폄하하겠는가? '눈앞의 fact-', 이것은 지금 여기
서, 우리 눈앞에서 벌어지고 있는 사회적 역사적 현상이다. 도저히 외
면할 수 없는 급하고 급한 우리들 자신의 현실이다. 그래서 비판하고
고민하면서 대안을 찾아 헤맨다.

'연기-무아-공-마음-한소식'
이제 이것은 더 이상 고통소멸의 처방이 아니다. '법인(法印)' 아니다.
도리어 불교 망치는 미로며 늪이 되고 말았다. 나의 실체를 해체해

서 한갓 허깨비로 전락시키고 말았다.

　지금 당장 박차고 나와라. 몰록 버리고 뛰쳐나와라.

　눈감고, 눈뜨고 앉지 말라. 십 년 이십 년 앉지 말라. '뭘 보겠다', '뭘 깨닫겠다.'— 앉지 말라. 떨치고 뛰쳐나와라. '우주진리' '인간본성'— 찾지 말라. 정신 차리고 지금 여기서 볼 수 있는 눈앞의 현실—, 있는 그대로 지켜보라. 내가 엄연한 실체로서 여기 이렇게 존재한다는 사실, 어떤 이론, 어떤 수행으로도 부정할 수 없는 이 단순명료한 사실—, 있는 그대로 지켜보라.

4. 오래 실종됐던 '나' '그대' '우리', 힘차게 다시 일으켜 세워라

가) 현장에서 열심히 살아가는 나, 그대, 동포들, 이것이 '궁극적 진실'이다

'내가 여기 이렇게 있다.

그대가 거기 그렇게 있다.

우리가 지금 여기 이렇게 있다.'

　이것이 바로 '궁극적 진실'이다. '무아' '무실체'가 아니라, '진아(眞我)' '대아(大我)' '본래부처'가 아니라, 내가—우리 자신이 실체로서 여기 이렇게 분명히 존재하는 이 '눈앞의 fact'— 바로 이것이 궁극적 진실이다.

　이 일상적인 나, 인격적 사회적 주체인 나—우리, 지금 이렇게 고민하고 있는 나—, 가족들 위해서 한 푼이라도 더 벌려고 땀 흘리는 그대, 한 달 만 원이라도 '자비수레꾼'에 자동이체 하려고 애쓰는 일상적인 '나'- '우리'-.

이 '나(I)', 또는 '그대(You)', '우리(We)'가 존재한다고 하는 것은 어쩔 수 없이 인정하는 '방편적 진리(*sammuti-sacca*, conventional truth)'고, '무아다, 나가 없다'는 것이 '궁극적 진실(*paramattha-sacca*, ultimate truth)'이라고-, 위대한 학승 라훌라(W. Rahula)도 이것이 불교적 견해라고 주장하고 있지만,[10) 이것은 아니다. 크게 틀린 견해다.

'내가 여기 이렇게 있다.'

'그대가 거기 그렇게 존재한다.'

'우리가 지금 여기 이렇게 존재한다.'

'필부필녀(匹夫匹女)- 시장바닥의 이름 없는 시민들이 지금 여기 이렇게 존재한다, 피땀 흘리며 열심히 살아가고 있다.'-

이것이 '궁극적 진리'다. 눈앞에 보이는 궁극적 진실, 사실이다.

이것이 불교의 모든 '무아론' '제법무아'에 선행하는 진실, 사실이다.

이것이 일체의 유위법-무위법, 해탈열반에 선행하는 '눈앞의 fact'-진실, 사실이다. '제법무아'를 몰라도 우리는 잘 살아갈 수 있다. '해탈열반'을 몰라도 우리는 전심전력으로 우리인생의 발전과 성공을 위해서 애쓰고 애쓴다. 이 지극한 일상적 삶, 일상적 자아를 찾으려는 뜻이 아니라면, '제행무상' '제법무아' '해탈열반'-, 무슨 의미가 있겠는가?

---

10) W. Rqhula, *What the Byddha taught* p.55. 여기서 Rahula 비구는 우리가 보통 '나' '너'라고 부르는 것은 '방편적 진리'고 '무아다' '내가 없다'라고 하는 것이 '궁극적 진리'라고 구분하고 있다.

나) '나', '나 자신', '남들', '동포들'-,

눈 부릅뜨고 일으켜 세워라

'무아, 나가 없다.'

'제법무아' '해탈열반'-,

이것은 이렇게 삶의 현장에서 열심히 살아가는 나와 우리, 동포들의 문제와 괴로움을 관찰하고 치유하는 좋은 '관찰 치유법'이다. 굳이 말하자면 '방편' '방편적 진실'이다. 이 점에서 W. Rahula 비구는 남방 불교의 전통적 견해에 충실한 것인지는 몰라도, 고민이 부족한 것으로 보인다. 이 눈앞의 '나' '그대' '우리' '동포들' 버리고 찾아야 할 고매한 '궁극적 진실'-, 어디 있는가? 소수 수행자들, 선민(選民)들의 가치를 내세워 이 일상적 시민적 가치를 부정하거나 과소평가 하면, 그것은 이미 붓다의 법이 아니다. 붓다 석가모니의 가르침 아니다.

문득 허리 곧게 펴고 '사띠 일구'를 외우며 지켜본다.

「들숨 날숨 하나-

제행무상(諸行無常) 제행무상(諸行無常)

마음이 허공처럼 텅- 비어간다.

들숨 날숨 둘- …

들숨 날숨 셋- … (삼념)」

이제 고요한 목소리 하늘 땅 울리도록 외울 것이다.

"수행자들이여, 이와 같이

'나는 나를 수호할 것이다.' 하면서 사띠의 토대를 닦아야 한다.

'나는 남들을 수호할 것이다.' 하면서 사띠의 토대를 닦아야 한다.

수행자들이여, 자기 자신을 수호하면 남들을 수호하고,

남들을 수호하면 자기 자신을 수호하는 것이다."

– 쌍윳따니까야』 47, 19「사다까경」/ *Sedaka-sutta* –

'나' '나 자신' '남들' '동포들'–

눈 부릅뜨고 일으켜 세워라. 조금도 의심하지 말라.

'무아 · 공 · 마음 · 자성 · 견성 · 한소식–', 조금도 개의치 말라.

오랜 세월 실종돼 왔던 '나'를, '그대'를, '우리'를, '남들', '동포들'을 다시 일으켜 세워라. 당당한 주체로, 일상적 인격적 주체로, 역사적 사회적 주체로 힘차게 일으켜 세워라. 이것이 부처님의 열망(熱望)이고 우리 시대의 요구다.

그래야 우리 불교 다시 살아난다.

아니, 내 인생, 우리 가족들, 우리 동포들 다시 살아난다.

제3강

삶이 실체다, 행위가 자아다
청정한 삶이 불멸의 생명이다*

•
•

"벗들이여, 착한 벗들이여

'세상은 영원하다'는 견해가 있으면,

청정한 삶(淸淨梵行)을 닦을 수가 없다.

'세상은 영원하지 않다'라는 견해가 있어도,

청정한 삶(淸淨梵行)을 닦을 수가 없다. …

벗들이여, 착한 벗들이여

나는 지금 여기에서 바로, 태어남·늙음·죽음·근심·슬픔·

고뇌·절망을 소멸하는 길을 가르친다."

– 맛지마니까야 63경 「말룽까뿟따 작은 경」/ *Cūla Māluṅkaputta-sutta* – **

---

* 3강 참고자료 ; 맛지마니까야 63경 「말룽까뿟따 작은 경」(대림 스님 역, 『맛지마
  니까야』 2권 pp.607-612) ; 『화엄코리아』 pp.163-171.
** M Ⅰ pp.426-428. ; 대림 스님 역, 『맛지마니까야』 2권 pp.607-612.

붓다와 말룽까뿟따의 대화

"세상은 영원한가? 영원하지 않습니까?"

[말룽까뿟따(Māluṅkaputta)]

「① "세존이시여, 제가 홀로 명상할 때, 이런 생각이 떠올랐습니다.

'여래께서 설하시지 않은 것이 있다.

첫째, 세상은 영원한가? 둘째, 세상은 영원하지 않은가?

셋째, 세상은 유한한가? 넷째, 세상은 유한하지 않은가?

다섯째, 영혼은 육체와 같은가? 여섯째, 영혼은 육체와 다른가?

일곱째, 여래는 사후에 존재하는가? 여덟째, 여래는 사후에 존재하지 않는가?

아홉째, 여래는 사후에 존재하기도 하고 존재하지 않기도 하는가?

열째, 여래는 사후에 존재하지도 않고 존재하지 않는 것이 아닌 것도 아닌가?

여래께서는 이런 것을 설하지 않으셨다.

만약 세존께서 이런 문제들에 대하여 대답해주지 않으신다면, 나는 세존 밑에서 청정한 삶을 닦지 않으리라.' … "

'세상은 영원하다' '세상은 영원하지 않다'는
견해가 있으면, 청정한 삶을 닦을 수가 없다

[붓 다]

② "말룽까뿟따여, 착한 벗들이여

만약 그대들이 내 대답을 듣기 원한다면, 그대들은 내 대답을 듣기 전에 죽고 말 것이다. 나는 결코 대답하지 않을 것이기 때문이다.

말룽까뿟따여, 착한 벗들이여

'세상은 영원하다'는 견해가 있으면, 청정한 삶(淸淨梵行)을 닦을 수가 없다.

'세상은 영원하지 않다'라는 견해가 있어도, 청정한 삶(淸淨梵行)을 닦을 수가 없다.

말룽까뿟따여, 착한 벗들이여

'세상은 영원하다'는 견해가 있거나, '세상은 영원하지 않다'라는 견해가 있으면, 태어남이 있고 늙음이 있고 죽음이 있고 근심 · 슬픔 · 고뇌 · 절망이 있을 뿐이다.

말룽까뿟따여, 착한 벗들이여

나는 지금 여기에서 바로, 태어남 · 늙음 · 죽음 · 근심 · 슬픔 · 고뇌 · 절망을 소멸하는 길을 가르친다."」

– 맛지마니까야 63경 「말룽까뿟따 작은 경」/ *Cūla Māluṅkaputta-sutta* – [11]

---

11) M Ⅰ pp.426-428. ; 대림 스님 역, 『맛지마니까야』 2권 pp.607-612.

[푸른숲을 거닐면서]

1. '실체가 있는가? 없는가?',
붓다는 침묵하신다

[말룽까뿟따(Māluṅkaputta)]

"이 세상은 영원한가? 영원하지 않는가?

영혼이 있는가? 없는가?

사후의 세계가 있는가? 없는가? … "

지금 수행자 말룽까뿟따(Māluṅkaputta)가 이렇게 묻고 있다.

사왓티의 제따숲절(기원정사)에서 붓다께 이렇게 당당히 질문하고 있다.

우리도 그 옆에 앉아서 신경을 곤두세우며 지켜보고 있다.

'나의 실체가 있는가?

영원한 나의 실체가 있는가?

불멸의 나의 실체가 있는가?

그런 나의 실체는 없는 것인가?"

아마 말룽까뿟따는 이렇게 묻고 싶었을 것이다.

그리고 붓다께서, '영원한 나의 실체는 있는 것이다', 이렇게 대답하지 않으시면 붓다의 가르침을 버리고 떠날 것을 생각하고 있을 것이다.

솔직히 우리도 이렇게 묻고 싶다.

'무아다.' '내가 없다.' '아니, 일상적 사회적인 나는 존재한다.' '내가 있다, 너가 있다는 것은 한때의 방편적 진리에 불과하다. 무아가 궁극적 진리다. 영혼도 없고(No Soul) 영원한 자아도 없는 것(No Self)— 이것이 궁극적 진리다.' … 이 수많은 논란 속에서 우리는 갈피를 잡을 수가 없다. 방향을 찾을 수가 없다. 내 인생을 자신 있게 설계할 수가 없다. 이제 붓다의 대답을 듣고 싶다. 붓다로부터 직접 속 시원하게 '있다' '없다' 명쾌한 대답을 듣고 싶다.

우리들의 속내를 대신하여 한 외도수행자가 단도직입 묻고 있다.

[왓차곳따(Vacchagotta)]

"존자 고따마여, 자아는 있습니까?"

[붓 다]

" … "

[왓차곳따]

"존자 고따마여, 자아는 없습니까?"

[붓 다]

" … "

− 쌍윳따니까야 44, 10 「아난다경」 / Ānanda-sutta − [12]

---

12) S Ⅳ p.400 ; 쌍윳따니까야 「아난다경」(각묵 스님 역, 『쌍윳따니까야』 5권 pp/164-166).

붓다는 침묵하신다.

말륭까뿟따의 질문에 침묵하시듯,

왓차곳따의 질문에도 침묵하신다.

'붓다의 침묵'– 이렇게 단호하다.

"말륭까뿟따여, 착한 벗들이여

만약 그대들이 내 대답을 듣기 원한다면,

그대들은 내 대답을 듣기 전에 죽고 말 것이다.

나는 결코 대답하지 않을 것이기 때문이다."

2. '있다', '없다'– 이것은 '견해'일 뿐, '견해에 대한 고집'이 우리를 죽음으로 몰고 간다

가) 왜 침묵하시는가?

"마음으로 사방을 찾아보건만

자신보다 더 사랑스런 자 볼 수 없네.

다른 사람들에게도 자기 자신이 사랑스러운 법

그런 까닭에 자신을 사랑하는 자는 남을 해치지 말 것을–"

– 쌍윳따니까야 3, 8「말리까 경」/ *Malikā-sutta* – [13]

---

13) S Ⅰ p.75 ; 각묵 스님 역, 『쌍윳따니까야』 1권 pp.345-346.

빠세나디왕과 왕비 말리까 부인—

붓다께서는 이들에게, 열심히 살아가는 사람들에게는 이렇게 분명하게 '자기 자신' '남들 자신'이 있다고 대답하고,

"자기 자신처럼 남들 자신 해치지 말라."

"남들을 수호함으로써 자기 자신을 수호하라."

이렇게 일깨우신다. '나의 존재', '우리들의 자아'를 긍정하고 격려하신다.

그러나 붓다께서는 '허구적 자아' '허구적 존재—존재의식'에 빠져있는 사람들에게는, '무아다', '나는 없다', 이렇게 선포하신다.

'있다' '없다'의 구분이 분명하다.

붓다께서는 방편적 진실로서 '있다' 하시는 것이 아니다.

붓다께서는 궁극적 진실로서 '없다' 하시는 것이 아니다.

실제로는 없는데 가엾이 여겨 '있다' 하시는 것 아니다.

붓다께서는 그런 술수를 '방편'이란 명목으로 쓰지 않으신다.

도리어 '있다'는 말씀이 궁극적 진실이고, '없다'고 하시는 말씀이 방편이다. '허구적 자아병' '허구적 존재병'에 걸려서 '내 잘났다' '이것이 진리다' 고집부리고, '영원히 살 것이다' '나는 사후에도 존재할 것이다'—, 이렇게 갈애에 빠져있는 병든 사람들 구하는 방편적 진실이다.

[붓 다]

" … "

그런데 말룽까뿟다에게는 침묵하신다.

왓차곳따에게는 침묵하신다.

왜 침묵하시는가?

왜 이렇게 목숨 걸고 침묵하시는가?

왜 붓다는 이런 본질적인 문제에 관하여 침묵하시는가?

'영속론(永續論)이다.' '단멸론(斷滅論)이다.'- 부질없이 논쟁만 불러

일으키고-, 골치 아파서 침묵하시는가?[14]

나) 삶을 떠난 '있다' '없다',
이것은 삿된 견해다, 우리를 죽음으로 몰고 간다

붓다는 결코 침묵하지 않으신다.

돌이켜보면, 붓다께서는 결코 침묵하시는 것이 아니다.

아니, 도리어 분명한 대답을 설하고 계신다.

[붓 다]

"말룽까뿟따여, 착한 벗들이여

'세상은 영원하다'는 견해가 있으면, 청정한 삶(淸淨梵行)을 닦을 수

가 없다.

'세상은 영원하지 않다'라는 견해가 있어도, 청정한 삶(淸淨梵行)을

닦을 수가 없다.

말룽까뿟따여, 착한 벗들이여

'세상은 영원하다'는 견해가 있거나, '세상은 영원하지 않다'라는 견

---

14) W. Rahula, Ibid. pp.62-63.

해가 있으면, 태어남이 있고, 늙음이 있고, 죽음이 있고, 근심·슬픔·
고뇌·절망이 있을 뿐이다.

말룽까뿟따여, 착한 벗들이여

나는 지금 여기에서 바로, 태어남·늙음·죽음·근심·슬픔·고
뇌·절망을 소멸하는 길을 가르친다."

— 맛지마니까야 63경 「말룽까뿟따 작은 경」—

하아— 숨이 막힌다.

"그래—, 그런 거야, 그런 거야.

이 모든 질문들은 허망한 견해며 고집일 뿐이지.

'견해에 대한 집착(diṭṭhi-upādāna, 見取)'—'진리 고집(法執)'일 뿐이
지.'—"

지금 말룽까뿟따는 청정한 삶을 위하여 질문하는 것이 아니다. 지금
왓차곳따는 붓다의 가르침을 받아들여 삶을 혁신할 준비가 돼 있지
못한 상태에서, 단지 자기견해를 묻고 있는 것이다. 말룽까뿟따도 왓차
곳따도 뿌리 깊은 어둔 자아의식—'나의 자아가 있다, 나는 영원히 살
실체다'— 이런 잠재의식을 갖고, 내면적으로 자기들 견해를 고집하면
서, 논쟁으로 붓다의 견해를 묻고 있는 것이다.

'있다' '없다'—

청정한 삶을 전제하지 아니 하는 이런 견해—견해의 집착은 더 본질
적인 불행을 초래한다. 곧 이런 고집이 우리 무의식 속에 '나의 존재
(bhaba, 有)'라는 어둔 개체적 이기적 존재의식을 형성해 내고, 우리는

이 의식을 보고 자기존재(有, bhava)라고 생각한다. '내가 한 개체로서 존재한다, 나는 남들과 다르다.'-, 이렇게 개체의식-존재의식에 빠진다. 이것이 바로 우리가 생각하고 일컫는 '존재(有)'다.

이렇게 '나의 존재', 정확하게 말하면 '어둔 존재의식'이 형성되면, 이것으로부터 생노병사의 괴로움이 운명적으로 발생한다. 태어나서 열심히 살다가 때가 되면 흙으로 돌아가는 생명의 자연을 망각하고, 자기 존재에 매달려서 늙지 않고 죽지 않으려고 발버둥 친다.

'십이연기'에서 '무명으로 인하여 행(行)이 있고 … 애(愛, 갈애)로 인하여 유(有)가 있으며, 유로 인하여 늙고, 병들고, 죽어감이 생겨난다' 할 때, '유(有, bhava)'가 바로 이렇게 견해-견해의 고집이 형성해 낸 바로 그 '나의 존재의식'이다. '있다', '없다'-청정한 삶을 전제하지 아니 하는 이 견해가 실로 우리를 죽음으로, 죽음의 공포로 몰고 가는 것이다.

붓다께서는 이렇게 일깨우고 계신다.

"말룽까뿟따여, 착한 벗들이여
'세상은 영원하다'는 견해가 있거나,
'세상은 영원하지 않다'라는 견해가 있으면,
태어남이 있고 늙음이 있고 죽음이 있고,
근심 · 슬픔 · 고뇌 · 절망이 있을 뿐이다."

3. 삶이 자아다,
청정한 삶이 불멸의 실체다

가) 기가 죽어서 물러서지 말라,
　　'불멸의 자아' '불멸의 실체' 포기하지 말라

[붓 다]

" … "

그러나 우리는 포기할 수 없다.

'자아' '실체'를 포기할 수 없다.

'영원한 자아' '불멸의 실체'를 포기할 수 없다.

왜? 무슨 까닭인가?

'허깨비'에서 벗어나야 하기 때문이다.

자아가 없는 허깨비, 실체가 없는 허깨비, 유령인간에서 벗어나, 당당 주체로 힘차게 일어서야 할 것이기 때문이다. '자아' '실체'에서 벗어난 해탈 열반으로 더 이상 이 세상의 동포들을 설득할 수 없기 때문이다. 불교도의 0.001%도 안 되는 '아라한' '도인'으로 불교의 보편적 목표를 삼을 수 없기 때문이다. 더 이상 '아라한' '도인'만 바라보고 살 수 없기 때문이다.

우리는 추종자가 아니다. 주인이다. 주인이기를 원한다. 뭣 보다, 이땅의 많은 사람들, 동포들이 분명한 자아, 불멸의 실체를 갈망하며, 자아실현을 위하여 피땀 흘리며 애쓰고 있기 때문이다. 이 동포들 시민들 보고, '자기를 버리세요, 자기를 벗어나는 것이 진정한 자아실현입니다'- 이런 말이 힘이 되고 위로가 되겠는가? 다 출가라도 하란 말인가?

지금 세계가 이슬람교·기독교에 의하여 지배되는 것도 바로 이러한 민중적 요구와 깊이 관련돼 있기 때문이다. 뭣보다, 지금 내가, 그대가, 우리가 당당 주체로서, 이렇게 살아 숨쉬는 실체로서 건재해 있기 때문이다. 왜 이 엄연한 '눈앞의 fact'를 부정하는가? 누가 당당한 자아 -불멸의 주체를 찾기 위하여 피땀 흘리며 수없이 목숨 바쳐가며 쌓아온 인류사를 부정하려 하는가?

　붓다의 침묵에 기가 죽어서 물러서면 안 된다.
　붓다는 침묵하시는 것이 아니라, 무기(無記)로써[15] 대처하시는 것이 아니라, 우리를 향하여 출구를 열어주신다. 이 절체절명의 순간, 붓다께서 희망의 출구를 열어주신다.

"아난다여,
　나 자신을 등불삼고,
　나 자신에게 귀의하라.
　남들에게 귀의하지 말라."

— 디가니까야 16 「대반열반경」2, 25-2 —

---

15) '무기(無記, avyākṛta)'는 '있는가? 없는가?' '영원한가? 영원하지 않는가?'—이런 철학적 형이상학적 문제들에 대하여 판단하지 않고, 선악(善惡)을 판단하지 않고 침묵하는 것이다. 이중표는 역사적으로 붓다의 무기를, 대답하지 않고 침묵하는 것을 형이상학적 희론에 대한 대처라고 주장해 온 것을 '소극적 해석'이라고 규정하고, 붓다의 무기-침묵을 불교의 중도(中道), 그 실천을 깨닫게 하려는 '적극적 해석'으로 평가하고 있다. ; 『원시불교의 연구』 p.212 ; 이중표, 『아함의 중도체계』 pp.25-51.

나) 행위가 자아다,
청정한 삶이 불멸의 실체다

'들숨 날숨 하나―
제행무상(諸行無常) 제행무상(諸行無常)
마음이 허공처럼 텅― 비어간다. …' (사띠 삼념)

고요히 관찰해 보면, 붓다는 침묵하는 것이 아니다.
붓다는 우리들 앞에 희망의 출구를 이렇게 열어주고 계신다.

"말룽까뿟따여, 착한 벗들이여
'세상은 영원하다.'는 견해가 있으면,
청정한 삶(淸淨梵行)을 닦을 수가 없다.
'세상은 영원하지 않다.'라는 견해가 있어도,
청정한 삶(淸淨梵行)을 닦을 수가 없다." [16)]

― 맛지마니까야 63경 「말룽까뿟따 작은 경」―

하아― 하아―
드디어 우리는 출구를 본다.
당당 불멸의 실체로 살아날 희망의 출구를 본다.
'청정한 삶(Brahma-cariya, 淸淨梵行)'―
바로 이것이다. 이것이 우리들이 자아를 찾아나서는 희망의 출구다.

---

16) 견해에 대한 집착, 곧 고집은 무지와 탐욕의 뿌리이기 때문이다. 모든 악행이 이것으
로부터 나오기 때문이다.

'Brahma-cariya / 브라마 짜리야–

'청정범행(淸淨梵行)– 청정한 삶, 청정한 행위'–

바로 이 청정한 삶이 나의 자아다. 청정한 삶이 불멸의 실체다. 내 삶, 내 행위가 내 실체고 내 자신이고 내 자아다. 삶이 내 생명이다. 우리 생명이다. 행위를 떠나서 나의 자아, 우리들의 실체가 있는 것이 아니다. 그래서 남들을 내 몸처럼 사랑하고 해치지 않으려는 말리카 부부에게는 '그대 자신'이라고 긍정하시고, 남들을 수호하는 것으로써 자신을 수호하려는 수행자들에게도 '그대들 자신'이라고 우리들의 실체를 긍정하고 격려하신다.

지금 붓다께서는 우리들을 이 청정한 삶으로 인도하기 위하여 고요히 침묵하신다. '있다' '없다'– 이 어둔 견해, 견해고집을 극복하고, 싸워서 이기고, 우리를 불멸의 자아–불멸의 실체로 일으켜 세우기 위하여 고요히 침묵하신다.

붓다의 침묵은 실로 침묵이 아니다. 청정범행으로 이끌어가는 가장 적극적인 자아운동이며 실체운동이다. '무기(無記)' 이상이고 '중도(中道)' 이상이다.[17] '있다' '없다'– 이 어둔 견해–사견(邪見, miccha-diṭṭhi)을 고집하면, 우리는 허구의 존재(有, bhava)를 조작해 내고 악행과 죽

---

17) '중도'는 용수파에 의하여 '중관(中觀)사상'으로 발전하고, 현상과 본질, 속제(俗諦)와 진제(眞諦), 방편적 진실과 궁극적 진실을 구분하고, '공, 가, 중(空假中)'의 논리로 균형을 실현하려는 운동으로 나간다. 그러나 붓다는 속제와 진제, 방편적 진실과 궁극적 진실이라는 극단적인 견해 자체를 타파하고, 사람들을 주체적 자아로 일으켜 세우고 팔정도의 실천을 통한 보살행으로 이끌어가는 보살고행의 입장을 지키고 있는 것이다. 어정쩡한 타협이 아니라 당당 주역으로서 사회변혁 중생구제에 나서는 보살고행을 적극적으로 지향하고 있는 것이다.

음의 공포 속으로 전락한다. 그래서 붓다께서는 침묵으로 청정한 삶, 청정한 행위를 일깨우신다.

행위가 우리 인생의 실체를 결정한다.
견해가 아니라, 삶이 우리들의 자아를 결정한다.
청정한 삶-행위가 우리들의 청정한 자아, 불멸의 실체를 결정한다.
이것이 '행위 결정론'이다. '업(業, kamma) 결정론'이다.
숫따니빠따 「와세타의 경」에서는 이렇게 설해지고 있다.

"출생에 의해서 브라만이 되는 것이 아니오,
출생에 의해서 브라만 아닌 자가 되는 것도 아니오.
행위에 의해서 브라만이 되고
행위에 의해서 브라만이 아닌 자가 되기도 하는 것이오.

행위에 의해서 농부가 되고
행위에 의해서 기술자가 되고
행위에 의해서 하인이 됩니다.

행위에 의해서 도둑이 되고
행위에 의해서 전사가 되고
행위에 의해서 사제(司祭)가 되고
행위에 의해서 왕이 됩니다."[18]

---

18) Sn 650-652 ; 일아 스님 역, 『숫따니빠따』 pp.231-232.

다) 부처님 같이 살면 우리가 부처고,
짐승같이 살면 우리가 짐승이다

왕 · 브라만 · 전사 · 사제 · 농부 · 기술자 · 하인 · 도둑 …
청정한 행위를 하면 우리 자신도 고귀한 자신이 되고
부정한 행위를 하면 우리 자신도 미천한 실체가 되고—
  이렇게 우리 실체는 행위에 의하여, 삶에 의하여 결정되고 끊임없이
변해가는 것이다. 우리 자아는 행위에 의하여 끊임없이 새롭게 창조되
어 가는 것이다. 숨 끊어지는 마지막 순간까지 작고 외로운 동포들
생각하는 연민으로 부처님같이 살아가면 내가 곧 부처다. 열심히 일하
여 벌어서 가난한 동포들과 함께 나누며 아파하는 형제들 고통을 함께
아파하면서 연민헌신으로 보살같이 살아가면 내가 곧 보살이다.
  '내 잘 났다.' '이것이 진리다.' '우리 주의가 진리다.' 고집 부리며
진영논리로 차별하고 폭력을 휘두르면서 고집으로 중생같이 살아가면
우리가 곧 중생이다. 부모 섬길 줄 모르고 아내 남편 존중할 줄 모르고
제 새끼들 내다 버리면서 탐욕으로 짐승같이 살아가면 내가—우리가
곧 짐승이다.

'청정범행(淸淨梵行, Brahma-cariya)—
청정한 삶, 청정한 행위가 진실생명이다.
청정한 삶, 청정한 행위가 불멸의 생명, 불사(不死)의 생명이다.—'
이것은 이론 아니다. 견해 아니다. 사상 아니다.
'연기' '무아' '공' '마음' '본래부처'— 이런 견해 아니다.
해설하고 논하려 들면 또 '개념병' '견해병'의 수렁에 빠져 죽는다.
이것은 다만 우리가 살아내야 할 지엄한 사실이다, '눈앞의 fact'다.

진실생명 원하거든, 지금 당장 '자비수레꾼' 계좌에 매달 2만원씩 자동이체 할 것이다. 만원이라도 좋다. 그것이 나다. 내 실체며 진실생명이다. 이 육신이 멸해도 이 진실생명은 불멸이다. 부처님은 갔어도 부처님의 광명은 지금 이렇게 빛나고 있지 아니 한가? 이것은 '눈앞의 fact'다.

'청정한 행위-삶(淸淨梵行, Brahma-cariya)-
이것이 불교의 최고의 가치다.
이것이 우리 불교도가 추구하는 최고의 가치다.
'무아' '공' '반야' '불성' '마음' '견성'-, 이 모든 법들이 청정한 삶을 위한 처방들이다. '있다' '없다'- 이 공허하고 위험한 견해들-고집들, 싸워서 극복하고 우리를 청정한 삶으로 인도해 가는 관찰-처방법이다. 불교는 처음부터 끝까지 청정한 삶이다. 부처님께서는 우리를 처음 만날 때, 항상 이렇게 이끄신다.
부처님께서 우리 손잡으시고 말씀하신다.

"어서 오시오, 벗이여
여기에 법은 잘 설해져 있습니다.
괴로움의 소멸을 위하여
청정한 삶을 닦으십시오."

― 초기율장 / *Vinayapitaka* 「대품」1, 6, 31-32. ― [19]

---

19) Vin I p.11.; 초기율장 「대품」1, 6, 31-32(*The Book of The Discipline* IV/
   Vinayapiṭaka-Mahā-vagga pp.18-19).

우리들의 실체는 존재가 아니다.

고정불변의 존재가 아니다. 자아/atta는 Ātman이 아니다.

우주적 실체와 합일하는 불멸의 실체 Ātman이 아니다.

우리들의 실체, 우리들의 자아는 다만 청정한 삶, 청정한 보살고행이다.

4. '사제팔정도'가 청정한 삶의 길이다

가) 우리 자신의 실체는 '존재'가 아니다.
'존재론'의 고정관념 타파하라.

'내가 있다, 내가 여기 있다.

내 자아가 실체다, 불멸의 실체다. ─'

왜 우리 불교도는 '나' '자아' '실체'란 말만 나오면 겁부터 먹는가?

무슨 큰 오류나 범하는 것처럼, 이렇게 당당하게 말하지 못하는가?

'연기' '무아' '무실체' '무자성' '공성'─, 이렇게 끊임없이 '없다' '공하다' 하는 말만 반복하는가? '연기' '무아' '공'─ 왜 무슨 신주단지처럼, 불멸의 진리인 것처럼 받드는가?

'현상은 있어도 실체는 없다.'─, 이렇게 실체 없는 허깨비가 되고 마는가?

'자아는 존재다'

'실체는 영구불변의 존재다'─

이런 '존재론'에 사로잡혀 있기 때문이다.

'자아' '실체'는 이런 영구불변의 존재라는 어둔 견해에 빠져있기 때문이다.

왜 '자아'를 '존재'라고만 생각하는가?

왜 '실체'를 '영구불변의 존재'라고만 생각하는가?

왜 끊임없이 변해가는 우리들의 행위자체를 '자아'로 보지 못하는가?

왜 피땀 흘리며 살아가는 삶 그 자체를 '실체'로 보지 못하는가?

왜 현상과 본질, 속제(俗諦)와 진제(眞諦)- '눈앞의 fact'- 사실이 아닌 이런 어리석은 이분법 벗어나지 못하고, '본질' 보겠다며 앉아 있는가? '진제' 보겠다며 앉아 있는가?

왜 눈에 보이는 현상 그대로가 실체며 본질이란 도리 깨닫지 못하는가?

왜 '불교한다'면서 아직도 'Ātman'의 낡은 고정관념에 묶여 있는가?

왜 '영구불변의 존재, 실체, 자아'- 이런 존재론은 '눈앞의 fact'가 아니라는 것, 눈으로 볼 수 있는 사실(事實)이 아니라, '의식(意識)의 산물' '오온의 산물' '허구적 관념'이라는 것-, 깨닫지 못하는가?

나) "있다" "없다"-, 이것은 허구적 관념론이다

'있는가? 없는가?'

'영원한가? 영원하지 않는가?'

'사후(死後)에 존재하는가? 존재하지 않는가?'

'영혼이 있는가? 없는가?' …

붓다께서 왜 침묵하시는가?

단지 이런 질문들이 청정한 삶을 방해하는 장애이기 때문인가?

본질적으로 이런 질문, 이런 발상들은 사실이 아니기 때문이다.

'눈앞의 fact'-, 눈으로 볼 수 있는 사실이 아니기 때문이다.

이것들은 단지 '견해(見解, diṭṭhi)'이기 때문이다.

'Visible at present'-, 지금 여기서 볼 수 있는 법이 아니기 때문이다.

이것은 이러한 문제들이, 불교적 관찰과 사유의 범위를 넘어서고 있는 하나의 허망한 사견(邪見, miccha-diṭṭhi)이며 희론(戱論, papañca/빠빤자)이라는 사실을 의미한다. 이미 관찰한 바와 같이, '영원한 실체' '영원한 자아'-, 이런 것은 오온에 집착해서 형성된, 생겨난, 허구적 자아의식(自我, attā)-존재의식(有, bhava)에 불과한 것이고, 어둡고 사나운 이기적 탐욕과 무지의 뿌리, 생사윤회의 원인, 청정한 삶을 가로막는 장애가 된다. 우리 자신과 이 세상을 망치는 무서운 '개념병' '견해병(見解病)' '고집병'이 된다.

'연기' '무아' '공' '반야'-

그런데도 지난 2천 수백 년 동안 우리 불교도는 이런 '실체' '자아'가 '존재'라는 고정관념에 묶여, '연기' '무아' '공' '반야'- 무수한 개념들을 외치면서 이 뿌리 깊은 허구적 존재의식에서 벗어나려고 발버둥 치면서도, 더욱 더 '실체' '자아' '존재'에 얽매이고, 꿈에서도 죽어서도 놓지 못하고 있다. 그러면서 '마음'이니 '자성'이니 '불성'이니 '본래부처'니 '진실생명'이니- 끊임없이 새로운 '자아' '실체'를 만들어내고 있다. 그래놓고 다른 한편 여기에서 해탈하겠다고 십 년 이십 년 눈감고 눈뜨고 앉아서 수행하는 것으로 불교를 삼아 왔다.

이제 이 뿌리 깊은 '존재'에서 벗어날 것이다.

'영구불변의 자아, 실체, 존재'– 이 존재의식에서 벗어날 것이다.

우리들의 자아–실체는 생동하는 삶이고 행위이지, 영구불변의 존재가 아니라는 사실– 두 눈 크게 뜨고 볼 것이다. 눈에 보이는 현상 그대로가 실체며 본질이란 도리 깨달을 것이다. '존재에서 삶으로, 행위로'–, 일대 전환을 결행할 것이다.

다) 사제팔정도가 청정한 삶의 길이다,
팔정도가 불멸의 길이다

붓다께서는 무엇을 설하시는가?

'있다' '없다' 침묵하고, 그럼 붓다께서는 무슨 법을 설하시는가?

붓다께서 명료하게 선언하신다.

"나는 그 태어남 · 늙음 · 죽음 · 우울 · 슬픔 · 고통 · 근심 · 불안을 지금 여기서 파괴할 것을 가르친다. …

그런 까닭에 나는 설해야 할 것은 설했고 설하지 말아야 할 것은 설하지 않았다는 사실을 명심하라.

벗들이여, 착한 벗들이여, 그렇다면 내가 설한 것은 무엇인가?

벗들이여, '이것은 괴로움이다.', 이렇게 나는 설한다.

벗들이여, '이것은 괴로움의 생겨남이다.', 이렇게 나는 설한다.

벗들이여, '이것은 괴로움의 소멸이다.', 이렇게 나는 설한다.

벗들이여, '이것은 괴로움을 소멸시키는 길이다.', 이렇게 나는 설한다."

– 맛지마니까야 63경 「말룽끼얏따 작은 경」 –

하아— 고집멸도, 사제팔정도.

정신이 번쩍 든다. 온몸에 전율이 흐른다.

오래 망각해 왔던 '불교'가 번쩍 섬광처럼 떠오른다.

오래 망각해 왔던 '붓다의 거의 유일한 가르침'이 번쩍 떠오른다.

'고집멸도—사제팔정도',

불교는 철두철미 '고통의 현장' '고통의 극복'이라는 붓다의 준엄한 가르침이 번쩍 떠오른다. '고집멸도—사제팔정도', 이것이야 말로 '눈앞의 fact'다. 지금 여기서 우리가 볼 수 있는, 보아야 할 눈앞의 사실이다.

이 살벌한 고통의 현장이 눈앞에 급박하게 다가온다. 하루 몇 천원, 몇 만원 벌겠다고 종일 시장바닥에서 아우성치는 상인들의 쉰 목소리가 급박하게 다가온다. 단칸 고시방에서 라면으로 끼니를 떼우며 취업준비에 젊음을 탕진하고 있는 청년백수들의 간절한 눈빛이 급박하게 다가온다.

'좌파' '우파'— 세상에 이런 원수도 없지, 동포들끼리 서로 해치고 죽이는 세계사에 유례없는 이 참혹하고 불행한 민족사의 비극— 그 망국의 미래가 급박하게 눈앞에 다가온다. 이것이 지금 우리들의 어둔 자아고, 어둔 윤회의 현장이다.

어떻게 이 동포들, 살려낼 수 있을까?

어떻게 우리 시민들, 청정한 삶으로, 청정한 행위로 이끌어낼 수 있을까?

청정한 실체로, 청정한 자아로 이끌어낼 수 있을까?

'고집멸도

사제팔정도-우리들의 팔정도'

이제 자리 박차고 벌떡 일어서야지.

무소의 뿔처럼 나 혼자서라도 달려 나가야지.

아니, 우리 빠리사 도반들과 함께 달려 나가야지.

이제 저 현장으로 달려 나가야지.

이제 저 '불교의 현장'으로 달려 나가야지.

이제 저 '붓다의 현장'으로, '고집멸도의 현장'으로 달려 나가야지.

이제 저 '팔정도의 현장'으로 달려 나가야지.

'붓다의 불교-빠리사의 현장'으로 달려 나가야지.

'붓다의 시대'- 열어가야지.

늙고 병든 노(老)붓다와 함께 걷는다, 이 끝없는 보살고행이 불멸의 실체다

"아난다여, 나는 이제 여든 살, 늙고 쇠하였구나.

마치 낡은 수레가 가죽끈에 묶여 간신히 굴러가듯

나 또한 가죽끈에 묶여 간신히 굴러가고 있느니라. …"

– 디가니까야 16 「대반열반경」2, 25-26 / *Mahāparinibbāna-sutta* – *

---

1. "아난다여, 나는 이제 여든 살, 늙고 쇠하였구나"

문득 허리 곧게 펴고 '사띠 삼념' 한다.
'들숨 날숨 하나–
제행무상(諸行無常) 제행무상(諸行無常)
마음이 허공처럼 텅– 비어간다.
들숨 날숨 둘– …
들숨 날숨 셋– …' (십념)

고요히 합장하고 외운다.
가족끼리, 친구들끼리, 도반들끼리 함께 외운다.
늙고 병들고 지친 팔십 노(老)부처님 그리워하며 함께 외운다.

"아난다여, 나는 이제 여든 살, 늙고 쇠하였구나.
마치 낡은 수레가 가죽끈에 묶여 간신히 굴러가듯
나 또한 가죽끈에 묶여 간신히 굴러가고 있느니라. …"

– 디가니까야 16 「대반열반경」2, 25-26 –

전법고행(傳法苦行) 45년–
붓다께서는 하루도, 한순간도 편히 쉬지 않으신다.
누더기 한 벌, 발우 하나로 걷고 걸으신다. 작고 외로운 동포들 찾아,
그 고통의 현장을 찾아 걷고 걸으신다. 목말라하며 피땀 흘리며 걷고

걸으신다. 가뭄과 역병, 기근으로 죽어가는 웨살리 동포들을 찾아가 밤낮 이레 동안 거리거리 물을 뿌리며 걷고 걸으며,

"삼보에 귀의하라, 그리고 행복하라",

설하며 살려 내신다. 전쟁의 공포가 몰아치는 가빌라 로히니 강변으로 달려가 군대들의 무기 앞을 온몸 가로 막으며,

"우리 증오 속에서도 증오 없이, 평화롭게 자유롭게 살아가자-",

설하며 죽음으로부터 동포들 살려 내신다.

라자가하 시장바닥에서 한센병 환자 숩빠붓다와 부랑배들 무릎 맞대고 둘러앉아,

"함께 나누어라, 계율 지켜라, 고집멸도 관찰하라.-",

설하며 구하여 내신다. 미쳐 날뛰는 도시 살인자 앙굴리마라의 칼날 앞에 서서,

"앙굴리마라여, 나는 이렇게 고요히 멈춰있는데, 그대는 어찌 멈추지 못하는가.-",

설하여 그 노모(老母) 살려 내신다. 라자가하 거리에서 가난한 노비 뿐나 여인이 올리는 거친 빵과 물을 드시고 무릎 맞대고 둘러앉아,

"열심히 일하고 게으르지 않는 자는 열반에 이르느니-",

설하여 눈뜬 성자(聖者)로 살려 내시고, …

하아- 이것이 불교다. 불교의 현장이다.

이것이 '붓다의 불교'다. 부처님께서 몸소 하시는 '붓다의 불교'다.

동포들- 그 고통의 현장으로 들어가 함께 아파하며 살려내는 것, 끝없이 이 길 걷고 걷는 것, 그러다 그 길에서 숨 거두는 것-, 이것이 '붓다의 불교'다. 부처님께서 몸소 하시는 '붓다의 불교'다. 절대로 무얼

보겠다며, 무얼 깨닫겠다며, 한소식 하겠다며, 십 년 이십 년 눈감고
눈뜨고 앉아있지 않는다. '연기'니 '무아'니 '공'이니 '마음'이니― 헛소리
하며 머리 굴리지 않는다.

전법고행 45년―
이제 팔순 노(老)붓다께서는 늙고 병들고 지쳐서 저렇게 누워 계신다.
웨살리 가난한 대숲마을에서 낡은 수레처럼 무너져 내리면서 누워
계신다.
하아― 붓다께서 우리를 부르신다. 죽을힘을 다하여 우리를 부르
신다.

"벗들이여, 착한 벗들이여
그대들은 '나 자신'을 등불삼고
'나 자신'에게 귀의하라. 남들에게 귀의하지 말라.
그대들은 '청정한 삶'을 등불삼고
'청정한 삶'에 귀의하라. 다른 것에 귀의하지 말라. … "

― 디가니까야 16 「대반열반경」2, 25-26 ―

2. 늙고 병든 노(老)붓다와 함께 걷는다,
이제 우리는 '당당 보살주역'이다

이제 떨치고 일어나 저 붓다께로 달려간다.
저 붓다 곁에서 함께 걷는다. 걷고 걷는다.

붓다께서 걸으시는 고행의 길 함께 걷는다. 걷고 걷는다.

하아- 이제 우리는 보살이다.
부처님과 함께 걷는 보살이다.
오랜 세월 붓다께서 보살 몸으로 걷고 걸으시던 그 길을, 이제 우리가 다시 보살 몸으로 걷고 걷는다. 보살(Bodhi-satta)은 동포들-중생들(satta)로써 깨달음(Bodhi)을 삼는다. 아니, 보살은 깨달음도 한소식도 구하지 아니 하고, 다만 걷고 걷는다. 아라한·도인도 구하지 아니 하고, 다만 걷고 걷는다. 중생 모습 그대로 걷고 걷는다.
보살은 끝없이 걷고 걷는 것으로 '나 자신'을 삼고, 피땀 흘리며 목말라 하는 것으로 '나의 자아' '나의 실체'를 삼는다. 이 청정한 보살고행이 '진실생명'이다. 우리가 그토록 찾아 헤매던 '불멸의 진실생명'이다. 이제 우리는 죽어가는 것 가운데서도 죽지 아니 한다. 우리 육신이 늙고 병들고 사라져도, 우리들의 삶은 이 세상을 밝히는 구원의 등불이다. 갈 곳 없어 방황하는 동포들의 영원한 귀의처다.
이것이 보살의 자아다. 이것이 불멸의 실체다.

이제 나는 보살이다. 이제 우리는 보살이다.
보살은 당당 주역이다. 이 역사와 사회- 새로운 변혁의 당당 주역이다.
이제 우리는 부처님과 함께 걷는 당당 보살주역이다. 룸비니에서 구시나가라까지- 그 끝없는 연민과 눈물의 대지 함께 걷는 당당 주역이다. 이제 우리는 제주에서 갑산까지, 한라에서 백두까지- 이 끝없는 갈등과 분열의 살벌한 땅 함께 걷는 당당 보살주역이다.

이제 달려나가 외칠 것이다.

저 푸르른 하늘 향하여 두 팔 높이 들고

하늘 땅 쩌렁쩌렁 사자처럼 외칠 것이다.

〔희망합송〕 ; 「우리가 당당 보살주역이다」

"내가 당당 보살이다.

우리가 당당 보살주역이다.

우리가 당당 연기와 윤회의 주역이다.

내가 등불이다. 우리가 등불이다.

이 세상 동포들 살려내는 구원의 등불이다.

사랑하는 동포들이여—

이제 더 이상 두려워하지 마시오.

이제 더 이상 슬퍼하지 마시오.

우리 보살들이 그대들과 함께 갑니다.

'붓다의 불교'가 그대들을 살려낼 것입니다.

'붓다의 시대'가 이 강산에 다시 열릴 것입니다.

만세 만세 우리 부처님 만세.

만세 만세 우리 동포들 만세.

만세 만세 우리 보살주역들 만세—"

(2019년 2월 2일, 토요일, 오전 11시 45분

죽산 도솔산 도피안사 玉川山房에서)

보살은 연기의 수동자(受動者)가 아니다.

보살은 연기의 창조자이다. 연기와 윤회는 주어진 운명이 아니다. 연기와 윤회는 보살의 창조적 행위다. 누가 윤회 하는가? 누가 윤회의 주체인가? 내가 당당 주체다. 보살이 당당 윤회의 주체다. 보살이 지어서 보살이 받는다. 보살 스스로 지옥으로 가고 아수라 · 축생 · 아귀의 세계- 악마들의 세계로 간다. '실체는 없어도 현상은 존재한다'-, 이 헛소리 이제 그만 할 것이다. 누가 불교를 이렇게 무력한 퇴행의 길로 몰아넣었는가?

3. 연기 – 윤회는 창조와 구원의 길,
내가 – 우리가 그 존엄한 주체다

나는 단순히 연기적 현상(現狀) 아니다.

인간은 정신적 물질적 현상에 머물지 아니 한다.

나는 연기적 현상 이상이다. 인간은 관계적 현상 이상이다.

산모는 자기 죽을 줄 알고도 아기 낳아 살린다. 스티브 호킹(Steve Hawking)은 절망적 장애를 극복하고 세계를 비추는 등불이 된다. 어머니는 아라한도 아니고, 호킹 박사는 한소식 한 것도 아닌데-. 아파하는 작고 외로운 동포들 보고 눈물 흘리고, 조건 없이 내 몸 던지는 것, 무연(無緣)의 연민 헌신-, 이러한 의지 · 결단, 이러한 행위가 연기적 현상을 넘어서는 우리들의 실체다. 조건을 넘어서는 생명의 자연(自然)이다. 우리는 연기에 구속되지 아니 한다. '무명이 멸하면 행이 멸하고 …', 우리가 이렇게 불선(不善)의 연기를 멸해가는 환멸연기의 주역이다. 새로운 연기를 만들어가는 창조의 주역이다.

나는 행위의 주체다.
우리는 연기적 흐름을 넘어서는 삶의 주체-행위의 주체다.
'연기' '무아' '공'을 넘어서 자유자재하는 자유의 주체다.
'연기' '무아' '공'은 '내 잘났다.' '이것이 진리다.'- 이 고집병 관찰·치유의 방편이다. '연기' '무아' '공'으로 나의 자유자재한 주체를 규제하려는 것은 천만 착각이다. 연기 이전에도 나는 있었고, 무아 가운데서도 나는 있고, 공 이후에도 나는 이렇게 당당주체로서 피땀 흘리며 걷고 걸을 것이다.

인간은 자유자재하는 주체다.
조건반사를 넘어 스스로 사유하고 스스로 판단하는 행위의 주체다. 우리는 연기의 흐름-윤회의 흐름 속에 휩쓸려가는 피동적 추종자가 아니다. 끊임없이 새로운 연기, 새로운 조건을 창조하고, 윤회를 부수고, 윤회를 선용하는 당당한 주역이다.
붓다는 진흙바닥에 엎드려 연등불 앞에 '성불의 본원'을 세운이래, 4아승지 10만겁 기나긴 세월, 생사윤회를 거듭하면서 수없이 몸을 던져 중생들 살려내는 보살의 길 걷고 걷는다. 이렇게 연기도 윤회도 선용하면 새로운 창조와 구원의 길이다. 내가-우리가 그 주체며 주역이다. 개척자다.

사람들이 끊임없이 문제를 제기한다.
"윤회의 주체가 무엇입니까?

연기며 무아인데, 내가 없는데, 무엇이 윤회합니까?"

이제 우리는 당당히 대답한다.
"도반이여, 어찌 그리 말하십니까?
내가 이렇게 눈앞의 실체로 엄연히 존재하는데
이 '눈앞의 fact'−, 어찌 부정하십니까?
윤회의 주체는 나 자신입니다. 여기 우리 자신입니다.
자작자수(自作自受)− 내가 짓고 내가 받습니다.
우리가 짓고 우리가 받습니다. 우리 동포들이 함께 짓고 함께 받습니다.
의식(意識)이던, 영식(靈識)이던, 영혼이던− 이것들이 곧 나 자신입니다.
아니, 내가 스스로 윤회의 길 개척해갑니다.
우리 스스로 윤회의 주체가 되어 새로운 윤회의 길 개척해갑니다.
나는 윤회의 주체로서 악도(惡道, 惡趣)의 흐름을 돌려, 선도(善道, 善趣)의 길로 향상해갑니다. 우리는 윤회의 주체로서 윤회의 흐름을 돌려, 악도의 길로 나아갑니다. 지옥중생들 속으로 들어가 그들과 함께 합니다."

"해탈은 언제 하실 겁니까?
언제까지 악도에 머물 겁니까?"
"하아− 그런 날이 올까요?
그런 날이 올까요−"

4. "하늘에서 땅에서 우리 함께 존귀하네"

나는-우리는 이렇게 존엄한 주체다.

하늘에서도 땅에서도 이렇게 존엄한 주체다.

나를 던져 세상 구하는 존엄한 주체다. 신(神)들도 사람들도 모두 살려내는 존엄한 주체다. 이것은 깨달음 이전, 한소식 이전, '눈앞의 fact'다. '본래(本來)' 이전, '눈앞의 fact'다. 바로 이것이 '궁극적 진실'이다. '궁극적 진실'은 이렇게 눈앞에 보이는 것이다. 삼매 속에 보는 것이 아니라 바로 여기서 눈앞에서 보는 것이다. 깨달음도 이렇게 눈앞에서 볼 수 있는 것, 보는 것이다.

깨달음은 개체-자아를 포기하는 것이 아니다.

해탈은 개체-자아를 버리고 '무아-무실체'가 되는 것 아니다.

조건을 넘어 동포들 사랑하는 진정한 개체로, 진정한 나로 다시 발견해 내는 것이다. 진정한 주체, 진정한 자아로 새로 태어나는 것이다.

우리는 여기서 '아기 붓다의 사자후'를 다시 생각한다.

「기원전 624년, 4월 초파일, 룸비니 동산

일곱 걸음걸음 연꽃이 피어나고

아기 붓다 하늘 땅 가리키며 사자후한다.

"하늘에서 땅에서 나 홀로 존귀하네.

온 세상이 고통 속에서 헤매니

내 마땅히 이를 편안케 하리라."」

- 수행본기경 -

아기 붓다의 탄생은 곧 나의 탄생이다.

아기 붓다의 탄생은 곧 우리들 자신의 탄생이다.

우리가 오랜 역사적 사회적 악순환의 올가미를 끊고, 창조와 구원의
주체로, 윤회의 주역으로 새로 탄생하는 것이다.

이제 자리를 박차고 일어서라.

저 푸른 하늘-, 아기 붓다같이 하늘 땅 가리키며

사자후 한다. 쩌렁쩌렁 사자처럼 외친다.

"하늘에서 땅에서 우리 함께 존귀하네.

온 세상이 고통 속에서 헤매니

우리가 마땅히 이를 편안케 하리라."

(2019년 5월 7일, 화요일, 밤 0시 50분
안성 죽산 도솔산 도피안사)

제2편

「붓다의 불교」

-'사제팔정도와 불교의 정체성'

「붓다의 불교」로

위기(危機)의 우리불교 혁신한다

제5장 「**붓다의 불교**」

불교혁신의 문제의식

제6장 「**붓다의 불교**」

불교하는 방법 혁신한다

제7장 「**붓다의 불교**」

사제팔정도와 정법체계

제5장

「붓다의 불교」

불교혁신의 문제의식

지금 우리 불교

방법이 잘못돼 있다

불교하는 방법 혁신한다

[붓다의 현장]

☺[대화극]

붓다께서 띳사(Tissa) 비구를 간병하시다

〈역할〉 *연출 ; *음악 ; *나레이터 ;

*붓다 ; *띳사(Tissa) 비구 ;

*사형(師兄)비구 ;

- 음악 잔잔하게

악취 풍기는 띳사(Putigatta-tissa)

[나레이터] 사왓띠의 기원정사, 지금 헛간에서 한 젊은 비구가 악성피부
병으로 죽어가고 있습니다. 처음에 겨자씨만한 종기가 생겼는데, 차
차 커져서 칠엽수의 열매만큼 되고, 온몸에서 피고름이 흐르고 악취
가 풍겨서, 동료들이 그를 '뿌띠갓따 띳사(Putigatta Tissa)', 곧 '악취
풍기는 띳사'라고 불렀습니다. 어느 날, 사형(師兄) 되는 한 비구가
찾아왔습니다.

[비 구] "여보게 벗이여, 몸은 좀 어떤가? 견딜만한가?"

[띳 사] "사형님, 고맙습니다.

이렇게 잊지 않고 찾아와줘서 정말 고맙습니다."

[비 구] "벗이여, 무슨 말인가. 우리는 한 스승 밑에서 배우는 형제들이

니, 한 가족이 아닌가. 띳사 스님, 뭘 좀 먹었는가? 기운을 내야지ㅡ"

[띳 사] "아무것도 먹지 못했습니다. 먹을 힘도 없습니다.

사형님, 전 이제 아무래도 가망이 없습니다. 이제 이 몸을 버려야

할 때가 된 것 같습니다."

– 슬픈 음악 잔잔하게

[나레이터] 이때 붓다께서 헛간으로 들어오십니다.

지나시다 이들의 대화를 들으시고 헛간 안으로 들어오십니다.

[붓 다] "그대들은 여기서 뭘 하고 있는가?

아니 이건 띳사 비구가 아닌가? 어찌 이렇게 되었는가?"

[비 구] "세존이시여, 어서 오시옵소서.

띳사 비구가 나쁜 피부병에 걸려 지금 상태가 심각합니다."

[붓 다] "어디 보자 – 아니 이럴 수가 –

온몸에서 피고름이 나고 있지 아니한가. 이 악취는 또 무엇인가.

어찌 이 지경이 되도록 버려두었단 말인가? 왜 내게는 알리지 않았

는가?"

[비 구] "세존이시여, 저희들이 여러 가지 방법으로 치료를 해봤습니다

만, 아무 효험이 없었습니다. 죄송합니다."

[띳 사] "세존이시여, 죄송합니다.

일어날 수가 없어 인사조차 드릴 수가 없습니다."

[붓 다] "아니다, 띳사여, 편히 누워 있거라.

　　몸이 이 지경인데 인사는 무슨 인사인가."

－ 음악 잔잔하게

붓다께서 손수 피고름을 닦고 옷을 빠시다

[나레이터] 붓다께서는 띳사 비구를 따뜻한 방으로 옮기고, 찬찬히 띳사 비구의 상태를 살피십니다. 비구에게 따뜻한 물을 가져오게 하여 띳사 비구 몸에 조금씩 끼얹습니다. 피고름과 옷이 범벅이 되어 몸에 달라붙어있기 때문입니다. 붓다께서는 피고름으로 범벅이 된 옷을 가만 가만 벗겨서 물에 넣고 손수 빠십니다. 그리고 햇볕 따뜻한 곳에 내다 너십니다. 그리고 깨끗한 수건으로 띳사 비구의 피고름을 구석구석 닦아내십니다.

[비 구] "세존이시여, 제가 하겠습니다.

　　세존께서 어찌 손에 피고름을 묻히시나이까."

[붓 다] "아니다, 비구여, 이것은 내가 할 일이다.

　　제자가 이렇게 병든 줄도 모르고 있었으니 실로 나의 허물이 크구나."

[띳 사] "아닙니다, 세존이시여.

　　이것은 제 허물입니다. 제 과보입니다."

[붓 다] "띳사여, 그렇게 말하지 말라.

　　여래는 일체중생의 어버이가 아니더냐.

　　자식이 병들어 괴로워하는 것은 모두 그 어버이의 허물이니라.

　　바로 내가 잘 보살피지 못한 탓이니라."

[비구, 띳사] "세존이시여, 어찌 그런 말씀을 하십니까?

  저희가 몸 둘 바를 모르겠나이다."

– 슬픈 음악 잔잔하게 계속

[비구의 독백]

  '붓다, 붓다 석가모니–

  병든 제자의 피고름 손수 닦아내시고

  피고름 엉켜붙은 제자의 옷 손수 빨아 입히시고–

  하아–, 세상에 이런 분 계신가?

  인류사 수십만 년–, 이런 분 또 계신가?

  이것이 불교인가? 이것이 '붓다의 불교'인가?

  불교– 이렇게 하는 것인가?

  보살고행, 깨달음, 성불, 아라한, 한소식–,

  이렇게 하는 것인가?

  지금 나는 무엇으로 불교하고 있는가?

  지금 우리는 무엇으로 불교하고 있는가?

  앉아서, 앉아서– 무엇하고 있는가?

  아하– 부처님, 부처님–'

"이 몸 오래지않아 흙바닥에 버려지고"

[나레이터] 붓다께서는 깨끗한 수건으로 띳사 비구의 악취 풍기는 몸을
  다시 조심조심 닦아내십니다. 그리고 밖에 내다 말린 옷을 가져와서
  띳사 비구에게 손수 입히십니다. 띳사 비구는 심신의 안정을 회복하
  고 편안하게 누워 있습니다.

[붓 다] "띳사여, 이제 좀 편안하냐? 마음이 좀 편안해졌느냐?"

[띳 사] "그러합니다, 세존이시여, 몸도 마음도 편안합니다."

[붓 다] "띳사여, 내가 평소에 뭐라고 설했느냐?

이 육신은 무엇이라고 설했느냐?"

[띳 사] "세존께서는 매양, '눈앞의 이 몸은 무상한 것이다, 눈앞의 이
몸은 무상한 것이고, 머지않아 소멸하는 것이다, 이렇게 사띠 하라,
눈 앞에 보이는 이 분명한 사실-, 이렇게 있는 그대로 관찰하라.',
이렇게 설하셨습니다."

[붓 다] "띳사여, 그대는 참으로 잘 알고 잘 기억하고 있구나.

그러니라. 이 몸은 실로 무상한 것이니라. 생겨난 것은 그 무엇이건
반드시 소멸하는 법, 이 몸도 숨이 한번 끊어지면, 저 흙바닥에 뒹구는
나무토막보다 못한 것-, 이것은 눈앞에 보이는 사실이고 현실이니라.
띳사여, 이렇게 지금 여기서 눈앞에 보이는 것, 눈앞에 보이는 사실-
바로 이것이 여래의 가르침이니라. 여래의 법이니라. 눈감고, 눈뜨고
앉아서 멀리서 구하지 말라. 보이지 않는 것, 본다 하지 말라."

- 음악 웅장하게 고조, 잔잔하게 (배경음악)

[나레이터] 붓다께서 게송으로 설하십니다.

도반 여러분, 위의를 단정히 하고,

경건히 합장하고, 경청하십시오.

[붓 다] "오래지 않아 흙바닥에 눕혀지고

의식(意識) 또한 떠나버려

이 몸, 쓸모없는 나무토막처럼 버려지리라."

- 법구경 41게송 -

[나레이터] 대중들이여, 성스러운 대중들이여.

거룩한 부처님의 가르침, 우리 같이 한번 외워보십시다.

저 부처님 그리워하면서, 저 부처님같이 살려고 생명 바쳐 애쓰고 애쓰신 출가 재가의 우리 선대들-, 그리워하면서, 간절한 목소리 모아 함께 외워 보십시다. 저 때 저 부처님, 병든 띳사 비구 곁에서 지켜보시듯, 이 자리에 오셔서 우리들 지켜보고 계십니다. 우리 선대들께서 이 자리에 함께 앉아서 지켜보십니다. 근심어린 눈빛으로 지켜보고 계십니다. 석주 스님도 오시고, 광덕 스님도 오시고, 정무 스님도 오시고, 무진장 스님도 오시고, 서창업 선생님도 오시고, 박상륜 원장님도 오시고-

대중들이여, 우리 빠리사의 성스러운 대중들이여,

모두 합장하시고 큰 소리로 간절하게 함께 외우시기 바랍니다.

제가 한 구절 한 구절 외우면, 여러 대중들께서 함께 외우시기 바랍니다.

- 이때 스크린에 자막 뜨면 좋다.

[나레이터-대중들]

"오래지 않아 흙바닥에 눕혀지고

의식(意識) 또한 떠나버려

이 몸, 쓸모없는 나무토막처럼 버려지리라."

– 법구경 41게송–

[나레이터] 한번 더 외우겠습니다. 같이 외우겠습니다.

[대중들 같이] "오래지 않아 흙바닥에 눕혀지고

의식(意識) 또한 떠나버려

이 몸, 쓸모없는 나무토막처럼 버려지리라."

"들숨 날숨 하나 –
제행무상(諸行無常) 제행무상(諸行無常)"

[나레이터] 좋습니다. 훌륭하십니다.

부디 이 무상법문, 명심불망하십시오. 합장 바로 하십시오.

빠리사 대중 여러분, 허리를 곧게 펴고, 두 눈 코끝에 집중하고, 들숨 날숨 자연스럽게 헤아리면서, 잠시 '사띠 일구'를 수행하겠습니다.

세 번 마음속으로 염하면서 우리 눈앞의 무상을 있는 그대로 관찰하겠습니다.

제가 세 번 고요히 외우면, 대중들께서는 마음속으로 함께 외우면서 우리 안과 밖의 세상, 그 무상한 흐름을 지켜보시기 바랍니다.

〈죽비〉 3번

– 음악 잔잔하게

[나레이터 ; 고요한 음성으로 외운다]

들숨 날숨 하나–

제행무상(諸行無常) 제행무상(諸行無常)

마음이 허공처럼 텅– 비어간다.

들숨 날숨 둘–

제행무상(諸行無常) 제행무상(諸行無常)

마음이 허공처럼 텅– 비어간다.

들숨 날숨 셋—

제행무상(諸行無常) 제행무상(諸行無常)

마음이 허공처럼 텅— 비어간다.— ”

[나레이터] 빠리사 대중 여러분, 제가 먼저 한 마디씩 외우면, 대중들께
서 큰 소리로 하늘 땅 울리게 함께 외우겠습니다.

“광명찬란 광명찬란

불성광명이 눈앞에 찬란하다.

연민 헌신의 보살원력이 온몸 가득 솟아난다.

불멸의 생명 에너지가 온몸 가득 솟아난다.

[나레이터] 지금 이 순간, 대중들께서 사랑하시는 가족들, 친구들, 도반
들, 그리고 작고 외로운 이 땅의 동포들, 눈앞에서 보시면서, 간절한
목소리로 축원 올리겠습니다. 모두 합장하십시오.

“모든 생명들이여, 부디 행복하소서.

사랑하는 이들이여, 부디 행복하소서.

사랑하는 가족들, 친구들, 도반들—

우리 내생에도 다시 만나요.

더욱 빛나는 대승보살로

붓다의 길, 빠리사의 길 함께 걸어요.

빠리사는 평화, 보살은 불멸

(목탁 내리며)나무석가모니불(발음 나무서가모니불)

나무석가모니불 나무시아본사석가모니불”

고요한 평화, 죽어도 죽지 아니 하고

[나레이터] 좋습니다, 참으로 장하십니다.

다시 띳사 비구의 현장으로 돌아갑니다.

띳사 비구는 부처님 무상법문, 담담하게 관찰합니다. 온 힘을 다 기울여 사띠하며, 이 법문 담담하게 관찰합니다. 자기 몸이 흙바닥에서 사라져가는 모습, 있는 그대로 담담하게 관찰합니다. 나무토막이 썩어 사라져가듯, 자신의 몸이 또한 자취 없이 사라져가는 모습, 지금 여기서 있는 그대로 담담하게 관찰합니다.

[띳 사] "세존이시여, 저는 이제 몸에 대한 어리석은 집착을 다 내려놓았습니다. 부처님의 '무상 담마'를 듣고, 저는 몸이 실로 무상하고 덧없다는 것을 눈 앞에서 있는 그대로 담담하게 관찰하고 있습니다."

[붓 다] "띳사여, 그대는 참으로 바로 보는구나.

그와 같이 사띠하는 사람은

이미 깨달음의 길에 들어섰느니라.

불사(不死)의 길로 들어섰느니라.

죽는 것 가운데서 결코 죽지 않느니라.

띳사여, 그대는 이제 불사로다."

[띳 사] "그러하옵니다, 세존이시여,

저는 지금 편안하고 고요합니다.

아무 구하는 바가 없습니다. 다만,

'다음 생에도 더욱 빛나는 대승보살의 몸으로 오리라,

이 세상 어둔 동포들 목숨 바쳐 구하리라,

보살고행의 길, 빠리사의 길 가리라',

이 한 생각뿐입니다.

세존이시여, 마지막으로 세존의 손을 한번 잡아보고 싶습니다."

[붓 다] "그리하여라, 띳사여―"

― **고요한 음악 ―**, 또는 합창단의 허밍, 또는 노래.

[띳 사] "사형님, 사형님의 손도 한번 잡아보고 싶습니다."

― **음악 계속**

[비 구] "띳사 스님, 어디 보게, 내가 그대의 손을 잡아야지.

　　그대의 손이 왜 이렇게 차가운가,

　　젊디젊은 그대의 열정은 다 어디로 갔단 말인가."

[띳 사] "사형님, 슬퍼하지 마세요. 저는 고요하고 편안합니다.

　　우리 내생에 더 빛나는 보살로 다시 만나요.

　　붓다 석가모니 제자로, 빠리사 도반으로 다시 만나요."

[비 구] "띳사여, 그리하세, 우리 굳게 약속하세―"

― **음악 고조, 잔잔하게**

[나레이터] 아― 지금 띳사 비구가 우리들 손을 잡고 있습니다. 이 성전
　　에 모인 우리 도반님들, 한 분 한 분 돌아가며 손을 잡고 있습니다.

― **음악 계속 잔잔하게**

"그대들이 희망입니다"

[띳 사] "불자 형제들이여, 부디 분발하십시오.

　　그대들이 우리 불교 희망입니다.

　　어둠이 깊어지는 것은 새벽이 오는 소식입니다.

　　마군(魔群)이 들끓는 것은 이 땅에 성자들이,

　　성스러운 빠리사 대중들이 구름처럼 모여들 소식입니다.

– 힘찬 음악 고조, 잔잔하게

불자 형제 여러분, 떨치고 일어나 싸워 이기십시오.
붓다의 길은 싸워 이기는 항마성도의 길입니다.
보살의 길은 나를 던져 싸워서 정법을 실현하는 전사의 길입니다.
'나 잘났다'라는 내 속의 어둔 마군, 싸워 이기십시오.
'우리 주장이 진리다'라는 우리 속의 무서운 마군, 싸워 이기십시오.
그리하면 평화입니다. 그리하면 온갖 대립 갈등 사라져 갑니다.
이 아름답고 푸르른 생명의 숲 빠리사–,
만인견성 만인해탈의 불교도공동체–, 화엄불국토–화엄코리아–,
평화가 강물처럼 출렁입니다.
불자 형제 여러분, 우리 내생에 다시 만나요.
이 빛나는 성전에서 다시 만나요.
사제팔정도 등불 삼아, 보살고행의 길 가는 성중들은
불멸입니다, 불사입니다. 죽는 것 가운데서도 죽지 아니 합니다."

– 음악 잔잔하게

[띳 사] "세존이시여, 이 세상에 태어나 부처님의 제자 된 것이 참으로
　　　더없이 기쁩니다. 이 세상에 태어나 불자가 된 것이 참으로 위없는
　　　축복입니다.
　　　세존이시여, 감사합니다."

– 슬픈 음악 고요히

[비 구] "세존이시여, 띳사 비구가 숨을 거두었습니다."
[나레이터] 붓다께서는 띳사 비구의 손을 꼭 잡고 그 머리에 손을 얹어

수기하십니다. "띳사여, 그대 더욱 빛나는 대승보살로 다시 오리라."
이렇게 수기하십니다. 그리고 비구들과 더불어 강가로 나가 제자의
몸을 다비하여 그 재를 강물에 뿌립니다. 강가 강(갠지스강) 물길을
따라 흘러가는 띳사 비구의 마지막 흔적들-, 지켜보던 비구가 묻습
니다.

[비 구] "세존이시여, 띳사 비구는 여기서 몸을 마치면 어느 곳에서 태
　　　어납니까?"

[붓 다] "비구여, 띳사 비구는 생의 마지막 순간에 이미 해탈을 실현하
　　　였느니라. '제행무상 제행무상'- 무상관찰을 통하여, 있는 그대로
　　　담담히 관찰하고, 죽음의 공포에서 벗어나 불사를 실현하였느니라.
　　　다만 어둠 속에서 편을 갈라 서로 싸우고 해치는 이 땅의 동포들을
　　　구하기 위하여, 머지않아 대승보살의 몸으로 다시 올 것이니라."

[비 구] "부처님, 감사합니다.
　　　어둠 속에서 빛으로 비추시고
　　　죽음 속에서 불멸의 생명으로 수기하시니
　　　부처님, 감사합니다."

[출연자 일동] (모두 합장하고) "부처님, 감사합니다.
　　　부처님, 사랑합니다. 잊지 않겠습니다."

[나레이터] "신명을 바쳐 우리불교 사랑하고,
　　　우리절, 우리 법회 사랑하겠습니다.
　　　우리 스님들, 존중하고 사랑하겠습니다.
　　　우리 부모님들, 형제자매들 존중하고 사랑하겠습니다.

우리 도반들, 존중하고 사랑하겠습니다.

도처에 우리 빠리사 세우고, '붓다의 시대' 열어가겠습니다.

불자 형제 여러분, 감사합니다.

우리 부처님 잊지 마십시다.

우리 출가 재가의 선대들 잊지 마십시다.

도처에 우리 빠리사 만들고, '붓다의 불교' 부흥하십시다.

다시 떨치고 일어나십시다.

'붓다의 시대', 힘차게 열어가십시다.

우리도 부처님같이 '보살고행의 길' 함께 가십시다.

대중 여러분, '우리도 부처님같이',

노래 같이 한번 불러보십시다.

1절 2절, 우렁차게 한번 불러보십시다."

('우리도 부처님같이' 노래 나오고, 가사 자막 나온다.

출연자, 대중들 합장하고 노래한다.)

'어둠은 한순간– 그대로가 빛이라네.

바른 생각, 바른 말, 바른 행동이,

무명을 거두고 우주를 밝히는

이제는 가슴 깊이 깨달을 수 있다네.

정진하세 정진하세, 물러남이 없는 정진

우리도 부처님같이, 우리도 부처님같이–

원망은 한순간– 모든 것이 은혜라네.

지족하는 마–음 감사하는 마음이

나누는 기쁨을 맛볼 수 있–는

이제는 여실히 깨달을 수 있다네.

정진하세 정진하세, 물러남이 없는 정진

우리도 부처님같이, 우리도 부처님같이–

[출연자 일동] (합장하고) "감사합니다–" (허리 굽혀 반배)

　(음악 장엄하게 크게– 끝)

– 경전 근거 ; 『법구경』 41게송, 『법구경주석서』– [1]

(전법 ; 청보리, 빠리사학교

대본 ; 김재영)

---

1) Dhp. 41 ; 거해 스님 역, 『법구경』 2권, pp.152-155. ; E. W. Burlingame tr. *Buddhist Legends 2* pp.20-22.

제1강

'일어서라' '일어서라',
그래도 여전히 머리 굴리며 앉아있다

•
•

"이제 그대들에게 이르노니

제행은 무상(諸行無常)하다.

게으르지 말고 사띠하라.

이것이 여래의 마지막 말이다."

― 디가니까야 16 「대반열반경」6, 7 / *Mahāparinibbāna-sutta* ―*

* D Ⅱ p.156 ; 각묵 스님 역, 『대반열반경』 2권 pp.288-289.

1. 이런 분 세상에 또 계신가?

붓다— 붓다 석가모니
수행자 띳사(Tissa)의 악취 가득한 몸
흘러내리는 피고름 손수 닦아내시는 붓다— 붓다 석가모니
피고름으로 엉켜 붙은 옷을 따뜻한 물로 불려서 벗기고
손수 빨아서 내다 말려서 갈아입히시는 붓다— 붓다 석가모니
죽어가는 제자의 머리맡에 앉아
도란도란 눈앞에 보이는 사실을 들어 법을 설하시고

"오래지 않아 흙바닥에 눕혀지고
의식(意識) 또한 떠나버려
이 몸, 쓸모없는 나무토막처럼 버려지리라."

– 법구경 41게송 –

제자 곁에서 임종하며
불사(不死)로, 해탈로 인도하시고
불멸의 보살주역으로 인도하시고—

하아—하아—
등에 땀이 가득 흐른다. 전율이 온다.
세상이 이런 분 또 계신가?

인류사 수백만 년, 이런 분 또 계신가?

이것이 불교인가? 이것이 '붓다의 불교'인가?

불교- 이렇게 하는 것인가?

2. 그래도 지금 우리는 앉아 있다,
이렇게 머리 굴리며 앉아 있다

이것은 일회성 사건 아니다.

이 '붓다의 간병사건'은 어쩌다 한 번 있는 우발적인 사건 아니다.

붓다께서는 평생 이렇게 사신다. 붓다 석가모니께서는 팔십 평생 이렇게 사신다. 이것이 붓다의 일생이다. 붓다께서는 이렇게 불교 하신다. 열두 살 가빌라 농경제 사건이래, 청년기의 화려한 궁중생활과 고뇌, 사문유관의 방황, 출가, 고행, 성도- 정각 이룰 때까지 이렇게 사신다. 걷고 걸으며, 피땀 흘리며, 손수 돌보고, 몸으로 부딪치며- 이렇게 사신다. 전법고행 사십오 년- 하루도 쉬지 않고 동포들의 어둔 고통의 현장에 들어가 이렇게 사신다. 그러다 늙고 병들고 지쳐서 낡은 수레처럼 무너져가신다.

기원전 545년경, 웨살리 가난한 대숲마을

마지막 안거하다 중병에 걸리시고

가까스로 살아나 이렇게 고백하신다.

우리들 향하여 이렇게 고백하신다.

우리도 합장하고 부처님 따라 함께 외운다.

"아난다여, 나는 이제 여든 살, 늙고 쇠하였구나.

마치 낡은 수레가 가죽끈에 묶여 간신히 굴러가듯

나 또한 가죽끈에 묶여 간신히 굴러가고 있느니라.—"

— 디가니까야 16 「대반열반경」6, 7 —

"나 또한 가죽끈에 묶여

간신히 굴러가고 있느니라.—"

그래도 지금 우리는 앉아 있다.

게으르게 머리 굴리며 앉아 있다.

붓다의 수레를 몰고 힘차게 달려갈 생각 아니 하고

이렇게 처음부터 앉아 있다. 머리 굴리며 앉아 있다.

경전 공부한다고 앉아 있고, 교리공부 한다고 앉아 있고, 위빳사나·사마타 한다고 앉아 있고, 참선한다고 앉아 있고, 명상한다고 앉아 있고, 기도한다고 앉아 있고, 깨닫겠다고 앉아 있고, 한소식 한다고 앉아 있고, 마음 챙긴다고 앉아 있고, 삼매 든다고 앉아 있고 … . '불교—' 하면, 으레 앉는다. 불교는 마땅히 앉아 하는 것으로 생각이 굳어져 있다. 사찰생활도 앉아서 하는 것으로 습관되어 있고, 불교 활동도 모름지기 앉아서 하는 것으로 관념이 박혀 있다. 잘 앉으면 불교 잘 하는 것으로, 수행 잘 하는 것으로 고정관념이 박혀 있다.

3. 우리가 저 '붓다의 제자'들일까?, 지금 우리가 하는 것이 정말 '불교'일까?

"일어나라.

어서 일어나라.

일어나서 걷고 걸어라.

낡은 수레처럼 무너져 내릴 때까지

작고 외로운 동포들 찾아서 보살고행의 길 걷고 걸어라.

이것이 깨달음이다. 이것이 만인견성―만인해탈이다.

이것이 불멸의 길, 불사의 길이다―"

아무리 외쳐도 안 된다.

목이 터져라 외쳐도 꿈쩍 않는다.

허망한 골짜기― 메아리도 없다.

앉아서 하는 불교

앉아서 수행하는 불교

눈감고 앉아서, 또는 눈뜨고 앉아서 하는 불교―

그래서 우리는 게으르다. 힘든 일 싫어한다. 귀찮은 일 싫어한다. 고생하는 일 싫어한다. 몸 움직이고 땀 흘리는 일 싫어한다. 세속의 번잡한 일 아예 가까이 하지 않는다. 그래서 앉아서 절 받기 좋아하고, 그래서 포교도 앉아서 말로 하고, 보살행도 앉아서 머리로 하고, 봉사도 앉아서 생각으로 하고, 불국정토도 앉아서 고담준론으로 하고…

그래서 우리 불교는 힘이 없다.

우리 불교도는 역동적인 힘이 없고 열정이 없다.

이 세상에 나아가 부딪치며 변화시키고, 뭔가 새로운 경지 창조하고 개척해갈 의지도 없고 능력도 없다. 저마다 편안하게 앉아서 자아도취에 열중하고 있다. '반야다' '공이다' '마음이다' '본성을 본다' '우주진리와 하나 된다.'–. 이렇게 해서 지금 우리 불교–불교도는 사회적 역할 박탈당하고, 어디에도 쓸모 없는 3류 아웃사이더가 되어, 이리저리 기웃거리고 있다. 이것이 오늘 우리들의 자화상이다. 오늘 우리 불교의 자화상이다.

우리가 저 붓다의 제자들일까?

악취 풍기는 제자의 몸 피고름 손으로 닦아내며 간병하시는 저 붓다 석가모니의 후예들일까?

지금 우리가 하는 것이 정말 '불교'일까?

지금 우리는 '불교 아닌 것'을 '불교'라고 우기고 있는 것은 아닐까?

불교하는 방법, 이것이 문제다 [1]

― 용어/개념주의, 허구적 관념불교로

•
•

"나는 선언하노라.

해탈의 문제에 있어서 집착을 버린 재가 제자와

번뇌로부터 벗어난 수행승 사이에는,

해탈자의 해탈이란 점에서, 어떤 차이도 없느니라."

― 쌍윳따니까야 55, 6, 54 「병문안의 경」/ *Gilyanam-sutta* ― *

* S Ⅴ p.409 ; 각묵 스님 역, 『쌍윳따니까야』 55, 6, 54 ― 병문안의 경 / *Gilyanam-sutta*

1. 무엇이 문제인가?

힘 잃은 불교

'불교 아닌 것'으로 변질된 불교

세계사의 아웃-사이더로 전락한 불교도

끝없이 앉아서 눈감고 눈뜨고 머리 굴리는 불교도-

이것은 누구의 잘못이 아니다.

우리 선대들의 잘못도 아니고, 지금 우리들의 잘못도 아니다.

그럼 무엇 때문일까?

우리 불교의 이 참담한 몰락-역할 상실-, 무엇 때문일까?

우리 불교의 틀이 이렇게 왜곡된 것-, 무엇 때문일까?

무엇이 우리 불교 이렇게 변질시킨 것일까?

무엇이 험한 벌판 내달리며 끝없이 신천지(新天地) 열어가던 역동적인 붓다의 개척자들을 이토록 무력(無力)한 방관자로 전락시킨 것일까?

대체 우리 불교 무엇이 문제인가?

그 대답은 단순명료하다. 분석하고 연구할 것 없다.

무엇인가? 무엇이 문제인가?

곧 방법론(方法論)이 문제다. 불교 하는 방법론이 잘못돼 있다.

이러한 불교의 변질은 기본적으로 방법론의 문제에서 야기된 결과이다. 불교의 이런 무력(無力)한 변질은 불교 하는 방법론의 모순된

적폐(積弊)에서 초래된 것이다.

우리는 다음 세 가지 현실진단으로 이 방법론의 문제를 논의해 보려고 한다.

① 허구적 개념주의(槪念主義)
② 회피적 선정주의(禪定主義)
③ 차별적 출가우월주의(出家優越主義)

2. 용어(用語)들의 수렁

〈초기-부파불교〉

무상 · 고 · 무아 · 중도 · 연기 · 해탈 · 열반 · 오온 · 십이처 · 십팔계 · 십이연기 · 고집멸도 · 37조도품 · 번뇌 · 무위법 · 유위법 …

〈대승불교〉

반야-마하반야바라밀 · 불이 · 중관 · 진제 · 속제 · 유식 · 여래장 · 불성 …

〈선(禪)불교〉

자성 · 본성 · 일심 · 마음 · 본래청정 · 본래부처 · 직지견성 · 돈오돈수 · 돈오점수 · 진아(眞我) · 주인공 …

불교에 관심을 갖는 순간, 사람들은 이 엄청난 용어들과 만난다.

그리고 끊임없이 이 용어들을 개념적으로 해석하고 이해하기 위해서 몰두하지 않으면 안 된다. 이 용어들을 잘 이해하지 못하면 불교 모른다는 강박관념으로 쫓기면서 용어들의 수렁으로 빠져든다.

끝없는 용어들, 개념들—

이것은 거대한 수렁이다. 깊이를 알 수 없는 수렁이다.

한번 빠지면 빠져나올 수 없다. 끝없이 끝없이 빨려 들어간다. 나올래야 나올 수 없다. 평생 용어들 해석하고 개념 정의하는 것으로 불교인생 끝낸다. 입만 열면 '연기'고 '무아'고 '공'이고 '반야'고 '보현행원'이고 '마음'이고 '자성'이고 '본래부처'고 '나도 부처'고— 아주 신이난다. 자기도취—자기만족—, 그러나 이것으로 끝이다.

학자들도 평생 이 용어들, 개념들에 매달려서, 그것으로 '불교 연구한다'며 앉아있다. 불교는 학문으로 하는 것 아닌데, 불교학은 붓다의 저 지극한 고행의 일생, 연민 헌신의 일생, 그대로 드러내 대중들 앞에 밝히는 것이 불교학인데—

3. 불전(佛典)의 늪

〈초기불전〉[2]

빨리 니까야(Pāli-nikāya) ; 쌍윳따—니까야 맛지마—니까야 앙굿따라—니까야 디가—니까야 쿠다카—니까야 ; 숫따니빠따 담마빠다 우다나

---

2) 平川彰/이호근 역, 『印度佛敎의 歷史』 상, pp.90-97.

자따까 테라/테리가타 …

　위나야(*Vinaya*, 律典) ; 마하왁가 쭐라왁가 숫따위방가 …

　한역아함경(漢譯阿含經) ; 잡아함 중아함 증일아함 장아함

〈부파논서〉[3]

　상좌부의 논장(七論) ; 법집론 분별론 논사 인시설론 …

　설일체유부의 논장(六足發智) ; 발지론 품류족론 식신족론 시설론 …

　주석서 ; 대비바사론 구사론 청정도론 …

〈대승불경〉[4]

　최고(最古)의 대승경전—육바라밀경 보살장경, 대반야바라밀경 금강반야경 반야심경 수능엄경 화엄경 법화경 유마경 무량수경 관무량수경 아미타경 대반열반경 승만경 해심밀경 지장십륜경 미륵하생경 …

〈선어록(禪語錄)〉

　육조단경 무문관 선관책진 증도가 진심직설 직지심경 선가귀감 …

　불교 해보겠다고 발심하고 들어서는 순간, 사람들은 이 거대한 경전군(經典群)과 만난다. 그리고 경전공부를 하기 위해서 십 년 이십 년 이리저리 헤맨다. 사람마다 절마다 법회마다, 금강경 강의한다고

---

3) 앞의 글 pp.155-167.
4) 앞의 글 pp.267-272, 297-317.

야단이다. 화엄경 산림 한다고 법석이다. 반야심경 해설한다고 요란하다.

　이 무진장한 경전들, 불전들, 불서들－
　이것은 거대한 늪이다. 끝이 보이지 않는 거대한 늪이다.
　팔만사천대장경－ 빛나는 세계 문화유산인 동시에, 불교 가로막는 장애다.
　지금 우리 불자들은 이 경전의 늪에 빠져서 헤쳐 나올 줄을 모른다. 경전들, 어록들의 늪에서 헤매다 세상으로 달려나갈 힘을 잃고, 길을 잃고 주저앉아 있다. 천독(千讀) 만독(萬讀)－ 경전 많이 읽는 것으로 불교하는 보람을 삼는다. 붓다 석가모니는 경전 설하지 않으셨는데－, 숫따니빠따, 법구경, 니까야－ 이런 경전들 설하지 않으셨는데－, 반야심경, 법화경, 화엄경－ 이런 경전들 설하지 않으셨는데－, 붓다께서는, 저 죽어가는 띳사 비구에게 하시듯, 사람 살려내는 처방으로 법을 설하신 것 뿐인데－. 삶의 현장 없이, 괴로워하는 많은 사람들, 동포들, 시민들, 중생들의 현장 없이, 경전이 무슨 의미가 있을까? 선어록이 무슨 의미가 있을까?

4. 지금 우리는 허구적 관념 속에 빠져있다

　독거노인들의 빈곤과 우울증
　가난한 사람들 짓누르는 질병과 죽음의 공포
　거리를 방황하는 젊은 실직자들의 슬픔

막가는 좌파/우파들의 진영싸움,

위기에 처한 자유민주주의에 대한 근심 고뇌 …

'눈앞의 fact'-,

부처님은 철두철미 하시다.

붓다께서는 오로지 이렇게 눈앞에 보이는 고통을 문제 삼으신다.

우리가 직면하고 있는 현실적인 고통을 치유하는 데서 깨달음을 찾고 해탈 열반을 찾으신다. 고통의 현장에서 아라한을 구하고 견성성불을 구하신다. 그래서 부처님이시다. 그래서 불교이다.

지금 우리는 어찌하는가?

지금 우리는 어떻게 불교 하고 있는가?

'용어의 개념적 해석

끝없는 경전 해독(解讀)'-

이것이 지금 우리가 불교 공부하는 방식이다.

거의 모든 학자들이 이런 식으로 불교 하고, 거의 모든 법사들이 설법 강의 이런 식으로 하고, 거의 모든 불교대학에서 이런 식으로 불교 가르치고 있다. 그러면서 우리들은 끝없는 용어들의 수렁에 빠지고 경전들의 늪으로 매몰되고 있다.

오로지 앉아서 끊임없이 머리 굴리면서 하고 있다. 이 모든 가르침들을 개념분석하고 체계화하면서 불교를 허구적(虛構的) 관념(觀念)불교로 변질시키는 데 몰두하고 있다. 눈앞의 현실 – 많은 사람들의 고통도 개념으로 관념으로 이론으로 분석하고 앉아있다.

띳사 비구의 피고름을 닦으시는 붓다 같이, 병들어 죽어가는 현장에 뛰어들어 살려낼 엄두도 내지 못하고, '인생은 그런 거다, 인생은 무상하다, 무아다, 공하다 …', 이렇게 허구적 관념 속으로 도망치고 만다. 현장에 뛰어들어 몸바쳐 불교 하는 이들도 없지 않지만, 여전히 아류(亞流) 쯤으로 취급되고 있다. 헌신봉사의 보살행은 더부살이 정도로 치부되고 있다.

이렇게 해서 우리는 붓다께서 그렇게 경계하셨던 실천 없는 이론(理論)으로, 논쟁(論爭)으로[5] 암적 '개념병'에 깊이 빠져왔다. '붓다의 불교'를 망각하고 '불교 아닌 것'으로 내달려왔다.

---

5) 붓다는 실천 없는 이론을 '희론(戲論, papanca / 빠빤짜)'으로 규정하고 가장 경계하셨다. '수행자들이여, 나병환자 숩빠붓다는 현자(賢者)로서 법에 따라 실천하였다. 또한 법에 대한 논쟁으로 나를 괴롭히는 일이 없었다.' ; Ud 5, 3

$$\boxed{\text{제3강}}$$

불교하는 방법, 이것이 문제다 [2]

- 선정(禪定)주의, 신비적 회피(回避)불교로

·
·

"그의 가르침은 (탐욕과 갈애를)

싫어하여 떠남, 소멸, 적정, 지혜, 올바른 깨달음으로,

열반으로 이끌지 못한다'는 생각이 떠올랐습니다.

악기웻사나여, 그래서 나는 그 가르침(禪定)을 싫어하여

그 곳을 떠났습니다."

— 맛지마니까야 36 「마하삿짜까경」 / Mahāsaccaka-sutta — *

* M Ⅰ p.240 ; 대림 스님 역, 『맛지마니까야』 ; 「마하삿짜까경」 / Mahāsaccaka-sutta
; M Ⅰ p.166 ; 맛지마니까야 26 「성스러운 탐구의 경」 / Ariyapariyesana-sutta

1. "위빳사나가 최고다" "참선이 최고다"

'위빳사나를 닦아야 한다.'
'사마타를 닦아야 한다.'
'그래야 아라한이 될 수 있다.'
'이것이 근본불교다. 부처님께서 하신 정통 수행법이다. - '

남방 불교 하는 친구들은 이렇게 주장하고 있다.
많은 수행자들이 미얀마로 달려가서 남방의 위빳사나를 익히고 와서, 신천지를 발견한 듯, 그 정통성을 내세우고 근본을 외치면서 선정에 매달리고 있다.

'참선수행을 한다.'
'화두를 타파하고 한소식 해야 한다.'
'그래야 견성성불 할 수 있다.'
'이것이 최상승이다. 깨치면 내가 부처다. - '

북방 불교 하는 친구들은 이렇게 주장하고 있다.
많은 수행자들이 토굴이나 선방에 '부처 되겠다'며 기고만장 화두를 들고 앉아있다. 그러면서 다른 불교도들 백안시하고 '중생제도'도 한소식 뒤로 미루고 있다.

위빳사나(vipassanā)
참선-간화선(看話禪)
오로지 마음 찾고, 마음 지켜보고, 마음 비우기.
마음을 깨달으면 지금 그대로 이 세상이 불국정토다.-'

이것이 우리가 불교 하는 방법이다.

지금까지 우리가 불교 해 온 가장 우월한 방법이다.

교학 공부 깊이 하고 경을 통달하고 보살행 많이 해도, 마음공부 하지 않으면 불교 잘 못한다는 열등의식으로 시달린다. 그래서 지금도 많은 수행자들이 오로지 마음 찾고 화두 들고 앉아 있다. 십년 이십년 그렇게 앉아 있다.

이것은 맹목적 선정주의(禪定主義)다

지금 우리가 하고 있는 위빳사나와 참선은 마음에 매달리는 맹목적 신비적 선정주의다. 하는 방식은 다소 차이가 있지만, 오로지 선정(禪定)을 통해서 마음을 보고 깨달음을 추구한다는 의미에서 이 둘은 모두 맹목적 선정주의이다.

2. 선정주의-, 이미 붓다가 버리셨다

신비한 깨달음을 찾는 선정주의(禪定主義)

오로지 마음에만 매달리는 맹목적 신비적 선정주의−

이것은 붓다가 버리신 낡은 방식이다.

이것은 붓다의 불교와는 거리가 먼 외도들의 방법이다.

정확하게 말하면, 붓다는 이러한 맹목적 선정주의를 포기했다. 오로지 선정 하나만으로 해탈을 추구하는 이런 맹목적 신비적 선정주의로서는 해탈도 중생구제도 불가능하다는 현실을 스스로 깨닫고, 붓다는 오랜 수행전통을 단호하게 포기하고, 전혀 새로운 붓다의 길을 여셨다. 그것이 곧 팔정도(八正道)이다.[6]

기원전 580년경, 출가 직후

마가다국의 라자가하(Rājagaha, 왕사성)

사문 고따마(samaṅa Gotama)는 위대한 선정주의자 웃다까−라마뿟따(Uddaka-Rāmaputta)를 만나 최고의 선정 비상 비비상처정(非想非非想處定)을 체험하고, 그것을 버리면서, 이렇게 선언하고 있다.

"'그의 가르침은 (탐욕과 갈애를) 싫어하여

떠남, 소멸, 적정, 지혜, 올바른 깨달음으로,

열반으로 이끌지 못한다'는 생각이 떠올랐습니다.

악기웻사나여, 그래서 나는 그 가르침(禪定)을 싫어하여

그 곳을 떠났습니다."[7]

---

6) 이러한 과정은 맛지마니까야의 36번째 경인 마하삿짜까경 / *Mahasaccaka-sutta*에서 상세하게 기록하고 있다.

7) M Ⅰ p.240 ; 맛지마니까야 36 「마하삿짜까경」 / *Mahāsaccaka-sutta* ; M Ⅰ p.166 ; 맛지마니까야 26 「성스러운 탐구의 경」 / *Ariyapariyesana-sutta*

선정주의에 대한 붓다의 태도는 이렇게 명확하다.

사문 고따마는 이렇게 여러 형태의 선정주의들 스스로 체험하고, 이것들이 해탈의 길이 아니라는 사실 깨닫고, 새로운 수행의 길 모색하고, 그래서 마침내 붓다 스스로 해탈수행의 길을 찾아낸다.

무엇일가? '깨달음의 길'-, 무엇일까?

사문 고타마 스스로 찾아낸 해탈수행법-, 무엇일까?

맛지마니까야의 36경 「삿짜까 큰 경」에서 붓다 스스로 이렇게 밝히고 있다.

「극도의 고행에도 불구하고 특별함을 증득하지 못하자,
사문 고따마는, '깨달음을 얻을 다른 길이 없을까?', 이렇게 생각한다.

"악기웻사나여, 그런 내게 이런 생각이 들었습니다.
'아버지의 석가족 농경제에 갔을 때,
잠부수 나무 밑에 앉아 감각적 욕망을 떨쳐버리고,
들숨날숨 헤아리며 선정(初禪, sati)에 든 적이 있다.
혹시 그것이 깨달음의 길이 되지 않을까?
그래, 이것이 깨달음의 길이다.'"」

– 맛지마니까야 36 「삿짜까 큰 경」– [8]

---

8) M I p.246 ; 대림 스님 역, 『맛지마니까야』 2권 pp.179-180. ; *The Life of Buddha* p.66.

3. 사띠(Sati) – 고요한 관찰,
붓다가 확립하신 '깨달음의 길'

이것이 무엇일가?

사문 고따마가 육년고행 죽음을 앞에 두고 찾아낸 길

'깨달음의 길(*Maggo-Bodhāya*)' – [9]. 무엇일까?

곧 '사띠(Sati)'다. '들숨날숨 사띠(*ānāpāna-sati*)'다.

이 사띠가 붓다께서 보드가야 보리수 아래서 정각(正覺, Sambodhi)을 이루신 바로 그 '깨달음의 길'이고, 전법고행 45년, 죽어가는 동포들 살려낸 바로 '깨달음의 길'이다.

사띠는 '고요한 관찰'이다. 들숨 날숨 헤아리며 마음 집중하여 눈앞의 현실 – 안팎으로[10] 있는 그대로 관찰하는 것이다. 대상에 바르게 마음집중하고(sammā-sati, 正念), 바르게 알고(sammā-sampajaññā, 正知) 보는 것이다. 맹목적으로 선정에 들거나 명상하는 것이 아니라, 바르게 집중하고 대상의 특성을 있는 그대로[11] 바르게 알고 보는 것이다.[12]

사띠는 '마음 고요히 해서 알고 보는 것(知見)', 곧 '지혜관찰'이다. 그래서 '고요한 관찰'이라고 일컫는다. 이 사띠를 통하여 지혜(智慧, paññā/般若)가 드러난다. 사띠 있으면 불교고, 사띠 없으면 불교 아니다. 초기경전 – 5부의 니까야(*Pāli-nikāya*) 페이지마다 '사띠'가 나온다.

---

9) M Ⅰ p,247 ; 대림 스님 역, 『맛지마니까야』 2권 pp.179-180.

10) '안으로는 자기자신을, 밖으로는 많은 사람들을 –' ; 『초기불교의 사회적 실천』 pp.257-261.

11) '제행무상(諸行無常)'으로, 정확하게 말하면, '무상 – 고 – 무아'로 알고 보는 것(知見) 이다.

12) '여실지견(如實知見, yathā-bhūta-ñāna-dassana)'이다.

사띠- 이것이 불교의 정체성이고 불교하는 바른 방법이다.

기원전 544년, 구시나가라 사라쌍수 언덕,
숨을 거두면서 우리들에게 남기신 마지막 구원의 길-
붓다께서는 이렇게 유언(遺言) 유교(遺敎)하신다.

"그대들에게 이르노니
제행은 무상한 것이다.
게으르지 말고 정진하라(사띠하라).
이것이 여래의 마지막 말이다."

- 디가니까야 16 「대반열반경」6, 7 - [13]

4. 한소식 하고 '나도 부처' 되면,
이 세상이 정토 되는가?

한소식주의,
맹목적 한소식주의-
그런데도 지금 우리는 이러고 앉아 있다.
붓다의 가르침이 너무도 명명백백하고 절실한데, '선정이다, 삼매다-' 뭐다 하면서 한소식 하겠다고 앉아 있다. 붓다의 정도(正道) 외

---

13) D Ⅱ p.156 ; 각묵 스님 역, 『디가니까야』 2권 pp.288-289. ;『붓다의 일생 우리들의
   일생』 pp.462-463.

면하고 외도(外道)로 가고 있다.

맹목적 선정주의,

눈 감고 앉아서, 눈뜨고 앉아서

오로지 마음 찾기에 골몰하는 맹목적 선정주의,

절박한 '눈앞의 fact'- 현실의 고통 회피하며 오로지 마음에만 매달려 신비한 도통(道通)만 기다리는 이 맹목적 신비적 선정주의-, 이 맹목적 신비적 선정주의가 우리 불교 무력(無力)한 회피(回避)주의로 변질시키고 말았다. 우리는 끊임없이 눈감고 앉아서, 눈뜨고 앉아서, 이 엄연한 눈앞의 역사적 사회적 현실 외면하고, 점차 더욱 악화되어가는 동포들의 고통(dukha/둑카) 외면하면서, 오로지 생각으로 '마음' '마음' '한소식' '한소식' 하면서, 에너지 탕진하고, 세상에서 할 말 못하고 역할 못하는 비실제적 회피불교로 몰두해 왔다. 눈 푸른 인재들이 흐름 잘못 만나서 빛을 발하지 못하고 무의미하게 역사 발전의 뒤안길로 사라져가고 있다.

'한소식 하면 나도 부처다.'

'한소식 하면 만사형통이다.

한소식 하면 이 세상 그대로 정토다.

오로지 마음이다. -'

지금 우리는 이렇게 한소식 환상에 빠져있다.

과연 그런가? 한소식 하면 그대로 '나도 부처'인가?

한소식 하면 그대로 이 세상의 문제와 고통들이 다 해결 되는가?

붓다 석가모니가 대각(大覺, Maha-bodhi)을 이뤘다고 인도 사회의 수

많은 문제들이 다 해결되었는가?

도통한 도인들이 나왔다고 우리 동포들의 고통이 얼마나 치유되었는가?

피땀 흘리는 헌신과 변혁 개척의 삶 없이 이 세상이 청정해지고 정토가 되는가?

왜 붓다께서는 편히 쉬지 않고, 낡은 수레처럼 무너져 내리면서도 멈추지 않고 숨이 넘어가는 순간까지 전법개척의 고행으로 살다 가시는가?

한소식주의− 맹목적 한소식주의−

이것은 무책임 무기력한 회피주의(回避主義)다.

이 세상의 문제, 동포들의 괴로움, 역사적 사회적 역할−

모두 회피하고, 기피하고, '수행이다.' '선정이다.' '삼매다.' '견성이다.'−, 온갖 화려한 말로 자기 자신도 속이고 이 세상도 속이는 것이다. 이것은 불교하는 정도가 아니다.

제4강

불교하는 방법, 이것이 문제다 [3]

- 출가우월주의, 공동체 파괴의 차별불교로

•

•

"나는 선언하노라.

해탈의 문제에 있어서

집착을 버린 재가 제자와

번뇌로부터 벗어난 수행승 사이에는,

해탈자의 해탈이란 점에서, 어떤 차이도 없느니라."

─ 쌍윳따니까야 55 「병문안의 경」 / *Gilyanam-sutta* 6, 54 ─ *

---

* S Ⅴ p.409 ; 쌍윳따니까야 55, 6, 54─병문안의 경 / *Gilyanam-sutta* (tr. F. L.
Woodward, M, A, ; *The Book of The Kindred Sayings* (Sanyutta-Nikaya) p.351).

[붓다의 현장]

둘러앉은 빠딸리(Patali) 마을의 사부대중들

① 빠딸리 마을(Pataligama) 우바새들은 세존께서 빠딸리 마을에 오셨다고 들었다. 그러자 우바새들은 세존께 다가갔다. 가서는 세존께 절을 올린 뒤 한 곁에 앉았다. 앉아서 빠딸리 마을의 우바새들은 세존께 이렇게 말씀드렸다.

"세존이시여,
세존께서는 저희들의 공회당에 [머무실 것을] 허락하여 주옵소서."

② 세존께서는 침묵으로 응답하셨다. …
그러자 세존께서는 옷매무새를 가다듬고 발우와 가사를 수하고 비구 승가와 더불어 공회당으로 가셨다. 발을 씻으시고 공회당으로 들어가셔서는 중간 기둥 곁에 동쪽을 향하여 앉으셨다. 비구들도 역시 발을 씻고서 공회당으로 들어가서 서쪽 벽 근처에 동쪽을 향하여 세존을 앞에 모시고 앉았다. 빠딸리 마을의 우바새들도 역시 발을 씻고 공회당으로 들어가서 동쪽 벽 근처에 서쪽을 보고 세존을 앞에 모시고 앉았다. …

– 디가니까야 16 「대반열반경」– [14]

[푸른숲을 거닐면서]

1. 평등 화합의 출가 – 재가공동체

빠딸리(Patali) 공회당

발 씻고 들어가

부처님 앞에 모시고

서로 마주 보고 앉은 사부대중들.

한 평면의 공간에 마주 보고 앉은 출가–재가의 사부대중들–

이렇게 출가–재가는 평등하다. 평등한 불교도공동체(parisā)다.

비구 · 비구니 · 우바새 · 우바이의 '빠리사', 평등한 '사부의 빠리사(citaso-parisā)', 곧 무릎 맞대고 둘러앉아 대화하고 토론하는 '사부대중'이다. 출가–재가는 우열(優劣)관계가 아니다. 출가–재가는 신분적(身分的) 우열(愚劣) 관계도 아니고, 주종(主從)–주객(主客)관계는 더더욱 아니다. 또한 해탈학적(解脫學的) 우열관계도 결코 아니다. 깨닫고 해탈하고 견성성불 하는데 출가–재가 사이에 어떤 우열적(優劣的) 차이도 존재하지 아니 한다. 어떤 승속(僧俗)의 차이, 범성(凡聖)의 차이도 존재하지 아니 한다. 출가–재가가 평등하게 아라한이 되고, 재가도 '존자(尊者, ayuso)'로 불리고, 찟따(Citta) 장자의 사례에서 보듯, 유마

───────────

14) DN Ⅱ pp.85-87 ; 각묵 스님 역, 『디가니까야』 2권 p.

(維摩) 거사의 사례에서 보듯, 재가가 출가승들 앞에서 법을 설하는 것이 조금도 이상한 일이 아니다.

이와 관련하여 붓다는 이렇게 선언하고 있다.

"나는 선언하노라.

해탈의 문제에 있어서

집착을 버린 재가 제자와

번뇌로부터 벗어난 수행승 사이에는,

해탈자의 해탈 이란 점에서, 어떤 차이도 없느니라." [15)

출가-재가

출가승과 재가 대중들-시민들

이들은 본래 한 공동체며 동반자(同伴者)들이다.

이들은 본래 붓다의 수레바퀴-법바퀴(法輪, dhamma-cakkha/담마착카) 몰고, 거친 벌판 함께 달려가는 개척 동반자들이다. 수레의 두 바퀴처럼 서로 어울려서 서로 존중하고 서로 의지하면서 함께 달려가는 성스러운 대중들-성중(聖衆, ariya-parisa/아리야 빠리사)들이다. 공동의 주역들이다. 보살주역들이다. 여기에는 어떤 차별적 권위적 우월주의 (優越主義)도 불의(不義) 불법(不法)으로서 용납되지 아니한다.

---

15) 'I declare that there is no difference between the lay-disciple who thus avers and the monk whose mind is freed from the asavas, that is, between the release of the one and the release of the others.'(tr. F. L. Woodward, M, A. ; *The Book of The Kindred Sayings* (Sanyutta-Nikaya) p.351) ; S V p.409 ; 쌍윳따니까야 55, 6, 54-병문안의 경 / *Gilyanam-sutta*.

우리는 아직도 팔순 노(老)붓다의 '웨살리 대법문' 생생히 기억하고 있다.

승단의 후계자 문제를 묻는 아난다 비구에게, 붓다께서 이렇게 준엄하게 설하고 계신다.

[붓 다]

"'내가 승단의 지도자다.

승단은 내 지도를 따르고 있다.'

나는 이런 생각을 한 적이 없다.

그러니 승단의 문제는 내게 묻지 말라."

— 디가니까야 16 「대반열반경」 — [16)

2. 세계사에 유례없는 이 우월적 차별주의, 불교도공동체가 철저하게 무너졌다

'대평등(大平等)

생명의 대평등 — 평등무차별

모든 생명, 모든 존재의 평등무차별

출가 — 재가의 평등무차별

어떤 우월주의도 개입되지 아니 하는 사부대중의 평등 —'

이것이 불교다. 붓다께서 몸소 하시는 '붓다의 불교', 정통의 불교다.

---

16) D Ⅱ p.101 ; 각묵 스님 역, 『디가니까야』 2권 p.204.

사부대중의 무차별, 여기서 분출하는 대중-민중들의 자발적 동기-, 이것이 불교의 대의(大義)다. 이것 때문에 우리가 이렇게 목숨 걸고 생애를 걸고 불교하는 것이다. 이것이 불교의 생명 에너지이다. 이것이 불교 2천7백년사를 견인해 온 본원적 동력(動力)이다.[17] 이것 있으면 불교 있고, 이것 없으면 불교 없다. 이것 망각하면 불교 자멸(自滅)한다. 이것 망각하고 인도 불교 자멸한 것이다.

지금 어디 있는가?

지금 어디서 이 장엄한 평등무차별의 역사 볼 수 있는가?

지금 이 땅에 사부의 빠리사 존재하는가? 서로 의지하고 서로 공경하며 함께 달려가는 출가-재가의 평등한 불교도공동체 존재하는가? 목숨 걸고 불국 열어가는 대중-민중-시민들의 거친 개척정신 살아 있는가?

"내가 삼보다. 내게 삼배하라-"

세계사에 유례없는 출가승들의 강요된 이 차별적 우월주의, 어느새 갑을관계로 왜곡된 이 첩첩한 우월주의, 이 캄캄한 출가승 우월주의, 불교도를 짓누르는 이 카스트적 차별주의, 우월주의, 권위주의-. 출가승 중심의 소수 독점의 어둔 이기적 지배구조, 도처에서 벌어지는 권력투쟁, 출구 막혀버린 분열 갈등, 탕진되는 불교 에너지, 산산이 부서진 대중-민중-시민들의 자발적 동기, 잃어버린 국민적 신뢰-, 교단은 여지없이 무너져 내리고, 사람들 시민들 민중들은 끝없이 끝없이 떠나

---

17) 이 불교의 대의(大義)를 'Dhamma' '법(法)' '정법(正法)'이라 하고, 여기서 분출하는 불교도의 에너지-동력을 '법력(法力)'이라 일컫는다.

가고, 불교도는 아무 역할도 못하는 초라한 사회적 주변세력으로 내몰리고, 고귀한 불교문화재는 수입용 관광 상품으로 전락하고 아름다운 불교적 전통, 불교적 감성은 참담하게 망각되고, 이차돈·원효·일연·김윤후·서산·사명·만해·용성 … 선사(先師)들의 위업은 까맣게 빛을 잃고—. 잠 못 이루며 고뇌하는 선량한 불자들, 정처 없이 헤매는 많은 청정한 수행자들, 정신적 고향 잃고 방황하는 이 땅의 동포들—

3. 행위에 의해서 브라만이 되고,
　　 행위에 의해서 왕이 되고

출가우월주의—뼛속 깊이 각인된 출가우월주의

대평등의 대의를 유린하는 분명한 악작(惡作)—악업(惡業)

이것 때문에 불교의 본질적 가치가 훼손되고 있다. 붓다 석가모니께서 이 세상에 오신 '붓다의 대의(大義)'가 훼손되고 있다. 사부대중의 불교도공동체가 철저히 파괴되고, 이것 때문에 선량하고 유능한 수많은 재가대중들이 무력(無力)한 추종자로 전락하고, '주인' '주역' 되는 불교가 추종(追從)불교로 변질되어, 그 역동적 생명력을 상실하고 말았다. 이렇게 '출가승 없으면 불교 없는' 참담한 지경에 이르러, 우리불교계는 경쟁력을 잃고 급속히 황폐화되고 있는 것이다.

우리는 담담하게 묻고 있다.

"불교의 대평등이 무엇인가?

정법의 대평등이 무엇인가?

출가대중 없는 재가대중- 어떻게 있을 수 있는가?
재가대중 없는 출가대중- 어떻게 있을 수 있는가? …"

우리는 마땅히 출가대중들 존중하고 공경한다.
우리는 우리 스님들, 자랑스러워하고 사랑한다.
어떤 경우에도 출가승의 존재 부정하는 것은 악작(惡作)이다.
그러나 이것은 출가승 우월 때문이 아니다. 붓다 스스로, "나는 지도자 아니다." 하시는데, 누가 재가대중들, 민중들, 시민들 위에 군림할 수 있겠는가? 우리가 출가대중들 섬기고 공양하는 것은 철저하게 자발적 동기로 하는 것이다. 어떤 제도, 어떤 우월적 권위주의도 우리에게 이것을 요구할 수 없다.

출가승들의 우월성, 존엄성-, 이것은 철저하게 출가대중 자신들의 청정한 삶에서 오는 것이다. 자신들의 삶과 행위가 자신들의 품격을 결정하는 것이다. 남방의 출가승들이 지극한 대우를 받는 것은 전적으로 그들의 청정한 삶의 결과이다.

'행위결정론'-,
부처님의 고귀한 가르침-
우리는 아직도 또렷이 기억하고 있다.
청정한 행위-삶이 청정한 자아고 불멸의 실체라는 만고의 진리,
우리는 아직도 생생히 기억하고 있다.
붓다께서 우리 사부대중들 앞에 불러 앉히시고 엄히 설하신다.

"출생에 의해서 브라만이 되는 것이 아니오.

출생에 의해서 브라만 아닌 자가 되는 것도 아니오.

행위에 의해서 브라만이 되고

행위에 의해서 브라만이 아닌 자가 되기도 하는 것이오. - ."[18]

4. 빠리사불교로,
사부대중의 불교로 돌아가야지

우리는 수많은 선대들을 기억하고 있다.

한 평생, 세상 권력에 눈 돌리지 않고 청정하게 수행하는 구도자들

돌아갈 토굴 하나 없이 붓다의 법을 전파하기 위하여 노심초사하는 전법사들

무료급식소를 열고 가난하고 외로운 동포들 섬기는 보살고행의 헌신자들 -

우리는 이 이름 없는 거룩한 출가승들을 찬탄하며 그 앞에 경배 올린다.

그러나 스스로 출가우월을 주장하며 재가대중들 위에 군림하려는 출가승들

스스로 삼보를 자처하며 삼배를 요구하는 출가승들

권력과 소유를 독점하며 사부대중 대평등의 부처님 법을 거역하는 출가승들

둘러앉아 토론하고 합의하는 빠리사의 오랜 전통을 무시하고 독단

---

18) Sn 650-652 ; 일아 스님 역, 『숫따니빠따』 pp. 231-232.

독주함으로써 거룩한 불교도공동체를 파괴하는 출가승들—

우리는 이 권승(權僧)들, 오도(汚道)비구들은 결코 존중 공경하지 않을 것이다.

재가들이 오만해서가 아니다. 무례(無禮)해서도 아니다. 이들로 인하여 자주당당 주인 되는 우리불교가 권위주의적 추종불교로 전락하고 동포들이 버리고 떠나가는 이 참담한 현실을 더 이상 방치할 수 없기 때문이다. 이 잘못된 불교의 틀을 혁신하지 않고서는 우리불교 더 이상 희망 없기 때문이다.

「빠딸리(Patali) 공회당

발 씻고 들어가

부처님 앞에 모시고

서로 마주 보고 앉은 사부대중들

한 평면의 공간에 마주 보고 앉은 출가—재가의 사부대중들—

출가—재가의 대중들이 둘러앉아서

임신한 수행녀의 문제를 협의하고 합의하는

기원정사의 사부대중들—」

우리는 이 시대의 불교로, 빠리사불교로 돌아가기 염원한다.

다시 한번 자유평등한 '붓다의 불교'로 돌아가기 간절히 염원하고 있다.

제**6**장

「붓다의 불교」

불교하는 방법 혁신한다

●

「붓다의 불교」

이것이 지금 우리불교 출구이다

죽을 것 같은 고통 감내하시고

"아난다여, 나는 목이 마르다"

「① '그때 세존께서는 대장장이 쭌다가 올린 공양을 드시고 혹독한 병에 걸리셨다. 피가 나오는 이질(赤痢)에 걸려서 죽을 것 같은 극심한 고통을 겪으셨다. 세존께서 사띠하고 바르게 알면서(正念正知) 흔들림 없이 그 고통을 감내하신다.'[1]

세존께서는 아난다 비구에게 말씀하셨다.

"아난다여, 이제 구시나가라로 가자."

"세존이시여, 그렇게 하겠나이다."

② 붓다는 구시나가라 언덕을 향하여 걷고 또 걸으신다.

질병과 목마름, 뜨거운 햇볕 때문에 고통을 겪으면서 걷고 쉬고 걷고 쉬고를 되풀이하며 조금씩 나아가신다. 한 나무 밑에 이르러 붓다께서

---

1) D Ⅱ pp.127-128 ; 디가니까야 16 「대반열반경」4, 20 (각묵 스님 역, 『디가니까야』
2권 p.250).

말씀하셨다.

　"아난다여, 피곤하구나. 나는 좀 앉아야겠다."

　"세존이시여, 그렇게 하겠습니다."

　"아난다여, 물을 좀 다오. 나는 목이 마르구나."

　"세존이시여, 지금 막 상인들의 수레가 지나가 물이 혼탁해서 마실 수가 없습니다."

　"아난다여, 물을 좀 다오. 나는 목이 마르구나."

　"세존이시여, 지금 막 상인들의 수레가 지나가 물이 혼탁해서 마실 수가 없습니다. 까꿋타강까지 가셔야 합니다."

　"아난다여, 물을 좀 다오. 나는 목이 마르구나."

　"세존이시여, 그렇게 하겠습니다."

　아난다 비구가 강물에 갔을 때, 강물은 맑고 차가웠다. …

작고 궁핍한 흙벽집 마을 사람들 찾아서

③ 구시나가라 사라쌍수 언덕,

　저녁이 되어 붓다께서 간이침상에 누워, 아난다 비구의 공덕을 칭찬하신다.

　이 말씀을 듣고 아난다 비구가 울며 고한다.

　"세존이시여, 부디 이렇게 작고 궁핍한 흙벽집 마을
　숲속 외진 마을에서 열반에 들지 마옵소서.
　이렇게 작고 궁핍한 마을이 아니더라도,
　참파나 라자가하, 사왓티, 꼬삼비, 와라나시, 웨살리 같은
　크고 번창한 마을들이 있지 않습니까.–"

"아난다여, 이 구시나가라를

'작고 궁핍한 흙벽집 마을'이라고 부르지 말라.

과거 이 구시나가라는 마하수닷사나(Mahā-Sudassana, 大善見王)라는

전륜성왕들이 사는 번창한 도시였느니라. … "

④ 밤이 깊어지자 붓다가 말씀하신다.

"아난다여, 구시나가라로 가서

말라족 동포들을 불러 오너라.

가서 이렇게 전하라.

'와셋타(Vāseṭṭha)들이여,

여래가 오늘 여기서 열반에 드신다오.

어서 가서 여래를 만나시오.'"」

─ 디가니까야 16 「대반열반경」4, 13-5, 22 ─ [2)]

2) D Ⅱ pp.127-128 ; 각묵 스님 역, 『디가니까야』 2권 pp.247-278.

제1강

'붓다의 삶'을 담마(法)로 삼는다

•
•

"아난다여, 피곤하구나. 나는 좀 앉아야겠다."

"세존이시여, 그렇게 하겠습니다."

"아난다여, 물을 좀 다오. 나는 목이 마르구나."

— 디가니까야 16 「대반열반경」4, 13-4, 25 — *

* D Ⅱ pp.127-128 ; 각묵 스님 역, 『디가니까야』 2권 pp.247-262.

'법(法)'이 무엇인가?

'귀의법(歸依法)'-, '법'이 무엇인가?

'담마(Dhamma, Skt. Dharma)'가 무엇인가?

'Buddha Dhamma Saṅgha'-, '삼보(三寶)', 'Dhamma'가 무엇인가?

저 인욕(忍辱)-인고(忍苦)

혹독한 병을 참고 견디시는 저 인욕(忍辱)-인고(忍苦)가 곧 법이다.

들숨날숨 헤아리며 죽음의 고통 이겨내시는 저 고요한 인내가 곧
법이다.

"아난다여, 이제 구시나가라로 가자."-

죽음의 고통 참고 견디며

작고 가난한 동포들을 찾아 나서는 저 발걸음이 곧 법이다.

"아난다여, 피곤하구나. 나는 좀 앉아야겠다."-.

피땀 흘리며 피곤해 하며 걷고 쉬고 걷고 쉬고

멈추지 않고 걷고 또 걷는 저 걸음걸음이 곧 담마다.

"아난다여, 물을 좀 다오. 나는 목이 마르구나."-.

뙤약볕 아래 목말라 하며 그래도 멈추지 않고
작고 외로운 동포들 찾아서 걷고 또 걷는 저 목마름이 곧 담마다.
사라쌍수 언덕 간이 침상에 오른쪽 옆구리 바닥에 대고 모로 누워서,
제자 아난다 비구를 칭찬하는 저 따뜻한 사랑이 곧 법이다.

"아난다여, 이 구시나가를
'작고 궁핍한 흙벽집 마을, 숲속 외진 마을―'
　　(a miserable little town of wattle and daub
　　right in the jungle in the back of beyond.)
이렇게 부르지 말라―"

저것이 곧 담마다. 담마의 현장이다.
저 작고 궁핍한 숲속 외진 마을이 곧 법의 현장이다.
저 동포들 잊지 못하여 피땀 흘리며 목말라 하며 찾아가는
저 끝없는 연민헌신―, 바로 이것이 법이다. 담마다.

'연기'―, 법 아니다.
'중도' '무아' '공' '반야바라밀'―, 법 아니다.
'불성' '마음' '자성' '본래청정' '본래부처'―, 담마 아니다.
'지관겸수' '직지견성' '돈오돈수' '돈오점수'―, 법도 담마도 아니다.
'해탈' '열반' '불생불멸'―, 법도 담마도 아니다.
'고집멸도' '사제팔정도'―, 법도 담마도 아니다.
'니까야' '금강경' '반야심경' '화엄경' '법화경'―, 법도 담마도 아니다.
'아라한' '성불' '도인'―, 법도 담마도 아니다.

끝없이 머리 굴리기, 공리공담, 헛소리, 자기도취일 뿐이다.

'눈앞의 fact'-, 법은 이렇게 눈앞에 보이는 것이다.

법은 이렇게 눈앞의 사람들 살려내는 것이다. 피고름 손에 묻히면서 아파하고 죽어가는 사람들 곁에서 함께하고 간병하고 위로하고- 이 끝없는 연민헌신의 보살고행이 곧 법이며 담마다.

법이 무엇인가?

담마가 무엇인가?

곧 붓다의 삶이다. 붓다 석가모니의 삶이며 일생이다.

전법고행 사십오 년-, 늙고 병들고 지쳐서

낡은 수레처럼 무너져 내리면서도 멈추지 않고

작고 외로운 동포들 찾아 목말라 하며 걷고 걷는

붓다 석가모니의 삶과 일생-, 이것이 법이며 담마다.

더 이상 없다.

「붓다의 불교」 등불삼아,
불교하는 방법, 확 바꾼다

"세상에는 네 가지 빛이 있나니

다섯 번째 빛이란 존재하지 않는다네.

낮에는 저 태양이 빛나고 있고

밤에는 저 달이 빛나고 있네.

불이 있어 갖가지 빛을 발하지만

온전히 바르게 깨달은 부처야 말로

빛나는 것 가운데 으뜸이려니

이 빛은 위없이 밝은 것이라네."

– 쌍윳따니까야 1, 26 「빛의 경」 / *Pajjota-sutta* – *

* S Ⅰ p.15 ; 각묵 스님 역, 『쌍윳따니까야』 1권 pp.181-182.

1. '붓다의 빛'을 찾을 것이다,
붓다로부터 직접 배울 것이다

붓다의 삶(Buddha-cariya/붓다 짜리야)

청정한 붓다의 삶(Buddha-carita/붓다 짜리따, 佛本行)

룸비니에서 구시나가라까지, 붓다가 걸어간 고행(苦行)의 삶

다함없는 연민과 헌신, 전법 개척의 삶, 그 거친 개척정신―

붓다는 빛(ābhā)이시다. 붓다의 삶은 빛이시다.

'붓다의 빛(Buddh-ābhā)'은 '빛 가운데 빛'이시다.

왜 '빛 가운데 빛'이신가?

왜 '부처님의 빛'이 '빛 가운데 빛'이신가?

이 세상을 밝히는 지혜(ñāṇa)의 빛도, 희열(法悅, pīti)의 빛도, 청정한 믿음(pasāda)의 빛도, 설법(說法, dhamma-kathā)의 빛도 붓다께서 이 세상에 출현함으로부터 생겨났기 때문이다.[3] 아라한도 도인들도 붓다께서 이 세상에 출현함으로부터 생겨났기 때문이다. 깨달음도 해탈열반도 성불도 한소식도 붓다께서 이 세상에 출현함으로부터 생겨났기 때문이다. 연기도 무아도 반야도 공도 자성도 마음도 붓다께서 이 세상에 출현함으로부터 생겨났기 때문이다. 비로자나불도 아미타불도

---

3) SA ⅰ. 52 ; 위의 책 p.182, 각주―124).

관세음보살-지장보살도 붓다께서 이 세상에 출현함으로부터 생겨났기 때문이다.

    무엇이 '붓다의 빛'인가?
    무엇이 '붓다의 광명'인가?
    곧 붓다의 삶이다. 석가모니의 삶이다.
    마지막 순간까지 작고 외로운 사람들, 외진 숲속 흙벽집 사람들-
이 사람들 찾아서 피땀 흘리며 걷고 걷는 붓다 석가모니의 삶이 곧
'붓다의 빛'이며 '붓다의 광명'이다.
    붓다께서 선포하신다.

"세상에는 네 가지 빛이 있나니
다섯 번째 빛이란 존재하지 않는다네.
낮에는 저 태양이 빛나고 있고
밤에는 저 달이 빛나고 있네.

불이 있어 갖가지 빛을 발하지만
온전히 바르게 깨달은 부처야 말로
빛나는 것 가운데 으뜸이려니
이 빛은 위없이 밝은 것이라네."

— 쌍윳따니까야 1, 26 「빛의 경」 / *Pajjota-sutta* —

'붓다의 빛(Buddh-ābhā)
빛 가운데 빛 붓다의 빛(Buddh-ābhā)-

어둠 속에서, 캄캄한 어둠 속에서 빛을 발하는 '붓다의 빛'-

이제 찾을 것이다. 이 '붓다의 빛' '붓다의 광명' 찾을 것이다.

그 속에서 붓다를 만날 것이다. 그 빛 속에서 부처님 만날 것이다. 그리고 붓다로부터 직접 들을 것이다. 붓다로부터 직접 배울 것이다. '불교'- '불교공부'-, 붓다 석가모니로부터 직접 듣고 직접 배울 것이다. 더 이상 방황하지 말 것이다. 어둠 속에서 헛되이 찾아 헤매지 말 것이다. 지금까지 우리는 불교공부 한다면서, '붓다의 빛'을 망각하고, '아라한'이니 '도인'이니 '지혜'니 '반야'니 '설법'이니 '믿음'이니 하면서 어둠 속에서 이리저리 방황하고 있다. 붓다의 삶을 외면하고, 붓다의 가르침을 직접 듣지 아니하고, 붓다 석가모니로부터 직접 배우지 아니 하고, 온갖 주장, 온갖 이론, 온갖 사설(私說) 다 들으면서, 온갖 도사들로부터 다 들으면서, '어디 도통하는 데 없나?'-, 찾아다니고 있다.

2. '붓다의 불교' 등불삼아,
불교하는 방법 확- 바꿀 것이다

'붓다의 빛(Buddh-ābhā)

빛 가운데 빛, 붓다의 빛(Buddh-ābhā)

전법고행 사십오년, 피땀으로 밝히시는 붓다의 빛(Buddh-ābhā)-'

이제 공부하는 방법 확 바꿀 것이다.

철두철미 붓다로부터 직접 배울 것이다.

철두철미 붓다 중심으로, 붓다의 삶 중심으로 불교공부 할 것이다.

「붓다의 불교」

붓다 석가모니께서 몸소 하시는 「붓다의 불교」

'빛 가운데 빛'-, 불멸의 빛으로 우리를 비추시는 「붓다의 불교」-

이것이 지금 우리불교의 출구다. 거의 유일한 출구다. 지금 우리불교 살려낼 거의 유일한 출구다. 이제 '붓다의 불교' 등불 삼아, 우리 불교하는 방법 확- 바꿀 것이다. 낡은 모순들- 용어 중심의 개념주의, 선정 중심의 한소식주의, 출가승 중심의 추종주의-, 이 낡은 모순들 사정없이 타파하고 확- 바꿀 것이다.

「붓다의 불교」 중심으로

부처님께서 몸소 하시는 「붓다의 불교」 중심으로

'붓다의 빛' 중심으로, 붓다의 삶 속에서 솟아나는 '붓다의 빛' 중심으로-

이제 이렇게 불교 할 것이다. 이렇게 불교하는 방법, 근본부터 혁신할 것이다.

붓다의 삶을 최선(最善)의 담마로 삼아 불교공부 할 것이다. 교리공부도 이 붓다의 삶을 전제로, 그 삶을 통하여 공부하고 해석할 것이다. 경전공부도 이 붓다의 삶을 전제로, 그 삶을 통하여 공부하고 해석할 것이다. 위빳사나도 이 붓다의 삶을 전제로, 사띠를 전제로 공부하고 증득할 것이다. 참선도 이 붓다의 삶을 전제로, 사띠를 기본으로 공부하고 증득할 것이다. 설법도 강의도 연구도 철저하게 이 붓다의 삶을 드러내고 널리 선포하고 스스로 실천해 보이는 것으로 근본을 삼을 것이다. 그래야 이 모든 것이 담마가 될 수 있다. 헛소리 안 하고 자기 도취에 빠지지 않게 된다. 허구적 개념병 벗어나고, 맹목적 신비주의,

족보에 없는 출가우월주의 벗어날 수 있다. 그래야 이 모든 것이 법이
될 수 있다.

법(法)이 무엇인가?
담마(Dhamma)가 무엇인가?
곧 붓다의 삶이다. 끝없이 걷고 걸으시는 붓다의 삶이다.
붓다의 삶을 철두철미 전제할 때, 다른 모든 법(法)들이 붓다의 법이
된다. 일체법(一切法)이 불법(佛法)이 될 수 있다. 우리가 부처님같이
몸을 던져 연민헌신의 삶 열심히 살아갈 때, 우리 삶도 법이 된다.
우리 삶도 빛이 된다. 그래서 우리는 다짐한다.
허리 곧게 펴고, '들숨 날숨 하나—', '사띠 삼념'하고
연꽃처럼 정결하게 합장하고 이렇게 외치고 다짐한다.

'우리도 부처님같이—'

3. "우리도 부처님같이,
만분의 일 부처님같이 살고 싶어요"

이제 위의를 단정히 하고, 큰 소리로 함께 외운다.
하늘 땅 출렁이게 우렁찬 목소리로 함께 외우면서 폐부 깊이 새긴다.
자 시작—

'우리도 부처님같이

우리도 부처님같이 살고 싶어요.

만분의 일이라도, 우리도 부처님같이 살고 싶어요.'

'우리도 부처님같이'–

이것이 우리불교 진언(眞言)이다.

이것이 '붓다의 불교' 진언이다.

이것이 '빠리사운동'의 진언이다.

이것이 만인견성–만인해탈의 진언이다.

이것이 화엄불국토–화엄코리아 세우는 진언이다.

'우리도 부처님같이'–

이것이 우리 인생 빛내는 진실언어(眞實言語)다.

이것이 우리가정, 우리직장, 우리마을 평화하는 진언이다.

이것이 이 지구촌의 대립과 갈등, 폭력, 테러, 집단살육 치유하는

진언이다.

이것이 좌파/우파 나라 망치는 막가파들 정신 차리게 하는 진언이다.

'우리도 부처님같이'–

자나 깨나 염하고 외우고 전파할 것이다.

꿈에서도 잊지 말고 외우고 전파할 것이다.

'우리도 부처님같이'–

도반들끼리 만나면 서로 이렇게 말하고 따뜻하게 인사할 것이다.

헤어질 때, 모임, 빠리사 공부 끝나고 혜어질 때,

둘러서서 서로 바라보며 합장하고,

좌장이 '우리도' 하면,

대중들이 '부처님같이-' 합창하면서 반배할 것이다.

그리고 서로 손잡고, 따뜻하게 격려하고 축복할 것이다.

[좌 장] "우리도- "

[대중들] "부처님같이-

　　건강하고 행복하십시오-" (반배)

둘러서서 합장하고 이렇게 축복한다.

이것이 우리 불교도의 인사법이다.

4. 먼저 책부터 사서 읽는다

돌이켜보면, 우리는 너무 무지(無知)했다.

우리는 붓다에 관하여, 붓다의 삶에 관하여 너무 무지했다.

아는 척하지만, 정작 붓다의 삶에 관하여 '말해 보라' 하면, 몇 마디 못한다. 붓다의 삶을 알지도 못하면서, '교리다' '참선이다' 하며 자아도취에 빠져 있었다. '나도 부처다.' '깨달으면 나도 부처다.' 하며 허망한 오만에 빠져 있었다. '무아(無我)다.' '공(空)이다.' '자성(自性)이다.' '마음이다.' 하며, 붓다의 가르침을 제 멋대로 해석하고 제 멋대로 상상해왔다. 붓다의 가르침을 자기방식대로 재단하고, 자기 생각대로 개념화하면서, '이것이 불교다' '이것이 부처다' 하면서 헛소리들 해왔다. 아상(我相, atta-saññāa/앗따 산냐)만 키워왔다. 고집만 키워왔다.

왜 그랬을까?

왜 그렇게 무지했을까?

답은 명료하다. 책을 읽지 않았기 때문이다.

붓다의 삶을 공부하는 불서(佛書) 읽지 않았기 때문이다.

제 돈 주고 책 사지도 않고, 읽지도 않고, 공부도 않고, 게으르게 살아왔기 때문이다. 붓다의 삶에 관한 경전들, 불전(佛典)들, 좋은 저술들 읽지 않고 게으르게 살아왔기 때문이다. 무슨 책을 읽어야 할지도 모른 채 무감각하게 살아왔기 때문이다. 이제 책을 읽을 것이다. 만사 제쳐놓고. 붓다의 삶에 관한 책들부터 읽을 것이다. 땀 흘려 번 아까운 내 돈으로 사서 읽을 것이다. 이것밖에 길이 없다. 지금 우리가 붓다 석가모니 친견하는 길은 책 읽는 길 밖에 없다.

꼭 읽고 부처님 친견해야 할 책들, 불서(佛書)들

붓다의 삶, 붓다의 생애에 관하여 꼭 읽어야 할 불서들

붓다의 가르침-교리공부 할 때 꼭 읽어야 할 불서들, 몇 권 소개한다.

혼자서도 읽고, 빠리사에 같이 모여 함께 잃고 대화하고 토론할 것이다.

[붓다의 삶-생애에 관한 책들]

① 마스타니 후미오/이원섭 역, 「아함경」(2005, 현암사)

② 와다나베 쇼꼬/법정 역, 「불타 석가모니」(1981, 지식산업사)

③ 김재영, 「룸비니에서 구시나가라까지」(2018, 16쇄, 불광출판부)

④ 김재영, 「초기불교개척사」(2001, 도서출판 도피안사)

⑤ 김재영, 「붓다의 불교」 1부 「화엄코리아」(2017, 동쪽나라)

⑥ 김재영, 〃 2부 「붓다의 일생, 우리들의 일생」(2018, 동쪽나라)

⑦ 김재영, 〃 3부 「새롭게 열린다 붓다의 시대」(2019, 동쪽나라)

⑧ 마성 스님, 「사카무니 붓다」(2010, 대숲바람)

⑨ 성열 스님, 「고따마 붓다」(2008, 도서출판 문화문고)

⑩ 조계종교육원, 「부처님의 생애」(2010)

⑪ 호진 스님, 「성지에서 쓴 편지」(2010, 도서출판 도피안사)

[붓다의 가르침 - 교리에 관한 책들]

① 임승택, 「초기불교」(2014, 종이거울)

② 각묵 스님, 「초기불교이해」(2009, 초기불전연구원)

③ 김재영, 「붓다의 대중견성운동」(2001, 도서출판 도피안사)

④ 김재영, 「초기불교의 사회적 실천」(2012, 민족사)

⑤ 평천 창 외/정승석 역, 「大乘佛敎槪說」(1986, 김영사)

⑦ 평천 창/이호근 역, 「印度佛敎의 歷史」상, 하 (1989, 민족사)

⑧ 중촌 원/김지견 역, 「佛陀의 世界」(1984, 김영사)

⑨ W. Rahula, *What the Buddha taught* (1978, Gordon Fraser)

　 (번역본 ; 전재성, 「붓다의 가르침과 팔정도」(한국빨리성전협회)

⑩ tr. M, OC. Walshe, *The Historical Buddha* (1989, Arkana)

⑪ 이수창(마성스님), 「三法印說의 起源과 展開에 관한 硏究」(2015학년

　 도 박사학위 논문 동방문화대학원대학교)

제3강

싸워서 이기는 항마의식(降魔意識)으로

•
•

"악마 나무치여,

나에게 목숨은 전혀 중요치 않다.

나는 굴욕으로 사느니,

차라리 싸워서 죽는 것이 낫다. - ."

– 숫따니빠따 3, 2 「정진의 경」/ *Padhāna-sutta* – *

* Sn 439-443 ; 일아 스님 역, 『숫따니빠따』 pp.155-156. (간추림)

사문 고따마 악마를 퇴치하다

"나무치여, 이것이 너의 검은 공격군이다"

「① 우루웰라(Uruvelā) 네란자라 강(Nerañjarā 江) 기슭, 최상의 평온을 얻기 위해서 온 힘을 기울여 관찰하면서 정진하는 나에게 악마 나무치 (Namuchi)가 위로의 말을 건네며 다가왔다.

[악 마] "당신은 야위었고 안색이 나쁩니다.

　　당신은 죽음이 임박했습니다.

　　당신이 살아날 가망은 천에 하나입니다."

[고따마]

　　"게으름뱅이 친구여, 악한 자여,

　　그대는 세속의 선업을 구하여 여기 왔지만

　　나에게는 세속의 선업을 찾아야 할 이유가 털끝만큼도 없다.

　　오로지 수행에만 열중하는 내 몸의 피가 어찌 마르지 않겠는가.

　　감각적 쾌락은 너의 첫째 군대, 불만은 둘째 군대,

　　기갈은 셋째 군대, 갈애는 넷째 군대 … 위선과 고집은 여덟째 군대,

이득 명성 환대는 아홉째 군대,

자신을 칭찬하고 남을 경멸하는 것은 열 번째 군대.

나무치여, 바로 이것들이 너의 군대다. 검은 공격군이다.

용기 있는 사람이 아니면 너를 이길 수 없다.

내가 문자풀을 입에 물 것 같은가? (항복할 것 같은가?)

나에게 목숨은 전혀 중요치 않다.

나는 굴욕으로 사느니, 차라리 싸워서 죽는 것이 낫다.

수행자들도 바라문들도 너의 군대에 패하여 더 이상 보이지 않는다.

악마의 군대가 사방을 포위하고 있지만, 나는 그들을 맞아 싸우리라.

나를 이곳에서 물러나게 하지 못할 것이다.

신(神)들도 세상 사람들도 너의 군대를 꺾을 수 없지만

나는 지혜를 가지고 그것을 깨뜨린다.

마치 굽지 않은 흙단지를 돌로 쳐 깨뜨리듯이."

"이제 우리는 고따마를 떠나간다"

② [악 마] "우리는 칠 년 동안 당신을 한 걸음 한 걸음 따라다녔다.

그러나 항상 정신 차리고 있는 정각자에게 뛰어들 틈이 없다.

이제 우리는 지쳐서 고따마를 떠나간다."

근심에 잠긴 악마의 옆구리에서 비파가 뚝 떨어졌다.

야차(악마)는 기운 없이 그 자리를 떠나고 말았다.」

－ 숫따니빠따 3, 2 「정진의 경」－ [4]

---

4) Sn 425-449 ; 일아 스님 역, 『숫따니빠따』 pp.152-157. (간추림)

1. 악마는 누구인가?
악마의 검은 공격군은 누구인가?

"감각적 쾌락은 너의 첫째 군대,

불만은 둘째 군대, 기갈은 셋째 군대, 갈애는 넷째 군대 …

나무치여, 바로 이것들이 너의 군대다. 검은 공격군이다. … "

지금 우리는 전쟁을 보고 있다.

기원전 589년 웨사까력 이월 보름 밤, 대각(大覺) 전야,

우루웰라 네란자라 강변에서 벌어지는 한바탕 살벌한 전쟁을 보고 있다.

고따마와 악마의 검은 공격군 사이에 벌어지는 목숨 건 전쟁을 보고 있다.

악마의 검은 공격군들이 사문 고따마를 포위하고 사납게 공격하고 있다.

불화살을 날리고, 철퇴를 휘두르고, 창으로 칼로 공격하고, 사문 고따마가 위태롭다. 생명을 잃을지도 모른다.

네란자라 강변의 한판 싸움

악마의 군대와 사문 고따마의 목숨 건 대결—

이 싸움에 사문 고따마의 운명이 걸려있다.

이 대결에 우리들의 운명이 걸려있다. 인류사의 운명이 걸려있다.

악마의 군대는 누구들인가?

사문 고따마를 포위하고 공격하고 있는 '악마의 검은 공격군'은 누구들인가?

"감각적 쾌락에 대한 욕망,

불만, 기갈, 갈애, 게으름과 무기력,

두려움, 의혹, 위선과 고집, 이득, 명성, 환대,

잘못 얻은 명예, 자신을 칭찬하고 남을 경멸하는 것"[5]

이것은 바로 나 자신이다. 악마들은 내 자신이다.

나 자신을 지배하고 있는 어둔 생각들, 고정관념, 잠재의식—바로 이것이 악마의 검은 공격군이다. 눈으로 색(色)을 탐하고, 귀로 아첨하고 찬양하는 소리를 탐하고, 코로 향기로운 냄새를 탐하고, 혀로 맛있는 음식을 탐하고, 몸으로 호의호식(好衣好食) 사치와 안일을 탐하고, 생각으로 '내 잘났다' 고집 부리고, '이것이 진리다' 고집 부리고 … 바로 안이비설신의—색성향미촉법이 악마다. 악마의 검은 공격군이다.

---

5) Sn 436-438. ; 일아 스님 역, 『숫따니빠따』 pp.154-155.

악마-악마의 검은 공격군

이것은 많은 사람들이다. 우리 가정, 우리 직장, 우리 마을, 우리 사회의 많은 사람들, 동포들이다. 그들의 삶과 행위를 지배하고 있는 집단적 쾌락주의, 탐욕, 이기주의, 사회적 차별, 증오, 폭력, 테러, 전쟁, 집단살육- 이 모든 악행을 불러일으키는 사회적 무지(無知), 집단적 고집, 진영논리, 주의(主義), 이데올로기, 종교, 사상, 제도, 관습 … 바로 우리사회 자체의 모순과 불의(不義) · 무지(無知)가 악마다. 악마의 검은 공격군이다.

내 안과 밖의 악마들, 검은 공격군들,
우리는 끊임없이 이들 악마들과 대면하고 있다.
우리는 우리 자신도 의식하지 못하는 사이, 이들 안팎의 악마들, 검은 공격군과 대치하고 있다. 총성 없는 싸움에 직면하고 있다. 그래서 우리는 항상 스트레스 받고 상처받고 우울하고 긴장하고 분노하고, 사소한 일로 사람들을 해친다. 이웃들을 해치고, 거리의 행인들을 공격하고, 아내 남편, 부모님들을 해친다. 좌파/우파, 남/북, 노/사, 갑/을, 남/녀 … 이렇게 끝없이 서로 해치고 있다. 바로 이것이 악마들의 전쟁이다. 악마들과의 전쟁이다. 나도 그 중의 하나다. 나도 그 검은 공격군 중의 하나다.

마약 도박 몰카 성폭력 성추행 사기 폭력 학대-
나는, 그대는 무사한가? 예외자인가? 책임 없는가?
우리는 맑고 향기로운 천인(天人), 천사들인가?

2. 싸워서 이기는 전사의식(戰士意識),
붓다의 내면적 동기

"나에게 목숨은 전혀 중요치 않다.

나는 굴욕으로 사느니, 차라리 싸워서 죽는 것이 낫다.

수행자들도 바라문들도 너의 군대에 패하여 더 이상 보이지 않는다.

악마의 군대가 사방을 포위하고 있지만, 나는 그들을 맞아 싸우리라.

나를 이곳에서 물러나게 하지 못할 것이다.- "

지금 우리는 전사(戰士)를 보고 있다.

위대한 캇띠야(khattiya, 戰士/武士)를[6] 보고 있다. 적(敵)과 싸워 이기는 용맹한 캇띠야(khattiya)를 보고 있다. 목숨 걸고 악마의 검은 공격군과 싸워 이기는 승리자를 보고 있다. 악마의 군대(魔軍)를 여지없이 쳐부수고 승리를 쟁취하는 용맹한 승리자를 보고 있다.

전사의식(戰士意識)-캇띠야 의식(khattiya 意識)

목숨 걸고 악마와 싸워 이기는 전사의 승리자 의식

안팎의 악마, 결단코 방임하거나 외면하지 않고 목숨 걸고 싸워서 승리하는 승리자 의식-

바로 이것이 붓다의 내면적 동기다.

붓다 석가모니의 일생을 지배하는 내면적 심리적 동기다. 안팎의

---

6) khattiya는 인도 사성계급(caste) 속의 전사(戰士)-무사(武士)계급으로, 산스크리트어로는 '크샤트리아(kshatriya)'로 일컬어진다.

검은 악마들과 싸우는 붓다의 항마(降魔)전쟁은 네란자라 강변의 한판 승부로 끝나지 아니 한다. 이 항마전쟁은 붓다의 일생을 통하여 일관하고 있다. 생의 마지막 순간에도 이 항마싸움은 계속되고 있다.

'아니, 부처님께 무슨 어둔 악마, 어둔 번뇌가 남아 있단 말인가?'
이미 잊었는가? 악마는 안팎의 강인한 모순이며 불의라는 사실 벌써 잊으셨는가? 인도 사회, 인도 민중들의 의식과 사회를 지배하고 있는 모순과 불의. 구제도(舊制度)가 극복되지 아니 하는 한, 붓다의 항마전쟁 또한 계속되고 있는 것이다.
붓다는 그저 '대자대비(大慈大悲)'가 아니다. 붓다는 그저 '자비하신 부처님'이 아니다. 붓다는 그저 '자비무적(慈悲無敵)' 아니시다. 붓다의 자비는 싸워 이기는 자비다. 붓다의 대자대비는 나 자신과 이 세상 많은 사람들의 번뇌와 끝까지 싸워 이기는 전사의 용기다. 승리자의 용기. 전사의 용기, 승리자의 용기— 이것 없으면 '자비'— 이것은 허구다. '대자대비'— 이것은 자아도취일 뿐이다.

3. '일어나소서, 그대 영웅이여, 전쟁의 승리자여'

위대한 전사(戰士) 고따마
전쟁에서 싸워 이기는 위대한 캇띠야 고따마
악마를 항복 받는 용맹한 승리자(Jina) 붓다
악마를 항복 받고 세상을 평정하는 큰 영웅(大雄) 붓다 석가모니

'승리자, 큰 영웅–'

인도 민중들은 붓다를 이렇게 보고 이렇게 부르고 있다.

사람들도 신(神)들도 붓다를 이렇게 보고 이렇게 부르고 있다.

인도 민중들은 '싸워 이기는 전사'를 고대하고 있다. 인도 신(神)들조차 뿌리 깊은 사회적 모순, 불의, 카스트와 싸워 이길 영웅을 고대하고 있다. 인도 민중들은 오로지 기도의 대상으로 머무는 신(神)들–더 이상 기대할 것이 없다는 사실을 깨닫고 있다. 그들은 그들을 위하여, 그들과 함께 앞장서서 어둡고 폭력적인 인도사회의 모순과 불의, 카스트와 싸워 이길 승리자를 기다리고 있다. '전쟁의 승리자' '항마전생의 승리자'를 목마르게 기다리고 있다.

「기원전 589년, 성도 후

'세상에 나가 법륜을 굴릴 것인가? 말 것인가?'

붓다께서 이렇게 고민하고 계실 때,

하늘신(梵天)이 급히 붓다 앞에 달려와,

한쪽 어깨에 상의를 걸치고 오른쪽 무릎을 땅에 꿇은 다음,

붓다를 향하여 합장하고 이렇게 아뢴다.

"세존 이전 마가다국에는

어지러운 법들이 설해졌으니

때묻은 자들이 생각해 낸 것이었습니다.

이제 세존께서 오셨으니

불사(不死)의 문을 여소서.

그 법을 듣고, 때 없는 이들이 깨닫게 하소서.…

법(法)의 누각에 높이 오르시어

태어남, 늙음에 정복당하고

슬픔에 빠져있는 사람들, 지켜보소서.

일어나소서, 그대 영웅이여, 전쟁의 승리자여

그대 빚진 것이 없는 이여, 대상(隊商)의 주인이시여

세상을 유행하소서. 세존이시여, 법을 설하소서.

법을 듣는다면 그들도 깨달을 것입니다."」

― 쌍윳따니까야 6, 1 「권청(勸請)의 경」― [7]

지금 하늘신(天神)은 이렇게 인도민중들의 갈망을 대변하고 있다.
최고의 신(神) 범천(梵天, Brahma)도 자신의 힘으로도 어찌할 수 없
는 모순과 불의, 카스트 체제 등 인도사회의 악마적 상황에 대한 치열
한 대결과 극복을 붓다께 소구소망하고 있는 것이다.

4. 불교는 싸워서 이기는 길이다,
이것이 우리들의 내면적 동기다

가) 불교는 싸워서 이기는 길이다

"나는 일체의 승리자

나는 일체지자(一切知者)로다.

_____

7) S I p.138 ; 각묵 스님 역, 『쌍윳따니까야』 1권 p.492. 같은 내용이 초기율장에도
기록돼 있다. ; Vin I pp.1-7 ; 초기율장 「대품(大品)」 I, 1-5 (I. B. Horner tr. *The
Book of The Discipline* IV / *Vinayapitaka-Mahavagga* pp.1-10).

모든 것을 떠나 탐욕의 죽음으로부터 벗어났도다.
스스로 깨달았으니, 누구를 따르랴.

법륜을 굴리기 위하여
까시(Kāsi, Vārānasī)로 가거니
눈 어둔 이 세상에
불사(不死)의 북을 울리리라.”

- 초기율장 「대품」1, 6, 8 - [8]

붓다는 범천의 권청에 대하여 이렇게 응답하고 있다.

붓다 스스로 자신을 ‘승리자’ ‘승자(勝者)’로 선포하고 있다.

우리는 여기서 위대한 ‘전사(戰士)’를 보고 있다. 전쟁터에서 전차를
몰고 북 둥둥 울리며 나아가 적군을 항복 받고 동포들을 죽음에서 구해
내는 용맹한 전사ㅡ 곧 ‘캇띠야 의식(意識)’ ‘승자의식(勝者意識)’을 보고
있다. 감각적 욕망ㆍ갈애ㆍ고집 등 이 세상을 차별과 폭력ㆍ고통과
죽음으로 몰고 가는 안팎의 사악한 세력들ㅡ악마를 싸워 이기고 항복
받는 항마의식(降魔意識), 승자의식(勝者意識)을 보고 있다.

불교는 이렇게 싸워 이기는 길이다.

붓다의 길은 이렇게 당당히 대적하여 싸워 이기는 전사의 길이다.

불교도의 길은 이렇게 안팎의 어둔 악마의 검은 공격군과 목숨 걸고
극복하는 항마(降魔)의 길이다.

---

8) Vin Ⅰ p.86 ; 초기불장 / *Vinaya-pataka* ㅡ 대품(大品) / *Mahavagga* 1, 6, 8

나) 싸워 이기는 항마의식,
이것이 우리 빠리사의 내면적 동기다

'싸워 이기는 전사의식-승자의식

안팎의 악마- 그 검은 군대와 싸워 이기는 항마의식-'

바로 이것이 우리들의 내면적 동기다.

우리가 불교 하는 내면적 심리적 동기다.

이것이 우리 선대들이 걸어왔던 길이고, 또 지금 여기서 우리 빠리
사들이 걸어가야 할 '빠리사의 길'이다. 우리 빠리사는 우리시대의 사
회적 불의(不義)와 모순 앞에 굴하지 아니 한다. '나 잘났다'는 '나 고
집', '이것이 진리다'라는 '진리 고집', 이 고집에서 파생하는 좌파/우
파 진영논리, 차별, 폭력, 테러, 전쟁, 집단살육, 성(性)폭력, 가정폭력,
체제의 폭력, 권위주의의 폭력- 이 악마의 검은 공격군들 목숨 걸고
싸워 이기며 정의로운 신천지를 개척해간다.

이렇게 해서 고통 속의 동포들 살려내는 것-, 온갖 잡것들이 한데
어우러져 눈뜨는 만인견성-만인해탈의 화엄코리아 실현해내는 것-,
바로 이것이 우리 빠리사들의 항마의식(降魔意識)이고, 바로 이것이
우리 빠리사들이 불교하는 방법이다. 우리 불교 새롭게 혁신하는 방
법이다.

우루웰라의 보드가야

푸른 강물 굽이치는 네란자라 강변

보리도량-삡빨라 나무(보리수) 아래서 벌어지는 항마전쟁

악마의 검은 공격군과 사문 고따마가 목숨 걸고 벌이는 항마전쟁

드디어 무너지는 악마의 군대
힘없이 패퇴하는 악마의 왕 나무치(Namuchi)
질그릇처럼 산산이 깨어지는 악마의 세력들─

하아─ 우리는 승리할 것이다.
저 사문 고따마같이, 우리 빠리사는 승리할 것이다.
안팎의 검은 마군(魔軍)과 싸워 당당 승리할 것이다.
우리 사회의 검은 마군들과 싸워 마침내 당당 승리할 것이다.

철저하게 '사회현장'으로 불교한다

•
•

[아난다] "세존이시여,

　　부디 이렇게 작고 궁핍한 흙벽집 마을,

　　숲속 외진 마을에서

　　열반에 들지 마옵소서.

　　이렇게 작고 궁핍한 마을이 아니더라도,

　　참파나 라자가하, 사왓티, 꼬삼비, 와라나시, 웨살리 같은

　　크고 번창한 마을들이 있지 않습니까.-"

[붓 다] "아난다여, 이 구시나가라를

　　'작고 궁핍한 흙벽집 마을'이라고 부르지 말라.

　　과거 이 구시나가라는 마하수닷사나라는

　　전륜성왕들이 사는 번창한 도시였느니라. …"

　　　　　　　　　　　　- 디가니까야 16「대반열반경」5, 17-1 - *

* D ; 각묵 스님 역,『디가니까야』2권 pp.275-276. 간추림…

1. 현장상실, 우리불교의 치명적 과오

'구시나가라

작고 궁핍한 흙벽집 마을, 숲속 외진 마을–'

(a miserable little town of wattle and daub

right in the jungle in the back of beyond.)

바로 여기가 현장이다.

바로 여기가 불교하는 현장이다.

붓다께서 피땀 흘리며 목말라 하며 걷고 걸어서 찾아오신 '사회현장'
이다. 작고 궁핍한 숲속 흙벽집 마을– 동포들의 현장이다. 붓다께서
는 불교하기 위하여 이 현장을 찾아오신 것이다. 붓다께서는 여기서
동포들에게 밤늦게까지 법을 설하시다 숨 거두신다. 이 작고 궁핍한
숲속 동포들의 현장–사회현장에서 열반에 드신다. 불교는 이렇게 처
음부터 사회현장에서 하는 것이다. 작고 외로운 사회현장–사회적 고
통의 현장에서 끝없는 '세상에 대한 연민'으로 불교하는 것이다. 이것
이 '붓다의 불교'다.

현장(現場) 상실.

사회 현장 상실–많은 사람들, 그 고통의 현장 상실.

사회현장에서 불의(不義)와 싸워 이기는 현장의식-전사의식의 상실.

목숨 걸고 걷고 걸으며 극복하며 신천지를 열어가는 개척자정신의 상실-

이것이 우리 불교-세계불교의 치명적 모순이다. 우리 불교도가 불교 잘못하는 방법론의 근본 오류다. 우리 불교가 이 치열하고 살벌한 사회현장-사회적 투쟁의 현장을 포기하고, 산으로, 토굴로, 선정으로, 경전으로, 개념으로 퇴전한 것은 불교가 그 존립의 현장을 상실하는 방법상의 치명적 과오인 것이다. 현장상실은 불교가 불교하는 곳을 잃어버리는 것이다.

사회현장의 상실

야성적(野性的) 현장의식-전사의식, 개척자정신의 망각-

지금 우리는 무기력하게, 비겁하게 현장 외면하고, '눈앞의 fact' 외면하고, 사회적 역할, 책임 외면하고, '깨닫는다.' '한소식 한다.' '생사해탈 한다'며 눈감고 눈뜨고 앉아서 개념분석하고 선정 명상에 빠지고 봉건적 출가우월주의에 기생하며 '불교 한다'며 헛소리하고 있다. 사회현장의 문제 해결해내는 것이 '깨달음' '한소식'이고, 사회적 불의와 모순으로 죽어가는 '많은 사람들(bahujana)'-동포들 · 시민들 살려내는 것이 곧 '생사해탈'이다.

2. 치열한 현장의식 – 항마의식,
이것이 불교방법 혁신의 대전제다

'사회현장

사회현장의 많은 사람들(bahujana)

이 많은 사람들의 문제와 괴로움 대면하여

싸워 이겨서 극복해 내는 치열한 현장의식–항마의식– '

이것이 빠리사운동–, 그 대전제다.

아니, 이것이 불교 하는 대전제다. '붓다의 불교' 대전제다.

이것이 '지금 우리들의 불교'– 그 방법론적 혁신의 대전제다.

이 대전제 위에서 불교 하는 방법 혁신해내는 것이 바로 '빠리사운동'이다.

이제 우리 불교 하는 방법 확– 바꿀 것이다.

긴급히 삶의 현장으로 돌아가, 사회 현장으로, 사회문제 현장으로 돌아가, 철저하게 '많은 사람들, 동포들, 시민들의 삶의 문제'를 중심으로 불교 할 것이다. 철두철미 '사회문제들' 중심으로 불교 할 것이다. 사회적 실천, 사회적 변혁, 사회적 헌신으로 불교 할 것이다. Dhamma · 깨달음 · 견성성불–, 철저하게 '현장의 문제'로서, '사회적 변혁 문제'로서, 우리들 일상의 삶의 현장에서 추구해 갈 것이다.

사회현장에서

사회적 문제의식으로

치열한 사회적 문제의식으로-

경전공부 교리공부도 이런 문제의식으로 한다.

'우리시대 청년들의 고뇌가 무엇인가? 그 치유의 처방은 무엇인가? 붓다 석가모니께서는 어떻게 하셨는가? 숨 넘어가는 순간까지 어떻게 하셨는가? …', 이런 치열한 사회적 문제의식으로 불경 읽고 고민하고 청년들 현장 찾아가, 신림동 고시촌·원룸촌 찾아가서 관찰하고, 그들과 둘러앉아 토론하고- 그 속에서 길을 찾을 것이다. 용어해석이나 하고 개념이나 분석하는 그런 방법으로 금강경 백 번 천 번 공부해야, 아무 의미 없다. 반야심경 백 번 천 번 강의하고 해설해도, 아무 의미 없다. '마하반야바라밀'- 백천 번 외워도, 아무 의미 없다. '개념병'만 깊어질 뿐이다. 허풍만 늘어날 것이다. 경전은 문제해결의 사례집이고 상담집이지, 결코 철학서도 아니고 과학서도 아니고, 우주진리 찾는 신통묘용의 사상서도 아니다.

위빠사나, 참선도 이런 문제의식으로 한다.

불교대학공부, 강원공부, 선방공부도 이런 문제의식으로 한다. 먼저 마을 독거노인들 찾아가 등 밀어드리고 밥 해드리고, 그 느낌으로 그 생각으로 경전 보고 교리공부 한다. 먼저 몇 달 동안 호스피스 병동 찾아가 간병실습하고, 그 느낌으로 그 생각으로 몇 달 동안 위빠사나 하고 참선한다. 먼저 마을 주민들과 둘러앉아 공동체의 문제, 애로사항, 함께 토론하고 고민하고 대안을 찾아 실천하고, 그 느낌으로 그 생각으로 불사(佛事)하고 절 경영한다.

3. 지금 우리시대의 사회현장

청년실업, 넘쳐나는 비정규직, 폭발하는 국가의 채무.

핵무기-대량살상무기의 위협, 안보불안, 자유민주주의의 위기의식.

도를 넘고 있는 빈부차이, 노사의 적대적 대립, 성(性)차별, 지역차별.

병적(病的) 위기로 치닫고 있는 감각적 쾌락주의, IT 중독현상, 도덕적 공황상태, 교실 붕괴-선생님들의 교권(敎權) 몰락 상황 … . 무너져 버린 가정-가족관계-, 어린이들 · 노인들 · 여성들이 이렇게 위협받고도 사회가 온전할까? 좌/우 진영논리와 목숨 건 진영싸움이 이렇게 막장을 쳐도 나라가 온전할까? 정신적 공황과 윤리적 아노미현상이 이렇게 심각하고도 이 땅에 두 발 뻗고 편히 살 수 있을까? 선생님들이 이렇게 무참하게 짓밟혀도 우리에게 미래가 있을까?

이것이 모두 '불교문제'이다.

이것이 모두 우리불교의 '사회현장'이다.

우리가 대면(對面)해야 할 '불교문제'이다. 우리 불교도가 화두 삼고 극복해 내야 할 '불교문제'이다. 이것이 모두 우리가 타파해야 할 사띠 -관찰의 주제이고, 화두(話頭)이다. 이것이 우리가 싸워 이겨내야 할 '항마전쟁의 현장 문제'이다. 이것 해결해 낼 때, 해결하기 위하여 피 땀 흘리며 헌신 수고할 때, 우리는 비로소 '불교 한다.' 할 수 있을 것이다. '법(法)'을 논할 수 있을 것이다. '해탈 열반'을 논하고 '견성성불' '불국정토'를 논할 수 있을 것이다.

세상이 지금 불교 기다리고 있다.

사회현장에서 지금 우리 불교도 기다리고 있다.

비록 무력(無力)해도 사람 살육한 원죄가 없는 불교, 있는 그대로 지켜보고, 제 견해로 남들 강요하고 괴롭히지 않는 열려 있는 우리 불교도-, 이 세상 많은 사람들이 마지막 희망을 걸고 있다.

'사회적 변혁의 길로

사회적 헌신-개척의 길로'-

붓다는 이렇게 가신다.

이제 우리 빠리사도 이렇게 간다.

이렇게 '붓다의 불교'로 돌아간다.

참으로 할 일이 많다. 불끈불끈 힘이 솟아난다.

열정(熱情) 원력(願力, chanda)이 솟아난다.

바야흐로 동쪽 하늘에 해 뜰 시간이 가까이 오고 있다.

4. '섬김 받는 불교'에서 '섬기는 불교'로

이제 우리 불교, 불교하는 방법 시급히 바꿔간다.

'섬김 받는 불교'에서 '섬기는 불교'로 시급히 바꿔간다.

'출가 중심'에서 '동포들 중심'·'많은 사람들 중심'으로 시급히 바꿔간다.

'출세간 중심'에서 '세간 중심'·'사회 중심'으로 시급히 바꿔간다.

'깨달음 불교' '견성불교'에서 '헌신불교'·'개척불교'·'보살고행불교'

로 바꿔간다.

소수 선민용(選民用) '독각(獨覺)의 깨달음·견성'을, 많은 사람들이 함께 깨닫는 '만인견성-만인 깨달음'으로 '깨달음'의 본질을 근본적으로 바꿔간다. 우리 사부대중들, 모심 받는 자리에서 모시는 자리로 내려온다. 부처님이 가장 낮은 걸식자의 몸으로 동포들 찾아가듯, 우리 스님들도 걸식자의 낮은 몸으로 동포들 찾아간다. 동포들 당당주역으로 일으켜 세우고 동포들 행복 성공 돕는 일부터 시작한다.

'성중(聖衆)들이여, 부디 행복하소서.
사랑하는 도반들이여, 부디 행복하소서-'

출가-재가, 이렇게 서로 따뜻한 미소로 인사한다.
아니, 서로 먼저 다가가 이렇게 인사하고, 손잡고 격려하고 힘 북돋아주고, 둘러앉아서 함께 대화하고 함께 의논하고 함께 아파하고 함께 슬퍼하고- 뭣보다 먼저 붓다의 법(佛法) 전하고, 절마다 법회 열고 어린이학교 열고….
하아- 우리 불교 불꽃처럼 일어난다. 우리 스님들, 동포들, 재가들이 더불어 해탈하고 성불한다. 모두 함께 살아난다. 펄펄 살아난다. 이것은 눈에 환-히 보이는 명백한 사실이다. 상상만 해도 신명이 절로 난다. 한바탕 외치고 싶다.

'야호-
우리 불교 만세.
우리 부처님 만세.

우리 스님들 만세.

우리 재가들, 우리 동포들 만세.

우리나라 대한민국 자유민주주의 만세-'

제7장

「붓다의 불교」

사제팔정도와 정법체계

'붓다 석가모니

−사제팔정도−보살고행'

만고불변(萬古不變), 불교의 정통성

노(老)삥기야(Piṅgiya)의 신앙고백

열여섯 구도자들의 순례길

「① 베다에 통달한 위대한 바라문 바와린(Bāvarin)은 무소유의 경지를 구하기 위하여 아름다운 꼬살라국의 도시를 떠나 남으로 남으로 유행하여, 마침내 그는 앗싸까(Assaka) 지방과 알라까(Alaka) 지방의 경계에 있는 고다와리 강(Godavari江) 기슭에서 이삭을 줍고 열매를 걷으며 살았다. 그는 그렇게 모은 돈으로 강변의 한 마을에서 신(神)들에게 제사를 지냈다. 이때 아지따(Ajita)·띳사(Tissa)·멧띠야(Metteya) … 위대한 선인(仙人) 삥기야(Piṅgiya) 등 열여섯 명의 구도자들이 그를 따르고 있었다.

② 어느 날 바라문 바와린은 한 천신으로부터 "꼬살라국의 사왓티에 '온전히 깨달은 분(붓다)'이 계시다."라는 말을 듣고 기뻐하여 열여섯 제자들을 불러 당부하였다.

"오라, 바라문들이여,

나는 그대들에게 이르노니

나의 말을 들어라.

세상에서 흔히 보기 어려운 분이 출현하셨다.
온전히 깨달은 분이 지금 세상에 오셨다.
그대들은 어서 사왓티로 가라.
인간 가운데 위없는 분을 뵈어라."

③ 타래 머리를 하고 사슴가죽옷을 입은 열여섯 명의 구도자들은 스승 바와린에게 인사 올리고, 그를 오른쪽으로 돌아 북쪽을 향하여 떠났다. 알라까국의 빠띳타나(Paṭiṭṭhana)로, 마힛사띠(Māhissati)로, 웃제니 (Ujjeni)로, 고낫다(Gonaddha), 웨디사(Vedisa), 꼬삼비(Kosambi), 사께따 (Sāketa), 사왓티(Sāvatthi), 세따위야(Setavya), 가빌라왓투(Kapilavatthu), 구시나가라(Kusinārā) 도시들로 나아갔다.

　그들은 빠와(Pāvā), 보가나가라(Bhoganagara), 마침내 마가다국 (Māgadhā)의 아름다운 도시 웨살리(Vesāli)에 이르러, 아름답고 마음에 드는 빠사나까 탑묘(Pāsānka-cetiya, 塔廟)에 도착하였다.

목마른 자가 물을 찾듯이

④ 목마른 자가 시원한 물을 찾듯이
　상인이 큰 이익을 찾듯이
　더위에 지친 자가 그늘을 찾듯이
　그들은 서둘러 산으로 올라갔다.

　그때 존귀하신 분(붓다)은 수행자들 앞에서
　숲속에서 포효하는 사자처럼
　그들에게 법을 설하고 계셨다.

빛을 비추는 태양같이
가득 찬 보름달같이
온전히 깨달으신 분을 아지따는 보았다.
그는 붓다께 질문하였다.

"무명(無明)이 머리인 줄 아십시오.
믿음과 사띠가 머리를 박살냅니다"

⑤ "스승 바와린은 머리를 박살내는 것에 대하여 물었습니다.
   존귀한 분이시여, 그것을 설명해주십시오.
   선인이시여, 우리들의 의혹을 제거해주십시오."

   "무명(無明)이 머리인 줄 아십시오.
   믿음, 사띠, 마음집중에 의해서
   그리고 굳건한 정진을 갖춘 지혜가
   머리를 박살내는 것입니다."

⑥ 큰 감동으로 압도되어 바라문 구도자들은
   사슴가죽옷을 한쪽 어깨에 걸치고
   붓다의 두 발에 머리를 대며 절하였다.

   "존자시여, 바라문 바와린은 그의 제자들과 함께
   기쁜 마음으로 환희하며 부처님 발에 예경 드립니다.
   관찰력을 갖추신 분이시여–"

"바라문 바와린과 그의 제자들은 행복하십시오.

그대도 또한 행복하십시오.

장수를 누리시오.

바라문 구도자들이시여—"

⑦ 열여섯 구도자들은 차례대로 질문하고 붓다께서 대답하셨다.
마지막으로 위대한 선인 삥기야가 여쭈었다.

"저는 늙고 기력도 없고 안색은 바랬습니다.

눈도 안 보이고 귀도 잘 들리지 않습니다.

제가 미혹한 채로 버려지지 않도록 해 주십시오.

제가 이 세상에서 태어남과 늙음의 버림을 알 수 있도록

부디 가르침을 설하여주십시오."

"삥기야여, 깨어있지 못한 사람들은

육신(色, rūpa) 때문에 괴로워하고

육신 때문에 죽어가는 것을 봅니다.

삥기야여, 그런 까닭에 다시는 존재로 돌아오지 않도록

그대는 게으르지 말고

육신에 대한 집착을 버리십시오."

노(老) 삥기야의 신앙고백

⑧ 구도자들은 붓다의 가르침을 받고 크게 눈뜨고 기뻐하며 다시 남
쪽으로 길을 떠나 고다와리강 기슭 스승 바와린이 머무는 곳으로 돌아

왔다.

위대한 선인 뼁기야가 스승 앞에 나아가 말하였다.

⑨ "제가 피안 가는 길을 외우겠습니다.
티 없고 참으로 지혜로우신 분은 본 대로 말씀하십니다.
감각적 쾌락이 없고 갈애가 없는
많은 사람들의 귀의처이신 분께서
어찌 그릇되게 말씀하시겠습니까?

가르침은 눈에 보이고 즉각적입니다.
갈애를 소멸하고 고뇌가 없는
가르침을 제게 설해주셨습니다.
그분에게 견줄 자는 아무데도 없습니다."

⑩ 스승 바와린이 말하였다.
"뼁기야여, 큰 지혜를 지닌 고따마
광대한 앎을 지닌 고따마 곁에서
그대는 잠시라도 떨어져 살 수 있겠는가?

(고따마의) 가르침은 눈에 보이고 즉각적이고
갈애를 소멸하고 고뇌가 없는 가르침을
그대에게 설하여 주었다고 하였는데?
그분에게 견줄 자는 아무데도 없다고 하였는데?"
(여기까지 스승 바와린의 질문이다.)

⑪ "스승 바라문이여, 큰 지혜를 지닌 고따마
광대한 앎을 지닌 고따마 곁에서
저는 잠시라도 떨어져 살 수 없습니다.

가르침(法)은 눈에 보이고, 즉각적인 것입니다.
갈애를 소멸하고 고뇌가 없는
가르침을 제게 설하여 주셨습니다.
그분에게 견줄 자는 아무데도 없습니다.

바라문이여, 저는 밤낮으로 방심하지 않고
눈으로 보듯이 마음으로 그분을 보고 있습니다.
저는 그분께 예배하면서 밤을 보냅니다.
그런 까닭에 저는 그분을 떠나 살고 있는 것이 아닙니다.

나의 믿음과 환희, 내 마음
그리고 마음집중은
고따마의 가르침에서 떠나지 않습니다.
큰 지혜 가지신 분이 어디로 가시든
그 방향으로 저는 예배 올립니다.

저는 이제 늙어서 기력도 없습니다.
그래서 내 몸은 그곳에 갈 수 없습니다.
그러나 제 생각은 항상 그곳으로 갑니다.
바라문이여, 제 마음은 그분과 맺어져 있습니다.

갈애의 진흙탕에 누워 허우적거리면서
저는 이 섬에서 저 섬으로 떠다녔습니다.
그때 저는 윤회의 홍수를 건넌, 번뇌에서 벗어난
온전히 깨달으신 분을 보았습니다."

붓다의 수기

⑫ 존귀하신 분이 나타나 말씀하신다.
"왁깔리, 바드라우다, 알라위 고따마가
믿음에 의해서 벗어난 것처럼
그대 또한 믿음에 의해서 벗어나십시오.
삥기야여, 그대는 죽음의 영역에서 벗어나
피안의 세계로 갈 것입니다."

⑬ "저는 성자의 말씀을 듣고서
더욱더 믿게 되었습니다.
온전히 깨달은 분은 덮개를 걷어내고
마음의 황무지가 없고, 지혜를 갖추신 분입니다.

모든 신(神)들, 최고의 신을 뛰어넘으시고
높고 낮은 모든 것을 다 알고 계십니다.
스승께서는 의혹을 갖고 주장하는 이들의 질문에
그 끝을 보여주셨습니다.

아무데도 비할 바 없고, 빼앗기지 않으며

흔들리지 않는 경지에 도달할 것입니다.

이것은 의심할 여지없이 분명한 것입니다.

이와 같이 확고한 제 마음을 알아주십시오."」

        – 숫따니빠따 / *Sutta-Nipāta* 5「도피안품」/ *Pārāyana-vagga* 1~18 – [1]

1) Sn 976-1149 ; 일아 스님 역, 『숫따니빠따』 pp.343-401. (간추림)

제1강

[정체성] 1; 붓다 석가모니-
시공을 초월하는 찬란한 빛

•
•

"목마른 자가 시원한 물을 찾듯이

상인이 큰 이익을 찾듯이

더위에 지친 자가 그늘을 찾듯이

그들은 서둘러 산으로 올라갔다."

– 숫따니빠따 5, 1 「서시」/ *Vatthugāthā* – *

---

* Sn 1014 ; 일아 스님 역, 『숫따니빠따』 p.351.

1. 데칸 남로(Dekkināpatha)의 개척사,
이 장엄한 구도와 개척이 피안의 길

가) 데칸 남로(Dekkināpatha)의 개척

고다와리강(Godavari江) 기슭

인도 중부의 험준한 데칸(Dekkan) 고원 남쪽

위대한 베다의 성자(聖者) 바와린(Bāvarin) 바라문

열여섯 명의 제자들—아지따(Ajita) · 띳사(Tissa) · 멧띠야(Metteya) …

위대한 선인(仙人) 삥기야(Piṅgiya)

"세상에서 흔히 보기 어려운 분이 출현하셨다.

온전히 깨달은 분이 지금 세상에 오셨다.

그대들은 어서 사왓티로 가라.

인간 가운데 위없는 분을 뵈어라."

스승의 분부를 받고 떠나는 북행길

알라까국의 빠띳타나, 마힛사띠, 웃제니, 고낫다, 웨디사, 와라나시, 꼬삼비, 사께따, 사왓티, 세따위야, 가빌라왓투, 구시나가라 도시들, 빠와, 보가나가라—

마침내 마가다국의 아름다운 도시 웨살리—

'붓다를 찾아서 데칸남로−북로에 걸친 2,000km의 대행로(大行路)
황량한 고원, 험준한 산맥, 두려운 벌판, 폭류하는 강물…
그들에게 이 길은 생애와 생명을 건 모험이고 귀로(歸路)를 기약할
수 없는 고행의 여정'−[2]

이 '아지따 등 열여섯 구도자들의 순례 사건'은 가장 오래된 경전으
로 평가되는 숫따니빠따/ Sutta-nipāta의 마지막 장 「피안으로 가는
길의 품(到彼岸品)」/ Pārāyana-vaga(波羅延經/ 바라연경)의 첫 절 「서
시」/ Vatthugāthā에 기록돼 있다. 주석서에 의하면, 이 「도피안품」은
불멸(佛滅) 후 제1결집 때 아난다 비구에 의하여 직접 구송(口誦)된
것이다. 이것은 이 '열여섯 구도자들의 순례 사건'이 가장 오래된 고
층(古層)의 경전에 기록돼 있는 분명한 역사적 사실이라는 것을 의미
한다.[3]

나) 피안은 걷고 걸어서 개척해 가는 것

이 사건은 여러 가지 면에서 중요한 의미를 가지고 있다.
가장 먼저 기억할 것은 붓다 당시 초기불교의 남방 개척영역이 종래
일반적으로 알려져 왔던 북위 23°인 아완띠(Avanti) 지역을 훨씬 넘어
북위 20°인 데칸 남부 고도와리강까지 확장되고 있는 것이다. 아지따
(Ajira) 등 열여섯 구도자들은 '데칸남로(Dakkhināpatha, The Southern-
road, 南路)'를 통하여 북행하여 사왓티에서 붓다를 만나지 못하고, 다

---

2) 『초기불교개척사』 p.440.
3) 전재성, 『숫타니파타』 p.465, 각주−2223).

시 셋타비야 · 가빌라왓투 · 구시나가라를 거쳐 라자가하로 남행하여 붓다를 친견하는데, 이 길이 바로 '북로(Uttarapatha, The Northern-road, 北路)'로 알려진 교역로이다.[4] 이렇게 붓다 당시의 구도자들은 상인들이 개척한 '교역로(silk-road)'를 따라 붓다를 찾고 붓다의 가르침을 전하는 '전법로', 곧 'Dhamma-road'를 개척하고 있다. 데칸남로와 북로, 멀고도 험한 2,000km(편도)— 아지따 등 열여섯 구도자들은 이 길을 오고며, 장장 일만 리 길을 걸어 오가면서 붓다의 법을 구하고 또 남방으로, 고다와리강 유역으로 전파하고 있다. '데칸 남로'가 불교경전에 나타나는 것은 이 숫따니빠따의 「도피안 가는 길」이 처음이다.[5]

'도피안(到彼岸)

피안(彼岸, *Pārāyana* / 빠라야나, 波羅延/바라연)으로 가는 길

영원한 평화와 구원의 세계, 저기 저 언덕—"빠라야나"로 가는 길'—

이것은 이렇게 피땀 흘리며 목숨 걸고 일생을 걸고 걷고 걷는 길이다.

우리가 찾는 피안(彼岸)—구원의 세계는 이렇게 목숨 걸고 일생을 걸고 험한 길 걷고 걸어서 찾아가는 세계이다. 눈 감고 눈 뜨고 앉아서 위빳사나하고 참선하고 한소식해서 가는 곳이 아니다. 반야바라밀, 곧 지혜로 건네는(智度)[6] 피안의 경지는 '무아다' '공이다' '마음이다'—

---

4) Rhys Davids, *The Buddhist India*, p.30.
5) 『초기불교개척사』 pp.435-442.
6) '반야바라밀'은 곧 '지도(智度)'다. '지도'는 '지혜로 건넨다'라는 뜻이다. '건너다'가 아니다. '내가 건너다'가 아니다. '건네다' '많은 사람들, 동포들 건너게 하다' '제도(濟度)하다'—이런 뜻이다. '반야심경'의 첫 머리는 '관자재보살께서 깊은 반야바라밀을 행할 때 오온이 고집할 실체가 없다는 것을 직관으로 비춰보고, 동포들을 일체의

머리 굴리면서 가는 곳이 아니다. 피땀 흘리며 일생을 걸고 보살고행의 길 걷고 걸어서 개척해 가는 그 걸음걸음이다. '반야바라밀'은 한발 한 발 보살고행의 길 걷고 걸어서 동포들 위하는 것이지, 앉아서 염송해서 되는 것 아니다.

2. 이 놀라운 신앙고백,
이 간절한 신앙이 피안의 길이다

가) 이 놀라운 신앙고백

〔희망합송〕;「위대한 선인 노(老)삥기야의 신앙고백」

모두 위의를 단정히 하고 무릎 꿇고 합장하고
눈으로, 눈앞의 현장으로 지켜보며
위대한 선인(仙人) 노(老)삥기야(Piṅgya)의
역사적인 '신앙고백'을 함께 외우며
우리도 저 노선인의 순수불심으로 돌아간다. (목탁 3번)

「"스승 바라문이여, 큰 지혜를 지닌 고따마
광대한 앎을 지닌 고따마 곁에서
저는 잠시라도 떨어져 살 수 없습니다.

고통에서 건네셨다, 건너게 하셨다', 이렇게 시작하고 있다. 반야바라밀은 해석하고 강의하면서 앉아서 머리 굴리는 것이 아니라, 열여섯 구도자들처럼, 일생을 걸로 피땀 흘리며 붓다의 길 개척하고 많은 사람들 건져내는-건네는 것이다.

가르침(法)은 눈에 보이고, 즉각적인 것입니다.
갈애를 소멸하고 고뇌가 없는
가르침을 제게 설하여 주셨습니다.
그분에게 견줄 자는 아무데도 없습니다.

바라문이여, 저는 밤낮으로 방심하지 않고
눈으로 보듯이 마음으로 그분을 보고 있습니다.
저는 그분께 예배하면서 밤을 보냅니다.
그런 까닭에 저는 그분을 떠나 살고 있는 것이 아닙니다.

나의 믿음과 환희, 내 마음
그리고 마음집중(sati)은
고따마의 가르침에서 떠나지 않습니다.
큰 지혜 가지신 분이 어디로 가시든
그 방향으로 저는 예배 올립니다.

저는 이제 늙어서 기력도 없습니다.
그래서 내 몸은 그곳에 갈 수 없습니다.
그러나 제 생각은 항상 그곳으로 갑니다.
바라문이여, 제 마음은 그분과 맺어져 있습니다.

갈애의 진흙탕에 누워 허우적거리면서
저는 이 섬에서 저 섬으로 떠다녔습니다.
그때 저는 윤회의 홍수를 건넌, 번뇌에서 벗어난

온전히 깨달으신 분을 보았습니다."」

- Sn 1140-1145 ; 숫따니빠따/ *Sutta-Nipāta* 5 「도피안품」
/ *Pārāyana-vagga* 18 -

나) 우리는 이런 고백 - 해 본 적 있는가?

하아- 하아-

무슨 말이 또 필요할까?

무슨 생각이 또 필요할까?

가슴 뜨거운 눈물만 삼킬뿐-

이 '위대한 선인 노(老)뻥기야의 신앙고백'은 절정이다.

2천7백 년 불교사의 절정, 아니 세계 종교사의 절정이다.

이것은 인간이 표현할 수 있는 가장 순수하고 간절한 신앙고백이다.

"바라문이여, 저는 밤낮으로 방심하지 않고

눈으로 보듯이 마음으로 그분을 보고 있습니다.

저는 그분께 예배하면서 밤을 보냅니다.

그런 까닭에 저는 그분을 떠나 살고 있는 것이 아닙니다."

아마 많은 불자들은 이 '노(老)뻥기야의 신앙고백' 앞에서 당황해할지 모른다. 왜? 이런 고백 해 본 적이 없기 때문이다. 복 빌면서, 수행삼아서 천배 삼천배 만배- 해 본 적은 있어도, 그것도 거룩한 것이지만, 부처님 그리워하면서, 눈으로 보듯 붓다 석가모니 지켜보면서, 마음과 마음이 하나로 맺어져서, 부처님 계신 곳 향하여 이렇게 예배하고 고백해 본 적이 없기 때문이다. '불교는 자력신앙이다' '부처가 따로

300 ✿ 새롭게 열린다 「붓다의 시대」

있나 내가 곧 부처다'−, 이런 대단한 호언장담들에 익숙해져 왔기 때문이다.

'도피안(到彼岸)'
'피안(*Pārāyana*/빠라야나, 波羅延/바라연)으로 가는 길'−
초기불교도들이 목숨 걸고 일생을 걸고 이 길 찾아갈 수 있었던 것은 바로 이런 지극한 믿음이 있기 때문일 것이다. 이런 간절한 신앙고백이 있기 때문일 것이다.

"갈애의 진흙탕에 누워 허우적거리면서
저는 이 섬에서 저 섬으로 떠다녔습니다.
그때 저는 윤회의 홍수를 건넌, 번뇌에서 벗어난
온전히 깨달으신 분을 보았습니다."

'노(老)뻥기야의 신앙고백'은 이렇게 그 이유가 뚜렷하다.
불교도의 고백은 맹목적인 것이 아니다. 절대자 앞에 바치는 '종의 고백' '도구의 고백'이 결코 아니다. 붓다는 '온전히 깨달으신 분' '정각자'− 붓다 석가모니를 만남으로서, 우리는 오랜 윤회의 고통, 공포를 건널 수 있기 때문에, 우리는 죽음의 홍수를 온전히 건널 수 있기 때문에, 만인견성−만인해탈의 고귀한 이념을 실현할 수 있기 때문에, 꿈에 그리던 피안(彼岸)− 아름답고 푸르른 평화의 숲 붓다−빠리사로 갈 수 있기 때문에, 저토록 사무치게 고백할 수 있는 것이다. 저렇게 간절하게 눈물로 기도할 수 있는 것이다.

3. 5천리 시공을 넘어 몸을 나투시는 부처님

가) 지금 이 순간 우리 앞에 오시는 부처님
위대한 선인 노(老)뼁기야의 신앙고백
우리들의 간절한 신앙고백 -

지금 이 순간, 존귀하신 분이 나타나 말씀하신다.
우리가 기도하는 이 순간, 붓다께서 몸을 나투시어 말씀하신다.
무릎꿇고, 합장하고, 환희로 경청한다.

"왁깔리, 바드라우다, 알라위 고따마가
믿음에 의해서 벗어난 것처럼
그대들 또한 믿음에 의해서 벗어나십시오.
불자들이여, 그대들은 죽음의 영역에서 벗어나
피안의 세계로 갈 것입니다."

하아- 하아-
우리는 눈을 의심하지 않을 수 없다.
우리는 귀를 의심하지 않을 수 없다. 지금 존귀하신 분, 붓다께서
나타나 말씀하신다. 라자가하에서 데칸 남방 고다와리강 기슭, 지금
존귀하신 분, 붓다 석가모니께서 머나먼 거리, 머나먼 시간을 뛰어 넘
어 우리들 앞에 나타나 말씀하신다.

나) 인간 붓다, 인간의 종교 –
'삼신불(三身佛) 사상' 벗어나라

어떻게 이것이 가능할까?

이것은 단지 신화적 서술일까?

'우주에 변만하사

아니 계신 곳 없으시고–'

이것은 법신불–비로자나불이나 가능한 일 아닌가?

그런 것이다. 붓다 석가모니가 곧 법신(法身)이시다.

붓다 석가모니가 시공을 초월하여 항상 계시는 *Real Buddha*, 곧 진신(眞身)부처님이시다. 바로 석가모니가 진신(眞身)–진신불(眞身佛) 이시다. 법신(法身)– 법신불(法身佛)이시다.

불교 2천7백년사의 치명적 과오가 '삼신불(三身佛) 사상'이다.

대승불교의 치명적 과오가 '반야가 법신이다'하며 법신 비로자나불을 주불(主佛)로 내세우고, 석가모니불을 '화신불(化身佛)'로, '천백억 화신불'로 줄 세운 것이다. 붓다 석가모니를 법신불의 아바타로 줄 세운 것이다. '삼신불 사상'을 놓고 합리화하는 온갖 이론들이 발달해 왔지만, 그것들이 결과적으로 붓다 석가모니를 사이드(side)로 몰아넣고, '법신불'이니 '비로자나불'이니 '반야바라밀'이니 하면서 붓다를 절대화하고 신격화(神格化)하고 관념화(觀念化)한 것이다. '법신 보신 화신이 하나다, 셋 아니다.'하면서 구차하게 변명하고 있지만, 인간 붓다 석가모니를 떠나서 '법신'을 찾고 '반야를 찾는 것은 불교 아니다. 힌두교의 화신(化身)사상을 흉내 내는 것이다. 그래서 인도 힌두교에서는 붓다 석가모니를 비쉬누신(Visńu神)의 아홉 번째 화신으로 흡수해 버리고 말았다. 인도에서 불교가 정체성을 상실하고 소멸한 사상적 원인 가운데 하나다.

붓다는 철저하게 인간이시다.
붓다 석가모니는 철저하게 인간이시다.
불교는 철저하게 '인간의 종교'다. 세계에서 거의 유일한 '인간의 종교'다.
이 정체성을 포기하면, 불교는 이미 불교 아니다. '하늘 가운데 하늘, 신(神) 가운데 신(神)' 찾으면, 이미 불교 아니다. '불교 아닌 것'이 되고 만다. 붓다 석가모니는 신(神) 하느님(天)을 바르게 일깨우고 인도하는 스승이시다. 그래서 '천인사(天人師)'다. 붓다는 어떤 경우에도 신(神)으로 전락할 수 없다. 기적을 행하는 신(神)의 권능도 인간이 상상해 낸 상상의 산물일 뿐이다.
이제 우리는 하늘 땅 울리도록 외칠 것이다

'부처님은 인간이시다.
하늘에서 땅에서 홀로 존귀하신 인간이시다.
불교는 인간의 종교다.
우리는 피땀 흘리는 우리 인간들의 보살행으로 이 세상을 구제한다─'

'인간 붓다' '인간의 종교, 불교'─,
참으로 경이롭지 아니 한가?
참으로 가슴 뿌듯한 자부심 느끼지 않는가?

4. 인간 붓다의 조건 없는 연민 헌신,
이것이 시공을 초월하는 불멸의 빛이다

어떻게 가능한가?

어떻게 2,000km 머나먼 시공을 뛰어넘을 수 있을까?

이렇게 붓다께서 노(老)삥기야 앞에 나타날 수 있는가?'

우리들 앞에 나타나실 수 있는가?

인간 붓다의 다함없는 연민 헌신-,

이 불멸의 법력으로 이리 하신다. 우리 앞에 나타나신다.

이 세상의 마지막 한 생명까지 살려내시려는 끝없는 연민 헌신의 서원(誓願, chanda)-, 이 지극한 붓다의 삶-붓다의 일생이 일체의 조건을 초월하는 걸림 없는 법력(法力)이다. 시공을 뛰어넘는 불멸의 빛이시다.

붓다는 연민이시다. 따뜻한 연민 헌신이시다.

붓다의 몸은 육신이 아니다. 붓다의 몸은 다함없는 연민 헌신이시다.

무연자비(無緣慈悲)-, 조건 없는 연민 헌신-, 조건 없는 사랑-,

붓다는 조건을 뛰어넘으신다. 불교는 연기(緣起)를 뛰어넘는다. 그것이 '무연자비(無緣慈悲)'- '조건 없는 연민 헌신'이다. 이것이 붓다 석가모니의 몸이고 힘이고 빛이시다. 이것이 '붓다의 빛(Buddha-ābhā)'이다. 이 빛이 시공의 조건을 넘어 영겁으로 빛난다. 지금 여기서 빛난다.

우리가 보살의 삶으로 살아갈 때, 우리도 부처님같이- 다함없는 연민 헌신의 삶으로 살아가려고 애쓸 때, 걷고 걸을 때, 부처님은 시공을 넘어 빛으로 우리 앞에 나타나신다. 붓다의 몸과 우리들의 몸은 한 몸이기 때문이다. 어머니의 몸과 자식의 몸이 한 몸이듯, 부처님과 우리는 연민 헌신으로 한 몸이다. 부처님과 중생은 연민 헌신으로 한 몸이다. 보살과 동포들은 연민 헌신으로 한 몸이다. 한 몸으로 맺어져 있다.

위대한 선인 노(老)삥기야는 고백한다.

"바라문이여, 저는 밤낮으로 방심하지 않고
눈으로 보듯이 마음으로 그분을 보고 있습니다.
저는 그분께 예배하면서 밤을 보냅니다.
그런 까닭에 저는 그분을 떠나 살고 있는 것이 아닙니다."

붓다께서 말씀하신다.
모두 위의를 바로하고 합장하고 합송한다.

"어머니가 자신의 외자식을
목숨 걸고 지키듯이
이와 같이 모든 생명에 대하여
한량없는 자비의 마음을 닦아라."

– 숫따니빠따 / *Sutta-Nipāta* 1, 8「자애의 경」/ *Metta-sutta* – [7]

7) Sn 149 ; 일아 스님 역,『숫따니빠따』p.64.

어머니가 외딸, 외아들을 목숨 걸고 지키듯이

부처님께서는 우리를 목숨 걸고 지키신다.

우리는 부처님을 떠나 살고 있는 것이 아니다. 자식이 어머니를 찾듯이, 간절한 그리움으로 부르면, 부처님은 지금 곧 우리 앞에 나타나신다. 찬란한 빛으로 나타나신다. '불쌍한 것들-', 눈물 가득 나타나신다.

'눈앞의 fact'-, 이것은 눈앞에 보이고 즉각적인 현실이다.

붓다 석가모니

인간 붓다의 따뜻한 연민 헌신

이것이 '불교의 근본'이다. '정법체계의 제일 조건'이다.

인간 붓다의 시공을 초월하는 장엄한 법력, 찬란한 빛

부처님을 그리워하는 우리들의 간절한 믿음과 헌신-

지극히 인간적인 이 연민과 헌신- 이것 없으면 불교 없다.

[정체성] 2 ; 사제팔정도(1) –
'눈에 보이고 즉각적인 것'

•
•

"가르침(法)은 눈에 보이고, 즉각적인 것입니다.

갈애를 소멸하고 고뇌가 없는

가르침을 제게 설하여 주셨습니다.

그분에게 견줄 자는 아무데도 없습니다."

– Sn 1137 ; 숫따니빠따 5 「도피안품」1, '서시' –

1. "가르침(法)은 눈에 보이고 - ",
이것이 법의 제일 조건이다

가) '지금 여기서 볼 수 있는 것'

"가르침(法)은 눈에 보이고, 즉각적인 것입니다."

가장 오래된 고층(古層)의 불경 속에서 이 구절을 발견한 것은 참으로 놀라운 일이다. 우리는 지금까지 '법의 조건' 'Dhamma의 조건'을 논하면서 '눈앞의 fact'란 말을 많이 써왔다. '눈앞의 fact'가 바로 '눈에 보이고 즉각적인 것'이다. 그런데 지금 노(老)뻥기야는 '붓다의 가르침은 눈에 보이고, 즉각적인 것이며 갈애와 고뇌 - 번뇌를 소멸시킨다.'라고 고백하고 있다. 이것은 붓다의 법을 '눈앞의 fact'라고 규정하고 있는 우리들의 주장이 뿌리 깊은 것이며, 바른 견해(正見, sammā-diṭṭhi)라는 사실을 새삼 입증하는 것이다.

"가르침(法)은 눈에 보이고-"

(sandiṭṭhika / 산딧티까, visible at present)[8]

---

8) '눈에 보이고'(눈앞의 fact)(sandiṭṭhika / 산딧티까) ; '지금 여기서 볼 수 있고(visible at present)' '이 세상의 삶에 유익하고(worldly gain)', '즉각적이고(akālika / 아깔리까)' ; '무시적(無時的)' '즉각적(卽刻的, not involving time)', 즉시 효과가 나타나고. '눈에 보이고, 현실적으로 유익하고, 그 효과가 즉각적이고-', 이것이 붓다의 가르침, 곧 법의 뚜렷한 특징이며 조건이다. 이 조건을 갖추지 못한 가르침은 아무리 근사하게 들려도 붓다의 가르침, 법(法, dhamma)이 아니다. ;『초기불교의 사회적 실천』 pp.137-140.

이것이 법(法, Dhamma)의 제일(第一) 조건-제일 특성이다.

이것 아니면 붓다의 법 아니다. 아무리 근사해도 붓다의 법 아니다.

'눈앞의 fact', 누구든지 볼 수 있는 눈앞의 사실(事實, fact)-현실(現實)-, 이것이 붓다의 가르침이고 법이다. 따라서 붓다의 법에는 어떤 감춰진 비밀이나 신비가 없다. 불교는 어떤 형태의 신비주의(神秘主義)도 인정하지 아니 한다.

기원전 545년경, '웨살리 대법문'에서

붓다는 자신의 죽음을 바라보면서 이렇게 설하신다.

"아난다여, 나는 안과 밖이 없이(비밀 없이, 필자 주) 법을 설하였다. 아난다여, 여래의 법에는 '스승의 주먹(師拳)'과 같은 것이 따로 없다."

(秘傳, 비밀스런 전수 같은 것은 없다. 필자 주)

― 디가니까야 16 「대반열반경」2, 26 ― [9]

나) 'Ehi-passsika / 에히 빳시까, 누구든지 와서 보라'

(*diṭṭhe va dhamme* / 딧테 와 담메)[10]

'지금 여기서(now and here)-'

붓다의 법은 '현금법(現今法, 現法)'이다.

지금 여기서(*diṭṭhe, now and here*, 現今) 누구든지 볼 수 있는 현실적

---

9) D Ⅱ p.100. ; 각묵 스님 역, 『디가니까야』 2권 pp.205-206.
10) *diṭṭhe va dhamme* / 딧테 와 담메 ; now and here, 지금 여기서 볼 수 있는 법(現今法 / 現法)

인 것, 곧 'fact/事實'이고, 즉시 효과가 있는 문제해결의 방법(dhamma)이며 지혜다. 이렇게 붓다의 법은 만인 앞에 철저하게 열려 있다. 깨달음도 이렇게 열려 있다. 깨달음이 뭐 감춰진 특별한 신비가 아니다. 비전(秘傳) 아니다. 스승이 제자에게 은밀히 깨달음의 법을 전하는 것 -, 이런 것은 불교 아니다.

중국 선종(禪宗)에서 '삼처전심(三處傳心)'이라고 해서 붓다께서 마하깟사빠(Mahā-Kassapa)에게 '염화시중' 등 '세 곳에서 은밀히 깨달은 법(正法眼藏)을 전했다'-, 이렇게 주장하고 있지만, 이것은 말 그대로 그들의 주장일 뿐 역사적 사실 아니다. 중국 선종(禪宗)이 자기들의 우월성을 확보하기 위하여 만들어 낸 허구적 전설이다. 대를 이어 법을 전하는 족보처럼 돼 있는 「전등록(傳燈錄)」도 같은 맥락이다. 여기서부터 불교가 크게 잘못되기 시작한다. 불교 하는 방법이 '참선 위주의 신비주의' '출가우월주의'로 잘못되기 시작한다. '만인의 불교' '활짝 열린 불교'가 소수 수행자들의 신비한 무엇으로 왜곡돼 간 것이다.

눈에 보이고(*visible at present*)

누구든지 바른 믿음을 갖고 붓다의 가르침 따라 진지하게 정진하면, 눈앞의 현실에서 삶의 현장에서 붓다의 법을 볼 수 있고 깨달을 수 있다. 갈애와 번뇌의 어둠에서 벗어나, 훨훨 자유로운 보살로 새로 태어나 불멸의 주역이 될 수 있다. 일체의 사회적 개인적 문제와 고통·갈등과 증오를 극복하고, 좌파/우파의 망국적 진영논리 극복하고, 거대하고 아름다운 숲(叢林)처럼 '빠리사(공동체)'로, '보살빠리사' '시민빠리사' '동포빠리사'로 한데 어우러져 더불어 평화롭고 행복할 수 있다. 그래서 '만인견성-만인해탈'이다. 그래서 '빠리사는 평화, 보살은 불멸'이다. 붓다의 깨달음은 상근기(上根機) 등 소수 선민(少數選民)들의 독각(獨覺)이 결코 아니다. '만인견성-만인해탈'-, '만인견성-만인해탈의 화엄코리아, 화엄불국토'-, 이것은 단순히 주장이거나 이상(理想)이 아니라 붓다와 초기대중들이 엮어간 현장의 역사다. '마가다 대행진' '12만 마가다 민중들의 집단견성 사건' 등이 그 사례이다. 바로 이 빛나는 역사가 '붓다의 불교'다. '붓다의 불교-붓다의 시대'다.

붓다께서는 도처에서 이렇게 선포하신다.

"와서 보라.

(누구든지 와서 보라)"

(*Ehi-passsika* / 에히 빳시까, *come and see*)

2. '즉각적이고' –

"가르침(法)은 눈에 보이고, 즉각적인 것입니다."

(*akālika* / 아깔리까, *not involving time*)

이것이 법(法, Dhamma)의 제2(第二) 조건-제2 특성이다.

이것 아니면 붓다의 법 아니다. 아무리 근사해도 붓다의 법 아니다.

붓다의 법은 즉각적이고 즉시적이다. 때를 기다리지 않고 즉시 효과가 드러나는 것이다. '돈오돈수(頓悟頓修)다.' '돈오점수(頓悟漸修)다.' 하면서 돈점(頓漸)논쟁에 열을 올리고 있지만, 이것은 무의미한 희론(戲論)이다.

붓다의 법은 시간을 떠나 있다.

'순간적이다(頓)' '점차적이다(漸)'-, 이런 시간개념(時間槪念)을 떠나 있는 것이다. 그래서 '무시적(無時的, *akālika / timeless*)'이라고 하는 것이다. 깨달음도 또한 즉각적인 것이다. 붓다의 가르침 따라 바르게 관찰하고 바르게 수행하면, 돈점(頓漸)의 시간개념과 관계없이 순간순간 깨닫는 것이다. 눈감고 눈뜨고 앉아서 십 년 이십 년 기다리는 것-, 이것은 불교의 깨달음과 거리가 먼 것이다.

붓다의 법은 공간을 떠나 있다.

붓다의 법은 시공(時空)을 떠나 즉각적이다.

시간과 공간은 서로 연결돼 있는 하나의 작용이다. 비행기 타고 '한 시간 갔다.'하면 '3백km의 공간을 갔다.'는 뜻이다. 그래서 '시공(時空)'이라 한 단어로 일컫는 것이다. '시방삼세(十方三世)'라 하는 것이다. 붓다의 법력은 시공을 넘어 즉각적으로 작용하는 것이다. 시방삼세를 넘어 동시 순간적으로 작용하는 것이다. '부처님- 부처님-', 우리가 순수신앙으로 이렇게 간절히 부르면, 부처님께서는 시공을 넘어 즉시 우리들 앞에 모습을 보이시고, 손잡아주시고 따뜻한 위로의 말씀하신다. 이것이 인간 붓다의 장엄한 법력이다. 이것이 붓다의 진신(眞身)이다.

무연자비(無緣慈悲)-,

이것이 부처님의 몸이고 법신이고 빛이다.

부처님의 연민 헌신은 이렇게 조건 넘어선 연민이고 구원이다. '조건 넘어선 자비고 구원'이다. 그래서 시공(時空)의 조건을 넘어 지금 바로 우리 앞에 나투신다. 즉각적으로 응답하신다.

이제 부처님께서 2천km의 시공을 넘어
즉각적으로 우리들 앞에 몸을 나투어 말씀하신다.

「존귀하신 분이 나타나 말씀하신다.
"왁깔리, 바드라우다, 알라위 고따마가
믿음에 의해서 벗어난 것처럼
그대들 또한 믿음에 의해서 벗어나십시오.
불자들이여, 그대들은 죽음의 영역에서 벗어나
피안의 세계로 갈 것입니다."

- 숫따니빠따 5 「도피안품」18 - [11]

3. '현실적으로 유익하고' -

"가르침은 현실적으로 유익하고 우리를 향상시키는 것"

(*opanayika* / 오빠나이까, *leading upward*)[12]

이것이 법(法, Dhamma)의 제3(第三) 조건-제3 특성이다.
이것 아니면 붓다의 법 아니다. 아무리 근사해도 붓다의 법 아니다.
'지금 여기서 볼 수 있는 것' '즉각적인 것'-, 이 속에는 '현실적으로
유익한 것(*worldly gain*)' '사람들을 향상시키는 것(*leading upward*)' '생

---

11) Sn 1146 ; 일아 스님 역, 『숫따니빠따』 p.400.
12) S I p.9 ; 쌍윳따니까야 1, 1, 20 「사밋디경」 / Samiddhi-sutta (각묵 스님 역, 『쌍윳따
니까야』 1권 p.166.).

각 있는 사람들이 쉽게 체험할 수 있는 것(*to be regarded by the wise as a personal experience*)'-, 이런 뜻이 내포돼 있다. 붓다의 법은 우리 자신과 우리 사회를 변화시키고 향상일로(向上一路)로 이끌어가는 것 -, '많은 사람들의 이익(*bahujana-hita*)과 행복(*bahujana-sukha*)을 위한 것'이다. 많은 생명들(*bahujana*)-일체중생들(*sabbe-satta*)·동포들의 세속적인 이익과 행복을 위하여 유용하지 못하면 붓다의 법 아니다. '눈앞의 fact'-, 우리 자신과 이 사회-지구촌 동포들이 직면하고 있는 세속적 사회인 문제를 해결하고 괴로움을 소멸시키는 데 현실적으로 유용(有用)하지 못하면, 불교의 법 아니다.

궁극적 진리-궁극적 실체,
삼매에 들어 홀로 깨닫는 우주적 진리,
인간의 본성, 만물의 자성, 일심, 진여일심(眞如一心)-,
이런 것은 붓다의 법과 거리가 멀다. 이런 관념들은 꿈에서도 '영원한 자아' '궁극적 실체'를 놓지 못하는 어둔 번뇌-어둔 이기적 자아의 식, '나 고집' '진리 고집'의 산물이다. '공(空)이다.' '연기다.' 하면서 이런 허구적 존재의식(存在意識)을 비켜나 보려고 애쓰지만, 이것 자체가 '나 고집' '진리 고집' 놓지 못하는 어둔 갈애며 번뇌다.

「대승기신론(大乘起信論)」에서, '일심(一心)에 진여(眞如)와 유전(流轉)의 두 문이 있다', 이렇게 논하지만, 이것은 마음(一心, 自性)을 궁극적 실체로 절대화하는 발상으로, 힌두교의 범아일여(梵我一如) 사상의 변형을 벗어나지 못하고 있다. 마음은 눈앞의 현장에 부딪쳐서 조건적으로 생겨나고 소멸해 가는 정신적 에너지의 작용일 뿐, 그 어떤 실체도 아니다.

'무심(無心)히-', 그래서 무심한 것, 끊임없이 마음을 허공처럼 비우는 것-, 이것이 갈애-고집을 소멸하는 최선의 수행이다.

'무심(無心)히-', 이것이 그토록 갈망하는 영원불멸이다. 진실생명이다. 해탈열반이다.

'무심(無心)히-', 이래야 힘이 솟아난다. 원력이 솟아난다. 창조와 구원의 에너지-법력(法力)이 솟아난다. 바로 이것이 붓다의 법이 추구하는 궁극적 가치다. 진실생명-불사(不死)·불멸(不滅)의 생명이다.

지금 당장 참선자세로 앉는다.
'사띠 일구'를 외운다.
무심히- 무심히-

「들숨 날숨 하나-
제행무상 제행무상
마음이 허공처럼 텅- 비어간다.

들숨 날숨 둘-
들숨 날숨 셋-

연민 헌신의 보살원력이 온몸 가득 솟아난다.
불멸의 생명에너지가 온몸 가득 솟아난다.
광명찬란 광명찬란- 」

4. '본래청정' '본래부처',
'본래'는 '지금 여기서'다

가) '본래부처' '본래청정'—
지금 우리들의 행위에 의하여 결정된다

"가르침(法)은 눈에 보이고, 즉각적인 것입니다.

갈애를 소멸하고 고뇌가 없는

가르침을 제게 설하여 주셨습니다.

그분에게 견줄 자는 아무데도 없습니다."

　　　　　　　　　　　　　　　　 – Sn 1137 ; 숫따니빠따 5 「도피안품」1, '서시'–

'눈에 보이고, 즉각적인 것

시간개념(時間槪念)을 떠나 있는 것.

무시적(無時的, *akālika / timeless*)이다.'–

이것이 법(法)의 기본적인 특성이며 조건이다.

　이 조건과 관련해서 우리는 '본래(本來)'를 생각하지 않을 수 없다.
'본래청정' '본래부처'–, 이 문제를 생각하지 않을 수 없다. 붓다의 법은
'눈에 보이고 즉각적인 것'이라면, '본래'는 무엇인가? '본래청정' '본래
부처'는 무엇인가? 이것은 법의 특성과 모순되는 것 아닌가? '본래'와
'즉각적'– 서로 모순되는 것 아닌가?

　'본래청정'–, '본래부처'–

　'무조건 불성' '무조건 처음부터 부처'–

　이것은 불교의 기본적 가치관에 어긋난다. '이것이다.' '저것이다.'

'무엇이다.'−, 이미 결정되어 있는 것이 결코 아니다. 불교는 '행위결정론'이고 '조건적 변화론'이다. '조건생 조건멸(條件生 條件滅)'이다. 조건 있으면 있고 되고, 조건 없으면 없고 되지 않는 것이다. 우리들의 행위, 삶을 조건으로 결정되는 것이다.

'불성'은 무한한 변화와 창조적 가능성이다.

'불성' '마음'은 무한한 변화와 창조의 가능성이다.

'불성' '마음' '부처'는 곧 '지금 여기서'다. 지금 여기서 내가−우리가 어떻게 살아가는가에 따라서 결정되는 것이다. '눈앞의 fact'−, 지금 우리들의 삶이 문제다. 체험의 문제다. 내 삶−우리들의 행위(業, kamma)를 조건으로 하여 결정되는 것이다.

이것이 바로 '연기의 법'이고 '윤회(輪廻)의 원리'다. 연기는 중력(重力, gravity) 같은 물리적 법칙이 아니다. 윤회는 주어지는 숙명이 아니다. 연기·윤회는 내가 변화시켜가는 창조와 변혁의 원리다. 우리가 연기와 윤회의 당당주역이다. 우리가 십이연기(十二緣起)와 생사윤회 −생사해탈의 당당주역이다. 중생은 연기−윤회에 끌려가고, 보살은 연기−윤회를 활용한다. '불교는 연기다.'−, 이렇게 연기를 무슨 만병통치, 불멸의 진리인 것처럼 내세우는 것은 옳지 않다.

연기를 보고 연기를 알되, 연기를 넘어서라. 연기 찾고 앉아 있는 것은 '연각승(緣覺乘)' '독각승(獨覺乘, Paccka-yāna)'이다. '소승(小乘, Hīna-yāna)'으로 규정된다. 마땅히 우리들 자신의 주체적 행위가 '제일의 원리'다. 이것이 '보살승(菩薩乘, Bodhisatta-yāna)'이고 '대승(大乘, Mahā-yāna)'이다.

나) '본래'는 시간개념 아니다. 삶의 문제이다

'본래청정' '본래부처'−

'본래'는 '시간개념' 아니다.

'처음부터' '태어날 때부터'−, 아니다.

'본래'는 '삶의 개념'이다. '보살고행의 개념'이다.

우리가 지금 여기서, 이 눈앞의 현장에서 보살고행의 길을 열심히 살아갈 때, 닦고 닦아갈 때, 목말라 하며 피땀 흘리며 걷고 걸어갈 때 (patipadā/빠띠빠다), 즉각적으로 순간순간 우리는 보살이고 부처이다. 순간순간 '본래청정'이고 '본래부처' '진실생명'이다. '부처님 가운데 토막'이다. '생불(生佛)'이다.

'눈앞의 fact'−, 우리들 자신의 삶과 행위를 있는 그대로 관찰하고 바르게 앎으로써 부처도 되고 청정도 된다. 우주진리도 보고 인간본성도 본다. '눈앞의 fact'−, 바로 이것이 불교다. 불교가 우주 보고 본성 보는 방법이다. 눈감고 앉아 삼매에 들어 보는 것 아니다. '본래부처이니 닦을 것이 없다. 꺼내 쓰면 된다.'−, 이것은 반(反)반야적 사견(邪見, maccha-diṭṭhi)이다. '본래부처'가 지니는 희망의 메시지마저 무의미한 것으로 만드는 불행한 사건이다.

<u>'눈에 보이고, 즉각적인 것'</u>

'눈앞의 fact'를 보라. 눈에 보이는 것을 보라.

지금 여기서 내가, 우리가 살아가는 삶−행위를 보라.

우리가 지금 보살로 살고 있는가? 부처로 살고 있는가?

매달 만원이라도 자동이체 하고 있는가?

경비원 아저씨, 청소하는 아주머니, 공양주 보살님, 일하는 거사님들−,

먼저 다가가 따뜻한 미소로 인사하고 있는가?

아니면, 교만하고 고집 센 중생으로 살고 있는가?

그대 속에 미움 없는가? 차별심 없는가?

명성과 환대 구하는 마음 없는가?

남의 여자, 남의 남자 탐하지 않는가?

좌파, 우파– 편 갈라 서로 비난하지 않는가?

법회 열심히 다니는가? 빠리사에 모여 부처님공부(Buddha-study) 열심히 하고 있는가?

이것이 우리들의 자아다. 우리들의 실체다.

다시 한번, '자아' '실체'는 '존재'가 아니다. '삶'이다. '행위'다.

'청정한 삶'– 이것이 '불멸의 실체'다. '부처'다.

제3강

[정체성] 3 ; 사제팔정도(2) −
이것이 만법의 근거이고 표준이다

●
●

"수행자들이여, 내가 이와 같이 지극히 청정하게

사성제를 있는 그대로 알고 보았기 때문에,

나는 위없는 바른 깨달음을 실현하였다.

신(神)과 마라와 범천을 포함한 세상에서

사문·바라문·신(神)·사람을 포함한 모든 무리 가운데서

나는 스스로 이렇게 선포하였다."

– 쌍윳따니까야 56, 11 「전법륜경」 / *Dharmacakkapavattana-sutta* − *

* S V p.423 ; 각묵 스님 역, 『쌍윳따니까야』 6권 p.390. 간추림.

1. '수행자들이여,
여래는 사제팔정도를 깨달았다"

'눈에 보이고, 즉각적인 것'-,

붓다의 법(法, Dhamma)이 무엇일까?

갈애와 번뇌를 소멸시키고 피안으로 인도하는 가르침이 무엇일까?

지금 여기서 볼 수 있고, 많은 사람들을 이익과 행복으로 향상시키고, 많은 사람들·동포들이 아름답고 푸르른 숲처럼 한데 어우러져 평화롭고 자유로운 '만인견성-만인해탈의 화엄코리아' 실현해 내는 붓다의 가르침-, 무엇일까?

기원전 588년, 와라나시 사슴동산의 초전법륜

붓다께서는 꼰단냐 등 다섯 수행자들을 앞에 놓고

이렇게 역사적인 첫 설법을 설하신다.

"수행자들이여, 여래는 중도를 깨달았다.

수행자들이여, 중도란 무엇인가?

곧 팔정도다.[13] 바른 견해·바른 생각·바른 말·바른 행위·바른

---

13) 전법륜경 원문에는 '팔지성도(八支聖道)' '여덟 가지 갈래의 성스러운 길(Ariya-Aṭṭhaṅgika-Magga)'로 기록돼 있다. 우리는 널리 일컬어지는 대로 '팔정도'라 쓸 것이다. ; 각묵 스님 역, 『쌍윳따니까야』 6권 p.385. ; *What the Buddha taught* p.45.

생활·바른 정진·바른 지켜보기·바른 삼매이다.

수행자들이여, 이것이 바로 여래가 온전하게 깨달았고, 눈이 생겨나게 하고 지혜가 생겨나게 하고, 고요함과 위없는 지혜와 바른 깨달음과 열반으로 이끌어가는 중도다.

수행자들이여, 이것이 괴로움의 성스러운 관찰이다. 〔苦聖諦〕

수행자들이여, 이것이 괴로움의 일어남의 성스러운 관찰이다. 〔集聖諦〕

수행자들이여, 이것이 괴로움의 소멸의 성스러운 관찰이다. 〔滅聖諦〕

수행자들이여, 이것이 괴로움의 소멸로 인도하는 길의 성스러운 관찰이다. 〔道聖諦〕

수행자들이여, 나에게는 '이것이 괴로움의 관찰이다.'라는 전에 들어보지 못한 법들에 대한 눈(眼)이 생겨났다. 앎(智)이 생겨났다. 관찰지(慧)가 생겨났다. 밝음(明)이 생겨났다. 빛(光)이 생겨났다. …

수행자들이여, 내가 이와 같이 지극히 청정하게 사성제를 있는 그대로 알고 보았기 때문에, 나는 위없는 바른 깨달음을 실현하였다. 신(神)과 마라와 범천을 포함한 세상에서, 사문·바라문·신(神)·사람을 포함한 모든 무리 가운데서, 나는 스스로 이렇게 선포하였다."

– 쌍윳따니까야 56, 11 「전법륜경」 / *Dharmacakkapavattana-sutta* – [14]

---

14) S V pp.420-423 ; 각묵 스님 역, 『쌍윳따니까야』 6권 pp.384-391. 간추림.

2. '사제팔정도(四諦八正道)', 이것이 만인견성 – 만인해탈의 길

'팔정도(八正道)

사제팔정도(四諦八正道)' –

하아– 이것이다. 바로 이것이 법(Dhamma)다.

바로 이것이 '눈에 보이고, 즉각적인 것' –, 붓다의 가르침이다.

'팔정도(八正道)

사제팔정도(四諦八正道)' –

기원전 589년, 보드가야 보리도량, 붓다는 이 사제팔정도를 관찰하고 눈뜨고 정각(正覺)을 실현하고 부처 되셨다. 그리고 지금 와라나시 사슴동산 첫 설법에서 이 사제팔정도를 선포하고, 이렇게 확신하신다.

"수행자들이여, 내가 이와 같이 지극히 청정하게 사성제를 있는 그대로 알고 보았기 때문에, 나는 위없는 바른 깨달음을 실현하였다. 나는 신(神)과 마라와 범천을 포함한 세상에서, 사문·바라문과 신과 사람을 포함한 무리 가운데서 스스로 이렇게 선포하였다. 그리고 나에게 '나의 해탈은 확고부동하다. 이것이 나의 마지막 태어남이다. 이제 더 이상 다시 태어남은 없다.' –, 이런 지견(解脫知見)이 일어났다."

– 쌍윳따니까야 56, 11 「전법륜경」 –

'팔정도(八正道)

사제팔정도(四諦八正道)' –

이것이 '만인견성–만인해탈의 길'이다.

붓다 자신이 정각을 실현한 것도, 이 사제팔정도를 있는 그대로 관찰한 때문이고, 불교 2천7백 년 많은 사람들−만인이 눈뜨고 깨달을 수 있었던 것도 이 사제팔정도 관찰 때문에 가능한 것이었다.

　이 가르침을 듣고 사슴동산 다섯 수행자가 눈뜨고 깨달은 성중(聖衆, Ariya-parisā)이 되었다. 야사스와 그의 친구들 오십 여 명이 눈뜨고 깨달은 성중(聖衆, Ariya-parisā)이 되었다. 우루웰라의 깟사빠 삼형제와 천 명의 배화교도들이 눈뜨고 깨달은 성중(聖衆, Ariya-parisā)이 되었다. 라자가하 라따나 숲에서 빔비사라왕과 십이만 명의 시민들이 눈뜨고 깨달은 성중(聖衆, Ariya-parisā)이 되었다. 라자가하 시장바닥의 한센병 환자 숩바붓다와 시정잡배들이 눈뜨고 깨달은 성중(聖衆, Ariya-parisā)이 되고, 미천한 노비 뿐나 여인과 하층의 민중들이 눈뜨고 깨달은 성중(聖衆, Ariya-parisā)이 되고, 불가촉천민 니디가 눈뜨고 깨달은 성중(聖衆, Ariya-parisā)이 되고, 꼬삼비의 궁중 하녀 쿠줏따라와 오백 궁녀들이 눈뜨고 깨달은 성중(聖衆, Ariya-parisā)이 되고 … 구시나가라 사라쌍수 언덕, 부처님 돌아가시기 직전 마지막 제자 늙은 외도 수밧다가 눈뜨고 깨달은 성중(聖衆, Ariya-parisā)이 되었다.

'팔정도(八正道)

사제팔정도(四諦八正道)'−

Ekā-yana / 에까야나−, 거의 유일한 길이다.

그대가 눈뜰 수 있는 길도 이 사제팔정도다.

내가−우리가 눈뜰 수 있는 길도 이 사제팔정도다.

많은 사람들, 우리 동포들이 눈뜨고 깨달을 성중(聖衆, Ariya-parisā)이 될 수 있는 길도 바로 이 사제팔정도다. 사제팔정도야 말로 만인견성—만인해탈의 정도(正道)이다. 거의 유일한 길—, 다른 길 없다.

3. '사제팔정도' 없으면 불교 아니다

'팔정도(八正道)

사제팔정도(四諦八正道)'—

이것이 팔만사천 부처님 법문의 근거이며 표준이다.

초기불교 · 부파불교 · 대승불교 · 중국 선종—, 이 '사제팔정도'의 표준 위에 근거할 때, 비로소 불교가 된다. 무아 · 공 · 반야 · 불성 · 자성 · 마음 · 일심 … 일체법이 이 '사제팔정도'의 표준 위에 근거할 때, 비로소 불교가 된다. 이 근거를 망각하고 이 표준을 망각할 때, 이 모든 것들은 정통—정체성을 상실하고 '불교 아닌 것'으로 전락하고 만다.

대승불교가 오늘날 위기에 빠진 것은 '사제팔정도의 망각' 때문이다. 붓다께서 확립하신 이 사제팔정도의 정법체계를 망각하고 '본래부처다', '나도 부처다' 하며 근거 없는 자만에 빠진 것이 오늘날 북방불교가 거의 붕괴하게 된 가장 근본적인 원인이다. 다른 한편 중국 선종이 '화두다' '참선이다' 부르짖으며 외도로 달려가면서, 우리 불교 만인견성의 정통성을 잃고 소수선민(少數選民)들의 '한소식 주의'로, '불교 아닌 것'으로 전락하게 된 것이다. 지금 우리가 수십 년 불교 한다면서 이리저리 기웃거리고, '공(空)' 찾고 '마음' 찾고 '자기' 찾고 '본성' '우주진리' 찾고— 끝없이 방황하다가 끝내 무소득으로 사라져가는 것도,

우리가 이 '팔정도-사제팔정도'의 고귀한 가르침을 망각하고 외면하고 경시해 왔기 때문이다.

  팔정도(八正道)
  고집멸도(苦集滅道)
  사제팔정도(四諦八正道)'-

  이것이 '눈에 보이고, 즉각적인 것'-
  이것이 '불교의 근본'이다. '정법체계의 제일 조건'이다.

  이것이 현실적으로 유용하고, 많은 사람들을 향상시키고, 우리 동포들의 이익과 행복을 실현하는 길이다. 이것이 붓다 석가모니의 삶이고 우리들의 삶이다. 붓다의 삶-우리들의 삶-사제팔정도-, 이것은 하나다. 이것이 '불교의 근거이며 표준'이다. '팔정도 - 사제팔정도'-, 이것 없으면 불교 없다.

4. '사제팔정도'의 부흥 -, 이것이 지금 우리불교 부흥의 제일 조건

'팔정도(八正道)
고집멸도(苦集滅道)
사제팔정도(四諦八正道)'-
이것이 지금 우리들 불교 부흥의 제일 조건이다.
붓다 석가모니께서 평생을 설하신 거의 유일한 법, 장엄한 '붓다의 빛(Buddh-ābhā)'이다. 이 '사제팔정도의 정통성' 위에 설 때, 지금 우리들 불교 비로소 빛을 발할 수 있다. 비로소 다시 살아날 수 있다.

기원전 544년, 웨사까 달력 2월 보름
구시나가라 사라쌍수 언덕
붓다께서 마지막 제자 수밧다에게 목숨 걸고 이렇게 설하고 있다.

"수밧다여,
팔정도가 있으면 사문(불교)이 있고
팔정도가 없으면 사문(불교)이 없다."

- 디가니까야 16 「대반열반경」5, 27 - [15]

이제 우리는 정신 차리고 「우리들의 고집멸도」 외울 것이다.
「우리들의 고집멸도」는 붓다께서 설하신 '고집멸도'를 지금 우리들이 잘 알아듣고 걷고 걸을 수 있도록 재구성한 것이다. 이 「우리들의 고집멸도」- 아침마다 외우고, 법회 때 빠리사 모임 때 외우고- 끊임없이 외우고, 무의식 깊이 심어 넣을 것이다. 우리들의 DNA 깊이 새겨 넣을 것이다.
'들숨 날숨 하나-',
사띠삼념하고 하늘 땅 우렁차게 외칠 것이다.

---

15) D Ⅱ p.151 ; 각묵 스님 역, 『디가니까야』 2권 p.281. 간추림.

〔희망합송〕; 「붓다의 빛 – 우리들의 고집멸도」[16]

「"수행자들이여, '이것은 괴로움이다.

지금 많은 사람들, 동포들이 갖가지 괴로움을 겪고 있다.'–

이렇게 눈앞의 괴로움을 알고 보는 것(知)은 성스러운 관찰이다.
〔苦聖諦〕

수행자들이여, '이 괴로움은 생겨난 것이다.

갈애 때문에, 곧 감각적 쾌락에 대한 욕망, 탐욕, 고집– 이 모든 번뇌를 일으키는 많은 사람들의 사회적 무지(無明) 등 어둔 조건들이 모여서 생겨난 것이다.'–

이렇게 알고 떨치고 일어나 어둔 조건들 싸워 이기고 끊는 것(斷)은 성스러운 관찰이다. 〔集聖諦〕

수행자들이여, '이 괴로움은 반드시 소멸한다.

어둔 조건들 극복하고 끊어내면, 광명찬란 광명찬란– 문득 '붓다의 빛'이 눈앞에 찬란하고, 불멸의 생명 에너지가 온몸 가득 솟아난다. 일체의 사회적 개인적 괴로움은 소멸하고, 온갖 잡것들(雜華)이 한데 어우러져 함께 눈뜨는 '만인견성–만인해탈'의 보살나라–'화엄코리아'가 상쾌하게 열려 온다.'

이렇게 알고 이렇게 상상하고 이렇게 우리들 몸으로 실현해 내는 것(證)은 성스러운 관찰이다. 〔滅聖諦〕

---

16) 「우리들의 고집멸도」는 「붓다의 고집멸도」를 우리시대 동포들이 알아들을 수 있도록 간추려 재구성한 것이다. 원문 ; 쌍윳따니까야 56, 11 「전법륜경」(각묵 스님 역, 『쌍윳따니까야』 6권 pp.384-391). '고집멸도 사성제'는 사띠하는 과정, 곧 관찰하는 과정이다. 그래서 '성스러운 진리(聖諦, ariya-saccāni)'를 '성스러운 관찰'로 옮겼다.

수행자들이여, '팔정도가 괴로움 소멸시키는 길이다.'-,

이렇게 알고, 지금 곧 작고 외로운 동포들의 현장으로 들어가 팔정도로 보살고행의 길 열심히 걷고 걷는 것(修)은 성스러운 관찰이다. 〔道聖諦〕"

☺ 전법; 청보리/빠리사학교

제4강

[정체성] 4 ; 보살고행 –
'보살빠리사 운동'으로 「붓다의 시대」열어간다

•
•

"위로 아래로 옆으로

장애 없이, 원한 없이, 증오 없이

온 세상에 대하여

한량없는 자비의 마음을 닦아야 한다.

서 있거나 가거나 앉아 있거나

누워 있거나, 깨어 있는 한

자애의 마음을 관찰해야 한다.

이것이 이 세상에서 청정한 삶이라 불린다."

– 숫따니빠따 1, 8 「자애경(慈愛經)」/ *Metta-sutta* – *

* Sn 150-151 ; 일아 스님 역, 『숫따니빠따』 p.64.

1. 지금 정법당간(正法幢竿) 다시 세운다

'붓다 석가모니

사제팔정도-끝없는 보살고행

만고불변(萬古不變, Dhammo-samantano)'-[17],

이것이 불교의 정체성(正體性)이며 정통성(正統性)이다.

이것이 불교의 정법당간(正法幢竿)이다.

이것이 '불교의 정법체계(正法體系)'다.

'붓다의 불교'- 그 정법체계(正法體系)며, 그 제일 조건들이다.

이것이 붓다께서 몸소 하시는 '불교'다. 붓다 석가모니께서 팔십 평생 몸 바쳐 목말라 하며 살아내신 '붓다의 불교'다. 이 체계 벗어나면 '불교' 아니다. 이 조건 없으면 '불교' 아니다.

'붓다 석가모니'- 찾지 않으면 '불교' 아니다.

'붓다 석가모니' '석가모니 부처님'- 간절히 그리워하고 내 삶의 빛으로 삼지 않으면 불교도 아니다.

'사제팔정도'로 법의 표준을 삼지 않으면 '불교' 아니다.

---

17) '만고불변(萬古不變, Dhanno-samantano)'-, 이것은 '불멸의 진리'-, 이런 뜻이다. ;『印度佛敎의 歷史』상, p.66. 붓다의 담마는 '눈에 보이는 그대로' 불멸의 진리다. 현상과 본질이 둘 아니다. 이 둘을 갈라놓고 '둘 아니다'하면서 '불이(不二)'를 주장하는 것은 옳지 않다. 둘로 나누는 것은 처음부터 분별망상이다. '진제(眞諦, 진리)' '속제(俗諦, 현상)'로 나누는 것 자체가 번뇌망상이다.

'무유정법(無有定法)- 불교에는 정해진 법이 없다' 하니까, 그 말에 속아서, '무고집멸도(無苦集滅道)- 고집멸도도 없다'하면, 불교도 아니다.

'사제팔정도'가 무엇인가?

'팔정도'가 무엇인가?

곧 보살행이다. 보살고행이다.

'팔정도-보살고행'으로 살지 않으면 불교도 아니다.

'붓다 석가모니

사제팔정도-끝없는 보살고행

<u>만고불변(萬古不變, Dhammo-samantano)'-</u>

이것이 '불멸의 진리'다. 만고불변- '불멸의 진리'다.

그러나 이것은 실로 '불멸의 진리'가 아니다. '불멸의 진리'-, 불교에 이런 것 없다.

'눈앞에 보이고 즉각적인 것'-. 이것은 지금 우리 불교도가 우리 눈앞에서 다시 세워야 할 정법당간(正法幢竿)이다. 이 정법당간 세우지 아니 하면 우리불교 다시 살려낼 수 없다. 온갖 소리하고 온갖 제도 만들고 온갖 운동 벌여도, 이 정법당간 지금 당장 세우지 아니 하면, 한갓 허상에 불과하다. 이 정법당간 세우지 아니 하면, 이렇게 살아가지 아니 하면, 우리 인생도, 이 사회도 희망 없다. 이것은 '불멸의 진리' 이전, '눈앞의 fact', '엄중한 현실'이다.

2. 팔정도가 보살고행이다,
보살고행으로 우리는 당당주역 된다

가) 아라한도 보살이다

<u>'붓다 석가모니</u>

<u>사제팔정도—끝없는 보살고행'</u>

붓다의 가르침 따라서, '고집멸도'를 있는 그대로 관찰하고 이해하면, 곧 보살고행의 삶으로 나아간다. '고집멸도'는 '팔정도'로 가는 관찰과정이다. '팔정도'는 고멸도(苦滅道, Dukkha-nirodha-patipadā)이다. '괴로움을 소멸시키는 길'로써 '고집멸도'의 즉각적 실천이다. 이 '팔정도'를 전제해서 불교의 궁극적 목표인 멸(滅), 곧 해탈열반이 실현된다.

'팔정도—

고멸도(苦滅道, Dukkha-nirodha-patipadā)

괴로움을 소멸시키는 길'—

팔정도의 도(道, patipadā / 빠띠빠다)는 걷고 걷는 것이다.

피땀 흘리며 걷고 걷는 것(patipadā)이다. 닦고 닦는 것이다.

많은 사람들—많은 생명들—일체중생들(bahujana)을 고통에서 구하여 살리고, 당당 불멸의 보살주역으로 일으켜 세우기 위하여 목말라하며 걷고 걷는 보살행—보살고행이다. 부처님 스스로도 자신을 '보살'이라고 일컫는다. 곧 '석가보살'이다. 민중들도 그를 '보살'이라고 일컫는다.

경전 도처에서 붓다는 이렇게 회고하고 있다.

"악기웻사나여, 내가 깨닫기 전,

아직 바른 깨달을 성취하지 못한 보살이었을 때,

내게 이런 생각이 떠올랐다.-"

- 맛지마니까야 36「삿짜까 큰 경」12 / Mahā-saccaka-sutta - [18]

'붓다 시대', 또는 초기불교시대, '보살'이 석가보살 한 분 뿐이라고 해서, 초기불교를 '아라한의 불교' 등으로 생각하면 큰 착각이다. 부파불교를 '아라한의 불교'라 하고, 아라한을 '소승(小乘)'으로 몰아세운다면 큰 착각이다. '무지의 소치'라 해야 할 것이다. 아라한이 곧 보살이다. 부처님이 곧 보살출신이신데. 보살고행으로 정각 이루고 부처 되셨는데, 정각을 추구하는 부처님의 제자들이 보살이 아니라면 말이 되겠는가? '세상에 대한 연민으로' '많은 사람들의 이익과 행복을 위하여' 목숨 걸고 전법고행의 길을 열어간 개척자들도 아라한이다. 한 분의 '석가보살'을 '많은 사람들의 보살'로, 곧 '중생보살/유정(有情)보살'로 확장시킨 것도 부파불교이고,[19] 팔정도를 보살수행의 중심으로 발전시킨 것도 아라한 주의의 부파불교다.[20]

가장 오래된 숫따니빠따의「자애경(慈愛經, Metta-sutta)」에서 붓다께서 아라한들의 행로에 대해서 이렇게 설하고 계신다.

---

18) M I p.240 ; 대림 스님 역,『맛지마니까야』2권 p.162.

19) '유정(有情, 중생, 필자 주)으로서 어리석지 않은 자, 즉 총명한 자들이 보살이다.' ;『毘婆沙論』(大正藏 27, p.886 下) ; 이봉순,『菩薩思想 成立史硏究』p.125에서 재인용.

20) '그렇지만 그(보살행, 필자 주) 실천도의 중심은 三學과 八聖道(八正道, 필자 주)였다.' ; 앞의 책 p54.

"위로 아래로 옆으로

장애 없이, 원한 없이, 증오 없이

온 세상에 대하여

한량없는 자비의 마음을 닦아야 한다.

서 있거나, 가거나, 앉아 있거나,

누워 있거나, 깨어 있는 한

자애의 마음을 관찰해야 한다.

이것이 이 세상에서 청정한 삶이라 불린다."

— 숫따니빠따 1, 8「자애경(慈愛經)」/ Metta-sutta —

나) 우리는 보살, '은혜 속의 주인들'

팔정도의 길 걷고 걷는 것(patipadā)이 곧 '보살고행'이다.

서 있거나 가거나 앉아 있거나, 누워 있거나, 깨어있는 한, 이 세상에 대한 한량없는 자애(慈愛, Mettā)의 마음 – 연민 헌신의 마음을 관찰하고 살아가는 것, 걷고 걷는 것, 닦고 닦는 것이 팔정도의 삶이고 곧 보살고행이다. 우리는 이 '팔정도 – 보살고행'을 통하여 '불교' '붓다의 불교'를 '내 삶'으로, '우리들의 삶'으로 살아낸다. 우리는 이 '팔정도 – 보살고행'을 통하여 '보살주역'으로, '당당 보살주역'으로 일어선다. 그러나 우리는 주역이로되, '은혜 속의 주인'이다. 우리는 주인이로되, '지극한 부처님 은혜 속의 주인'이다.

"그대 자신을 등불 삼고

그대 자신에게 귀의하라.

남들에게 귀의하지 말라-"

- 디가니까야 16 「대반열반경」2, 25-26 -

늙고 병들고 지쳐서 낡은 수레처럼 무너져 내리면서

자신의 죽음을 내다보고 우리들 손잡고 이르시는 이 간절한 말씀-

우리를 당당주인으로 일으켜 세우는 붓다의 이 연민 헌신 아니면, 무엇으로 우리가 이 세상에서 주인 노릇 하겠는가? 보살주역 되겠는가? '주(主)여, 주여, 저는 종이로소이다, 저희는 죄인이로소이다'-, 이 절망에서 벗어날 수 있겠는가? 붓다 석가모니의 사제팔정도, 보살고행 아니면, 무엇으로 우리가 눈뜰 수 있겠는가? '만인견성-만인해탈'-, 이 고귀한 가치 실현할 수 있겠는가?

'붓다 석가모니-팔정도-보살고행-당당주역'-

명심불망(銘心不忘)-, 이 고귀한 진실 잊지 말 것이다.

이것은 붓다 석가모니의 지극한 연민 헌신의 삶이 그 바탕이고 원천이다. 붓다 석가모니의 목말라 하며 걷고 걷는 대비(大悲)의 고행 없으면 팔정도도 없고 보살행도 없다. 무연자비(無緣慈悲)-, 이 조건 넘어선 자비, 지극한 연민-부처님의 지극한 은혜 없으면, 나도 없고 우리도 없고 보살도 없고 아라한도 없고 도인도 없다. 무지와 탐욕, 고집, 폭력, 차별, 살육- 캄캄한 어둠뿐이다.

그래서, '내가 부처다.'-, 이렇게 은혜를 망각하고 교만 떨면 안 된다. 그 즉시 어둔 지옥 속에 떨어진다. 부처님 은혜 망각하면, 보살도 없고 성불도 없다.

3. 이제 우리는 '보살빠리사',
불멸의 보살주역으로 새로 태어난다

가) '보살빠리사', 당당한 보살주역들

'전생보살/본생보살(Sumedha 보살)-

현생보살/석가보살-중생보살-대승보살-',

이렇게 불교는 처음부터 '보살'이다.

불교는 처음부터 끝까지 '대승보살'이다.

불교 2천7백년사는 도도한 '보살운동의 물결'이다.

붓다 석가모니는 전생부터 보살이다. '수메다(Sumedha) 보살' '호명보살(護明菩薩)'이다. 4아승지 10만겁 동안 보살이고, 금생에서도 현생보살-'석가 보살'이고, 내생에도 보살-'미륵보살'이고, '아미타불' '약사여래' '관세음보살' '지장보살' … '제불보살'-, 지금 여기서도 이렇게 현신(現身)보살이시다. 우리 앞에 몸을 나투신다. '부처'와 '보살'이 둘 아니다. '보살이 수행해서 성불한다, 부처 된다'-, 이런 말 아니다. 이것은 학자들의 학문적 해석일 뿐, 실로는 보살이 곧 부처다.

 <u>'보살'은 '부처의 현재진행형'이다.</u>

  지금 여기서 내가, 우리가, 보살고행으로 열심히 살아가면 즉각적으로 우리는 '보살들'이다. '우리도 부처님같이-', 이렇게 열심히 연민 헌신으로 살아가면, 곧 즉각적으로 내가 부처다. 곧 즉각적으로 우리가 부처다. 삶 그대로 부처다. 부처님-보살은 삶 그대로 '자아(自我, Attā)'이며 '실체'며 '존재'다. 내가 짓고 내가 받고 내가 책임진다. 우리가 당당 주역으로 개척해간다.

  '실체는 없어도 현상은 존재한다.'-, '무아'에 사로잡혀서, '내가 실체다'라고 말하기가 겁나서, 이렇게 헛소리 하고 있다. 그러나 어둔 자아의식-고집을 극복하면, '불변의 존재가 실체다'- 이런 어둔 존재의식 극복하면, 내가 곧 실체다. 우리가 곧 실체다. <u>내 삶이, 우리들 삶이 곧 실체다. 삶이야말로 진정한 불멸의 실체다. 바로 이것이 '만인 견성-만인해탈의 도리'</u>이다.

<u>'보살'은 '부처의 현재진행형'이다.</u>

보살고행이 부처의 삶이다. 그러나 목숨 걸고 애쓰지 않으면서, 머리 굴리면서 '본래 부처'라고 자만하는 사견(邪見)을 경계하여, '보살이 다'-, 하는 것이다. '내가 부처다'라는 교만을 경계하여, '지금 나는 보살이다' '지금 우리는 보살이다'-, 하는 것이다. 붓다께서도, '내가 깨닫지 못한 보살이었을 때'- 이렇게 경책하는 것이다. 이것이 정견(正見)이다. 이것이 붓다 석가모니의 크나큰 은혜 속에 살아가는 우리 불자들의 미덕이며 의무이다.

이제 내가 보살로 새로 태어난다.

이제 우리가 '대승보살'로 새로 태어난다.

이제 이 세상 사람들이 '은혜 속의 주인'으로 새로 태어난다.

이제 우리는 '보살빠리사' '보살 공동체'-, 이제 우리는 역사와 인생의 당당 주역-불멸의 실체다. 이렇게 우리는 우리들의 성스러운 정체성을 새롭게 확립한다. 대전환(大轉換)-, 모든 존재들이 어둠 속에서 살아난다. 어둔 방황에서 벗어나 거룩한 존재-성중(聖衆, Ariya-Parisā)으로 새로 살아난다. 아라한도 살아나고, 도인도 살아나고, 성문·연각·보살도 살아나고, 뭣보다 이 땅의 동포들이 살아난다. 욕심과 분노와 폭력의 어둠 속에서 벗어나 진실생명으로 살아난다. 골수에 사무친 감각적 쾌락에 대한 욕망에서 벗어나 청정한 삶(清淨梵行, Brahma-cariya)으로 살아난다.

나) '일상의 나'로,
'일상의 시민'으로 돌아간다

'보살' '대승보살' '불멸의 보살'
'당당 역사의 주역' '보살주역' '당당 불멸의 실체'–
무엇인가? 이 거창하게 늘어놓는 것이 다 무엇인가?
다 무엇 하자는 것인가?

단순명료하다.
'일상의 나'로, '일상의 우리들'로 돌아가는 것이다.
'본래부처'도 아니고, '진아(眞我)'도 '대아(大我)'도 아니다.
'본래면목'도 '주인공'도 아니다. '아라한'도 아니고 '도인'도 아니다.
'일상의 나' '일상의 우리'로 돌아가 일상의 삶에서 열심히 살아가는 것이다.
딸 걱정, 아들 걱정, 남편 걱정, 편히 쉴 날 없는 '일상의 어머니', 시장바닥에서 한 푼이라도 더 벌려고 애쓰는 '일상의 아버지', '일상의 회사원', '일상의 노동자', '일상의 시민', '일상의 소(小)시민'으로 돌아가려는 것이다.
남의 것 탐하지 않고, 남 해치지 않고, 좌파/우파 편 갈라서 싸우지 않고, 먼저 다가가 따뜻한 미소로 인사하고, 따끈한 믹스커피 한 잔 나누고, 힘들어 하는 임산부 아주머니 선뜻 자리 내드리고, 자비수레

꾼 매월 2만원씩 자동이체 하고, 문득 허리 곧게 펴고 들숨 날숨 헤
아리며 무심히- 무심히- '사띠 삼념'하면서 자신을 성찰하고, 가정
에서 직장에서 법회에서 때때로 둘러앉아 수다떨고 대화하고 토론하
고 … 이렇게 작고 아름다운 삶 열심히 살아가는 것으로 '보살고행'으
로 삼는 것이다.

이제 우리는 온갖 허상 다 벗어버리고, '일상의 나' '일상의 우리'
'일상의 시민'으로 돌아간다. 이것이 당당 주역이고 불멸의 실체다,
이것이 부처님께서 팔십 생애 피땀 흘리며 목말라 하면서 걷고 걸으
시는 '붓다의 뜻'이다. 이것이 우리가 이렇게 애태우며 힘쓰는 '빠리
사의 꿈' '화엄코리아의 꿈'이다. 이것으로 족하지 아니한가?

보살고행
팔정도- 보살고행- 보살빠리사-
이것이 '불교의 근본'이다. '정법체계의 제일 조건'이다.
보살고행 없으면 불교 없다. 보살빠리사 없으면 불교 없다.

'붓다- 팔정도- 보살고행-
만고불변(萬古不變, Dhammo-samantano)-'
이제 우리는 이렇게 불교의 정법체계를 확립한다.
지금 우리불교의 정법당간을 드높이 세운다.

제3편

「빠리사운동」

-'우리인생 우리세상 혁신하는 길'

'붓다의 빛(Buddha-ābhā)'으로
우리 인생 경이(驚異)로 혁신한다

제8장 「빠리사 운동」

빠리사운동은 보살고행을 통한
사회적 혁신운동

제9장 전도전법 운동

전도전법이 최선의 빠리사 운동

제10장 「우리들의 빠리사운동」

우리가 살아가는 법: 「우리들의 팔정도」

제8장

「빠리사 운동」

빠리사운동은 보살고행을 통한
사회적 혁신운동

끝없는 보살고행

원왕(願王)은 불멸의 생명력

끝없는 보살고행 (1)
– 보시복지운동

•
•

"수행자들이여,

간병자들 가운데서

숩삐야 우바이가 으뜸이니라."

– 앙굿따라니까야 1, 14, 으뜸품 / *Etadagga-vagga* 7-7 – *

* A I p.26 ; 대림 스님 역, 『앙굿따라니까야』 1권 p.144, 각주–76).

숩삐야(Suppiyā)의 간병 사건

살을 베어 간병하다

「① 숩삐야(Suppiyā)는 와라나시에 살고 있는 우바이다.

어느 날 부처님을 뵙고 법을 듣기 위하여 집을 나서 길을 가고 있었다. 도중에 숩삐야는 중병에 걸려 길바닥에 누워 신음하고 있는 한 수행자를 발견하였다. 여인은 길을 멈추고 수행자에게 다가가 상태를 살펴보고 말하였다.

"스님, 중한 병에 걸리셨군요. 어찌 이 지경이 되도록 돌보시지 않았습니까."

"자매님, 감사합니다. 걸식 유행하는 것이 사문의 본분이라 미쳐 몸을 돌볼 겨를이 없었습니다."

② 숩삐야는 즉시 하인과 더불어 스님을 집으로 옮겼다. 그리고 의원을 청하여 병을 보살피게 하였다. 의원이 진단을 마치고 말하였다.

"여주인님, 스님의 병이 심각합니다.

오랜 영양실조로 인해서 지금 곧 고기국을 먹지 않으면 가망이 없습니다. 저로서는 더 이상 어찌해볼 도리가 없습니다."

③ 숩뻬야는 하인과 같이 이리저리 뛰어 다니며 고기를 구했으나, 마침 고기가 동이 나서 구할 수가 없었다.

숩뻬야는 생각하였다.

'이대로 두면, 이 스님은 곧 죽고 말 것이다.

고기를 구할 수 없다면 …

그래―, 대신 내 살을 삶아서 드려야지."

숩뻬야는 굳게 결심하고 자기 허벅지살을 도려냈다. 그리고 손수 뜨거운 물에 넣고 끓여 소나 돼지고기처럼 깨끗하게 다듬었다. 숩뻬야는 고기를 그릇에 담아 들고 스님에게 다가갔다.

"스님, 마침 시장에서 좋은 고기가 있어 사왔습니다. 어서 이 약을 드시고 기운을 차리십시오."

"자매님, 감사합니다. 그러나 출가사문이 고기를 먹는 것은 계율을 어기는 것입니다."

"스님도 참 딱하십니다. 부처님께서도 병든 자가 약으로 고기를 먹는 것은 허용하시지 않았습니까. 스님께서 병이 나아서 부처님 법을 전파하여 많은 사람들 구제하시는 것이 붓다의 제자로서 당연한 도리 아니겠습니까.

스님, 지금 이 세상에는 수많은 사람들이 삶의 가치를 잃고 신(神)들에게 매달리거나 운명론에 빠져 쇠망해가고 있습니다. 스님, 이 약을 드시고 어서 얼어나, 이 사람들 구제해주십시오.

이것이 부처님의 뜻이고 저희들의 뜻입니다."

④ 스님은 숩삐야가 올리는 약을 들고 차차 기력을 회복하였다.

"자매님, 고맙습니다. 자매님 약 덕분으로 살아났습니다.

신명이 다할 때까지 세상을 유행하며 부처님 법 전하고 전할 것을 약속합니다."

"스님, 저희가 감사합니다."

"간병자 중 제일 숩삐야 우바이"

⑤ 이 소식을 듣고 붓다께서 대중들에게 말씀하셨다.

"수행자들이여, 병자를 돌보는 자들 가운데서
숩삐야 우바이가 으뜸이니라."

이 일이 있은 후, 붓다께서는 '출가수행자는 어떤 경우에도, 비록 자발적으로 제공한다 하더라도, 사람의 고기를 먹어서는 안 된다.'는 계율의 조목을 제정하였다.」(Vin/초기율장 Ⅰ p.216f)

─ 앙굿따라니까야 1, 14, 으뜸품 / *Etadagga-vagga* 7-7 ─ [1]

---

1) A Ⅰ p.26 ; 대림 스님 역, 『앙굿따라니까야』 1권 p.144. 각주-76). 상황을 창작적으로 재구성함.

'숩삐야(Suppiyā) 우바이.

간병자(gilānūpahṭṭāki) 중 제일 숩삐야 보살.

제 몸의 살을 베어, 죽어가는 사람 살려내는 연민 헌신의 숩삐야 보살-'

숩삐야뿐 아니다. 초기불교시대에는 수많은 숩삐야 보살들이 등장한다. 수많은 불교도들이 이렇게 보시·지계의 보살행으로 살고 있다. 보시·지계의 보살행은 단순히 보시하고 계율 지키는 개인적 선행이 아니다. 보시·지계의 보살행은 이 사회를 구제하는 광범위한 '보시복지운동'으로 확산되어간다. 초기경전에는 이렇게 불교도들이 전개한 보살행-보살복지활동들이 수없이 보고되고 있다. 『잡아함경』에서는 다음과 같이 불교도들의 보살복지운동을 기록하고 있다.

① 더위를 피할 수 있는 시원한 집과 탑들을 짓는다.
② 과수·수목을 심고 나무 그늘을 시민들에게 제공한다.
③ 병원을 설립하여 환자들을 치료한다.
④ 교량을 건설하고 선박을 건조하여 사람들이 쉽게 건널 수 있게 한다.
⑤ 우물을 파서 여러 사람들에게 물을 공급한다.
⑥ 객사(客舍)를 지어서 여행자들의 편의를 제공한다.

⑦ 공동변소를 건립하여 시민들이 자유롭게 이용하게 한다.[2]

⑧ 그리고 도처에 대규모의 '나눔의 집(布施堂, Dāna-sālā / 다나살라)'을 지어 소외된 사람들을 구호한다.

초기불교도들은 '불교'를 이해하고 수용하는 동기가 오늘 우리들과는 전혀 달랐다. '위빳사나'니 '사마타'니 '참선'이니 '깨달음'이니 하면서 우리처럼 눈에 보이지 않는 '허구적 관념주의'에 매달려 불교하지 않았다. '한소식' '한방주의'에 매달려 불교하지 않았다. 사람들 위하고, 병든 사람들 간병하고, 배고픈 사람들 먹을 것 나누고, 목마른 사람들 물을 공급하고, 병원 만들고, 교량 놓고, 휴게소 만들고, '나눔의 집' 건설하고 … 그들은 이렇게 자신을 던져서 사람들 살리는 보살행으로 불교한다. 눈에 보이고 즉각적이고 많은 사람들에게 세속적인 이익과 행복을 주는 팔정도로 불교한다. 사띠-삼매·관찰은 이러한 팔정도의 삶, 보살행의 한 과정으로서 중시된 것이다.

그래서 '붓다의 불교'에서는 '나누는 사람(施主, Dāna-pati / 다나빠띠, 檀越 / 단월)' '나눔의 집(布施堂, Dāna-sālā / 다나살라)' '간병자(看病者, Gilānūpahṭṭāki / 길라누빳따끼)'-, 이런 보살호칭이 일반화되고 있다. 나누고 간병하는 것이 가장 뛰어난 붓다의 제자로 인정되고 있다. 그래서 붓다께서 이렇게 선포하신다.

"수행자들이여, 병자를 돌보는 자들 가운데서

---

2) 동국역경원(1956c), 『한글대장경 雜阿含經』 3권 「공덕증장경」 p.43. ; 『초기불교의 사회적 실천』 pp.380-381.

숩뻬야 우바이가 으뜸이니라."

이러한 전통은 지금도 남방불교에서 계승되고 있다. 동남아 불교국가들에서는 사찰이 병원·학교·보육원 등 사회복지사업의 중심이 되고 있다. 남방 부파불교가 북방 대승불교보다 도리어 앞서간다. 남방불교가 결코 '소승' 아니다. 말만하고 머리만 굴리는 우리 북방이 '소승'이다.

$$\boxed{\text{제2강}}$$

끝없는 보살고행 (2)
– 비폭력 평화운동

•
•

"산목숨 해치지 말라.

남을 시켜서도 해치지 말고

해치는 것을 묵인하지도 말라.

움직이는 것이거나 움직이지 않는 것이거나

모든 존재에 대하여 폭력을 거두어라."

– 숫따니빠따 2, 14 「담미까경」/ *Dhammika-sutta* – *

---

* Sn 394 ; 일아 스님 역, 『숫따니빠따』 pp.140-141.

가빌라 석가족들의 비폭력 사건

위두다바(Vidūdabha)의 침략

「① 가빌라(Kapilavatthu), 석가족의 수도

히말라야 남쪽 기슭의 맑고 평화로운 성(城)

전법 39년, 기원전 551년, 붓다 일흔 넷.

이 가빌라 석가족들은 크나큰 위기에 직면한다.

강대국 꼬살라(Kosalā)의 국왕 위두다바(Vidūdabha)가 석가족에 대한 묵은 원한을 갚기 위하여 대군을 이끌고 침공해 온 것이다.[3]

② 이 소식을 듣고 붓다는 동족을 구하기 위하여 위두다바 군대가 진격하는 길목, 한 앙상한 고목나무 밑에 앉아 있었다.

---

3) 위두다바의 어머니는 석가족 출신이다. 강대국 꼬살라가 약소국 가빌라의 석가족 공주를 요구하여 왕자와 결혼시켰다. 이때 석가족들은 왕족 마하나마(Mahānama)의 하녀를 공주로 위장하여 시집보냈다. 그 사이에서 난 위두다바는 어릴 적 외갓집에 갔다가, '종의 아들'이라고 모욕을 당하였다. 위두다바 왕은 이 오랜 원한을 갚기 위하여 침공해온 것이다. ; DhpA Ⅰ pp.337-361. ; 거해 스님 역, 『법구경』 1권, pp.172-177.

위두다바가 말에서 내려 붓다 앞에 절하고 말하였다.

"세존이시여, 어찌 이런 마른 나무 밑에 앉아 계십니까?"

"왕이여, 동족의 그늘은 참으로 시원하다오."

위두다바는 붓다의 심중을 헤아리고 군대를 돌이켰다.

이러기를 세 번, 붓다도 더 이상 위두다바 군대를 막을 수 없었다.

석가족 용사들의 비폭력(非暴力)

③ 위두다바 군대가 몰려오자 석가족들은 활을 들고 성루로 모여들었다. 석가족들은 활 잘 쏘기로 이름난 용맹한 전사족(戰士族)이다. 그러나 그들은 적을 향하여 활을 쏠 수 없었다. 한 석가족 용사가 말한다.

"여보게, 석가족 친구들

우리는 거룩하신 석가모니의 동족들일세.

우리 세존께서는 항상 이렇게 가르치신다네.

'죽이지 말라. 해치지 말라.

작은 목숨 하나라도 폭력을 거두어라.'

그런데 우리가 어찌 활로 사람들을 죽이겠는가?"

④ 석가족 전사들은 서로 약속하고, 몰려오는 위두다바 군대를 향하여 화살 없는 빈 시위만 당긴다.

위두다바는 성을 점령하고 외쳤다.

"석가족은 다 죽여라."

가빌라성에서는 처참한 살육전이 벌어졌다.

어머니의 품에 안긴 갓난아기들도 남겨두지 않았다.

피의 강을 흘려보내면서, 위두다바는 모욕당했던 그 자리를 씻어 보냈다. 이렇게 해서 석가족이라는 나무는 위두다바에 의하여 그 뿌리조차 뽑혔다.

⑤ 며칠 뒤 퇴각하던 위두다바 군대는 아찌라와띠강(Aciravatī江) 강변에서 야영하다 한밤중에 밀어닥친 홍수로 모두 죽었다.

이 소식을 듣고 붓다가 탄식하며 게송으로 설하신다.

"오로지 꽃을 따 모으는 데
사람들이 마음을 빼앗기면
격류가 잠든 마을을 휩쓸어가듯
악마가 그들을 잡아간다."」[4]

– 법구경 4 「꽃의 품」 4– [5]

---

4) Dhp 게송 47 ; 거해 스님 역, 『법구경』1권, p.188.
5) 법구경주석서 / DhpA Ⅰ pp.337-361 ; 앞의 책 pp.172-188.

[푸른숲을 거닐면서]

1. '친구들, 서로 죽이지 말아요,
머지않아 가슴 치며 후회해요'

가빌라의 석가족들
가빌라의 석가족 용사들
적(敵)에게 활 쏘지 아니 하고
'붓다의 비폭력' 마음속에 굳게 지키며
스스로 죽음의 길을 선택하는 석가족 용사들
지금도 피에 젖어 검붉게 변해버린 가빌라 성터
그 땅에서 발굴되는 무수한 유골 항아리
철저하게 파괴된 붓다의 고향 가빌라─6)

하아─ 하아─, 이 참담한 비극의 역사

---

6) 이때 많은 석가족들은 위두다바의 침략을 피하여 피프라바(Piprāvā)로 이주하여 새
   로운 가빌라─신(新)가빌라(New Kaplavatthu)를 건설하였다. 이에 대하여 본래 가
   빌라를 '구(舊)가빌라(Old Kaplavatthu)'라고 일컫는다. 두 개의 가빌라가 있는 것이
   다. 구가빌라는 지금 네팔의 틸라우라코트 지방이고, 신가빌라는 인도 국경 안에 있
   는 피프라바(Piprāvā) 지방이다. 지금 이 피프라바에서는 석가족들의 많은 유물들이
   발견 발굴되고 있다. ; tr. M. Walshe, *The Historical Buddha* pp.242-243. ; 중촌
   원/김지견 역, 『佛陀의 世界』 pp.173-179.

붓다의 가슴을 아픔으로 저미는 석가족의 참담한 운명.
그러나 이 비극의 현장에서 우리는 인류사의 장엄한 극치를 본다.
수백만 년 인간정신사의 경이로운 절정을 보고 있다.
가빌라- 그 비극의 터-, 파-란 싹들
핏빛 황토를 뚫고 솟아오르는 파-란 싹들이 속삭인다.
무심한 순례자들 향하여 작은 목소리로 속삭이고 있다.
허리 곧게 펴고, '들숨 날숨 하나-', 이렇게 사띠 삼념하고,
가만가만 외우면서, 가슴 속 깊이, DNA 깊이 새긴다.

[희망합송] ; 「죽이지 않으면 죽지 않아요」

"친구들, 서로 죽이지 말아요.
그것은 허망한 일이어요.
절대로 성공할 수 없어요.
한때 승리를 구가하며 기뻐해도
머지않아 가슴 치며 후회해요.
친구들, 죽어도 죽이지 아니 하면 죽지 않아요.
친구들, 다시 살아나는 우리 꽃잎들 보세요.
다시 살아나는 저 석가족 후예들 보세요.
코리아의 만해 스님, 인도의 간디, 아프리카의 넬슨 만델라.
티베트의 달라이 라마 …
침략자, 정복자들은 다 사멸(死滅)해 갔지만
그들은 죽지 않아요. 비폭력 용사들은 죽지 않아요.
붓다의 종족, 석가족은 결코 죽지 않아요.

친구들, 명심하셔요.

'비폭력 평화의 가르침'-, 잊지 마셔요.

죽어도 죽이지 아니 하면 죽지 않아요.

이것이 불사(不死)의 법, 영생의 법이에요."[7]

2, "산목숨 해치지 말라,
모든 존재에 대하여 폭력을 거두어라."

가) 붓다는 칼을 들 수 없다

"친구들, 명심하셔요.

'비폭력 평화의 가르침'-, 잊지 마셔요.

죽어도 죽이지 아니 하면 죽지 않아요.

이것이 불사(不死)의 법, 영생의 법이에요."

이것은 가빌라 땅 새싹들의 절규다.

침략자들에 맞서 활 한 발 쏘지 않고 스스로 죽음을 선택한 석가족 전사들-용사들의 절규다.

아니, 이것은 동족의 죽음을 목격하면서도 인욕할 수밖에 없는 우리들의 스승, 평화의 스승, 붓다 석가모니의 가슴 시린 호소다. 연민의 호소다.

---

7) 김재영, 『히말라야를 넘어 인도로 간다』 p.38.

'아니, 이럴 수가 있나?

자기 동족이 죽어가는데 어찌 방관하고 있는가?

다들 "구국구세"라고 외치는데,

왜 붓다는 자기 나라 하나 구하지 못하는가?

그러면서 어떻게 이 세상을 구제한다 할 수 있는가?'

붓다는 결코 방관하지 않았다.

동족의 위기 앞에서 수수방관하지 않았다.

붓다는 메마른 나무 밑에서 침략군을 세 번이나 막았다. 몸으로 막았다.

그러나 붓다는 칼을 들 수 없다. 활을 쏠 수 없다. 미사일, 핵무기를 만들 수 없다. 이것은 동족을 구하는 것이 아니라, 동족도 죽이고 인류도 죽이는 길이다. 지금까지 우리는 이렇게 해왔다. 그래서 지금까지 서로 죽이고 있다. 더욱 잔인하게 더욱 대규모로 살육하고 있다.

만약 칼을 들고 총을 드는 것이 '구국구세'라면, 붓다는 이런 구국구세 안 하신다. 우리 불교도는 이런 구국구세 안 한다. 이것은 구국구세가 아니라 인간살육(人間殺戮), 인류살육(人類殺戮)이기 때문이다. 내가 죽어도 참고 견디면서 죽이지 아니 하는 것―, 불해(不害), 불살생(不殺生)―, 이것이야 말로 구국구세의 유일한 길이다[8]. 이것이 불교다.

---

8) 임진왜란 때 서산 · 사명 · 처영 ·영규 대사와 승군(僧軍)들의 의병전쟁은 파계하더라도 나라부터, 동족부터 구하려는 거룩한 보살정신의 발로다. 그러나 이것이 불교의 보편적 가치로 과장되는 것은 옳지 않다. 선대의 구국정신 높이 찬양하되, 우리는 '불살생'의 가르침 더욱 깊이 받들어 이 땅의 '비폭력 평화'를 위하여 험한 보살고행의 길로 걷고 걸을 것이다.

나) 불교에 '정의로운 전쟁' 없다

'붓다의 길―보살의 길

연민 헌신의 보살고행의 길'―

이것은 가난한 사람들에게 적선(積善)하는 개인적 선행으로 끝나지 아니 한다.

'보시―지계의 보살고행'은 이 땅에서 서로 죽이는 잔인한 폭력을 포기하고 서로 살리는 평화운동으로 확산되어 간다. 붓다 석가모니께서 이 세상에 오신 것은 이런 '승리'를 위해서가 아니다. '사람 죽이는 정의(正義)로운 승리'를 위해서가 아니다. 붓다의 역사―2천7백 년 불교의 역사에는 '정의로운 전쟁' '정당한 전쟁(just war)'은 없다. '정당한 폭력' 없다. '성전(聖戰)' 없다. 누구에게나 '나는 정당'하고 '우리는 정의'다. 히틀러(Hitler)에게도 '나는 정당'하고, 스탈린(Stalin)에게도 '우리는 정의'다.

누구에게나 생명은 더없이 귀중한 것이다.

불가침(不可侵)의 신성(神性)이다. '불성생명(佛性生命)'이다.

'정당'과 '정의'란 이름으로 손상될 수 없는 절대적 가치다. 붓다는 '정의' '평화'라는 명목으로 끝없이 사람 죽이는 이 '불의(不義)', 이 '증오', 이 '고집'과 싸워 이기기 위해서 이 세상에 오신다. 군대는 전차의 바퀴를 굴리며 전선으로 달려가고, 붓다는 법바퀴(法輪, Dhama-cakkha) 굴리며 전선으로 달려간다. '법바퀴(法輪)'― 무엇인가? 곧 전법(傳法)이다. 붓다의 법을 전파하는 것이다. 붓다와 불교도는 법바퀴 굴리며 싸워 이기는 '법의 전사' '법의 승리자들'이다. 목숨 걸고 붓다의 가르침 전하고― 전하는 것으로 이 세상의 평화를 수호한다.

이것이 불교의 구국구세다.

붓다 석가모니께서 우리들 낱낱 손잡으시고
눈물 가득 당부하신다.

"산목숨 해치지 말라.
남을 시켜서도 해치지 말고
해치는 것을 묵인하지도 말라.
움직이는 것이거나 움직이지 않는 것이거나
모든 존재에 대하여 폭력을 거두어라."

– 숫따니빠따 2, 14 「담미까경」/ *Dhammika-sutta* – [9]

3. 'Ahiṃsa / 아힝사' –, '평화의 약속' –

'Ahiṃsa / 아힝사
불해(不害), 불살생(不殺生)
벌레 한 마리, 풀 한 포기라도 함부로 해치지 말라–'
붓다께서는 이 '비폭력'의 선포를 위하여 이 세상에 오신다. 팔십
평생–, 이 '비폭력–평화의 역사(役事)'를 위하여 걷고 걸으신다. 뙤약
볕 아래 맨발로 목말라하며 걷고 걸으신다. 오색찬란한 불교기(佛敎

---

9) Sn 394 ; 일아 스님 역, 『숫따니빠따』 pp.140-141.

旗), '비폭력―평화의 깃발' 휘날리며 걷고 걸으신다. 우리 불교도는 이 '비폭력―평화의 깃발' 이어받아 걷고 걷는 '평화의 역군' '평화의 보살들'이다. 그래서 가빌라 석가족 용사들은 스스로 죽음을 선택하고 적(敵)을 해치지 아니 한다. 그래서 보살고행이다. 보살행은 스스로 제 몸 던지는 고행정진이다.

지금 인류를 위협하고 있는 집단광기(集團狂氣)―.

IS―이슬람 원리주의자 · 기독교 근본주의자 · 미국, 중국, 러시아―패권주의자, 시오니스트 · 테러리스트 · 신(新)파시스트―나치스트 · 인종주의자 · 세습독재자, 그리고 뭣보다 적(敵)과 원수가 되어 서로 해치는 이 땅의 좌파/우파들―

"미워하지 말아요.

해치지 말아요, 죽이지 말아요.

죽이지 않으면, 죽어도 죽지 않아요―"

우리 보살들은 이렇게 외치며 나아간다.

오색 불교기―평화의 깃발 들고 나아간다.

저 친구들 앞에 다가가 합장하고 경배한다.

그리고 따뜻한 미소로 「평화의 약속」 함께 나눈다.

우리 불교도들 모임에서 헤어질 때, 합장하고 서로 바라보며,

따뜻한 미소로 이렇게 「평화의 약속」 외우고 반배한다.

그리고 다가가 서로 손잡고 축복의 인사 나눈다.

「평화의 약속」― 외우고 외운다. 전하고 전한다. 가정, 직장, 마을―

이 땅의 동포들, 이 지구촌 동포들이 다 외우도록 전하고 전한다.

그리하면 이 세상 전쟁 사라진다. 이 세상 평화로 빛난다.

「평화의 약속」

'나마스테—

친구여, 건강하고 행복하십시오.

나는 그대 존중하고 사랑합니다.

내가 죽어도, 나는 그대 해치지 않습니다.

내게는 적의(敵意) 없고 증오 없습니다.

친구여, 우리는 좋은 벗들(善友)이며 동포입니다.

색깔이 달라도, 국적이 달라도, 주의가 달라도, 종교가 달라도,

우리는 인류의 DNA를 공유하고 있는 선한 벗이며 동포입니다.'

제3강

끝없는 보살고행 (3)
– 여성주체운동, 무차별 평등운동

•

•

"아난다여, 전에 나는 수백 개의 캇띠야–빠리사(브라흐만·가
하빠띠·사마나·사천왕·도리천·마라·범천–빠리사)를 만나러
가서, 거기 함께 앉았고, 대화하고 토론에 몰두하였음을 잘
알고 있다."

– 디가니까야 16 「대반열반경」3, 21-23 – *

* D Ⅱ p.109 ; 각묵 스님 역, 『디가니까야』 2권 pp.222-223. ; 『초기불교의 사회적
실천』 pp104-105. ; 『붓다의 일생 우리들의 일생』 pp.371-373.

쿠줏따라(Khujjuttarā) 이야기 (1)

'쿠줏따라 – 빠리사(Khujjuttarā-parisā)', 하녀와 왕비와 5백 궁녀들이 성자(聖者)가 되다

「① 쿠줏따라(Khujjuttarā)는 꼬삼비국(Cosambī國) 우데나(Udena王)의 왕비 사마와띠(Sāmāvatī) 부인의 꽃당번 하녀다. 어느 날 쿠줏따라는 수마나(Sumana)의 꽃가게에서 '부처님 오셨다.'는 소식을 듣고, 고시따라마(Ghositārmā) 절에 가서 붓다로부터 '깨달음의 차례법문'을 듣고, 바로 그 자리서 눈뜬 자, 성자(聖者)의 길로 들어선다.[10]

② 쿠줏따라는 왕궁으로 돌아와 사마와띠 왕비와 5백 궁녀들과 함께 둘러앉아, 자기가 듣고 깨달은 붓다의 법을 설한다. 이 법을 듣고 왕비와 5백 궁녀들이 바로 그 자리서 눈뜬 자가 된다. 사마와띠 왕비와 5백 궁녀들은 하녀 쿠줏따라를 '어머니'라고 부르면서, 때때로 둘러앉아 함

---

10) 주석서에는 법을 듣고 '예류(豫流)', 곧 성자(聖者)/아라한의 첫 단계로 들어섰다고 기록하고 있으나, 이것은 '아라한'을 최고경지로 삼는 차별적 고정관념에서 나온 구분으로, 별 의미 없는 것이다. 우리는 단계 구분 없이 '눈뜬 자'는 모두 성자(聖者)로 본다.

께 그의 설법을 듣고 대화하고 토론하면서 게으르지 않게(不放逸, appamāda/압빠마다) 마음 지켜보는 수행(sati)을 쌓아간다. 나눔과 지계의 수행을 쌓아간다. 또 그들은 궁중 담벼락에 구멍을 뚫고 아침마다 걸식하러 지나가시는 붓다를 보고 공양 올리며 예배한다. 이렇게 쿠줏따라-빠리사(Khujjuttarā-parisā), 쿠줏따라 대중들은 열심히 보살고행의 삶을 살아간다.」

- 법구경 21게송- [11]

[푸른숲을 거닐면서]

1. 쿠줏따라들 - 불멸의 보살주역들

꽃당번 하녀 쿠줏따라(Khujjuttarā)

붓다의 법을 듣고 눈뜨는 성자(聖者) 쿠줏따라

왕비 사마와띠(Sāmāvatī) 부인과 5백 궁녀들 앞에서 법을 설하는 위대한 스승, 재가법사 쿠줏따라

---

11) Dhp 21 ; 법구경 2 「마음집중의 장」 21-23게송 (거해 스님 역, 『법구경』 1권 pp,97-102).

스승의 법을 듣고 그 자리서 눈뜨는 왕비와 5백 궁녀들-

거룩한 쿠줏따라-빠리사(Khujjuttarā-parisā), 고결한 '보살공동체'-

하아- 어찌 이럴 수 있을까?

보살은 이렇게 경이로운 '불멸의 주역들'인가?

세계 종교사 어디서 또 이런 경이(驚異)의 역사 볼 수 있을까?

왜 우리는 이 경이로운 우리역사, 보살의 역사 망각하고 말았는가?

왜 우리는 이 경이로운 '불멸의 보살주역' 망각하고 말았는가? 무슨 신통한 경지, 신통한 수행법 찾겠다고 이리저리 방황하고 있는가? '돌아오라.' '붓다의 불교로 돌아오라.' '이 길밖에 없다.'- 그렇게 소리쳐도 밤낮 머리 굴리며 앉았는가? 무엇을 찾겠다고, 무엇을 보겠다고, 무엇이 되겠다고-.

아침마다 담벼락 구멍으로 부처님께 공양 올리는 저 간절한 그리움으로, 게으르지 않게 '보살의 길' 열심히 살아가면, 누구든지 눈뜨는데-, 이 삶 그대로 '깨달음' '견성' '한소식'인데-, 그래서 '만인견성-만인해탈'인데-, 이것 말고는 '깨달음'도 아니고 '한소식'도 아닌데-, '아라한'도 아니고 '도인'도 아닌데-, 다 헛소리, 자기도취일 뿐인데-, '우리도 부처님같이-', 이렇게 보살고행의 길 열심히 살아가면, 나도 눈뜬 보살인데-, 우리도 당당 눈뜬 보살주역인데-, 우리도 부처님 은혜 속의 주인들인데-, 우리도 부처님의 '으뜸가는 제자들인데'-, 이것은 '눈에 보이고 즉각적인 것'-, '눈앞의 fact'-, 눈앞의 현실인데-.

지금 붓다께서 이렇게 찬탄 수기하고 계신다..

"많이 들은(多聞) 제자들 가운데서 쿠줏따라가 으뜸이다.

자애가 가득한 마음으로 머무는 제자들 가운데서 사마와띠가 으뜸이다."

— 앙굿따라니까야 1, 14 「으뜸품」 / *Etadagga-vagga* — [12]

2. 여성들이 주체 되는 평등사회

사종성(四種姓, Vaṇṇa, Caste) /

브라만(Brahman, 바라문) — 브라만교의 승려 / 사제(司祭)들

캇띠야(Khattiya, 크샤트리아) — 전사(戰士)들, 무사(武士)들, 귀족들

웻사(Vessa, 바이샤) — 평민들, 농민, 상인(商人)들, 기업가들, 금융업자들

숫다(Sudda, 수드라) — 노비, 수공업자, 노동자, 청소부, 도살업자, 하인들 —

인도사회는 이 엄격하고 잔인한 신분제에 의하여 강력하게 구속되고 통제되고, 숫다 등 하층민들은 '비인간(非人間)'으로서 처참하게 유린되었다. 기원전 7~5세기의 급격한 정치·경제적 발전으로 화폐경제와 도시가 발달하면서 계층분화가 촉진되고, 도시빈민이 심각한 사회문제로 제기되었다. 후기에는 '불가촉천민(不可觸賤民)'이란 카스트 밖의 계층(Out-caste)들이 형성되면서, 빈곤, 계층간의 갈등과 투쟁이 가

---

12) A 1 p.26 ; 대림 스님 역, 『앙굿따라니까야』 1권 pp.142-143.

장 심각한 시대적·사회적 과제로 제기되었다.[13]

이러한 시대적·사회적 문제에 대하여 브라만교는 신성(神聖)의 권위로써 '불평등의 정의'를 표방하면서 이러한 모순과 불의를 정당화하고 있었다. 이에 대하여 붓다와 초기불교도는 과감한 저항으로 개혁을 요구하면서 사회적 정의를 추구하였다. 석가족의 일곱 왕자가 천민 이발사 우빨리(Upāli) 앞에 경배하고, 붓다가 우빨리의 출가를 먼저 허용하면서 '불교사회의 무차별–평등성'을 선포한 것이 하나의 상징적 사건이라 할 수 있다.[14]

이 문제와 관련하여, 자신이 불가촉천민이면서 인도 독립운동을 주도하고 인도 헌법을 평등의 원칙으로 기초한 암베드까르 박사(Dr, Bhimrao Ramji Ambedkar, 1891-1956)는 이렇게 논하고 있다.

'불교와 힌두교의 차이점의 또 하나는 힌두교의 사회적 복음이 불평등이라는 사실에 있다. 사종성제는 사회적 불평등이라는 사회적 복음의 구체적 장치이기 때문이다. 한편 붓다는 평등의 입장이다. 붓다는 사종성제(Caste)의 최대의 반대자였다. 붓다는 사종성에 반대하는 교의를[15] 설했을 뿐만 아니라, 그것을 뿌리 뽑기 위하여 모든 일을 다 했다. 힌두교에 따르면, 숫다(노비)나 여성들은 종교의 스승(聖職者)이 될 수 없고 … 신(神)에게 도달하는 것이 불가능하였다. 이와는 달리 붓다는

---

13) 『초기불교개척사』 pp.111-129.
14) 『붓다의 일생 우리들의 일생』 pp.303-304.
15) "태생에 의하여 브라흐만이 되는 것이 아닙니다. 태생에 의하여 브라흐만 아닌 자가 되는 것도 아닙니다. 행위(kamma/깜마, 業)에 의하여 브라흐만이 되고, 행위에 의하여 브라흐만이 아닌 자가 됩니다."; Sn 650 ; 일아 스님 역, 『숫따니빠따』 p.231.

숫다(노비)의 비구 승가의 출가를 인정하였다. 또 여성이 비구니 되는 것을 허용하였다. …'[16]

암베드까르 박사가 적절히 지적하고 있는 바와 같이, 붓다 당시 여성들은 노비와 다를 바 없는 '부정(不淨)한' 신분으로 취급되고,[17] 마누(Manu)법전에서는 여성들이 베다(Veda)를 학습할 권리를 금하고 있었기 때문에,[18] 신(神)에 의한 구원이 불가능하였다. 또 종교지도자가 될 수 없고, 사회적으로는 남성들에 의하여 공공연히 유린되고 있었다.

이런 상황에서, 붓다는 여성들을 사회적 종교적 주체로 인정하였다. '쿳줏따라-빠리사의 사례'에서 보듯, 붓다는 재가 여성들을 당당한 보살주역으로 인정하셨다. 정확하게 표현하면, '인정'한 것이 아니라, '평등한 사회적 주역'으로 일으켜 세우셨다. '쿳줏따라-빠리사'의 여성들은, 왕비도 궁녀들도 하인들도 하나의 당당한 사회적 주체로서 자신들의 운명을 개척해 가고 있다. 어느 남성에게도 종속되지 아니 한다. 이것은 참으로 기적이다. 인도사회의 기적이다.

또 '석가족 여성들의 출가사건'에서 보듯, 붓다는 여성들의 출가를 허용하였다. 완강한 사회적 승단적 저항을 극복하고, 마하빠자빠띠(Mahāpajāpatī) 부인과 5백 명 석가족 여성들의 출가를 허용하고, 세계

---

16) Ambedkar(1950)/Ahir ed.(1995), '*Buddha and the Future of His Religion*'「A Panorama of Indian Buddhism」 p.33. ;『초기불교의 사회적 실천』 pp.333-334.
17) SB ⅩⅣ. 1. 1. 31 ; 앞의 책, p.341. ;『붓다의 일생 우리들의 일생』 pp.314-35.
18) Manu ⅠⅩ. 18 ; cit. Ahir, The Pioneers of Buddhist Revival in India, pp.160-161. ; 앞의 책, p.341, 각주-106)

역사상 최초로 여성 성직자단체인 '비구니-상가(Bhikkhinī-saṅgha)'를
인가하면서,[19]

"깨달음의 길에 남성과 여성은 아무 차이가 없다.",
라고 선포하신다. 이것은 실로 인류역사의 흐름을 바꿔놓는 '대전환'으
로, '혁명적'인 사건으로 평가될 것이다.

붓다는 이렇게 설하신다.

"아난다여, 여성들이 출가한다면,

수다원(須陀洹) 즉, 예류(預流)의 지위,

사다함(斯陀含) 즉, 일래(一來)의 지위,

아나함(阿那含) 즉, 불환(不還)의 지위,

그리고 아라한(阿羅漢) 즉, 응공(應供)의 지위,[20]

곧 완전한 깨달음을 실현할 수 있느니라."

— 초기율장 Ⅱ. 254 / *Vinayapiṭaka-Cullavagga* Ⅹ 1. 4. — [21]

3. 붓다 빠리사는 아무 차별이 없다

기원전 545년, 웨살리, 짜빨라 사당(Cāpāla-cetiya)
붓다는 자신의 죽음을 예고한 뒤, 이렇게 회고하신다.

---

19) 『붓다의 일생 우리들의 일생』 pp.311-313.
20) 아라한에 이르는 4단계, 곧 '사쌍팔배(四雙八輩)'
21) Vin Ⅱ p.254 ; 초기율장 「소품(小品)」Ⅱ Ⅹ.1. 4 (*The Book of the Discipline* Ⅴ
    Vinayapiṭaka-Cullavagga p.354. ; 『붓다의 일생 우리들의 일생』 p.313.

"아난다여, 여덟 가지 빠리사(八衆)들이 있다.

캇띠야-빠리사(Khattiya-parisā, 戰士-공동체)

브라흐만-빠리사(Brahman-parisā, 지식인-공동체)

가하빠띠-빠리사(Gahapati-parisā, 상인(商人)·기업가-공동체)

사마나-빠리사(Samaña-parisā, 출가사문-공동체)

사천왕-빠리사(Cāummahārājika-parisā, 사천왕-공동체)

도리천-빠리사(Tāvatiṅsa-parisā, 도리천-공동체)

마라-빠리사(Māra-parisā, 악마-공동체)

범천-빠리사(Brahna-parisā, 천신-공동체)이다.

아난다여, 전에 나는 수백 개의 캇띠야-빠리사(브라흐만·가하빠띠·
사마나·사천왕·도리천·마라·범천-빠리사)를 만나러 가서, 거기 함께
앉았고, 대화하고 토론에 몰두하였음을 잘 알고 있다."

– 디가니까야 16「대반열반경」3, 21-23 –

이것이 '팔중(八衆)'이다.

여덟 그룹의 붓다의 빠리사다.

그러나 붓다의 빠리사는 이들 여덟 그룹으로 한정되지 아니 한다.

이 빠리사에는 전사(戰士)들도 함께하고(Khattiya-parisā / 캇띠야-빠리
사), 지식인들도 함께하고(Brahman-parisā / 브라만 / 바라문-빠리사), 상인
(商人)·기업가·자산가들도 함께하고(Gahapati-parisā / 가하빠띠-빠리사),
사문(沙門, Samana) 등 출가유행자들도 함께하고(Samaña-parisā / 사마나
/ 사문-빠리사), 하늘의 신(神)들도 함께하고(Brahman-parisā / 브라만 / 바
라문-빠리사), 악마(惡魔, Māra)들도 함께하고(Māra-parisā), 하녀들도 함
께하고, 왕·왕비들도 함께하고, 궁녀들도 함께하고, 우빨리(Upāli) 등

천민 이발사들도 함께하고, 뿐나(Puñña) 여인 등 노비들도 함께하고, 불가촉천민 거리의 청소부 수니따(Sunita)도 함께하고, 시장바닥의 한센병 환자 숩빠붓다(Suppabiddha)도 함께하고, 살인마(gangster) 앙굴리마라(Aṅgulimāla)도 함께하고, 똥꾼 니디(Nidhi)도 함께하고, 지각장애인 빤타까(Panthaka)도 함께하고, 탈영자들·죄수들·병든 자들·창녀들·신체장애자들도 함께하고, 꽃들 새들 별들도 함께하고-, 무엇보다 붓다 석가모니도 이들과 무릎 맞대고 '둘러(pari) 앉아(sā)' 있다. 더 나아가 빠리사는 저 푸른 하늘 널리 '우주적 공동체'를 지향하고 있다. 사천왕도, 범천도, 도리천도, 악마들도 더불어 팔중을 형성하고 있기 때문이다.

4. 빠리사 운동은 사회혁신운동이다

붓다의 빠리사는 본질적으로 '보살빠리사(Bodhisatta-parisā, 菩薩衆)'다. '보살성중(菩薩聖衆, Ariya Bodhisatta-parisā)'- 성스러운 보살빠리사다.[22] 보살은 '개인' 아니다. '나 홀로' 아니다. 불교의 보살은 단순히 선행하고 공덕 쌓는 '개인' 아니다.

보살은 공동체다. '보살빠리사'다. 보살빠리사는 많은 사람들, 동포

---

22) 대승경전에서는 '보살중(菩薩衆)'을 '보살-가나(Bodhisatta-gana)' 표현하고 있다. 'gana'는 '공동체'라는 뜻이다. 그러나 초기불교시대 비구중(比丘衆)을 '비구-빠리사(Bhikku-parisā)로, 비구니중(比丘尼衆)을 'Bhikkhunī-parisā'로 일컫고 있기 때문에, '보살중' 또한 '보살빠리사(Bodhisatta-parisā)'로 일컫는 것이 아무 문제가 없다. ; 평천 창외/정승석 역, 『大乘佛敎槪說』 pp.51-52. ; 『초기불교의 사회적 실천』 p.88.

들, 중생들을 대전제로 삼는다. 온갖 계층, 온갖 신분의 많은 사람들이 둘러앉아 대화하고 자유롭게 토론하고 공감하고 합의하고, 그리고 대중들의 힘을 모아, 대중울력으로 붓다의 법바퀴 굴리며 달려간다. 걷고 걷는다, 자기 몸을 던져, 자기 귀한 것을 던져, 일생을 던져 전법고행의 길 개척해 간다. 그래서 '빠리사'는 '보살빠리사'다. 역동적이며 헌신적인 개척자들의 공동체다.[23]

그러나 빠리사는 단순히 종교적 모임(會衆)이 아니다.

빠리사운동―붓다의 '보살빠리사 운동'은 단순히 종교적 평등운동이 아니다.

'보살빠리사 운동'은 본질적으로 인도민중들의 인간적 가치와 존엄성을 실현하려는 사회적 혁신운동을 지향하고 있다. 브라만교―힌두교가 '불평등의 복음'으로서 카스트적 차별체제를 종교적으로 인정하고 합리화한 데 대하여, '붓다는 사종성제(Caste)의 최대의 반대자였다.

붓다는 사종성에 반대하는 교의를[24] 설했을 뿐만 아니라, 그것을 뿌리 뽑기 위하여 모든 일을 다 했다.' 때로는 시민들의 저항에 부딪쳤고, 때로는 국가권력과 대치하기도 하였다. 그러나 붓다와 불교도는 물러서지 않고, '만인평등의 사회적 정의'를 실현하는 데 일생을 걸었다.

붓다와 초기대중들의 '보살빠리사 운동'이 인도사회의 차별적 모순

---

23) 『초기불교의 사회적 실천』 pp.80-148. ; 『붓다의 일생 우리들의 일생』 pp.365-373.
24) "태생에 의하여 브라흐만이 되는 것이 아닙니다. 태생에 의하여 브라흐만 아닌 자가 되는 것도 아닙니다. 행위(kamma/깜마, 業)에 의하여 브라흐만이 되고, 행위에 의하여 브라만이 아닌 자가 됩니다." ; Sn 650 ; 일아 스님 역, 『숫따니빠따』 p.231.

구조 전체를 바꿀 수는 없었지만 인도사회를 자유평등한 빠리사의 이념으로 변혁하는 역사적 대장정을 시작하고, 적어도 많은 사람들에게 희망의 출구를 열고 '붓다의 빛'을 '눈앞의 fact'로 실현하는 데는 성공한 것이다. 이 대장정은 지금도 인도 민중들에 의하여 줄기차게 계승되고 있다. 붓다의 '보살빠리사 운동'은 인도 민중들에 의하여 지금도 계속되고 있는 것이다.

붓다께서는 '무차별(無差別)의 대의(大義)'를 위하여 이 세상에 오신다. 불교도(佛敎徒)─보살들은 이 세상에 나아가 '무차별(無差別)─평등(平等)의 대의(大義)'를 실현해 가는 역사의 주역들, 사회변혁의 주역들, 빠리사의 개척자들로서 이 세상에 존재한다. 특히 붓다와 초기대중들, 초기보살 대중들이 드높은 시대의 장벽을 깨고, '여성들의 평등' '여성들의 사회적 종교적 주체성'을 실현해 낸 것은 세계인권사의 경이로운 빛이다. 기원전 6~5세기, 인류사 미명(未明)을 밝히는 '붓다의 빛(Buddha-ābhā)'이다.

그러나 이것은 '주어진 선물'이 아니다. 주어진 '하늘의 축복'이 아니다.

이것은 싸워 이겨서 쟁취한 것이다. 초기불교의 보살빠리사들이 역사의 장벽과 싸워 이겨서 스스로 쟁취한 것이다. 여성빠리사들이 남성 우월의 철석같은 장벽에 몸을 던져 부딪치며 피땀 흘리며 싸워 이겨서 쟁취한 것이다. 그래서 빠리사운동은 곧 '보살고행'이다. 우리시대의 불교도 또한 이 보살고행의 길을 가는 것이다.

제4강

보살은 불멸(不滅),
원왕(願王)은 불멸의 생명력이다

•
•

'게으르지 않음은 죽음을 벗어나는 길

게으름은 죽음의 길

게으르지 않으면 결코 죽지 않느니

게으른 사람은 이미 죽은 사람과 같아라. −'

− 법구경 21게송 − *

---

* Dhp 21 ; 법구경 2「마음집중의 장」21-23게송 (거해 스님 역, 『법구경』1권
pp,97-102).

쿳줏따라(Khujjuttarā) 이야기 (2)

쿳줏따라 성중(聖衆)들의 불사(不死)

「③ 그러나 우데나왕의 후궁 마간디야(Māgandiyā)가 이 사실을 알고 왕에게 고한다. 붓다를 믿지 않던 우데나(Udena)왕은 크게 노하여 벽을 막고 예배를 금하였다. 마간디야가 붓다를 추방하려고 음모하고, 시정 잡배들을 동원하여 붓다를 모욕하고 박해한다. 아난다 비구를 비롯한 대중들이 떠나기를 원하자, 붓다께서 대중들에게 "이레만 기다려라."하고 말씀하신다.

"마치 코끼리가 싸움터로 나가서
활에서 날아오는 화살에 맞서듯
나 또한 참고 견뎌야 하리.
사악한 무리들의 모욕에 맞서-"

— 법구경 게송 320 —[25]

---

25) 법구경주석서 2, 1 ; *Buddhist Legends* 1 p.283. ; 김재영, 『초기불교개척사』 p.290.

④ 마침내 화가 치민 후궁 마간디야가 사마와띠 왕비의 궁에 불을 지른다. 불길이 삽시간에 궁을 휩싸여 거세게 타올랐다. 왕과 사람들이 달려왔으나 이미 늦었다.

쿠줏따라와 사마와띠 왕비, 5백 궁녀들은 불길 속에서 함께 둘러앉아 조금도 동요하지 않고 사띠하며, '제행무상-, 생겨난 것은 그 무엇이건 반드시 소멸해 간다.', 이렇게 고요히 지켜보며 더욱 높은 깨달음의 경지로 나아간다. 그들은 모두 불길 속에서 고요히 불사(不死)를 실현한다. 죽어도 죽지 아니하는 불사를 실현한다.

게으르지 않으면 죽지 않는다

⑤ 이 '쿠줏따라 헌신 사건'은 대중들에게 큰 충격을 주었다.
많은 사람들이 회의에 빠졌다.
'이럴 수가 있을까?
어찌 눈뜬 자들도 이런 참변을 면할 수 없는 것인가?'
붓다께서 그들의 심중을 알고 설하신다.
모두 합장하고 함께 따라 외운다.

'게으르지 않음은 죽음을 벗어나는 길
게으름은 죽음의 길
게으르지 않으면 결코 죽지 않느니
게으른 사람은 이미 죽은 사람과 같아라.- '

— 법구경 21게송— [26)]

---

26) Dhp 21 ; 법구경 2「마음집중의 장」21-23게송 (거해 스님 역,『법구경』1권 pp.97-102).

1. 보살의 불멸(不滅) –,
영혼 · 의식(意識) 때문이 아니다

가) "우리 내생에도 다시 만나요"

쿠줏따라들의 불사(不死)

타오르는 불길 속에서도 태연부동하고

사띠로 불사를 실현하는 쿠줏따라 보살들

쿠줏따라와 사마왓띠 왕비와 5백 궁녀들,

2천7백 년 불교사의 빛나는 보살여성들,

아니, 수백만 년 인류사의 성스러운 여성들,

성스러운 여성빠리사들, 성중(聖衆, Ariya-parisā)들 –

초기불교의 여성 수행자들인데, 왜 '보살'이라 하는가?

불교는 처음부터 '보살'이다. 아니, 불교 이전부터 '보살'이다.

4아승지 10만겁– 한량없는 세월 동안 불교는 보살이다.

'고통 받는 이땅의 생명들– 몸바쳐 다 구제하겠습니다.

사제팔정도의 등불 따라 연민 헌신의 길 걷고 걷겠습니다.

이것으로서 나의 깨달음을 삼고 해탈을 삼고 성불을 삼겠습니다.'

이렇게 발심하면, 누구든지 즉각적으로 불멸의 보살성중이다.

보살은 이렇게 처음부터 불멸(不滅)이다.

보살은 이렇게 처음부터 불사(不死, amata)다.

보살은 죽어도 죽지 아니 한다. 아니, 보살은 죽는 것 가운데서도 결코 죽지 아니 한다. 4아승지 10만겁- 기나긴 세월, 다시 태어나고 다시 태어나고-, 우리는 내생에도 이렇게 다시 만날 것이다. 이것이 보살생명이다. 이것이 빛나는 진실생명이다. 이것이 우리들의 본연의 인생이다. 장엄한 본연의 인생이다.

"사랑하는 가족들, 친구들

우리 내생에도 다시 만나요.

더욱 빛나는 대승보살로 붓다의 길 함께 걸어요.

빠리사의 길 함께 걸어요. - "

이것이 보살의 원생게(願生偈)다.

이것이 우리 보살의 임종게(臨終偈)다.

죽음을 앞에 두고 가족들 친구들 손잡고 미소하면서, 우리는 이렇게 다시 만날 언약-, 굳게 기약할 것이다. 이렇게 보살은 불사(不死)-불멸(不滅)이다. 우리 몸은 머지않아 죽고 사라져 갈 것이지만, 이것이 '무상의 도리(無常法)'지만, 보살은 죽지 아니하고 새 생명으로 태어난다. 윤회도 아니고, 재생(再生)도 아니고, '새로 태어남'이다.

나) 불멸-, 영혼 때문이 아니다

보살의 불멸-새로 태어남

그러나 이것은 '영혼' 때문이 아니다.

죽지 아니하는 성령(聖靈)이 있어서, 성스러운 영혼, 고급 영혼이 있어서가 아니다. 불교식으로, 영식(靈識)이 있어서, 신령스런 의식(意識)이 있어서 몸은 소멸되어도 영식은 다시 살아나는 것 아니다. 불교는 이미 무아(無我)다. 그런 영혼, 그런 의식은 없는 것이다. 내가 영생불멸의 존재이기를 탐하는 인간의 어둔 자아의식-존재의식, 영원한 존재(bhava, 有)에 대한 갈망 · 갈애(渴愛, bhava-taṅha)가 만들어 낸 어둔 번뇌일 뿐이다.

영혼이 있어서, 의식(意識), 또는 잠재의식-아뢰야식(ālayavijñāna, 阿賴耶識)이 있어서 몸은 소멸되어도 다시 태어나는 것은 '윤회(輪廻, saṃsāra)'다. 내가 업력(業力)에 의해서 끌려 다니는 고통스런 윤회다. 지옥 · 아귀(餓鬼) · 짐승(畜生) 등 악도(惡道)로도 끌려 다니고, 천당 · 인간 등 선도(善道)로도 끌려 다닌다.

윤회의 실체가 무엇일까?

이런 생각은 어둔 분별망상이다. 내가 짓고 내가 받는 것이다.

내가 윤회의 실체다. 이것으로 족하다. 그래서 '윤회는 고통이다.' 하는 것이다. 내가 받지 않으면, 고통이 내게 무슨 의미가 있을까? 다시 한번, '현상은 있어도 실체는 없다.'-, 이런 헛소리 하면 안 된다. '나의 실체가 무엇인가?- 이런 헛소리 하면 안 된다.

나고 죽고 끌려가고 끌려오는 그대로가 나의 실체다. 윤회하는 그대로, 해탈하는 그대로, 그 현상 그대로 나의 실체다. 현상과 실체가 실로 둘이 아니다. 현상 그대로 실체다. 명심불망- 바로 이것이 '눈에 보이고 즉각적인 것' '눈앞의 fact'다. 흘러가는 물 그대로가 실체다. 부는 바람 그대로가 실체다. 피고 지는 꽃 그대로가 실체다. 나고 죽고 병들고 괴로워하는 그대로가 나(自我)다. 보살의 삶 열심히 살아가는 나의 일상 그대로, 우리들의 시민적 일상 그대로가 실체고 불멸이다. 현상 그대로 본질이다. 무상 그대로 불멸이다. '현상'과 '본질' 둘로 갈라놓고 '불이(不二)다' '연기다' '중도다' '공이다'―, 이것은 분별 망상이다. 용수(龍樹)식 분별망상이다. 아직도 이 망상에 빠져있으면 부끄러운 일이다.

불교는 윤회를 인정한다. 그러나 이것을 '불멸' '보살의 불멸'이라고 하지 않는다. 도리어 불교는 이 윤회로부터 벗어나는 해탈을 목표로 추구한다.

또, 보살의 불멸―새로 태어남―

이것은 '해탈(解脫, Vimutti)' 때문이 아니다.

해탈은 곧 '생사해탈'이다. '윤회해탈'이다. 다시 태어나지 않는다. 아라한도, 도인들도 다시 태어나지 않는다. 적멸(寂滅)이다. 생사멸이(生死滅已)의 고요함에 드는 것이다. 이것을 '보살의 불멸'이라고 할 수 없다.

2. "게으르지 않으면 결코 죽지 않느니―"

보살의 불멸―새로 태어남.

그럼 무엇인가? 영혼도 아니고, 윤회도 아니고, 해탈도 아니라면, 무엇인가?

불길 속에서 태연히 불멸을 실현하는 쿠줏따라들을 향하여 붓다께 서는 이렇게 선포하신다.

'게으르지 않음은 죽음을 벗어나는 길

게으름은 죽음의 길

게으르지 않으면 결코 죽지 않느니

게으른 사람은 이미 죽은 사람과 같아라.- '

- 법구경 21게송 -

하아- 하아-

바로 이것이다. 이것이 보살의 불멸이다.

불멸, 보살의 불멸- 실로 간단명료하다. 이리저리 찾아 해맬 것 없다.

게으르지 않으면 죽지 않는다. 게으르지 않으면 불멸, 불사다. 게으르지 않게 정진하는 것, 게으르지 않게 보살의 길 정진하는 것, 보살 고행의 길 걷고 걷는 것, 일상적인 삶의 길 열심히 걷고 걷는 것- 바로 이것이 '불멸' '불사'다.

죽어가는 생명 살리려고 스스로 죽음 속으로 뛰어드는 보살고행, 곧 보살의 원력(願力)-중생제도의 연민과 열정-, 바로 이것이 '보살 불멸의 에너지'다. -'새로 태어남'이다. '새로 태어남'은 '죽었다 다시 태어난다'가 아니다. "게으르지 않으면 결코 죽지 않는다."-, 부처님 께서는 이렇게 명료하게 밝혀 보이시지 않는가?

'새로 태어남'은 보다 빛나는 생명으로 돌아오는 것이다. 중생제도 의 원력으로, 연민과 열정으로 보다 빛나는 대승보살로, 내생에 새 생명으로 돌아오는 것이다. 그래서 '원생(願生)'이라 하는 것이다. '원력의 힘으로 새로 태어남'이다. 이것이 '보살의 불멸'이다.

'게으름은 죽음의 길
게으르지 않으면 결코 죽지 않느니-'

붓다의 가르침은 언제나 이렇게 단순명료하다.

머리 굴리지 않는다. 눈 감고 눈 뜨고 십 년 이십 년 안 한다.

지금 여기서 열심히 보살고행의 길 가면, 그것 자체로 불멸이다. 일상의 삶 열심히 살아가면 그대로 불멸이다. 지금 여기서 보살-빠리사의 길- 해치지 않고 차별하지 않고 따뜻한 미소로 먼저 다가가 인사하고, 작은 것 하나라도 함께 나누고- 이렇게 열심히 살아가면 그대로 곧 불멸이고 불사다.

어둔 존재의식에 사로 잡혀서 죽어서 무엇으로 태어나야 불멸이라고 고집하고 있는 것이다. 죽어서 부활해야, 영생해야 '영생불멸'이라고 착각하고 있는 것이다. 보살의 불멸은 부활도 영생도 넘어서는 것이다. '눈앞의 fact'-, 불멸은 이렇게 지금 여기서 눈에 보이고 즉각적인 것이다.

보살의 불멸
지금 여기서 눈앞에 보이는 것
열심히 살아가는 순간순간 그대로-
하아- 기쁘지 아니 한가?
어깨춤이 절로 나지 아니 한가?

3. 보살원력 – 원왕(願王),
이것이 불멸의 생명력이다

가) 보살은 불사(不死)다,
죽는 것 가운데서도 죽지 아니 한다

"사랑하는 가족들, 친구들
우리 내생에도 다시 만나요.
더욱 빛나는 대승보살로 붓다의 길 함께 걸어요.
빠리사의 길 함께 걸어요– "

이것은 무엇인가?
'내생에도 다시 만난다'–, 무엇인가?
'내생에도 다시 태어난다'–, 무엇인가?
'죽었다 다시 태어난다'는 것인가?
'보살의 불멸은 윤회가 아니다' 했는데,
'다시 태어난다'는 것이 무엇인가?
그런 것이다. 보살은 다시 태어난다. 다시 태어나 다시 만난다.
죽었다 다시 태어나는 것이 아니다. 윤회로 다시 태어나는 것이 아
니다. 보살은 결코 죽지 아니 한다. 열심히 살아가는 보살은 결코 죽지
아니 한다. 죽지 아니하고, 새 생명으로, 새로 태어난다.
붓다께서 말씀하신다.

"험한 벌판길을 함께 가는 길동무처럼
가난한 가운데서도 나누는 사람들은

죽어가는 사람들 가운데서도 죽지 않느니

이것은 불멸의 법이라네."

— 쌍윳따니까야 1, 32 「인색함의 경」/ *Macchari-sutta* — [27]

무엇 때문인가?

나누는 사람은 왜 죽어가는 것 가운데서도 죽지 않는가?

보살의 원력(願力) 때문이다. 이 세상 사람들 살려내려는 보살의 원력 때문이다. 이 세상 마지막 한 생명까지도 구원하려는 보살의 원력 때문이다. 이것이 바로 원왕(願王)이다. 보살의 원왕이다. 원왕은 곧 '보살의 원력 가운데 왕'이다. 그래서 원왕(願王)이다.

'보살의 원력'은 무엇인가?

'보살의 원왕'은 무엇인가?

곧 무연자비(無緣慈悲)다, 조건 없는 연민 헌신이다.

부처님의 무연자비(無緣慈悲)— 이것은 시공(時空)을 초월하는 불멸의 힘이다. 불멸의 빛이다.

보살은 부처님의 '현재진행'이다. 보살의 자비가 곧 부처님의 자비다. 보살의 원력 또한 시공을 넘어서는 불멸의 생명력이다. 언제 어디서나 그 몸을 나툰다. 이것이 보살의 원생(願生)이고 보살의 내생이고 보살의 새로 태어남이다. 보살은 불사(不死, amata)다. 죽는 것 가운데서도 죽지 아니 한다. 그 육신은 제행무상의 도리(道理) 따라 소멸하지만, 보살의 원력은 새 몸으로 다시 온다. 보살의 원왕은 중생을 제도하려는 그 원력으로 다시 태어난다. 아니, 새로 태어난다. 이전 생

---

27) S Ⅰ p.18 ; 각묵 스님 역, 『쌍윳따니까야』 1권 p.191.

명의 계승이 아니다. 원력생명으로 새로 태어난다.

화엄경 「보현행원」에서 이렇게 설하고 있다.

'또 이 사람이 임종할 마지막 찰나, 육근은 모두 흩어지고,

일체의 친족들은 모두 떠나고, 위엄과 세력은 다 사라지고 …

이 모든 것들은 하나라도 따라오는 것이 없건만,

오직 이 원왕(願王)만은 서로 떠나지 아니하여

어느 때나 항상 앞길을 인도하여 – '

– 화엄경 「보현행원품」 – [28]

나) "우리 내생에도 다시 만나요",
손가락 걸고 굳게 약속한다

중생은 업력 따라 윤회하고,

아라한 · 도인은 법력 따라 생사해탈하고,

보살은 원력, 원왕으로 새로 오고, 원생(願生)하고–.

이것이 불교의 경이로운 생명관이다.

'다시 태어나는 재생(再生)인가?

죽었다 다시 태어나는 것인가?

재육화(再肉化)인가?

옷만 갈아 입는 것인가? …'

---

28) 광덕 스님, 『보현행원품 강의』 pp.153-154.

이런 생각은 다 분별망상이다.

어둔 존재의식을 벗어나지 못한 분별망상이다.

보살은 원생(願生)이다. 아침마다 새 태양으로 다시 만나듯, 원력으로, 원왕으로 새로 태어나서 다시 만나는 것이다. 새 몸으로 다시 만나는 것이다.

무연자비(無緣慈悲)- 조건 없는 연민 헌신-, 이것은 일체의 조건을 넘어서 있다. 우리가 간절히 원하면, 아니 보살의 간절한 염원으로, 지금 여기서 불멸이듯, 내생에도 불멸이다. 이 보살고행이 실로 이 세상 모든 사람들-모든 생명들 살려내는 불멸의 길이다. '눈앞의 fact'-, 이것은 눈에 보이고 즉각적인 현실이다.

이것이 보살의 생명력이다.

이것이 우리 불교도의 진실생명이다.

다시 무엇을 더 걱정하고 두려워할 것인가?

보살고행의 길 가는 사람들은 여기서도 저기서도 이렇게 불멸인데-

이제 굳게 약속할 것이다.

손가락 걸고 굳게 약속할 것이다.

"사랑하는 가족들, 친구들, 동포들-

우리 내생에도 빛나는 대승보살로 다시 만나요.

'붓다의 길' '빠리사의 길' 함께 걸어요."

4. '우리들의 팔정도' −, 이것이 '불멸의 길'이다

'불멸' '불사' '보살불멸'−

참 좋은 말이다. 얼마나 좋은가?

'보살은 불멸이다.' '나는 불멸이다.'

참 홀리는 말이다. 얼마나 신명 나는가?

그러나 '불멸'에 빠져서는 안 된다. 사도(邪道)로 떨어진다.

'내생'이니 '왕생(往生)'이니 '환생(還生)'이니 하면서 집착하는 것은 사도(邪道)로 떨어지는 것이다. '왕생'−, 바로 지금 여기다. '환생'− 바로 지금 여기다. 우리 인생 보살고행의 길 열심히 살아가는 것이다. 순간순간 들숨날숨 헤아리며 제행무상(諸行無常) 있는 그대로 관찰하며, 마음을 허공처럼 텅− 비우고, 팔정도의 길, 보살고행의 길 열심히 살아가는 것이다.

빠리사 운동 열심히 하는 것이다. 빠리사의 꿈을 열심히 추구해가는 것이다. 만인견성−만인해탈의 보살나라, 화엄코리아 게으르지 않게 개척해 가는 것이다. 죽어가는 사람 위해서 내 피를 공급하고, '자비수레꾼'과 더불어 캄보디아로 달려가 학교 짓고, 목마른 사람들 위해서 우물 파고, 벌레 한 마리도 함부로 죽이지 아니 하고, 좌파·우파 싸우지 아니 하고, 여성·어린이·노인들 먼저 공경하고−, 바로 이것이 '불멸'이며 '불사'며 '원생'이며 '내생'이며 '환생'이다. 어떤 생각도 하지 말 것이다. 무심히− 오로지 열심히 청정하게 살아갈 것이다.

'불멸'은 '존재개념'이 아니다.

'나'라는 신통한 존재가 있어서 죽지 않는 것 아니다. 그것은 어둔 존재의식의 발로다. '불멸'은 '삶의 개념'이다. 지금 여기서 순간순간 땀 흘리며 열심히 살아가면 곧 불멸이다. 불사다. 여기서도 저기서도 곧 불멸이다. 불사다. 이것이 바로 '새로 태어남'이다.

허리 곧게 펴고
무심히- 무심히-
들숨 날숨 헤아리며 '사띠 일구' 삼념한다.

들숨 날숨 하나-
제행무상(諸行無常) 제행무상(諸行無常)
마음이 허공처럼 텅- 비어간다. … (삼념)

이제 낭랑한 목소리로 '우리들의 팔정도' 외운다.
미명(未明)의 새벽- 동쪽을 향하여 정좌하고 혼자 외운다.
때때로 가족끼리, 도반들끼리 함께 모여 외우고 가슴 깊이 새긴다.
합장하고-

「Buddha / 붓다-
우리도 부처님같이- 세상에 대한 연민으로
붓다 석가모니 생각하는 간절한 그리움으로(Namo / 귀의)
'사제팔정도'- 구원의 등불 삼아
따뜻한 미소로 먼저 다가가 인사하고
작은 것 하나라도 함께 나누고(Danā / 나눔)
오계 굳게 지켜 산목숨 해치거나 차별하지 아니 하고

적게 먹고 검소하게 절제하며 살아간다.(Sīla / 지계) … 」

이것이 부처님의 진신(眞身)이고
이것이 우리들의 실체(實體)다. 더 이상 없다. 끝

제**9**장

전도전법 운동

전도전법이 최선의 빠리사 운동

나가서 전법하라

'붓다의 법'을 설하라

'한 사람' 기다리며 일생을 걸어라

'한 사람' 기다리며 일생을 건다

•
•

'조선 불교가 유린된 원인은 세력이 부진한 탓이며, 세력의 부진은 가르침이 포교되지 않은 데 원인이 있다. 스페인 사람으로 마달가가라는 버어마에서 전도하기 5년에 처음으로 한 신도를 얻었고, 또 나리림이라는 사람은 중국에서 전도하기 7년에 처음으로 한 신도를 얻었다. …'

― 「조선불교유신론」에서 ― *

* 만해 한용운, 「조선불교유신론」 ; 『韓龍雲全集』 2권(1972, 신구문화사) pp.61-62.

394   새롭게 열린다 「붓다의 시대」

녹양역 앞 우리 마을 목사님

비가 오나 눈이 오나

「① 의정부 녹양역 널따란 광장

아침마다 우리 마을 목사님이 나온다.

비가 오나 눈이 오나— 목사님이 어깨띠를 두르고 나온다.

전단을 들고 나와 기다린다. 받아가는 사람들 별로 없는데도

그래도 웃으면서 건네고 또 건넨다.

때때로 신도들이 나와서 커피 서비스 한다.

나는 차마 받아 마실 용기가 없어서 손들어 인사하고 스쳐간다.

번듯이 새로 올라간 교회당

② 그러기 몇 년 만에 낡은 교회 떠나서

마을 옆 넓은 공터에 큰 교회 짓고 나갔다.

새벽부터 밤까지 찬송가 소리가 끊이지 않는다.

소식지를 받아보니까, 집회로 가득차 있다.

어린이 예배, 중고생 예배, 청년들 예배, 새벽기도, 수요기도, 금요
기도 …

모든 신도들이 함께 찬송하고 성경 읽고 기도하고

목사는 짤막한 강론만 하고—

③ 일요일이면 마을 사람들이 아이들 손잡고 교회로 간다.

아이들이 깡충깡충 신명들 나는 모습이다.

나는 부러움 가득 물끄러미 바라본다.

얼마나 장하고 거룩한가? 이것 말고 보살행 따로 있을까?

나도 모르게 질투가 난다. 혼자 중얼거린다.

'우리 절도 저러면 참 좋을 텐데—'

전철역 광장에서 만날 때마다,

나는 몰래 그 목사님에게 해병대식 거수경례로 존경을 표시한다.

열심히 일하고 피땀 흘리며 노력하는 자가 성공하는 것이 자연의
섭리 아닌가.」

1. '기독교의 기적' – 어디서 오는가?

우리 마을 목사님
반기는 사람 없어도
아침마다 전철역 광장을 지키는 우리 마을 목사님
저 목사님 지켜보며 생각한다.

'우리는 지금 무엇하고 있을까?
무엇으로 절 받고 공경 공양 받을 수 있을까?
무엇으로 "법사님"이라 불릴 수 있을까?
무엇으로 "보살님"이라 "거사님"이라 불릴 수 있을까?
"보살"-, 피땀 흘리는 보살고행 하지 않으면서,
거룩한 명칭 갖다 붙인다고 "보살" 되는 것일까?
이것은 세상 속이는 악작(惡作) 아닐까?- '

넓은 터에 번듯하게 올라간 교회
하루도 쉬지 않고 계속되는 갖가지 집회
일요일 아침 차려입고 교회로 몰려드는 주민들
깡충깡충 엄마 아빠 손잡고 신이 나는 아이들-

저 광경 지켜보면서 생각한다.

왜 한국교회가 세계종교사에 기적을 이루고 있을까?
서양교회들은 곳곳에서 문을 닫는 곳이 많다는데
자고나면 뾰족뾰족 하늘 치솟는 교회의 십자가들-

우리불교- 얼마나 버틸 수 있을까?
조선왕조 5백년, 그 가혹한 척불(斥佛)에도 살아남은 우리불교
하층 민중들 속에 파고들어 강인하게 살아남은 우리불교
지금 민중들 다 잃고 뿌리째 뽑혀나가는 우리불교
그래도 정신 못 차리고 여전히 앉아있는 우리불교
게으르고 거드름 부리는 우리불교, 얼마나 살아남을 수 있을까?
'불교는 위없는 진리다, 기독교는 게임이 안 된다.-',
이런 자만 언제까지 계속될 수 있을까?
많은 사람들-민중을 떠난 진리가 무슨 진리일까?
인도불교의 흥망사가 이 땅에서 다시 벌어지고 있는 것일까?

2. 지금 우리는 게으르게 앉아있다

지금 우리는 앉아 있다.
'깨달음' '한소식' 기다리며 앉아 있다.
'연기' '중도' '무아' '공' '반야' '불성' '자성' '마음'-
이렇게 '견해'에 빠져서 끝없이 머리 굴리며 우리는 앉아 있다.

'나누는 사람(Dāna-pati / 다나빠띠, 施主/檀越)' '나눔의 집(布施堂, Dāna-sālā / 다나살라)' '간병자(看病者, Gilānūpahṭṭāki / 길라누빳따끼)' '비폭력(Ahiṃsa / 아힝사)' '자유평등한 대중공동체─빠리사(Parisā)' '여성주권' '고요한 관찰─사띠(Sati)'─, 이 고귀한 선대들의 전통, 보살고행의 전통 까맣게 망각하고, 이런 용어조차 남의 나라 말처럼 '어렵다' '무슨 말인지 알아야지─' 하며, 공부할 생각 아니 하고, 회피하고, 눈감고 눈뜨고 게으르게 앉아 있다.

지금 우리 불교도는 게으르고 게으르다. 온갖 핑계로 게으르고 게으르다. 그러면서 자만심, 교만심만 가득하다. 마치 무엇이나 된 것처럼─

「붓다 석가모니

사제팔정도─보살고행

萬古不變 ─ 정법체계, 정법당간」

'붓다 석가모니'─, 무엇일까?

곧 전법(傳法)하는 것이다. 전법 아니 하면 '붓다 석가모니' 없다.

'사제팔정도'─, 무엇일까?

곧 전도전법(傳道傳法) 하는 것이다. 전법 아니 하면 '사제팔정도' 없다.

'보살행─보살고행'─, 무엇일까?

목숨 걸고 전도전법하는 것이다. 전법 아니 하면 '보살행─보살고행' 없다.

보살복지 · 비폭력 · 평화 · 무차별 · 평등 · 여성주권─, 무엇일까?

일 년에 한 친구라도 부처님 인연(佛緣) 맺게 하는 것이다.

'본원' '원력' '원왕' '보살의 불멸'-, 무엇일까?

외로워하는 친구-, 따끈한 커피 한잔이라도 함께 나눠 마시는 것이다.

'만고불변(萬古不變)'-, 무엇일까?

지금 이 순간 피땀 흘리며 걷고 걷는 것이다. 걷지 아니 하면, 목말라 하며 걷지 아니 하면, 걷고 걸으며 전법하지 아니 하면, '만고불변-', 환상일 뿐이다.

'근면한 자 흥하고

게으른 자 망하고'-

이것이 역사의 교훈이다. 준엄한 역사의 교훈이다.

이제 붓다께서 엄히 경책하신다.

게으르고 어리석은 우리들 보고 경책하신다.

먼저 사띠 삼념하고-, 합장하고 함께 외우며 폐부 깊이 새긴다.

허리 곧게 펴고

들숨 날숨 헤아리며

무심히- 무심히-

'사띠 일구' 삼념한다.

'들숨 날숨 하나-

제행무상(諸行無常) 제행무상(諸行無常)

마음이 허공처럼 텅- 비어간다. … (삼념)'

"게으르지 않음은 죽음을 벗어나는 길
게으름은 죽음의 길
게으르지 않으면 결코 죽지 않느니
게으른 사람은 이미 죽은 사람과 같아라.- "

- 법구경 21게송 -

3. 전법은 목숨 걸고 하는 것이다

'전법'은 찾아 나서는 것이다.
'전법포교'는 목숨 걸고 찾아 나서는 것이다.
유행(遊行)하는 것이다. 신명을 던져, 거친 벌판 걸고 걷는 것이다.
절에 모이는 사람들 모아놓고 설법하는 것으로 '전법한다' 할 수 있을까?
전법고행 45년-, 붓다의 일생은 이렇게 걷고 걷는 것이다. 한 사람을 찾아서, 한 사람을 기다리며, 한 사람을 위하여 걷고 걷는 것이다. 목숨 걸고 피땀 흘리며 걷고 걷는 것이다. 한 사람- 한 사람의 동포를 위하여 목숨을 거는 것이다.
그래서 붓다께서는 마지막 제자 수밧다(Subhadda)를 맞이하려 임종 중에 다시 깨어나 법을 설하신다.

"내 제자를 막지 말라.
내 마지막 제자를 막지 말라.- "

전법고행(傳法苦行)–

붓다의 일생은 이렇게 고행의 길이다.

보살의 일생은 이렇게 목숨 거는 고행의 길이다.

한 사람을 찾아서 걷고 걷는 것이다. 목숨 걸고 피땀 흘리며 기다리며 걷고 걷는 것이다. 부처님이 무엇이 거룩한가? 바로 몸 버리는 이 전법고행이 거룩한 것이다. 보살이 무엇이 거룩한가? 바로 몸 버리는 이 전법고행이 거룩한 것이다. 이 전법고행 없으면, '깨달음' '연기' '공' '반야' '마음' '아라한' '도인' '보살행'–, 다 헛소리다.

붓다 당시, 한 선여인(善女人)은 불교를 지키고 전하기 위하여 이렇게 목숨 걸고 있다.

「다난자니(Dhānañjani) 부인은
브라만교에 독실한 가문으로 시집가,
5백 명의 바라문들을 초청한 엄숙한 집회일,
남편 바라드와자(Bhāradvāja)의 협박을 무릅쓰고
웰루와나 동산(대숲절)을 향하여 큰 소리로 외쳤다.

"세존 아라한 정각자 부처님께 귀의합니다.
세존 아라한 정각자 부처님께 귀의합니다.
세존 아라한 정각자 부처님께 귀의합니다."

이렇게 해서 마침내 남편을 부처님께 인도하였다.」

― 쌍윳따니까야 7, 1 「다난자니경」/ *Dhānañjani-sutta*― [1]

4. '한 사람'을 기다리며 생애를 건다

'붓다의 불교'에서는 이런 역사들이 하늘의 별처럼 총총하다.

불교 2천7백년사는 이런 전법포교의 피땀으로 점철되어 있다. 불교 대륙의 땅을 파보면 우리 선대들이 흘린 전법포교의 피땀으로 지층이 붉게 물들어 있을 것이다. 고비사막의 Silk-road-, Dhamma-road-, 그 광야의 모래밭 속에는 우리 선대들이 남긴 구도와 전도의 백골들이 수없이 묻혀 있다. 7세기 현장(玄奘) 법사는 『대당서역기(大唐西域記)』의 「쿠시타나국」에서 이렇게 기록하고 있다.

"여기서 서쪽으로 가면 대유사(大流沙)로 든다. 모래로 온통 덮여 있는데, 모이고 흩어지는 것이 바람 부는 대로다. 사람이 다녀도 발자국이 남지 않아, 그대로 길을 잃게 되는 수가 많다. 사방을 둘러봐도 그저 망망사해(茫茫沙海)로 방향을 짐작할 수 없다. 그래서 그곳을 왕래함에 있어서는 유해(遺骸)를 모아서 목표물로 삼는다."[2]

유해를 모아 방향을 삼고,

방향을 잃고, 목숨 잃고, 스스로 유해로 남고-.

오늘 우리불교는 이런 선대들의 희생에 의하여 존재하게 된 것이다.

한 사람의 불연(佛緣)- 결코 쉬운 일이 아니다. 한 사람의 전도(傳

---

1) S Ⅰ p.160 ; 각묵 스님 역, 『쌍윳따니까야』 1권 pp.541-544. ; 『화엄코리아』 pp.241-248.
2) 玄奘법사/ 권덕주 역, 『大唐西域記』 p.365. ; 『초기불교개척사』 p.231.

道), 일 년에 한 사람의 전도- 결코 쉬운 일이 아니다. 한 사람을 위하여 내 일생을 걸어야 할지 모른다. 아내를 인도하기 위하여 그대는 얼마나 노력하였는가? 남편을 인도하기 위하여 그대는 무엇을 걸었는가? 아들딸을 인도하기 위하여 우리는 몇 년을 참고 기다리며 공들였는가?

만해 한용운(萬海 韓龍雲) 스님은 「조선불교유신론」에서 이렇게 쓰고 있다.

'조선 불교가 유린된 원인은 세력이 부진한 탓이며, 세력의 부진은 가르침이 포교되지 않은 데 원인이 있다. … 스페인 사람으로 마달가가라는 사람이 있어서 전도 10년에 처음으로 한 신도를 얻었고, 길림덕이라는 사람이 있어서 버어마(미얀마)에서 전도하기 5년에 처음으로 한 신도를 얻었고, 또 나리림이라는 사람이 있어서 중국에서 전도하기 7년에 처음으로 한 신도를 얻었다 하니, 아 - 위인이라 할 것이다.

만일 조선의 승려로 하여금 외국에서 전도케 한다면, 한 명의 신도도 못 얻고 몇 달이 지나면 실망해버리고, 다시 몇 달이 지나면 일체를 포기하고 돌아오지 않는 자가 몇이나 되랴.'3)

만해 스님의 탄식- 가슴 깊이 울린다.
불교는 '깨달음의 종교' 아니다. '한소식의 종교' 아니다.
불교는 '전도의 종교(The Religion of Mission)'다.

---

3) 만해 한용운, 「조선불교유신론」;『韓龍雲全集』 2권 pp.61-62.

세계 역사상 가장 치열한 '전도의 종교'다. 우리가 그 후예다. 붓다의 제자로 태어나서 전도하지 않으면 제자 아니다. 보살로 태어나서 전도 전법으로 보살고행을 삼지 않으면 보살 아니다. 이 땅의 불자로 태어나서 한 사람을 위하여 일생을 걸고 애쓰지 아니 하면 불자 아니다. 다만 건달일 뿐.

비가 오나 눈이 오나
녹양역 광장에서 기다리는 우리 마을 목사님
번듯하게 솟아오르는 교회의 십자가―
나는 그를 위하여, 그들을 위하여 축복한다.

'참으로 장하십니다.
그대들은 참으로 복 받을 만합니다.'

제2강

불교도의 고결한 임무,
'자유의 전사' '자유의 개척자들'

•
•

"수행자들이여,

나는 신(神)들과 인간들의 올가미(pāsa) 벗어났다.

수행자들이여,

그대들도 신(神)들과 인간들의 올가미 벗어났다.

수행자들이여, 전법하러 떠나가라.*

많은 사람들의 이익을 위하여,

많은 사람들의 행복을 위하여,

세상에 대한 연민으로,

신(神)들과 사람들의 이익과 행복, 안락을 위하여.

둘이서 한 길로 가지 말라. …"

― 쌍윳따니까야 4, 5 「올가미경」 / *Pāsa-sutta* / 빠사-숫따 ― **

---

* 원문은 '유행(遊行)하라.' '떠나가라.' '돌아다녀라.'이다. 그러나 이 유행은 본질적으로
전법고행의 길 가고 가는 것이기 때문에, '전법하러 떠나가라.', 이렇게 옮긴 것이다.
** S Ⅰ p.105 ; 각묵 스님 역, 『쌍윳따니까야』 1권 pp.407-408.

'알라위(Ālavi)의 가난한 농부 사건'

알라위의 가난한 농부

「① 붓다께서 사왓티의 기원정사에 계시다가 많은 대중들과 함께 멀리 떨어져 있는 알라위로 유행하셨다. 알라위 지방 주민들이 부처님 오신 것을 알고 한 거사의 집으로 초대하였다. 그때 한 가난한 농부도 이 소식을 듣고 부처님 법을 들으러 가려고 마음먹었다.

② 그런데 마침 그때 농부의 소가 고삐가 풀려서 달아났다. 그 소 한 마리가 농부의 전 재산이다. 농부는 소를 찾아서 여기저기 헤매다가 겨우 소를 찾았다. 소를 외양간에 단단히 묶어놓고 농부는 설법을 들으려고 집을 나섰다. 그 사이 시간이 많이 흘러 공양시간이 이미 지났다.

농부를 기다리시는 붓다

③ 한편 알라위 주민들은 부처님과 출가승들을 공양에 초대하여 정성껏 음식을 마련하여 내 놓았다. 부처님과 5백 명의 출가승들이 공양을

드셨다. 주민들도 부처님 따라 공양을 들었다.

공양이 다 끝나자 자리를 정리하고 부처님의 설법을 기다린다.

그런데 부처님께서는 아무 말씀 없이 잠잠히 앉아 계신다. 5백 명의 출가승들도 부처님 따라 잠잠히 앉아 있다. 주민들도 부처님 따라 잠잠히 앉아 있다.

④ 한참 시간이 흘렀다. 장내는 고요한 침묵만 흐르고 있다.

마침 그때 농부가 헐레벌떡 달려왔다. 농부는 늦게 온 것이 송구하여 제일 뒤쪽에 가서 가만히 앉았다.

그때 부처님께서 물으신다.

"혹시 공양 남은 것이 있습니까?"

집주인이 대답한다.

"세존이시여, 음식이 남아 있습니다."

"거사님, 그러시다면, 밥을 한상 차려서 저 농부에게 대접하십시오. 저 농부는 지금 많이 시장해 하고 있습니다."

이렇게 해서 농부는 공양을 대접받고 허기를 면하였다.

"굶주림은 가장 큰 괴로움"

⑤ 농부는 몸과 마음의 평정을 회복하고 법을 들을 준비가 되었다.

그러자 비로소 부처님께서 법을 설하신다.

"이것은 괴로움입니다.

이 괴로움은 생겨난 것입니다.

이 괴로움은 생겨난 것이기 때문에 반드시 소멸합니다.

팔정도가 이 괴로움을 소멸시키는 바른 길입니다."

⑥ 이어서 부처님께서 다음과 같이 법을 설하신다.

(모두 자세를 바로 하고 합장하고 경청한다)

"굶주림은 가장 큰 질병이고

오온은[4] 가장 큰 괴로움이네.

이것을 있는 그대로 알면

열반-, 곧 위없는 행복이라네." (Dhp. 203)

이 설법이 끝나자 농부는 그 즉시 '눈뜬 이'가 되었다.

함께 있던 알라위 주민들도 그 자리서 '눈뜬 이들'이 되었다.」

– 법구경주석서 Ⅲ 261-263 – [5]

---

4) '오온'은 우리들의 몸과 정신작용에 집착하여 생겨나는 어둔 이기적 자아의식, '이것이
내것이다' '내 잘났다' '나는 영원한 존재다'라는 어둔 생각들로 모든 괴로움의 원초적
원인이다. '오온'은 나를 구성하는 다섯 가지 구성요소가 아니다. 어둔 자아의식을
형성하는 다섯 가지 조건이다. 나는, 우리 육신과 정신은 해체, 분석의 대상이 아니다.
; 『초기불교의 사회적 실천』 pp.170-197.

5) Dhp. 203 / 법구경 203 게송 ; 법구경주석서 Ⅲ 261-263 ; 거해 스님 역, 『법구경』 2권
pp.54-55.

1. 바로 이것이 '붓다의 불교',
여기가 '붓다의 시대'

머나먼 변방, 벽촌마을, 거칠고 험한 벌판길
목말라 하며 묵묵히 걷고 걸으시는 붓다와 5백 대중들
알라위의 가난한 농부– 잃어버린 소를 찾아 헤매는 가난한 농부
잠잠히 농부를 기다리는 붓다와 대중들
허기진 농부를 위하여 공양을 청하는 붓다
몸도 마음도 고요하고 평정한 농부와 주민들
이 대중들을 위하여 사성제를 설하고

"굶주림은 가장 큰 질병
'내 잘났다.'라는 생각이 가장 큰 괴로움
이 현실 알고 보는 것이 위없는 행복– "

눈뜨는 알라위 농부, 눈뜨는 알라위 동포들
  고요한 붓다의 빛(Buddha-ābhā), 솟아오르는 머나먼 벽촌 알라위
마을–

하아— 하아—

무슨 말을 할까? 무슨 말이 더 필요할까?

가슴을 저미는 감동의 물결, 뜨겁게 흐르는 한줄기 눈물—

바로 이것이 '붓다의 불교', 붓다께서 몸소 하시는 '붓다의 불교'

바로 여기가 '붓다의 시대', 세상 동포들 살려내는 '붓다의 시대'

'Ehi-passika / 에히 빳시까

Come and see, 와서 보라.

눈 있는 자는 와서 이 알라위 마을을 보라.'

이렇게 하늘 높이 외칠 수 있는 '붓다의 시대'—

왜 우리가 '붓다의 불교'—, 이렇게 목매게 찾는가?

왜 우리가 '붓다의 시대'—. 이렇게 목매게 외치는가?

왜 우리가 '붓다 석가모니'—, 이렇게 간절히 대망하고 있는가?

'빠리사' '빠리사'—

부처님도 무릎 맞대고 둘러앉는 '빠리사'[6]

'Ekā-yāna / 에까야나,

The Only Way— 이 길뿐이다,

이것이 우리불교 다시 살려 낼 유일한 출구다.—'

---

[6] '빠리사' '빠리사' 하면, 모르는 소리 한다고 불평이다. '사띠' '사띠' 하면 모르는 소리
한다고 불만이다. 그러나 우리말로 옮겨놓으면, 제 뜻을 살리지 못하고, 온갖 이름,
온갖 모습으로 왜곡되고 변질된다. '빠리사'를 '대중'으로 옮기면 아무 신선함도 감동
도 없다. '사띠'를 '마음챙김' '마음새김' 등으로 옮기면, 붓다 본래의 뜻이 죽고 만다.
그래서 낯설어도 경전의 원어 그대로 외우는 것이 최선이다. 외우다보면 금새 익숙해
진다. 노력하고 노력할 것이다.

왜 우리가 이렇게 미친 것처럼 외치고 외치는가?

왜 우리가 알아듣지도 못하는 소리 이렇게 사무치게 외치는가?

'빠리사 운동'-, 왜 우리가 이렇게 간난(艱難)의 길 걷고 있는가?

왜 우리가 '만인견성 만인해탈'-, 이렇게 뜬금없이 외치는가?

왜 우리가 불교는 '섬기는 종교'이지 '섬김 받는 종교 아니다.'- 이렇게 귀에 거슬리는 소리 하고 있는가?

왜 우리가 하는 설법-, '설법' 아니라고 하는가?

왜 우리가 '법사' 아니라고 하는가? '스승' 아니라고 하는가?

'보살' '보살고행'- 왜 아직도 멀고 멀었다고 하는가?

저 알라위(Ālavi) 마을의 현장-

'눈앞의 fact-

눈에 보이고 즉각적이고- '

다시 무슨 말이 더 필요할까?

무슨 사설(辭說)들 더 늘어놓아야할까?

이렇게 눈앞에 명명백백 보이는데-

2. "수행자들아, 전법하러 떠나가라,
많은 사람들의 이익과 행복을 위하여"

가) '붓다의 전법부촉'

기원전 588년, 와라나시 사슴동산

꼰단냐 등 다섯 수행자, 야사와 그 친구들 54명-

붓다께서 첫 설법 하신 이후 예순 명의 '눈뜬 이들'이 탄생하였다.
붓다께서는 이들에게 최초로 이렇게 역사적인 '전법부촉' 하신다.

'허리 곧게 펴고
들숨 날숨 헤아리며
무심히─ 무심히─
'사띠 일구' 삼념한다.

'들숨 날숨 하나─
제행무상(諸行無常) 제행무상(諸行無常)
마음이 허공처럼 텅─ 비어간다. … (삼념)'

그리고 '붓다의 전법부촉' 큰 소리로 외우며 새긴다.
쩌렁쩌렁 큰 목소리로, 우리들의 잠든 의식 일깨운다.

〔희망합송〕;「붓다의 전법부촉」

"수행자들이여, 나는 신(神)들과 인간들의 올가미(pāsa) 벗어났다.
수행자들이여, 그대들도 신(神)들과 인간들의 올가미 벗어났다.
수행자들이여, 전법하러 떠나가라.
많은 사람들의 이익을 위하여, 많은 사람들의 행복을 위하여,
세상에 대한 연민으로, 신(神)들과 사람들의 이익과 행복, 안락을
위하여.
둘이서 한 길로 가지 말라.

수행자들이여, 처음도 좋고 중간도 좋고 끝도 좋은 법을 설하라.

논리와 훌륭한 표현을 갖춘 법을 설하라.

오로지 청정한 삶〔梵行/범행〕을 드러내라.

눈에 티끌 없이 태어난 사람들도 있지만,

그들은 법을 듣지 못하고 버려져 있다.

법을 들으면, 그들도 법을 깨닫는 자가 될 것이다.

수행자들이여, 나도 또한 법을 설하기 위하여,

우루웰라의 세나니가마〔將軍村〕로 가리라."

— 쌍윳따니까야 4, 5 「올가미경」/ *Pāsa-sutta* / 빠사-숫따 — [7]

나) 불교-불교도의 '존재의 이유'

이것이 바로 역사적인 '붓다의 전법부촉'이다.

'부촉(咐囑)'이란 일종의 '종교적 명령'이다. 또는 '임무(Mission)부여'다.

「붓다의 현장」에서 설한 이 짤막한 경이 「*Pāsa-sutta* / 빠사-숫따」라는 제목의 하나의 완전한 경(經, Sutta / 숫따, Skt., Sutra / 수드라)이다. 그러나 이 짤막한 몇 마디 경 속에 불교가 이 세상에 존재하는 '존재의 이유'가 명백하게 드러나고 있다.

---

7) S Ⅰ p.105 ; 각묵 스님 역, 『쌍윳따니까야』 1권 pp.407- 408. 이것이 붓다께서 전도전법을 선포하신 「전법의 경」「전도의 경」이다. 경의 본래 제목은 *Pāsa-sutta* / 빠사-숫따, 「올가미경」이다. 이 짤막한 말씀이 하나의 완전한 경이다. ; 『붓다의 일생 우리들의 일생』 pp.248-260.

왜 불교는 존재하는가?

왜 불교는 이 세상, 이 사회에 존재하는가?

불교가 이 세상에서 부여받은 '임무(Mission)'가 무엇인가?

불교의 '사회적 역할'이 무엇인가?

붓다께서는 명쾌하고 준엄하게 선포하신다.

"수행자들이여, 전법하러 떠나가라.

많은 사람들의 이익과 행복을 위하여,

세상에 대한 연민으로-"

실로 명쾌하고 준엄하다.

불교-불교도는 전법하기 위하여 이 세상에 존재한다.

우리 불교도는 붓다의 법을 전도전법하기 위하여 이 세상에 존재한다.

몸 바쳐 전도전법하는 것이 우리 불교도의 '사회적 임무'다. '사회적 역할'이다.

왜 전도전법이 불교의 '존재의 이유'일까?

왜 '전도전법'이 불교도의 '사회적 임무'일까? '사회적 역할'일까?

우리 불교도가 몸 바쳐 전도전법하는 것이 '많은 사람들의 이익과 행복'을 위하는 최선의 길, 거의 유일한 길이기 때문이다. 우리 불교도가 몸 바쳐 전도전법하지 않으면, 이 세상이 무너지고, 많은 사람들-동포들이 이익(bahujana-hita)과 행복(bahujana-sukha)을 잃고, 괴로움(苦, Dukha/둑카) 속에서, 폭력과 살육의 공포 속에서 끝없이 방황할

것이기 때문이다. 아니, 지금 이 순간, 수많은 사람들―우리 동포들이
'붓다의 빛(Buddha-ābhā)'을 잃고 좌파/우파, 남/북, 동/서, 노/사, 남
/녀로 끝없이 분열하고 증오하며 어둠 속에서 무너져 내리고 있기 때
문이다. 사람을 죽게 만들어놓고도 한 방울 눈물의 연민도 없이 황폐
해져 가고 있기 때문이다.

실로 급하고 급하다.
깨닫겠다고, 한소식 하겠다고,
눈감고 눈뜨고 앉아 있을 때가 아니다.
위빳사나다, 참선이다, 금강경이다, 반야심경이다, 공이다, 마음이다―
신통한 한 수 찾아서 이리저리 기웃거리며 머리 굴리며 앉아 있을
때가 아니다.

3. 불교도의 고결한 임무,
'자유의 전사' '자유의 개척자들'

"수행자들이여, 나는 신(神)들과 인간들의 올가미(pāsa) 벗어났다.
수행자들이여, 그대들도 신(神)들과 인간들의 올가미 벗어났다.
수행자들이여, 전법하러 떠나가라.
많은 사람들의 이익을 위하여, 많은 사람들의 행복을 위하여,
세상에 대한 연민으로, 신(神)들과 사람들의 이익과 행복, 안락을 위하여.
둘이서 한 길로 가지 말라. …"

― 쌍윳따니까야 4, 5「올가미경」/ *Pāsa-sutta* / 빠사-숫따―

가) '신(神)의 올가미, 인간들의 올가미-'

"나는 신(神)들과 인간들의 올가미(pāsa) 벗어났다.

그대들도 신(神)들과 인간들의 올가미 벗어났다.-"

'신(神)들의 올가미, 인간들의 올가미'

붓다께서는 전법부촉의 대전제로 이렇게 선포하신다.

「*Pāsa-sutta*/빠사-숫따」의 '*Pāsa*'는 '올가미', 또는 '덫'이다.

'신(神)들의 올가미, 인간들의 올가미-'

이것은 실로 '올가미'며 '덫'이다. 우리 인간과 모든 생명들을 차별하고 구속하고 억압하며 착취하고 폭력을 휘두르는 악(惡)의 원천이다. 마라(Māra, 惡魔)다. 악마의 왕(Māra-Papiyas)이다. 여기서 신(神)은 반드시 신(神)의 존재, 신의 실재(實在)를 의미하는 것이 아니다. 불경 속에는 많은 신(神)들이 등장하고 하늘나라-천상세계가 등장한다. 붓다는 때때로 천상에 올라 신(神)들과 천인(天人)들에게 법을 설하고 제도하신다. 그래서 붓다는 '천인사(天人師)- 신(神)들과 인간들의 스승'이시다.

'신(神)들

하늘나라-천상세계

천인(天人)들-하늘사람들'-

그러나 불교는 인간을 지배하고 심판하는 그런 신(神), 그런 절대자는 인정하지 아니 한다. 아니, 가차 없이 파(破)한다. 그것은 인간의 무지와 분노가 만들어낸 '어둔 의식(意識)의 산물'이기 때문이다. 실재

(實在)가 아니기 때문이다. 여기서 말하는 '신(神)의 올가미'는 '신(神)을 내세우는 신적(神的) 권위주의'를 일컫는다. 신(神)이 문제가 아니라, 존재하지도 않는 신(神)의 권위를 내세워, 신성불가침(神聖不可侵)의 권위를 내세워 인간을 차별하고 지배하는 신적(神的) 권위주의−, 신(神)을 빙자한 인간들의 권위주의가 바로 '올가미'고 '덫'이다. 인도 민중들을 지금까지도 괴롭히고 있는 '종성(種姓, vanna)제도−카스트'가 바로 그런 것이다.

'그대들은 신(神)의 올가미로부터 벗어났다.
그대들은 인간들의 올가미로부터 벗어났다.
이제 해탈이다, 벗어났다, 자유다.− '

이것은 인류역사상 최초의 '인간자유 선언'이다.
이것은 인류역사를 근본적으로 바꿔놓는 '생명자유 선언'이다. '만인 해탈선언'−'만생명 해탈선언'이다.

'만인의 해탈−만인의 자유
만인생명의 해탈−만인생명, 일체중생의 자유'−
바로 이것이 '불교의 존재 이유'다.
바로 이것이 '불교의 메시지'다. 불교가 이 세상에 보내는 '축복의 메시지'다. 많은 사람들의 이익과 행복을 위하는 경이로운 축복의 메시다. 바로 이것이 불교도의 사회적 임무다. 불교도가 이 세상에서 목숨 바쳐 수행해 내야 하는 고결한 역사적 임무다. 역사적 사회적 역할이다. 이것을 위하여 붓다는 이 세상에 오시고 우리 불교도는 이 세상에 존재한다.

나) '자유의 전사들' '자유의 개척자들'로서

이렇게 불교는 처음부터 '전도의 종교(*The Religion of Mission*)'다.

우리 불교도는 처음부터 '전도전법의 전사들'이다. 따라서 전도하지 않는 불교는 이미 불교 아니다. 가짜다. 전도하지 않는 불교도는 이미 불교도가 아니다. 건달이다. 이렇게 불교도는 '많은 사람들의 이익과 행복'을 위하여, '많은 생명들의 이익과 행복을 위하여'-, '일체중생의 이익과 행복을 위하여'-, '만인해탈-만류의 자유를 위하여'-, 혼자서라도, 목숨 걸고 거친 벌판 개척해가는 임무를 부여받고 있는 '전법의 전사(戰士)들'-, '전법의 개척자들'이다.

"수행자들이여, 전법하라 떠나가라.

많은 사람들의 이익과 행복을 위하여

세상에 대한 연민으로

둘이서 한길로 가지 말라.-"

이제 이것은 바로 우리들에게 주시는 붓다의 부촉이다.

이것은 이 땅의 모든 불교도들에게 주시는 불교도의 고결한 '임무 (Mission)'다. '신(神)의 올가미' '인간들의 올가미'는 현재진행이다. 지금 이 땅에서 갖가지 형태로 진행되고 있다. "내가 하나님의 재림이다."라고 외치며 선량한 신도들 남미(南美) 척박한 대륙으로 끌고가 노예처럼 착취하는 사례가 바로 그런 것이다. '종교' '신성(神聖)' '우월' '이념'을 표방하는 '신(神)의 올가미' '인간들의 올가미'가 지금 우리 동포들을 심각하게 위협하고 있다. 이것은 현재진행의 '올가미'다. 누가 나서서 싸워 끊어내지 아니 하면 '인간의 존엄성' '자유민주주의'는 허구다. 이미 죽은 송장덩어리다. 지금 우리 동포들이 이런 비상한 위기 상황 속에 살고 있다.

우리 불교도는 보통 사람들이 아니다.
그냥 바람 따라 물길 따라 유유자적하게 살아가는 도인들, 신선(神仙)들이 아니다. 감각적 쾌락 찾아서 인생을 즐기는 중생들도 아니다.

눈으로는 색(色)을 탐하고,
귀로는 찬양하고 숭배한다는 말을 탐하고,
코로는 향기로운 냄새를 탐하고,
혀로는 온갖 맛있는 것을 탐하고,
몸으로는 남의 아내, 남의 남편 탐하고,
채팅해서 몇 푼 돈으로 어린 소녀들 탐하는 세계에 유례없는 부끄러운 짓하고,
생각으로는 '내 잘났다', '내 주장이 진리다'– 진영논리 탐하고.

불교도는 이렇게 쾌락에 대한 탐욕(kama-rāga)으로 자기 자신을 훼손하고 이 세상을 해치는 그런 사람들이 아니다. 우리 불교도는 '자유의 전사들' '자유의 개척자들'로서 이 세상에 존재한다. 일체의 신적(神的) 인간적 체제적 권위주의–차별주의·폭력주의·전체주의와 싸워 이기고 끊어내고, 개인의 존엄성과 자유를 최고의 가치로 추구하는 고결한 임무를 지고 이 세상에 존재하는 것이다. 바로 이러한 사회적 시민적

각성이 깨달음이다. '대각(大覺, Māha-Bodhi)' '정각(正覺, Sambodhi)'이다. 'Māha' 'Sam'은 '더불어(together)' '함께'— 이런 뜻이다. 혼자 깨닫는 것 아니다. 혼자 깨달아봤자 별 것 아니다.

이제 부처님 앞에 나아가 서약(誓約)할 차례다.

좋은 날을 택하여, 가족끼리, 빠리사 도반들끼리, 아니면 혼자서라도 부처님 앞에 나아가 공양 올리고, 촛불 밝히고 향을 사르고, 무릎 꿇고 두 손 모아 삼배 올리고 큰 소리로 맹세할 것이다.

〔전법 – 자유 개척자들의 서약〕

"부처님— 저희들은 전사들입니다.

부처님— 저희들은 개척자들입니다.

부처님으로부터 부촉 받은 '전법전사'며 '전법개척자들'입니다.

저희들이 '붓다의 빛(Buddha-ābhā)'으로,

'붓다의 법(Buddha-Dhamma)'으로 세상에 나아가,

일체의 신적(神的) 인간적 체제적 권위주의, 차별주의, 폭력주의,

전체주의의 올가미를 싸워서 부수고 끊어내고,

사랑하는 우리 가족들, 우리 도반들, 우리 동포들—

존엄한 '자유 시민' '자유의 보살'로서 살려 낼 고결한 임무 부여받은 '자유의 전사들'이며 '자유의 개척자들'입니다.

부처님— 저희들을 인도하소서.

저희들이 이 고결한 '만인견성–만인해탈의 임무'를 완수하고

이 세상의 평화를 실현할 수 있도록,

크신 서원과 불퇴전의 용기로 인도하소서.

나무석가모니불 (3념)"

4. 전법의 대전제 ;
'붓다의 법'을 전하라, 사설(私說)하지 말라

가) '설법'은 '전법'이다,
'법사' 아니라 '전법사'다

여기 다메크–스투파(Dhamekh-stupa)

와라나시 사슴동산, 44m 높이의 우람한 전법륜탑(轉法輪塔)[8]

2천7백 년을 뛰어넘어, 지금 우리들 보고 엄중히 경책하고 있다.

"그대들, 붓다의 삶을 전하라.

오로지 붓다의 일생을 전하라.

연민과 헌신, 인욕의 일생을 전하라.

그리고 붓다의 일생으로 그대들 일생을 삼으라.

붓다가 살아가신 '팔정도의 삶'을 설하라.

자기 개인 사설(私說)하지 말라.

붓다의 법을 사유화하지 말라.

---

8) 'Dhamekh'는 빨리어로 'dhamma-cakka / 담마착까', 곧 '법바퀴(法輪)'이다. 'Dhamekh-stupa'는 곧 '전법륜탑' '전법의 탑'이다. 불교도 전법정신의 당당한 상징이다, ; *The Historical Buddha* pp.67-68.

자기 생각대로, '사유(思惟)를 조작하지 말라, 지옥에 떨어진다.'[9] 이것은 처음부터 삿된 길(邪道)이다. -"

제발 '설법(說法)'하려고 하지 말 것이다.

'설법'이란 용어조차 쓰지 않는 것이 옳을 것이다. '법사(法師)'란 호칭조차 쓰지 않는 것이 좋을 것이다. '전법(傳法)' '전법사(傳法師)'로 족할 것이다. 또는 '강설(講說)' 강사로 족할 것이다. 경주 불국사 대웅전 뒤쪽에 '강설당(講說堂)'이 있어, 이런 전통을 증언하고 있다.

나) "이 말씀은 몸소 붓다에게서 들은 것이다'

설법-, 내게 무슨 법이 있어서 설법인가?

내게 무슨 깨달음 있어서 설법인가?

무슨 거창한 진리, 대단한 사상이 있어서 사설(私說)하려 하는가?

대중들 앞에 놓고 단상에 높이 앉아 호통하듯 큰 소리 치고 법상 두들기고- 지금 어느 시대라고 그런 구시대의 행태 반복하는가? 대중들이 이미 다 알고 다 깨닫고 있는데, 법사보다 훨씬 더 간절한 보살행들 하고 있는데-.

'법사(法師)'-, 어떤 이들은 '법사'로도 성이 덜 차는지 '법주(法主)'라고 부른다. '법의 주인'-, 법에 주인이 있는 것일까? 부처님이시라면 몰라도, 누가 이 칭호 감당할 수 있을까? 필자는 '법사'라고 불리는 것이 두렵고 부끄럽다. 그래서 '선생'으로 부르라고 도반들에게 부탁한

---

9) 맛지마니까야 「사자후 큰 경」; 『붓다의 일생과 우리들의 일생』 pp.255-257.

다. '스님' '선생님' '강사님'- 얼마나 좋은가? 이것으로 족하지 아니
한가? 산 사람이나 돌아가신 분이나, 무슨 '대자(大字)'칭호가 그리 많
은가? 속이 허(虛)하다는 고백 아닐까?

'설법'이 아니라 '전법(傳法)'이다.
아니, 정학하게 말하면, 설법은 곧 전법이어야 한다.
설법은 철저하게 붓다의 가르침 충실히 전하는 것이다. 붓다의 일
생-, 붓다의 가르침- 한 마디라도 전하는 것이다. 붓다의 가르침으
로 이웃들의 어려움, 문제, 장애, 아픔, 외로움-, 함께 대화하고 함께
나누고 함께 아파하는 것이다. 법사는 곧 '전법사(傳法師)', 충실한 '전
달자/ *Messenger*'다.
붓다 석가모니께서 엄히 경책하신다.

"남들이 묻거든, 마땅히 해설하여 주되,
내가 있을 때와 똑같이 하라.
'이 말씀은 몸소 붓다에게서 들은 것이다.',
하고 설해야 참 제자니라." [10)]
—『반니원경』 하권— [11)]

'여시아문(如是我聞)'-, 이것이 바로 '여시아문'의 정신이다.

---

10) '모든 불경 첫 머리서 '나는 이와 같이 들었다.(如是我聞)'로 시작하는 것이 바로
   이런 정신이다.
11) 고익진, 『한글 아함경』 p.174. ; 『붓다의 일생 우리들의 일생』 p.256.

모든 경전이 이렇게 시작하고 있는 것은 부처님으로부터 들은 대로 전하고 강설하려는 전법의 대전제를 표명함으로써 경전의 정통성을 확보하려는 것이다. 어떤 경우에도 '설법'이란 명목으로 자기 개인사상 발표하는 것은 이 '여시아문'의 정통성을 훼손하는 사설(私說)이다. 굳이 자기 사상 말하고 싶거든 '강의'라고 하는 것이 옳다.

다) 설법/강설 – 20분이면 족하다,
법사님, 강사님들 – 제발 꿈에서 깨어날 것이다

우리나라 법사님, 강사님들 –

제발 꿈에서 깨어날 것이다.

자기 도취–자기 환상에서 깨어날 것이다.

한 시간 두 시간 장광설–, 누가 듣겠다고, 누가 듣는다고–.

전법은 '20분이 기본'이다. 10분, 20분이면 충분하고도 남는다. 그래서 우리 빠리사학교에서는 '10분 설법'이 기본이다. 20분 넘어가면 헛소리 되고 만다. 설법/강설은 학교 강의와는 다른 것이다. 또 경전 강독과도 다른 것이다. 강의–강독은 지식을 전하는 것이고, 설법/강설은 붓다의 삶을 전하여 연민의 보살고행을 불러일으키는 것이다. 설법/강설–, 긴 사설이 필요치 않다. 진심 어린 말–진실어(眞實語) 몇 마디로 족한 것이다. 법사가 자신의 삶과 행위로 붓다의 삶을 드러내 보이는 것이 최선의 설법이다. 위세 부리고, 장광설하고–, 이것은 도리어 전법의 의미를 손상시키는 것이다. 겸허하고 고요한 미소로–.

가장 먼저 '청법가–삼배' 폐지할 것이다.

법사/강사는 부처님의 대리인이 아니다. '법의 상속자'가 아니다.

붓다 석가모니께서는 누구에게도 심인(心印)을 전하지 않았다. '심인(心印)'이란 말도 후대에 지어낸 허구적 용어다. 붓다의 법은 만인 앞에 평등히 열려 있다.

우리는 아직도 '웨살리 대법문'을 기억하고 있다.

죽을 고통에서 살아나신 부처님의 진솔한 감회를 기억하고 있다.

"아난다여, 그대들은 내게 더 무엇을 기대하느냐?
나는 안과 밖이 다르지 않는 법을 설하여왔다.
내게는 감춰진 스승의 주먹(師拳, 秘拳, 신비주의) 같은 것은 없다.…"

— 디가니까야 16「대반열반경」2, 25-26 / *Mahāparinibbāna-sutta*— [12]

'청법가–삼배'–, 세계 종교들– 이렇게 하는 데 없다.

더욱 자유평등한 불교에서 그런 짓은 크나큰 악업이다. '내게 절하는 것이 부처님께 하는 것이다.'–, 이런 구차한 변명 이제 그만–. 절대로 대중 위에서, 대중 지배하겠다는 망상–, 버릴 것이다. 바로 그 생각 때문에 도처에서 갈등 벌어지고 우리불교 날로 무너져 가고 있는 것이다. 평신도와 성직자– 세계에서 가장 평등한 종교가 이슬람교이고, 가장 불평등한 것이 우리 불교다.

그래서 '빠리사(Parisā)'다.

지금 새삼스럽게 '빠리사' 찾는 것이다.

---

12) D Ⅱ p.100 ; 각묵 스님 역, 『디가니까야』2권 p.204-206. ; 『사캬무니 붓다』 pp.298-301. ; 『룸비니에서 구시나가라까지』pp.304-307.

부처님도 무릎 맞대고 둘러(pari) 앉으신다(sā).

그래서 붓다와 초기 출가승들은 아침마다 거리로 나가 걸식한다. 걸식은 가장 낮은 자가 되어 민중 속으로 들어가 민중들과 무릎 맞대고 둘러앉아 대화하고 토론하고 상담하며 민초들의 고통과 문제를 치유하는 것이다. 이것이 법이고 설법이고 전법이다. 붓다의 시대−, 대부분의 법이 이렇게 설해진다. 그래서 초기불교가 성공하고, 동남아 출가승들이 존중받고, 남방불교가 지금도 생명력을 유지하고 있는 것이다.

설법 / 강설(講說) -, 이렇게 준비한다

•
•

"수행자들이여,

처음도 좋고 중간도 좋고 끝도 좋은 법을 설하라.

논리와 훌륭한 표현을 갖춘 법을 설하라.

오로지 청정한 삶〔梵行/범행〕을 드러내라.

눈에 티끌 없이 태어난 사람들도 있지만,

그들은 법을 듣지 못하고 버려져 있다.

법을 들으면, 그들도 법을 깨닫는 자가 될 것이다.

수행자들이여, 나도 또한 법을 설하기 위하여,

우루웰라의 세나니가마〔將軍村〕로 가리라."

− 쌍윳따니까야 4, 5 「올가미경」/ *Pāsa-sutta* / 빠사−숫따−

1. 설법/강설의 기본적 과정

어떻게 할 것인가?

붓다의 설법에 한 발자국이라도 다가가기 위해서 어떻게 할 것인가?

붓다께서는 '전법부촉'에서 3가지 지침을 주고 계신다.

첫째, '처음도 좋고, 중간도 좋고, 끝도 좋고—'

우리 강설은 '도입·본론·회향'의 세 단계로 전개한다.

'도입'은 강사와 대중들이 서로 친밀한 관계를 공감하고, 오늘의 주제에 대한 대중들의 흥미와 필요성을 이끌어내는 과정이다. '아— 내게 필요한 강설이구나—' 하고 대중들의 자발적 동기를 불러일으키는 것이 강설의 성패를 좌우한다.

'본론'은 대중들의 문제, 장애, 현실적 고통, 고뇌를 파악하고, 강설의 주안점을 중심으로, 간결하게 해결책을 제시하고, 대중들의 공감과 이해를 이끌어내는 과정이다. 이 과정에서 대중들과 끊임없이 교감해야 한다. 강사가 자기주장을 일방적으로 강조하거나, 자기만족에 빠져서 독주해서는 안 된다. 강사와 대중들이 끊임없이 주고 받아야 한다. '여러분' '여러분'— 끊임없이 찾아야 한다, 적어도 1분에 한 번씩은, '여러분—', 찾아야 한다.

'회향'은 실천과 신앙적 공감으로 나아가는 과정이다. 아무리 화려한 설법을 해도 대중들의 실제적 행위를 이끌어 내지 못하면 실패작이다. 실천과제를 제시하고 약속하고, 또 기도와 축원 등을 통하여 대중들의 신앙적 감흥을 불러일으킴으로써 강설은 훌륭하게 회향될 수 있다.

둘째, '논리와 훌륭한 표현을 갖춘 법을 설하라.-'

우리 강설은 불교적 논리로 전개한다.

불교적 논리는 철저하게 '고집멸도'에 근거함으로 가능하다.

'고(苦)'는 문제를 진단하는 것이다.

'집(集)'은 문제의 원인을 분석하는 것이다.

'멸(滅)'은 극복과 치유의 희망을 주는 것이다.

'도(道)'는 구체적인 처방-실천 과업을 제시하는 것이다.

셋째, '오로지 청정한 삶〔淸淨梵行/청정범행〕을 드러내라.'

이것이 강설 성공의 결정적 조건이다.

'청정한 삶(淸淨梵行)'을 이끌어 내는 것이 불교의 목표이고, 이것이 우리들의 실체고 자아고, 해탈열반의 길이다. 십 년 이십 년 절에 다니고 법회 나가도 사람들이 변하지 않는다. 구태의연하다. 그래서 절망적이다. 사람들을 변화시킬 수 없는 불교, 아니 변화하도록 길을 열어 주지 못하는 불교가 무슨 의미가 있는가?

우리 강설은 이론에 빠지지 말아야 한다.

연기·중도·무아·공·마음 … 등 공허한 견해/이론에 빠지지 말고, 시장한 농부에게 밥 한 그릇 대접하듯, 구체적인 보살행의 실천을 끌어내야 한다. 이 농부에게는 '밥 한 그릇'이 법(法)이고 진리고 열반이다. 이 밥 한 그릇이 청정한 삶이다. 청정한 삶- 뭐 대단한 것 아니다. 지금 우리는 고달픈 대중들 모아 놓고, 대중들이 허리가 아픈지 지루해 하는지 아랑곳없이, 자기도취에 빠져 헛소리들 하고 있지 아니 한가?

'청정한 삶'- 무엇인가?

우리 설법/강설이 추구해야 될 청정한 삶이 무엇인가?

곧 '사제팔정도'다. 곧 '우리들의 팔정도'다. 이것으로 족하다.

2. 설법/강설 −,
「설법/강설 연구계획표」짜기

가)「설법/강설 연구계획표」준비하기

① 우리가 부처님 설법에 다가가는 최선의 길은

첫째, 우리 스스로 보살고행의 길 열심히 걷고 걷는 것이고,

둘째, 철저하게 연구하고 계획 세우는 길 뿐이다.

② 사전에 연구되고 계획되지 아니한 것은 설법도 아니고 강설도 못된다.

연구되고 계획되지 아니 하고 평소실력으로 하는 말은 '잡설(雜說)'일 뿐이다.

③ 설법/강설 전에 반드시 「설법/강설 연구계획표」를 짠다.

「설법/강설 연구계획표」는 전사(戰士)의 무기이고 개척자의 괭이와 삽이다.

전선에 나가는 전사가 무기가 없다면 어찌 되겠는가? 괭이와 삽이 없으면 무엇으로 묵은 땅을 파고 씨를 뿌릴 수 있겠는가?

④ 「설법/강설 연구계획표」는 반드시 문서로 작성한다.

여기서 제시하는 '보기'를 참조하고 '표준양식'을 활용하되, 자기 자신의 독창력을 얼마든지 발휘해도 좋다.

⑤ 한 번 강설, 20분 강설을 위하여 적어도 일주일 내내 구상하고 3일 이상은 깊이 있게 연구해야 한다. 대중들을 연구하고, 문제를 파악하고, 처방을 제시하고, 관련되는 경전공부−교리연구하고−, 관련되는 불서(佛書)들 읽고−, 이렇게 끝없이 연구하고 또 연구해야 강단에 설 수 있다.

나) 「설법/강설 연구계획표」 보기

〈보기〉의 「설법/강설 연구계획표」는 '산장의 여인'으로 널리 알려진 가수 권혜경 보살의 실화기록을 중심으로, 사띠를 통하여 마음을 관찰하고, 마음관찰을 통하여 마음을 텅– 비워감으로써 심신의 병을 극복하는 과정을 주제로 작성된 것이다.

스토리를 강사가 설하지 않고, 대중들이 역할을 맡아하는 〈대화극 ; 산장의 여인과 버들강아지〉를 짜서 실제 발표하도록 하였다. (대본 ; 다음 10장 참조)

〔 보기 〕 설법 / 강설 연구계획서 (강사 ; 김재영)

법회일시		2019년 3월 22일 (금) 오후 7시 (시간 ; 20분)			장소 (모임)		금요정기법회/법당	
대상연구	대 상	주부, 직장인	성 별	여성	인원	30	연령대	3, 40대
	직 업	=	교육수준	고, 대졸	신행수준	보통		
	그들의 문제	1. 절에 다니지만 분명한 신앙의식이 없고 2. 직장, 가정생활에서 오는 스트레스로 마음의 평정을 잃고 있다.						
	그들에게 지금 필요한 조언	1. 부처님의 가르침에 대한 확신 2. 마음의 평화, 평정을 찾는 구체적인 수행법 – 사띠						
설법주안점	설법제목	**'산장의 여인과 버들강아지'**						
	주안점/주제	사띠를 통하여 마음 관찰하고 마음 비운다						
	요 지	1. 내 마음을 허공처럼 텅– 비울 때 부처님 보인다. 2. 사띠를 통하여 '제행무상'을 관찰하는 것이 마음 비우는 길						

경전말씀	"제행은 무상한 것이다. 게으르지 말고 사띠하라. 이것이 여래의 마지막 말이다." −디가니까야 16 「대반열반경」−		
전 개 과 정	도입 (사례)	☺ 대화극 '산장의 여인과 버들강아지' − '산장의 여인' 가수 권혜경이 죽을병으로 방황하다가 얼음장을 뚫고 솟아나는 버들강아지를 보고 기도를 통하여 살아난 실화를 대중들이 대화극으로 발표한다. (10분)	
	본론의 주요 내용	1. 질문 ; 지금 여러분의 내면적 문제가 무엇입니까? 2. 진단 ; 마음의 평정을 잃고 스트레스 많이 받는 것은 마음을 비우지 못하기 때문이다. 온갖 어둔 생각들이 우리 마음 가득 채우고 있다. 3. 처방 ; 부처님께서 마지막 유언으로 남기신 불멸의 길 '사띠'를 통하여 마음관찰하는 것이 마음 비우는 최선의 방법이다. 4. 사띠하는 법 ; '사띠 일구'를 중심으로 사띠하면서 '제행무상'을 관찰하는 법을 집중적으로 공부한다. 5. 향상 ; 사띠를 통하여 마음을 허공처럼 텅− 비워간다. 6. 검증 ; 실제로 사띠 해 본 느낌들을 발표한다. 7. 결론 ; 사띠를 일상화하여 마음을 비우는 것이 불교적인 삶의 핵심이다. (본론 10분 정도)	
회 향	실천약속	'사띠 일구'를 명념하고 끊임없이 일상의 현장에서 외우고 또 외운다.	
	축 원	'마음의 평화를 위한 축원'	찬 불	'얼굴' 함께
주의사항		1, 일반론 하지 않는다. 2. 남,녀 차별적인 발언 하지 않는다.	

〈개척빠리사학교〉

〔 보기 〕 **설법 / 강설 연구계획표 (법사 / 강사 ;   )**

법회일시		20 년 월 일 (요일) 시 (시간 ; 분)			장소 (모임)		
대상연구	대 상		성 별		인원	연령대	
	직 업		교육수준		신행수준		
	그들의 문 제						
	그들에게 지금 필요한 조언						
설법주안점	설법제목						
	주안점/주제						
	요 지						
경전말씀							
전개과정	도 입 (사례)						
	본론의 주요내용						
회향	실천약속						
	축 원			찬 불			
주의사항							

〈개척빠리사학교〉

다)「설법/강설 연구계획표」실제로 짜기

① 표준양식을 활용한다.

② 먼저 <u>설법대상을 분명하게 특정한다.</u>

대상에 따라서 설법내용이 달라진다.

③ 대상은 구체적으로 특정한다.

  – '어린이' '청소년' '청년대학생' '군인들' '재소자들'

  '이혼문제로 고민하는 부부들' '삶의 무의미로 자살을 생각하는 사람들' …

  – '일반인' '신도들' '대중들' … 이런 식으로 막연하게 정하지 아니한다.

④ 대상연구를 철저히 한다.

  – 직업, 연령대, 성별, 교육수준, 신행수준 등은 기본적 조건으로 파악한다.

  – 자료검토, 현장방문, 면담 등을 통하여 <u>그들의 문제, 고통, 희망 등을 파악한다.</u>

  이것이 가장 중요하다. 의사가 증상을 진단하는 것과 같다.

  – 한 법사는 노숙자들을 대상으로 강설하기 위하여 대구역에 가서 그들과 같이 며칠 살았다.

  – 이러한 대상연구를 통하여, 그들에게 진정 필요한 것이 무엇인지 파악한다.

⑤ 설법주안점/주제는 단순 명료하게 한다.

  – 전하려는 메시지를 단순하게, 구체적으로 내세운다.

   (보기) 'Sati를 통하여 마음관찰하는 것이 마음 텅– 비우는 것이다.'

   '내 인생의 주인은 나 자신이다. 내가 개척하는 것이다.'

'"내 잘났다"라는 생각을 비우는 것이 부부간의 문제를 해결하는 요체이다.'

- 한 가지 주안점에 올인 한다. 내용을 나열하지 않는다. ; 팔정도 늘어놓기 등
- 선택 집중한다.

    (보기) "내 잘났다."라는 생각 비우기를 주안점/메시지로 잡았다면, 여기에 초점을 맞춰서 '모든 존재는 무상한 것이다, 잘 난 것이 없다, 머지않아 한줌 흙으로 돌아간다.' 이런 내용에 집중하고, 이런 말 저런 말 왔다 갔다 하지 않는다.

⑥ 일반론(一般論) 하지 않는다.

- '불교는–' '인생은–' '깨달음은–' '공은–' '마음은–' 등 우리들의 현실적인 삶과 관계없는 공허한 추상적 관념론(觀念論) 하지 않는다.
- 이것이 우리들의 최대 병폐이고 대중 감동시키지 못하는 제일 원인이다.
- '눈에 보이고 즉각적인 것'
    즉각적으로 효과가 나타나고 현실적으로 이익 되고 향상시키는 것.
- 한 가지 구체적 사례를 중심으로 조그맣게 간결하게 전개해 간다.
- 좋은 현장사례 찾는 것이 설법의 성패를 좌우한다.
- 사례(事例) 얘기로부터 시작한다. '부처님 당시에–' '최근에 미국에서–'
    '산장의 여인으로 유명한 가수 권혜경씨가–'
- 사례는 경전이나 우리 주변의 여러 자료에서 찾는다.
- 사례 얘기는 20분 설법이면 5분정도 간결하게 하는 것이 좋다.

⑦ 경전, 교리연구는 깊이 있게, 논리적인 근거를 찾아서 한다.

  - '불경말씀'은 하나만 간결하게 정해서 여러 번 인용하고, 대중들이 함께 외우도록 한다. 이 말씀, 저 말씀 늘어놓지 않는다. 지식 자랑 아니다.

  - 한문투의 문장, 선어록(禪語錄) 등은 가급적 피한다.

  - 관련되는 경전, 교리 폭넓게 읽고 논리를 세운다.

  - 복잡한 교리 늘어놓지 않는다. 바탕에 깔고 얘기한다.

⑧ 한 가지 사상, 특정한 사상/견해를 과도하게 내세우지 않는다.

  (보기) '무아가 제일이다.'

  '일체가 공이다.'

  '본래부처다, 닦을 것이 없다.'

  '오로지 마음이 이 세상을 만든다.'

  '위빳사나' '참선'만이 깨달음의 길이다.

⑧ 설법/강설방법을 과감하게 혁신한다.

  - 설법/강설은 꼭 말로 하는 것 아니다.

  - 대상의 특성에 따라, 문답, 토론, 발표, 대화극 등 다양하게 구사하고, 시청각 자료를 적극적으로 활용한다. 자료의 홍수 속에서 좋은 대어(大魚)를 낚아라.

⑨ 전개순서는 도입, 본론, 회향의 내용을 간결하게 요약한다.

  - 시간배분(20분 기본형) – 도입 ; 4분, 본론 ; 13분, 회향 ; 3분.

  - 도입에서는 현장사례의 내용을 간결하게, 현장감 있게 말한다.

  - 본론에서는 대개 1, 2, 3의 세 파트정도로 나눠서 정리한다.

  1. 문제제기 – 사례를 받아서 무엇이 문제인가를 분명히 진단한다.

  (보기) 부부갈등의 원인은 서로 잘났다는 고집이다.

  여러분 자신은 어떤가?

2. 문제 분석과 처방 탐구 – 경전 교리를 바탕에 깔고 붓다의 방식으로 분석하고 탐구한다.

(보기) 내 잘났다는 고집／집착／我相이 왜 생겨나는가를 분석하고, 해결책을 모색한다. 고따마 왕자의 사문유관을 통하여, 우리는 끊임없이 생노병사의 불길 속에 타오르고 있다는 사실을 자각함으로써, '내 잘났다.'라는 망상에서 벗어난다.

3. 실천적 과제 제시 – 지금 여기서 우리가 당장 어떻게 할 것인가? 하는 구체적 방안을 간결하게 제시한다.

(보기) 1〉 매일 sati 하기

2〉 금강경 읽고 사경하기

3〉 부부 서로 합장경배 하기

4〉 '우리 빠리사'에 나가 공부하기

– sati를 모든 방법론의 기본으로 제시하고 실제로 해 본다.

⑩ 회향에서는 메시지／주안점을 사띠로 명상하면서 가슴 깊이 받아들이도록 이끈다.

– 간단한 축원으로 회향하면 참 좋을 것이다.

⑪ 설법 제목은 이런 연구를 거쳐서 맨 마지막에 정하는 것이 좋다.

– 주안점／주제는 내가 하고 싶은 말의 요지이고, 제목은 내 세우는 광고이다.

(보기) 주안점／주제 – '마음관찰로 마음 텅– 비우기'

제목 – '산장의 여인과 버들강아지'

⑫ 청법대중들을 위하여 〈설법／강설 자료〉를 한두 쪽 준비해서 배포하고, 같이 보면서 진행하면 훨씬 실감나고 머리에 깊이 박힌다.

– 맨손 설법／강설은 금물이다. 아무 효과 없다.

– 〈설법／강설 자료〉는 다음 보기를 참조해서 창의적으로 작성한다.

[법회 ;] (시간)

법사 / 강사 ;

제목 ; '산장의 여인과 버들강아지'

[경전말씀]

"제행은 무상한 것이다.

게으르지 말고 사띠하라.

이것이 여래의 마지막 말이다."

– 디가니까야 16「대반열반경」–

1. [대화극] '산장의 여인과 버들강아지' 발표(7분)

   – 출연자 소감발표(3인 3분)

2. 질문 ; "가수 권혜경씨는 자기 마음속의 어둔 생각들 때문에 심신이 병들었다.

   지금 여러분의 마음속에는 어떤 생각들이 있어 자신을 괴롭히는가?"

   – 두세 분에게 질문

3. 권혜경씨처럼, 부처님 앞에 자기를 내놓고, 자기 자신의 깊은 곳을 한번 들여다보라. 우리 마음이 맑지 못하기 때문에, 갖가지 어둔 생각들로 차 있기 때문에 마음이 평정을 잃고 심신의 병을

초래한다.

4. 문제해결의 길은 마음을 있는 그대로 관찰함으로써 마음을 텅-
   비우는 것.

   - 붓다께서는 마음 관찰법으로 '사띠(Sati)'를 가르치신다. 사띠
     는 '마음관찰'이다.
   - 이 사띠가 우리 인생을 이끌어가는 '최후의 등불'이다.
   - **[경전말씀]**, '붓다의 마지막 유언' 함께 외운다. 합장하고
                                                    - 2번 -

5. '사띠 일구' 실습

   「들숨 날숨 하나
    제행무상(諸行無常) 제행무상(諸行無常)
    마음이 허공처럼 텅- 비어간다.
    들숨 날숨 둘…
    들숨 날숨 셋…」

6. **[결론]**; 끊임없이 '사띠 일구' 외우면서 마음을 허공처럼 텅-
   비워라.

7. **[회향]** 1) 실천약속; 끊임없이 '사띠 일구' 외우기
            2) 간결한 축원
            3) 함께 노래하기 ; '얼굴'

제4강

설법/강설 현장에서,
설법/강설하는 지혜

●
●

「다난자니 부인의 신앙고백」

"세존 아라한 정각자 부처님께 귀의합니다.

세존 아라한 정각자 부처님께 귀의합니다.

세존 아라한 정각자 부처님께 귀의합니다."

— 쌍윳따니까야 7, 1 「다난자니경」/ *Dhānañjani-sutta* — *

---

* S Ⅰ p.160 ; 각묵 스님 역, 『쌍윳따니까야』1권 pp.541-544. ; 『화엄코리아』
pp.241-248.

1) 단정한 위의(威儀), 아름다운 표현

① 용모 단정히 한다.

② 복장은 깔끔하게 정장한다.

③ 밝고 부드러운 얼굴로 나선다.

④ 표준말을 쓴다. 가급적 사투리는 피한다.

⑤ 반드시 존댓말을 쓴다.

    – 절대로 반말 하지 않는다.

    – 어린이들에게도 존댓말 쓴다.

    – 비속어는 쓰지 않는다.

⑥ 간결하고 짤막짤막하게 말한다.

⑦ 낮은 목소리로 말할 때, 힘주어 말할 때, 침묵할 때, 적절히 병행한다.

⑧ 절대로 호령하듯, 나무라듯, 대중들 위압하듯 큰 소리로 말하지 않는다.

⑨ 절대로 자기자랑하거나, 다른 사람들 비난, 비방하거나, 정치적 발언하지 않는다.

⑩ 법단 중앙에서, 자연스럽게 움직이면서 진행한다. 기대거나 손발을 과도하게 흔들거나, 과격한 몸짓 하지 않는다.

2) 함께 대화하고, 주고받고 하면서 전개한다.

① 설법은 합창이고 합주다. 절대 혼자 독주하지 않는다.

② 질문을 던지고 답을 끌어내고- 계속 이런 식으로 나간다.

③ '여러분' '여러분' '여러분은 어떻습니까?' - 계속 찾는다.

④ 대중을 자꾸 움직이게 한다.

　　같이 노래도 하고, 박수도 치고, 간단한 율동도 하고 -

⑤ 영상, 녹음, 사진 등 다양한 시청각 매체를 활용한다.

　　영상 10분 보고 간략히 정리하고 …

⑥ 신앙적 수행을 계속 도입한다.

　　- Sati도 하고

　　- 염불도 하고, 기도, 독경, 백팔배도 하고, 포살도 하고(간략하게)

⑦ 재소자, 군인 등 대상을 너무 의식하지 말고, 친구끼리 얘기하듯, 자연스럽게 한다.

　　- '재소자 여러분' 하지 않는다. '친구 여러분' '도반 여러분'

⑧ 절대로 자기개인의 특별한 주장 지나치게 강조하지 아니 한다.

　　- '저는 이렇게 생각합니다. 여러분 생각은 어떻습니까?-'
　　이렇게 자기생각, 자기견해- 간략하게 생각 자료로 제시하는 데 멈춘다. 이 경우에도 붓다의 가르침-사제팔정도와 보살고행에 근거해서 자기생각 논한다.

　　- 이것이 '사설(私說)하지 않는 것'이다.

3) 감성에 호소한다.

① 해탈은 지적(知的) 해탈(慧解脫)보다 감성적 해탈(心解脫)이 더 본질적이다.

　　- 무명(無明)/번뇌(煩惱)는 지적 혼란 이전에 심리적 정서적인 불안정이다. ; 트라우마, 우울증

② 논리적으로 전개하되, 지적, 지식 중심의 접근은 최소화한다.

   – '다 알고 있다.'고 생각하라. 알리려 하지 말고, 느끼게 한다.

   – 철저하게 붓다의 가르침에 입각하되, 복잡한 이론/교리 전개하고 나열하지 말고, 감성적으로 접근한다.

   – 연기, 중도, 무아, 공, 반야, 자성, 마음 등 추상적인 개념은 최대한 피한다.

③ <u>설법의 생명은 감동을 주는 것이다.</u>

   – 설법은 강의가 아니다. 설법은 감동이다.

   – 좀 눈물 흘리게 이끌어보라.

   – 그들의 경험에 호소하는 것이 최선이다.

   ; 어머니 생각, 고향 생각, 부처님 고생하시는 모습, 어려웠을 때 생각, 불쌍한 동포들, 죽어가는 사람들 … 자기체험 적절히 활용한다.

   – 법사 자신이 먼저 흥분하면 안 된다. 조용하게 낮은 목소리로, 가슴 깊이 –

4) 붓다 석가모니의 구원에 대한 확신을 심어준다

① 불교는 종교다. 철학도 아니고 사상도 아니고 과학도 아니다.

② 종교는 신앙이 생명이다. 신앙 없는 불교, 이미 불교 아니다.

   – 깊고 경건한 신앙 없이 깨달음도 없고, 보살–보살고행도 없다.

③ 붓다 석가모니에 대한 절대적인 신앙을 심어주는 것이 최선의 전법이고 설법이다.

   – '부처님 의지하고 다 맡겨라, 이것이 구원이다.'

   – '부처님의 지극한 연민 헌신의 일생, 그 대비심(大悲心)은 불멸

이다. 부처님의 육신은 갔어도, 이 거룩한 대비심은 시공을 초월하여 지금 여기 우리 함께 있다. 우리 마음속에 부처님의 연민이 함께 있고, 우리들의 핏줄 속에 부처님의 피가 흐르고 있다. 그래서 <u>우리는 부처님을 떠나서 살고 있는 것이 아니다.</u>'

 – '노(老)삥기야의 신앙고백' – 때때로 함께 외운다.

 – '우리가 지성으로 부르면 부처님은 천백억 불보살의 몸으로 현신(現身)하신다. 아미타불, 관세음보살, 지장보살 … 염하고 염하라.'

④ '세존 아라한 정각자 부처님께 귀의합니다.'

이렇게 '다난자니 부인의 신앙고백'이라도 확고하게 심어준다.

〔연구문제〕; 「붓다 석가모니가 진신(眞身)이고 본존(本尊)이시다」

'천백억화신 석가모니불'–이렇게 화신(化身)사상에 빠지면 안 된다. 화신은 '아바타'다. 가짜다. 하수인이다. '법신(法身) 바로자나불이 따로 있고, 석가모니불은 그 화신이다.'– 이것은 브라만교의 삼신(三神)사상을 모방한 아주 위험한 반(反)불교적 발상이다. 삼신불(三身佛)사상 자체가 잘못된 것이다. 셋으로 나눠놓고 '하나다' 하는 발상 자체가 브라만교의 범아일여(梵我一如)사상의 모방이다. '불이(不二)' '둘 아니다.'–, '비로자나불과 석가모니불이 둘 아니다'–, 분별망상이다. 처음부터 석가모니불을 떠나 비로자나불이 따로 있는 것 아니다. 잘못 이해된 대승불교–중국불교의 과오다. 대웅전(大雄殿) · 대적광전(大寂光殿) 따로 짓는 것이 그 구체적 사례다.

<u>명심불망−붓다 석가모니가 진신(眞身)이고 본존(本尊)이시다. 붓다 석가모니의 연민 헌신, 피땀 흘리며 걷고 걸으시는 그 삶, 그 행위−청정한 삶(淸淨梵行), 바로 이것이 붓다의 진신(眞身), 'Real Buddha'시다.</u>

아미타불 관세음보살−제불보살은 석가모니불의 현신(現身)이다. 붓다 석가모니의 지극한 연민 헌신−대비심(大悲心, Mahā-karuna)과 대원력(大願力)이 순간순간 시공을 초월해서 우리들 앞에 몸을 나투어 인도하시는 것이다. 우리들의 염원에 따라 이름/역할을 달리 하신다. 붓다의 몸(佛身)은 형상의 몸이 아니다. 대비원력(大悲願力)− 따뜻한 연민이 곧 붓다의 몸이다. 곧 어머니의 몸이고 나의 몸, 우리들의 몸이다.

그런 까닭에 붓다의 법, 붓다의 몸은 시간 공간을 초월해 있다. 불멸(不滅)이다. 현신(現身)은 대비원력의 작동이다. 무심히− 마음을 비우고 간절히 부르면, 부처님의 대비원력이 찬란한 광명으로 우리 속에서 작동하는 것이다. 죽어가는 가수 권혜경 보살 앞에 나타나시듯, 순간순간 나타나신다. '즉각적' '무시적(無時的, agālika/아갈리까, timeless)'이다. 이것이 'Dhamma의 기본적 조건'이다. 남방불교는 이러한 정통성을 잘 지키고 있다.

5) '자유의 전사' '자유의 개척자'로서의 임무의식을 심어준다

① 불교신앙은 신적(神的) 존재에 대한 맹목적 신앙이 아니다.

전법고행(傳法苦行) 45년- 붓다 석가모니의 절절한 삶에 대한 공감적 이해(共感的 理解)가 불교적 신앙의 본질이다. 이것이 신해(信解)이고, 알고 믿는 것이고, 이것이 깨달음의 길이다. '붓다의 일생'-익히고 익혀라. 설법/강설-, 이것으로 족하다.

− 부처님은 '천인사(天人師)'다. 신(神)과 인간을 함께 구원하신다.

− 부처님은 '천상천하 유아독존(天上天下 唯我獨尊)'이시다.

부처님은 모든 신(神)들 사람들 다 제도하신다.

② <u>그러나 부처님의 과도한 신격화(神格化)는 금물(禁物)이다.</u>

− '부처님은 천중천(天中天), 신(神) 가운데 신이시다.'−, 이런 표현 금물이다.

− 부처님은 인간이시다. 어떤 경우에도 신(神) 아니다. 불교는 '인간의 종교'다.

− 위신력(威神力)− 신(神)을 제도하시는 붓다의 힘은 그 지극한 연민 헌신의 대비심에서 나온다.

③ 불교를 함부로 '무신론(無神論)'으로 규정해서는 안된다.

− 부처님은 신(神)을 넘어서 계신다.

유신론(有神論)도 무신론(無神論)도 신(神)에게 묶여있는 것이다. 불교는 자유론(自由論)−해탈론(解脫論)이다. 일체의 구속으로부터 벗어나 훨훨 자유자재(自由自在)한다.

− '신(神)의 올가미(pāsa / 빠사), 인간의 올가미로부터 벗어났다.'

④ 신(神)으로부터 벗어나라. 신(神)은 인간들이 생각해 낸 생각의 산물이다.

⑤ '자유의 전사' '자유의 개척자들'로서의 임무의식을 일깨운다.
- '신(神)의 문제'는 '존재하는가? 존재하지 않는가?'하는 '존재의 문제'가 아니라, '신의식(神意識)'－신의 권위, 신의 공포, 원죄의식(原罪意識)에 묶여있는 많은 사람들, 동포들을 풀어내 자유롭게 하는 '해탈의 문제'이다.

⑥ 부처님은 신적(神的) 권위에 묶여있는 동포들 구제하신다.
신을 두려워하고 원죄(原罪)에 묶여있는 동포들을 자유의 천지로 인도하신다.

⑦ "불교도들이여, 이제 전법하라 떠나가라."
- 우리들에게 주시는 붓다의 지엄(至嚴)하고 간곡한 부촉.
- 이것이 우리시대, 21세기 초과학시대, 우리 불교도의 역사적 임무이고 역할이다.
- 점점 신(神)의 시대로 돌아가는 우리 한국사회－, 신(神)과 인간들의 권위, 이념과 체제의 권위로부터 벗어나는 것, 이것이 진정한 자유고 평화다.

⑧ '빠리사는 평화, 보살은 불멸'
- 우리 불교도가 보살고행으로, 보살원력으로 '자유의 전사'로, '자유의 개척자들'로 나서지 않으면 안된다.
- 이것이 바로 '빠리사'다. '빠리사는 자유와 평화의 개척자들－ Messenger들'
- 이것이 '빠리사의 임무'이며 '빠리사의 사회적 역할'이다.

- 이 길에서 죽을 수 있다면, 이 길에서 뼈 묻을 수 있다면, 얼마나 행복할까.
- 우리들의 슬로건 ; '빠리사는 평화, 보살은 불멸'

6) 주의사항

① 설법/강설은 자기 지식, 자기 법력 자랑하는 자리가 아니다.
- 빈 마음으로 붓다의 삶을 전하는 것이다.
- 자기주장, 자기의 특별한 주장/생각 내세우지 말라.
- 무슨 한소식 한 사람인 것처럼 착각하지 말아라. '나는 한갓 중생입니다.'-, 끊임없는 자기고백.

② 절대로 대중을 가볍게 여기지 말라.
- '내 잘났다.' '대중을 가르친다.' '내가 스승이다.' - 번뇌망상, 자기도취.
- '대중들과 함께 생각한다.' '함께 참회한다.' '함께 발심한다.'
- 많은 경우 대중들이 우리들 보다 더 훌륭한 사람들이다. 우리는 말만 하고 있지 이 세상 동포들 위하여 실제로 무엇을 하고 있는가?
- '박사' '교수' '법사' 내 세우지 않는다.

③ 부정적 언사를 하지 않는다.
- 기독교 이야기는 안 하는 것이 최선이다.
- 자기주장과 다른 견해들, 사람들 비난하지 않는다.
- 우리 불교, 우리 종단 비난하지 않는다. 아파하는 마음으로 지켜본다.
- 붓다의 Dhamma에 어긋나는 사견(邪見)은 가차 없이 비판한다.

④ 시작이 반이다
 - 처음 1분 정도 사띠한다(入定) - '사띠 일구' '광명사띠' 활용
 - 들어가기 전 한두 마디 따뜻한 인사말로 긴장을 풀고, 공감적 인간
  관계를 설정한다.
  (보기) "도반 여러분- 잘 지내셨습니까.
      요즘 더위에 얼마나 고생이 많으십니까."
      "성중(聖衆, Ariya-parisā) 여러분-
      요즘 살기 힘드시지요."

7) 결론-세 가지 철저

① 철저하게 붓다 석가모니, 그 삶을 중심으로
② 철저하게 Sati 중심으로, Parisā 중심으로
③ 철저하게 '우리들의 팔정도' 중심으로 - 이것이 청정범행이다.

제10장

「우리들의 빠리사운동」

우리가 살아가는 법;「우리들의 팔정도」

광명찬란 광명찬란

붓다의 빛으로

우리 일상(日常) 혁신한다

[우리들의 현장]

[입체낭독] ; 「산장의 여인과 버들강아지」

* 연출 ;	* 나레이터 ;
* 권혜경 ;	* 만수보살 ;

얼음장을 뚫고 솟아나는 버들강아지

[나레이터] '아무도 날 찾는 이 없는 외로운 이 산장에
　　　　　단풍잎만 채곡 채곡 떨어져 쌓여있네-'

'산장의 여인'이란 노래로 유명가수가 된 권혜경님, 그러나 그는 이십
대의 젊은 나이에 심장판막증 · 관절염 · 악성빈혈 등으로 오랜 치료
를 받았으나, 마침내 병원으로부터 '더 올 것 없다.'는 최후통고를
받았습니다. 그는 크게 실망하여 세 번이나 자살을 기도하였으나
실패하자 이렇게 생각합니다.

[권혜경] "죽지 말라는 팔자인가보다.
　　　　그렇다면 어떻게든 살아야지-"

[나레이터] 그는 어느 해 추위가 한창이던 2월, 전방위문 때 잠시 본 적 있는 '만월사'란 절을 찾아 강원도 사창리행 버스를 탔습니다. 버스가 겨우 카멜 고개를 넘고 있을 때, 눈에 이상한 것이 들어왔습니다. 개울을 뒤덮은 얼음 위로 뭔가 삐죽이 올라와 있었습니다. 그때 한 생각이 번개같이 그의 머리를 스쳐갔습니다.

[권혜경] "그래 버들강아지다. 버들강아지야- "

[나레이터] 순간 몽둥이로 뒤통수를 얻어맞은 기분이 들었습니다. 충격입니다.

[권혜경] "그렇다, 살아야 한다. 나는 살 수 있다.
살아야 한다는 한 인간의 생명력이 저 버들강아지 보다 못할 수 있을까. 마음만 먹으면 나는 살아날 수 있어."

[나레이터] 그가 버스에서 너무 탈진해서 기절했습니다. 그때 옆에 앉았던 할머니가 자기 집에 데려다 깨죽을 쑤어주시고, 그 할머니의 외손자라는 청년이 그를 '만월사'까지 옮겨다 주었습니다. 만수 보살로부터 요양허가를 겨우 받아냈습니다.
첫날 밤, 만수 보살님이 그의 얼굴을 쳐다보며 말했습니다.

[만수 보살] "백 가지 병의 근본이 우리 마음속에 있느니라. 부처님께 귀의하여 그 정성과 진심이 하늘에 닿을 때, 생노병사의 고뇌로부터 벗어가는 거야. 조바심 하지 말고, 자기 마음속 한가운데를 들여다 보고 있으면, 언젠가는 깨칠 날이 오는 법이야."

[권혜경] "그래 만 가지 병의 근원이 마음속에 있는 거야-"

"부처님, 이 불쌍한 중생을 굽어 살피소서"

[나레이터] 그는 만수 보살이 하는 것처럼 단정하게 앉아 눈을 감았습니다. 그리고 자기 마음속을 들여다보았습니다. 그 어려운 작업을 시작한 것입니다. 법당에 들어가 마룻바닥에 담요 한 장 깔고 난생 처음으로 기도를 드렸습니다.

[권혜경] "부처님, 당신이 정말 부처님이시라면,
　　　이 불쌍한 인생 하나 살려주세요. 제발 살려주세요-"

[나레이터] 그런데 하루는 이상한 일이 생겼습니다. 그날따라 진눈개비를 동반한 매서운 북풍이 골짜기를 흔들고 있었습니다. 그 바람소리를 들으면서, 그는 부처님 앞에 담요를 뒤집어쓰고 비스듬히 누워있었습니다. 냉기를 참으면서 기도하다가 지친 것입니다. 그 옆에서 만수 보살이 천수경을 읽고 있었습니다. 바로 그 순간에 기적이 일어났습니다. 눈을 감은 채 가물가물 멀어져 가는 정신으로 천수경을 듣고 있는데, 갑자기 그의 귀에 대포소리 같은 커다란 목탁소리가 울리기 시작했습니다. 그는 깜짝 놀라서 눈을 떴습니다. 그것은 만수 보살이 치는 목탁소리였습니다. 만수 보살이 갑자기 부처님을 보고 외쳤습니다.

[만수 보살] "대자대비하신 부처님,
　　　속세의 님이 그리워 마음에 병이 들고

눈이 어두워 병고에 시달리는

이 불쌍한 중생을 굽어 살피소서."

[**나레이터**] 순간 무시무시한 공포가 그의 등줄기를 내리쳤습니다. 그리고 그것이 신호이거나 한 것처럼 그의 몸 구석구석에서 땀이 흐르기 시작했습니다. 다음 순간 그는 울음을 터뜨리면서 죽을힘을 다해 소리쳤습니다.

[**권혜경**] "보살님, 이제 살았어요.

땀이 나요. 온몸에 땀이 나요.

부처님 감사합니다. 보살님 감사합니다.

전 이제 살았습니다."

— 권혜경, 『산장의 여인』 — [1]

---

1) 김재영, 『은혜 속의 주인일세』 pp.93~95. 재인용.

제1강

「우리들의 팔정도」-,
우리가 살아가는 법

•
•

"수행자들이여,

나는 양극단을 버리고 중도를 깨달았다.

중도란 무엇인가?

곧 팔정도다. 곧 고집멸도다."

— 쌍윳따니까야 56, 10 「전법륜경」 — *

---

* S V p.420 ; 각묵 스님 역, 『쌍윳따니까야』 6권 p.385.

1. 「우리들의 팔정도」 – 우리시대 보살수행법

가) '나는 어찌하겠는가?,
나는 무엇으로 나를 지키겠는가?'

"부처님,

당신이 정말 부처님이시라면,

이 불쌍한 인생 하나 살려주세요.

제발 살려주세요-"

가수 권혜경 보살의 이 처절한 외침

갖가지 병으로 죽어가면서 마지막으로 외치는 절규

부처님 앞에 제 모든 것 다 들어내놓고

'제발 살려주세요'-, 외치는 구원의 절규!

저 보살의 아픔을 공감하면서

우리는 우리 자신에게 묻고 있다.

'나는 어찌하겠는가?

내가 죽을 병이 들어 저 지경이 되었다면,

나는 어찌하겠는가?

무엇으로 나를 지키겠는가?

나는 무슨 힘으로 나를 지키겠는가?

나는 그동안 무엇으로 살아왔는가?

나는 불자로서 무슨 수행을 하며 살아왔는가?

나는 보살로서 무슨 보살행을 닦으며 살아왔는가?

부처님 살려주세요— 하고 매달릴 용기라도 있는 것인가?'

돌이켜보면, 나는 아무것도 하는 것 없이 살아왔다.

수십 년 절에 다니는 불자라고 하면서, 불자의 수행 제대로 하는 것 하나 없이 살아왔다. 보살행을 찾고 보현행원을 노래하면서도, 보살의 수행법 하나 제대로 아는 것이 없다. 닦는 것이 없다. 닦을 생각도, 의지도 없다. 내 몸이 병들어 죽어갈 때, 나는 아무것도 할 수 없다. 가정이 곤란에 빠지고 가족들이 서로 원망하고 불화해도, 나는 아무것도 할 수 없다. 직장에서 인정받지 못하고 동료들하고 불화하고 갈등이 깊어져도, 나는 아무것도 할 수 없다. 세상이 불의(不義)에 빠지고 도덕이 땅에 떨어지고 도처에서 억울하게 죽어가는 동포들이 날로 늘어나도, 나는 아무것도 할 수 없다.

하아— 이것이 내 인생인가?

이렇게 살다 가려고 이 세상에 태어났는가?

이렇게 허둥거리며 살다 내 인생 끝날 것인가?

아니다, 정신 차려야 해, 지금부터라도 정신 차려야 해.

나 자신을 지키고, 우리 가족을 지키고, 우리 직장을 지키고,

걷잡을 수 없이 무너져 내리는 우리사회, 우리나라 구하기 위해서 정신 차리고 힘을 길러야 해. 불자로서의 힘, 보살로서의 힘— 수행의

힘 닦고 길러야 해.

길은 어디 있는가?
불자의 길 - 어디 있는가?
보살의 수행법 - 어디 있는가?
우리가 함께 살아날 대승보살의 길 - 어디 있는가?

나) 보살수행법 - '우리들의 팔정도'

「Buddha-Sati-Parisā로
따뜻한 연민 - 고요한 관찰 - 자유로운 토론으로 - 」

바로 이것이다. 이것이 '보살수행법'이다.
바로 이것이 '붓다의 불교 - 3대 수행법'이다.
바로 이것이 내가, 우리 가족이 다시 살아날 '우리가 살아가는 법'
이다.
「우리들의 팔정도」는 이 '3대 수행법'을 우리들의 실제적인 삶으로,
눈에 보이고 즉각적인 삶의 방법으로 완성해 낸 것이다.

팔정도가 보살수행의 근거이며 표준이다.
팔정도 - 사제팔정도가 보살행 - 보살고행의 근거이며 표준이다.
이 '팔정도'는 '깨달음의 차례법문'과 일치한다. '팔정도'와 '깨달음의
차례법문' -, 이것은 붓다께서 몸소 설하신 가장 기본적인 수행법이다.
'삼십육조도품' 등 수많은 수행법들이 있지만, 모두 이 '팔정도와 차례
법문'으로 돌아간다. 붓다의 시대에는 수많은 대중들이 이 '팔정도와

깨달음의 차례법문'을 듣고 즉각적으로 눈뜨고 성중(聖衆, Ariya-parisā)이 되었다. 사슴동산의 초전법륜—첫 설법에서 다섯 수행자가 이 법문 듣고 즉각적으로 눈뜨고, 라자가하의 빔비사라왕과 12만 명의 시민들이 바로 이 법문 듣고 즉각적으로 눈뜨고 성중(聖衆, Ariya-parisā)이 되었다.

'팔정도'와 '깨달음의 차례법문'은 구체적인 보살수행법을 제시하고 있다. 형식과 순서에 있어서 다소 차이가 있는 듯하지만, 실로는 하나의 보살수행법이고, '하나의 만인견성—만인해탈의 길'이다. 아니, 바로 우리가 살아가는 법, 우리들의 '청정범행(清淨梵行)'이다.

「우리들의 팔정도
— 우리시대 보살수행법, 우리들의 청정범행」
우리 빠리사들은 50여 년 기나긴 구도와 방황, 실험 끝에 마침내 「우리들의 팔정도」를 완성해냈다. '하나의 수행법' '만인견성의 수행법' '붓다의 불교— 3대 수행법'을 완성해 냈다. '붓다의 불교—, 정법체계'에 근거해서, '우리시대 우리들의 수행법'을 완성해낸 것이다. 우리가 이 불의와 혼돈의 시대에 물들지 않고, 그래도 아름다운 인간성을 지키면서 깨끗하게 살아갈 수 있는 구체적인 처방, 방법론이다.

이 「우리들의 팔정도」는 실로 역사적인 산물이다.

2천7백 년 불교사를 혁신할 수 있는 역사적인 산물이다.

우리들의 삶, 우리들의 일상(日常)을 붓다의 빛으로 혁신할 수 있는 길이다. 죽음 앞에 섰을 때, 당당히 맞설 수 있는 힘을 기르는 길이다. 우리 가족의 평화를 회복하고, 우리 직장의 활기를 불러일으키고, 우리 사회—우리나라 소리 없이 혁신할 수 있는 길이다.

2. 「우리들의 팔정도」

위의(威儀)를 단정히 하고, 부처님 얼굴 바라보면서
낭랑한 목소리로 외우고 새기고 살아간다. (죽비/목탁 3번)

〔희망합송〕 ; 「우리들의 팔정도」
　　　　　 – '만인견성–만인해탈'의 정도를 찾아서

「Buddha / 붓다–
우리도 부처님같이– 세상에 대한 연민으로
붓다 석가모니 생각하는 간절한 그리움으로(Namo / 귀의)
'사제팔정도'– 구원의 등불 삼아
따뜻한 미소로 먼저 다가가 인사하고
작은 것 하나라도 함께 나누고(Danā / 나눔)
오계 굳게 지켜 산목숨 해치거나 차별하지 아니 하고
적게 먹고 검소하게 절제하며 살아간다.(Sīla / 지계)

Sati / 사띠–
문득 허리 곧게 펴고, 두 눈 코끝에 집중하고,
마음 집중하여 자연스럽게 들숨 날숨 헤아리며,
눈앞의 상황–, 안팎으로 있는 그대로 관찰한다.
무심히– 무심히–　　　　　 (죽비/목탁 3번)
　　　　　　　(마음속으로 외우며 지켜본다)

'들숨 날숨 하나-,
제행무상(諸行無常) 제행무상(諸行無常)
마음이 허공처럼 텅- 비어간다.
들숨 날숨 둘- … 들숨 날숨 셋- ' (사띠삼념)

(죽비/목탁 3번)

Parisā/빠리사-
가정, 직장, 마을, 법회-
도처에 '평등공동체 우리 빠리사' 개척하고
때때로 둘러(pari) 앉아(sā) 함께 공부하고 토론하고 공감, 합의하고
대중울력으로 거친 벌판 전법개척의 길 열어간다.
한 도반을 인도하기 위하여 일 년 십 년- 일생을 건다.

이렇게 Buddha Sati Parisā로
따뜻한 연민, 고요한 관찰, 자유로운 토론으로
'깨달음' '한소식' '성불'-, 아무것도 구하지 아니하고
다만 피땀 흘리며 보살고행의 길 걷고 또 걷는다.
(합장) 나무석가모니불(나무서가모니불)- (3념) (죽비 3번)」

☺ 전법; 청보리/빠리사학교

3. 「우리들의 팔정도」 -,
능히 신비(神秘)를 일으킨다

"보살님, 이제 살았어요.

땀이 나요. 온몸에 땀이 나요.

부처님 감사합니다. 보살님 감사합니다.

전 이제 살았습니다."

「'Buddha-Sati-Parisā로

따뜻한 연민-고요한 관찰-자유로운 토론으로- 」

이것은 능히 신비(神秘)를 일으킬 수 있는 길이다.

「우리들의 팔정도」-

이것은 능히 신비, 기적을 일으킬 수 있는 수행법이다.

이것은 능히 영험(靈驗)- 신령스런 체험을 일으킬 수 있는 수행법이다.

가수 권혜경 보살이 다시 살아나듯, 죽음 속에서도 다시 살아날 수 있는 수행법이다. 우리들의 삶을, 우리들의 일상(日常)을 경이(驚異)로 혁신할 수 있는 '붓다의 빛'이다. '붓다의 가피(加被)'다.

신비(神秘)- 죽어가는 사람 다시 살려 내는 신비, 가피

경이(驚異)- 우리 일상을 놀랍도록 혁신해 내는 경이

그러나 이것은 맹목적 신비주의(神秘主義)가 아니다. 신(神)에게 매달려서, 신의 뜻으로 은사(恩赦)받는 그런 맹목적 성령주의(聖靈主義)가 아니다. 나는, 우리는 이미 '신의 종', '신의 도구'에서 벗어나지 않았는가? 우리가 당당 주인 아닌가?

'Buddha-Sati-Parisā로,

따뜻한 연민 – 고요한 관찰 – 자유로운 토론으로 –'

'우리들의 팔정도'로 –

이것은 누구든지 쉽게 이해할 수 있는 합리적 수행법이다. 이 속에는 생명의 법이 작동하고 있다. 생명의 도리(道理)가 작동하고 있다. '붓다의 빛'이 작동하고 있다. 그래서 신비가 가능하다. 그래서 가피가 가능하다. 도리에, 이치에 합치하기 때문에 가능한 것이다. 어찌 어머니의 따뜻한 사랑이 죽어가는 아기를 살려 내지 못하겠는가? 어찌 고요한 관찰과 자기성찰이 우리 동포들을 제 정신으로 돌려놓지 못하겠는가? 어찌 자유롭고 진솔한 대화와 토론이 우리가정, 우리 직장의 갈등을 능히 해소하지 못하겠는가? 어찌 부처님의 지극한 연민 헌신이 우리 중생들의 고통을 구제하지 못하겠는가?

'Buddha-Sati-Parisā로'

'팔정도 – 우리들의 팔정도로'

이것은 밝고 밝은 광명의 길이다.

다시는 다시는 어둠 속에서 헤매지 말 것이다.

기원전 588년, 와라나시 사슴동산, 초전법륜

붓다께서 꼰단냐 등 다섯 수행자들에게 처음으로 이렇게 선포하신다.

새벽의 여명(黎明)처럼 '붓다의 빛' '생명의 빛'이 동해일출로 솟아오른다.

하늘땅이 은은히 진동한다. 천지만물이 어둠 속에서 구원의 빛을 보고 환희한다.

우리도 저 사슴동산으로 달려가 합장하고 따라 외운다.

"수행자들이여,
나는 양극단을 버리고 중도를 깨달았다.
중도란 무엇인가?
곧 팔정도다. 곧 고집멸도다."

– 쌍윳따니까야 56, 10 「전법륜경」 –

4. 무심히 – 무심히 –
외우고 외우고, 익히고 익힐 것

「팔정도–우리들의 팔정도」–

팔정도– 하나하나 해석하고 하나하나 닦는다고 생각하면, 이것은 '착각'이다.[2]

팔정도는 한마당의 삶으로, 한마당의 보살수행으로 닦아가는 것이다. 'Buddha-Sati-Parisā로'–, 이것은 실로 한마당의 삶이다. 하나하나, 차례차례 하는 것이 아니다. 어느 것이든 문득 그대로 닦는 것이다. 불씨 하나 던지면 온 집이 함께 불탄다. 밥 한 그릇 나눠도 좋고,

---

[2] '이 팔정도는 길(道, marga)라고 일컬어지기 때문에, 사람들은 흔히 정견, 정사유 등등 (마지막, 필자 주) 정정이 실현될 때까지 순차적으로 닦아 나아가야 한다고 생각한다. 이것은 심각한 착각이다. 이 여덟 개의 조항은 동시적으로 추구될 것이 요구되는 한 덩어리의 삶이며, 상호 보완적이기 때문이다.'; John M. Koller, *The Indian Way* pp.156-157.

잠시 사띠 해도 좋고, 둘러앉아서 공부하고 토론해도 좋다. 어느 것이든 문득 그대로 닦으면, 마음이 텅— 비워지고, 불멸(不滅)의 생명 에너지가 불끈 솟아난다. 누구든지 눈뜬다. 지금 여기서 즉각적으로 눈뜬다. '만인견성—만인해탈'이 '눈앞의 fact'로 드러난다. 이대로 안 하기 때문에 십 년 이십 년 앉아도 눈뜨지 못한다. 부처님 법문 무시한 과보다.

또 하나— 전문적으로 들어가면 안 된다. 수렁에 빠지고 만다.

지금 위빳사나, 사마타, 참선하는 수행자들 대부분이 '전문적'이고 '신비적'이다. 이들은 전문적인 수행자들이기 때문에 그렇게 하는 것이 필요할지 모른다. 그러나 붓다의 수행법은 본질적으로 단순 명료하다. '눈에 보이고 즉각적'이다. 전문적으로 체계적으로 닦는 것은 자칫 수렁에 빠지는 것이다. 실제로 많은 사람들이 이런 수렁에 빠져있다. 무슨 이상한 경지— 보겠다고 하면 외도다. 단순명료하게— 이것이 보살수행의 전제조건이다.

'단순하게 쉽게 일상적으로
열심히 게으르지 않게, 다함께(sammā, together)—',
이것이 팔정도의 정도(正道, sammā-magga)다.

「우리들의 팔정도」—
외우고 외울 것이다. 익히고 익힐 것이다.
무의식 깊이 새길 것이다. DNA 깊이 새길 것이다.
무심히 무심히—. 수행은 '무심히'가 최선이다. 용심(用心)하면 안 된다. 머리 굴리면 안 된다. 그저 무심히 무심히— 호흡하듯이, 밥 먹듯이 하는 것이다. '보겠다.' '깨닫겠다.' '한소식 하겠다.'- 이미 틀렸다.

무심히 무심히-

아침에 일어나 외우고, 차타고 갈 때 외우고, 직장에 가서 하루 일과 시작할 때 외우고, 법회·빠리사 모임 때 함께 외우고, 일과 끝내고 잠자리 들기 전 외우고-.

「우리들의 팔정도」외우는 것으로 조석예불을 삼아도 좋고, 기도를 삼아도 좋고-, 이렇게 하면, 우리들의 무의식이 불심(佛心)으로, 붓다의 연민으로 드러나고, 우리들의 DNA가 붓다의 DNA로 전환한다. 우리들의 삶이 한 순간에 보살의 삶으로 전환한다. 광명찬란 광명찬란- 문득 눈앞이 붓다의 빛으로, 불성광명으로 빛난다. 문득 오늘 하루가 광명으로 밝아온다. 우리 가정, 우리 마을, 우리 직장이 광명으로 밝아온다. 문득 근심·걱정·질병·죽음 사라지고, 불멸의 보살생명이 빛을 발한다.

우리는 큰 목소리로 외친다.
"보살님, 이제 살았어요.
땀이 나요. 온몸에 땀이 나요.
부처님 감사합니다. 보살님 감사합니다.
전 이제 살았습니다."

제2강

'Buddha' – 그리운 부처님,
'붓다의 빛'으로 우리 인생 혁신한다

●
●

[우리들의 팔정도] (1)

「Buddha / 붓다–

우리도 부처님같이– 세상에 대한 연민으로

붓다 석가모니 생각하는 간절한 그리움으로(Namo / 귀의)

'사제팔정도'– 구원의 등불 삼아

따뜻한 미소로 먼저 다가가 인사하고

작은 것 하나라도 함께 나누고(Danā / 나눔)

오계 굳게 지켜 산목숨 해치거나 차별하지 아니 하고

적게 먹고 검소하게 절제하며 살아간다.(Sīla / 지계)」

1. 일상으로 염불 기도하기

'부처님 부처님
석가모니부처님
무한하신 원력대로 인도하소서 –'

언제 어디서나 이렇게 부처님 생각할 것이다.
좋을 때나 궂을 때나, 기쁠 때나 슬플 때나,
깨어있을 때나, 잠들어 있을 때나, 꿈에서나,
모든 것 다– 부처님께 맡기고 이렇게 염불기도하며
마음을 '부처님 생각'으로, '붓다의 빛'으로 가득 채울 것이다.
그리고 내 앞에 닥치는 일들 담담하게 받아들일 것이다.

'암입니다, 나쁜 병입니다. –'
이렇게 선고 받을 때–
가만히 두 손 합장하고
이렇게 아미타불 생각하며 기도할 것이다.

'나무서방대교주
무량수여래불
나무아미타불 나무아미타불 … (십념)

아미타 부처님—
저를 이 두려움에서 구하여 주소서.
우리 사랑하는 가족들, 친구들, 이땅의 동포들—
이 곤경에서 구하여 주소서.
찬란한 불국정토로 인도하소서.
불멸의 보살생명으로 인도하소서—'

우울할 때, 죽고 싶을 때,
분노로 잠 못 이룰 때.
배신으로 돌아갈 곳이 없을 때—
관세음보살께 다 맡기고
가만히 두 손 합장하고
이렇게 관세음보살 생각하며 기도할 것이다.
언제 어디서나 이렇게 관세음보살 생각하며 염불할 것이다.

'나무보문시현 원력홍심
대자대비 구고구난
관세음보살
관세음보살 관세음보살 … (십념)

관세음보살님—
저를 이 고통에서 구하여 주소서.
우리 사랑하는 가족들, 친구들, 이 땅의 동포들—
구고구난— 이 고난에서 구하여 주소서.

천수천안(千手千眼)으로 인도하여 주소서-'

'석가모니불

아미타불, 관세음보살, 지장보살-'

푸른 하늘 바라보며 희망으로 빛나는 내일을 기약할 것이다.

부처님이 우리와 함께 계시는데, 무엇을 걱정하고 염려하랴.

아미타부처님이 우리를 인도하시는데, 무엇을 두려워하랴.

자모(慈母) 관세음보살, 대원본존 지장보살이 우리를 품에 안아주시는데,

다시 무엇을 근심하랴.

"부처님, 당신이 정말 부처님이시라면,

이 불쌍한 인생 하나 살려주세요.

제발 살려주세요-"

권혜경 보살같이, 이렇게 나 자신을 텅- 비우고, 무심히- 부처님께 맡기면, 불보살님께서 우리 곁으로 달려와 현신(現身)하신다. 현신은 따뜻한 연민의 작동이다. 이것은 '눈에 보이고 즉각적인 것'-, 불멸의 진실이다.

광명찬란 광명찬란-

불성광명이 눈앞에 찬란하다.

지금 이 순간 불멸의 생명에너지가 온몸 가득 솟아난다.

하하하- 어찌 기뻐하지 아니 하랴-

2. 따뜻한 미소로 먼저 인사하기

보살행이 무엇인가?

보살고행이 무엇인가?

먼저 다가가 인사하는 것이다.

따뜻한 미소로 먼저 다가가 손잡고 인사하는 것이다.

보살고행-, 신명을 바치고, 일생을 바치고-.

그러나 실로 보살고행은 이렇게 단순명료한 것이다. 별것 아니다.

그런데 우리는 이것을 못한다. 이 단순하고 쉽고 쉬운 보살행을 못한다. 아니, 할 생각이 없다. 의식(意識)이 없다. 그러면서 도리어 인사받기 바란다. 안하면 화내고 인상 찌푸린다. 그래서 떠나는 것이다. 그래서 우리 동포들 다 떠나는 것이다.

'먼저 인사하기

내가 먼저 다가가 인사하기'-

필자가 오십여 년 이것을 무슨 운동처럼 벌여온 것은 이것이 우리불교 살리는 처방이기 때문이다. 그래서 스님들 온갖 눈치 다 받으면서 줄기차게 이 길을 가고 있는 것이다. 옛날 어른들은 삼배 받는 것 '하지 말라.' 하셨다. 천진도인 석주(昔珠) 스님- 어쩌다 칠보사 들러서 삼배할라치면 손을 저으며 말리신다. 그래도 삼배하면 화를 내신다. 가장 아니다. 진심이시다. 이것이 제대로 닦은 도(道)다. 삼배 받는 것-, 이것 공만(公慢) 아니다. 출가승의 존재를 드높이는 것 아니다. 그 반대다. 사람들 내쫓는 것이다.

필자가 학교에서 30여 년 불교운동 할 때, 적(敵)이 많았다. 교장선생님부터 독실한 기독교 신도라 좋아하지 않으셨다. 교회 다니는 동료들은 내놓고 반감을 표현하고, 어떤 이는 약점을 잡아서 공격하고 방해하려 하였다. 불교학생회 회장을 설득해서 '교회 나오라' 하고, 불교학생회 회장출신을 교회 다니는 자기 친구한테 소개해서 결혼까지 하게 했다. 그래도 나는 조금도 내색하지 않고 도리어 그분들에게 다가갔다. 젊은 친구들 보고도 내가 먼저 인사하고, 같은 부서에 근무하는 후배들에게도 더 잘 대해 주었다. 가식이 아니라 진심이었다. 자기 방어를 위해서가 아니라, 그것이 부처님의 가르침을 실천하는 보살행이라고 생각했다. 그래서 다 친구가 되었다. 나중에는 교회 다니는 동료들이 남들보다 더 잘 도와주고 가까이하고 행사에 참가했다. 지금도 학교 찾아가면, 그 친구들이 더 반가워한다.

우리 절 살리는 길- 무엇일까?
우리불교 부흥시키는 길- 무엇일까?
우리나라 좌파/우파 안 싸우고 서로 선의로 경쟁하는 길- 무엇일까?
먼저 다가가 인사하는 것이다. 법회 때 스님들이 산문 밖에서 대중들 기다리고 따뜻이 고개 숙여 인사하고-, 이리하면 우리 절 불꽃같이 일어선다. 우리나라 불교 밀물처럼 사람들 몰려온다. 부처님이 이렇게 하시지 않는가? 붓다 석가모니께서 이렇게 사람들 찾아가서 먼저 인사하고 섬기지 않는가? 알라위(Ālavi)의 가난한 농부를 위하여 몇 시간을 기다리며 맞이하지 않는가? 발이 부르트며 목말라하며 머나먼 험로 찾아가지 않는가? 그러다가 그 길에서 숨 거두지 않으시는가? 부처님이 언제 삼배 받겠다고 위세 부리고 앉아 있는가?

필자는 오늘도 아파트를 나오면서 성당과 교회 십자가를 보고 손을
높이 들고,
성당 친구들, 교회 친구들 향하여 활짝 웃으며 소리친다.

"광명찬란 광명찬란
부처님— 성모님— 예수님—,
선우(善友)들이여, 좋은 벗들이여
우리 함께 가세. 우리 한번 멋있게 경쟁해 보세—"

3. 대자대비—, 따끈한 커피 한 잔 나누는 것

부처님은 알라위(Ālavi) 마을 법회에서 앉아 계신다.
법문하실 시간에 침묵한 채 고요히 사띠하며 앉아 계신다.
왜? 무엇 때문일까?
밥 한 그릇 때문이다. 밥 한 그릇 위해서다.
가난하고 허기진 농부에게 밥 한 그릇 공양하고 섬기기 위하여 저리
앉아 계신다.
법이 무엇인가? 법문이 무엇인가?
사자후가 무엇인가? 감로법이 무엇인가?
대자대비가 무엇인가? 연민 헌신의 보살고행이 무엇인가?
밥 한 그릇—, 바로 밥 한 그릇이다.
작고 가난한 농부에게 밥 한 그릇 공양하고 섬기는 것이다.

법이 무엇인가? 법문이 무엇인가?

대자대비가 무엇인가? 연민 헌신의 보살고행이 무엇인가?

목말라 하는 나그네에게 물 한잔 공양하고 섬기는 것이다.

우울해 하는 친구에게 4백 원짜리 커피믹스 한 잔 뽑아서 함께 마시며 가만히 지켜보는 것이다.

길을 묻는 할머니에게 목적지까지 모시고 가서 안내해서 섬기는 것이다.

남편의 사랑이 무엇인가?

퇴근 길 마산 아구찜 한 그릇 사다가 아내 손에 몰래 쥐어주는 것이다.

자식의 효도가 무엇인가?

한 달에 한번이라도 따뜻한 안부전화 하는 것이다.

대통령의 나라사랑이 무엇인가?

좌파/우파ㅡ, 이념(理念) 주의(主義)ㅡ 제 고집 다 버리고, 작은 시민들 소리 듣는 것이다. 주부들 소리, 환경미화원들 소리, 학교 선생님들 소리, 토굴에서 정진하는 수행자들 소리ㅡ 경청하는 것이다. 대통령이 '날 따르라'하면, 국민들은 절대로 따르지 않는다.

정치인들, 지식인들ㅡ 사회지도층의 우국충정이 무엇인가?

방송, 신문에 나와서 국민들 편 갈라놓고 끊임없이 싸우게 하지 말고, 하루 5분이라도 마음 관찰하면서 자기 내면의 소리 성찰하는 것이다.

구국구세가 무엇인가?

국제구호단체 '자비수레꾼' 계좌에 한 달 만 원씩 자동이체 하는 것이다. 호스피스병동 찾아가서 밤새워 아픔 함께 나누며 고요히 눈물 흘리는 것이다. 요양원 찾아가서 곁에 앉아서 팔다리 주무르며 말동무가 되는 것이다. 몽골, 동남아시아, 아프리카 친구들 찾아가서 영양실

조로 죽어가는 어린 아이들 우유 한 통이라도 먹이는 것이다.

따뜻한 밥 한 그릇- 우리 인생을 광명으로 바꾼다.
따끈한 믹스커피 한 잔- 우리 마음을 광명불성으로 바꾼다.
한 달 만 원- 우리 어둔 무의식을 광명지혜로, 마하반야로 바꾼다.
가만히 잡아주는 손길- 이 세상을 광명천지로 바꿔낸다.

우리는 무엇으로 '인생'을 사는가?
우리는 무엇으로 '불자'로 사는가?
우리는 무엇으로 '보살'로 사는가?
'무아, 공, 자성, 마음'- 몰라서 못하는가? 못 깨달아서 못하는가?
한소식 못해서 못하는가? 아라한 도인 못 돼서 못하는가?
돈 없어서 못하는가? 시간 없어서 못하는가?
의식(意識) 없어서 못하는가?
다들 정신 멀쩡하고 사지 멀쩡한데-

4. 자나 깨나 '사띠 일구' -,
마음이 허공처럼 텅- 비어간다

가) '들숨 날숨 하나- 둘- 셋-',
'사띠 일구(一句)'가 보살수행의 핵심이다

문득 위의를 단정히 하고
허리 곧게 펴고, 들숨 날숨 헤아리며

'사띠 일구(一句)' 삼념(三念)한다.

「들숨 날숨 하나 –
제행무상(諸行無常) 제행무상(諸行無常)
마음이 허공처럼 텅 – 비어간다. … (삼념)」

이것이 '사띠 일구(一句)'다.
이것이 '마음관찰 일구(一句)'다.
바로 이것이 '보살수행 일구(一句)'다. '보살수행법 일구(一句)'다.
바로 이 사띠(Sati)가 보살수행법의 핵심이다. 팔정도의 핵심이다.
곧 이 사띠–마음관찰이 팔정도를 이끌어가는 수행의 선구다. 아니,
우리 인생, 우리 살림살이를 이끌어가는 선구다. 우리 가정, 우리 직장,
우리 사회, 우리나라, 이 지구촌 이끌어가는 선구의 등불이다.

'들숨 날숨 하나 –
제행무상(諸行無常) 제행무상(諸行無常)
마음이 허공처럼 텅 – 비어간다.'

'사띠 – 마음관찰' –
지금 우리는 이것을 잃고, 이렇게 황폐해져 가고 있다.
'무심히 – 무심히 –', 지금 우리는 이것을 잃고,
이 지구촌이 테러천국으로, 집단살육의 땅으로 몰락해 가고 있다.

'사띠 일구(一句)

사띠 일구(一句) 삼념(三念)

사띠 삼념(三念)- 세 번 외우기'

문득 '사띠 일구(一句)'를 호흡처럼 외운다.

'사띠 삼념(三念)'- 자나 깨나 앉으나 서나 호흡처럼 세 번씩 외운다.

노는 입에만 외우지 말고, 놀 때나 일할 때나 세 번씩 외운다. 아침 일어나서도 '사띠삼념', 공양할 때도 '사띠삼념', 차 커피 마실 때도 '사띠삼념', 전철 타고도 '사띠삼념', 승용차 운전할 때도 '사띠삼념', 비행기 탈 때도 '사띠 삼념', 화날 때도 '사띠삼념', 신경질 날 때도 '사띠삼념', 밉고 원망스러울 때도 '사띠삼념', 우울할 때, 죽고 싶을 때도 '사띠삼념', 병들어 괴로울 때도 '사띠삼념', 암 선고 받고 하늘이 캄캄할 때도 '사띠삼념', 실패하고 절망할 때도 '사띠삼념', 배신당하고 헤어질 때도 '사띠삼념', 죽음 앞에 섰을 때도 '사띠삼념', 임종할 때도 '사띠삼념'-, 행주좌와 어묵동정(行住坐臥 語默動靜), 기쁠 때나 슬플 때나- 끊임없이 '사띠삼념' 한다. 좀 여유가 있을 때나, 수행일과 시간에는 '사띠 십념(十念)'도 좋고, '광명 사띠'도 좋고, '사띠 사념처'도 좋고-, 우리 앞에 무진장한 '붓다의 빛'이 빛나고 있다.

지금 당장-

문득 위의를 단정히 하고

허리 곧게 펴고, 들숨 날숨 헤아리며

무심히- 무심히-

'사띠 일구' 삼념(三念)한다.

나) '제행무상(諸行無常) 제행무상(諸行無常)', 사띠는 '무상관찰'이다

[만수 보살] "백 가지 병의 근본이 우리 마음속에 있느니라. 부처님께 귀의하여 그 정성과 진심이 하늘에 닿을 때, 생노병사의 고뇌로부터 벗어가는 거야. 조바심 하지 말고, 자기 마음속 한가운데를 들여다보고 있으면, 언젠가는 깨칠 날이 오는 법이야."

[권혜경] '그래 만 가지 병의 근원이 마음속에 있는 거야─'

[나레이터] 그는 만수 보살이 하는 것처럼 단정하게 앉아 눈을 감았습니다. 그리고 자기 마음속을 들여다보았습니다. 그 어려운 작업을 시작한 것입니다. 법당에 들어가 마룻바닥에 담요 한 장 깔고 난생 처음으로 기도를 드렸습니다.

[권혜경] "부처님, 당신이 정말 부처님이시라면, 이 불쌍한 인생 하나 살려주세요. 제발 살려주세요─"

지금 가수 권혜경 보살은 자기 마음 속 한가운데를 들여다보고 있다. 만수 보살이 가르치는 대로 가수 권혜경 보살은 단정히 앉아 눈을 감고 자기 마음 속 한가운데를 들여다보고 있다. 추운 겨울, 냉기 가득한 법당, 방석 하나 깔고 부처님 앞에 엎드려 염불하고 기도하면서, 자기 마음속을 고요히 들여다보고 있다. 전심전력 기도하면서 모든 것을 다 내려놓고 들여다보고 있다. '내 잘났다.' '내가 유명한 가수다.' '내가 돈 잘 벌고 인기 많은 유명한 권 아무개다.'─, 지금 보살은 이렇게 '내 잘났다.'라는 '나 고집' '아집' '아상' '어둔 자아의식'─ 다 내려놓고 들여다보고 있다. 지금 보살은 이렇게 '내 생각, 내 주장이 진리다.'라는 '진리 고집' '법집' '법상' '어둔 자아의식'─ 다 내려놓고 들여다보고 있다.

'들숨 날숨 하나–

제행무상(諸行無常) 제행무상(諸行無常)

마음이 허공처럼 텅– 비어간다. … (삼념)'

사띠는 곧 '무상관찰(無常觀察)'이다.

'사띠 일구(一句)– 사띠 삼념'은 곧 '무상관찰(無常觀察)'이다.

'제행무상(諸行無常) 제행무상(諸行無常)…',

순간순간 이렇게 끊임없이 통렬하게 있는 그대로 관찰하는 것이다. 자기 마음속에, 무의식 속에 가득찬 온갖 생각들이 실로 무상하다는 것을 관찰하는 것이다. 순간순간 생겨났다 사라져가는 무상한 흐름을 있는 그대로 관찰하는 것이다.

'아무것도 아니구나.'

'실로 허망한 것이구나.'

'내 잘났다.'– 이렇게 자만하며 살아온 모든 것이 실로 부질없는 것이구나.

'내 주장이 옳다.' '우리주의가 진리다.' '우리 진영논리가 정의다.'– 이렇게 고집하며 살아온 모든 것이 실로 덧없는 허상(虛像)이구나.

지금까지 나는 이 부질없는 허상에 사로잡혀, 남들 생각 못하고, 남들과 다투며, 남들–동포들 해치며 허망한 인생 살아왔구나.'–

이것이 '무상관찰'이다.

붓다께서 평생 닦고 닦아 오신 '무상관찰'이다.

붓다께서 돌아가시면서 우리들에게 남기신 마지막 유언이다.

'부처님- 살려주세요.

죽어가는 이 중생 하나 살려주세요-'

'무상관찰'은 이렇게 부처님 앞에, 부처님의 무한한 연민 앞에, 내 모든 것, 모든 자만(自慢) 다 내려놓고, 통렬하게 관찰하는 것이다. 내 생사(生死)마저 부처님께 맡기고 한 작은 중생으로 돌아가 통렬하게 관찰하는 것이다.

다) 부처님 연민 속에,
숙세의 번뇌가 녹아내린다

'부처님- 자비하신 부처님-

이 어리석은 중생을 굽어살피소서.-'

필자는 안성 도피안사 아침 예불 때, 이렇게 고백한다.

지금은 늙고 힘없어서 예불 못하고 서재에 앉아 이렇게 고백한다.

눈물이 솟아난다. 속 깊이 뜨거운 눈물이 걷잡을 수 없이 솟아난다. 이 눈물은 내 마음속 온갖 어둔 생각들, 자만들, 자아의식들-어둔 무의식이 녹아내리는 참회의 눈물이다. 이 눈물은 부처님 연민의 눈물이다. 부처님께서 불쌍한 나를 끌어안고 흘리시는 연민의 눈물이다. 이 눈물이 모든 것을 녹이고 정화한다.

미운 생각, 억울한 생각, 분노, 증오, 혐오, 고집, 탐하는 마음, 소유하고 싶은 욕심, 지배하고 싶은 욕망, 몸-죽음에 대한 두려움, 오래 살고 싶은 욕망, 영생을 누리고 싶은 욕망, 차별의식, 폭력의식 … 이 끝없는 마음속의 모든 의식(意識)-무의식(無意識)들, 어둔 생각들, 어

둔 번뇌(煩惱)들이 본래 있는 것이 아니고, 이런저런 조건들이 쌓이고
쌓인 것이고, 또 조건 따라 끊임없이 변해가는 것이고, 마침내 소멸하
는 것이고, 우리는 순간순간 이런저런 안팎의 변화에 따라 변덕 부리
고 좋아하고 싫어하고 사랑하고 미워하고 싸우고 헤어지고 상처주고
해치고 …

마음속 숙세의 번뇌 덩어리가 녹아내린다. 텅— 비어간다.

무심히— 마음이 텅— 비어가면, 붓다의 빛(Buddha-ābhā)이 솟아오
른다.

이렇게 마음 텅— 비어가면, 무심해지면, 우리 속에서 불성광명이
솟아오른다. 동해일출(東海日出)— 새벽이 오면 해가 찬란하게 솟아오
르듯, 구름 걷히면 푸른 가을 하늘에 햇빛이 눈부시게 빛나듯, 찬란한
붓다의 빛—불성광명이 상쾌하게 솟아오른다. 얼음장을 뚫고 솟아오
르는 버들강아지처럼, 불끈 솟아오른다.

붓다의 빛—불성광명

얼음장을 뚫고 솟아오르는 파란 버들강아지

하아— 바로 이것이 우리 보살의 생명 에너지다. 죽는 것 가운데서도
죽지 아니하는 불멸의 생명 에너지다. 바로 이 에너지가 보살원력이
다. 몸을 던져 죽어가는 사람들 살려내는 연민 헌신의 보살원력이다.
보살 원왕(願王)이다. 내가 연기의 주인 되어 스스로 연기의 조건을
바꾸고,[3] 우리가 윤회의 주인 되어, 스스로 윤회의 세계로 들어간다.

---

3) '십이연기(十二緣起)'의 '환멸(還滅)과정'에서, '무명이 멸하면 행이 멸하고 행이 멸하면
   식이 멸하고 … 생노병사 우비고뇌가 멸한다.'라고 할 때, 무명을 멸하는 주체가 바로

이 성스러운 보살원력이 '사띠 일구'에서 솟아난다.

라) 텅− 빈 그 자리 본래생명자리,
텅− 빈 그 자리 본래 부처님 자리

'들숨 날숨 하나−

제행무상(諸行無常) 제행무상(諸行無常)

마음이 허공처럼 텅− 비어간다.'−

문득 광명이 솟아오른다. 눈부시다.

광명찬란 광명찬란−

텅− 빈 그 자리− 본래생명자리

텅− 빈 그 자리− 본래광명자리

텅− 빈 그 자리− 본래부처님자리

텅− 빈 그 자리− 본래 보살들 자리, 본래 우리들 자리

이 세상이 광명국토로 빛난다. 우리나라−, 화엄불국토−화엄코리
아로 빛난다.

아름답고 푸르른 빠리사 숲으로 눈부시게 빛난다. 우리들의 일상
(日常)이 광명으로 빛난다. 우리 가정, 우리 직장이 광명으로 빛난다.

나다, 우리다. 연기법이 천지만물을 지배하는 우주적 원리인 것처럼 과장하지만, 연기
는 우리가 주체로서 우리 자신과 이 세상을 바꿔가는 '변화의 원리'이다. 연기− 우주적
법칙 아니다. 불교에는 그런 것 없다. 붓다께서 연기법을 우주적 진리로 깨달은 것
아니다. 명심불망− "나는 중도를 깨달았다. 중도는 곧 팔정도다." 팔정도는 고통소멸
의 길(苦滅道)이다. 붓다께서는 고통소멸의 길을 정각하신 것이다. 그래서 말룽까뿟
따에게 말씀하신다. "나는 고통의 소멸에 관하여 가르친다." '연기법'은 '인력(引力)'
같은 물리적 법칙이 아니라, '고통 소멸의 원리'다. 곧 보살고행의 원리다.

불끈- 온몸 가득 힘이 솟아난다. 희망이 연꽃처럼 피어난다.

  텅- 빈 자리, 텅- 빈 마음자리-
  여기서 나와 그대- 우리가 함께 만난다.
  아내 남편 딸 아들 아버지 어머니- 온가족들이 함께 만난다. 여기서 이 땅의 동포들, 좌파/우파, 남/북, 동/서, 노/사, 남/녀 … 이 모든 다른 것들이 함께 만나 더불어 보살성중이 된다. 여기서 하늘의 태양 달 별들 은하들 블랙홀(black hall)들이 함께 만난다. 산 자와 죽은 자가 함께 만나 새 생명으로, 보살로 새로 태어난다. 텅- 빈 자리 -마음자리, 이것은 실로 우주적 생명의 광장이다.

  문득 허리 곧게 펴고 참선자세로 앉는다.
  '광명사띠'- 외운다. '광명사띠'- 외울 차례다.
  이 '광명사띠'- 아침마다 외운다. 밤에 잘 때 외운다.
  법회, 공부모임, 모임 회향할 때 외운다.

제3강

보살의 수행일과

●
●

〔위대한 선인(仙人) 노(老)뼹기야의 신앙고백 중에서〕

"나의 믿음과 환희, 마음의 사띠는

고따마의 가르침에서 떠나지 않습니다.

광대한 지혜를 갖추신 님께서 어디로 가시던

저는 가시는 곳곳을 향하여 예배 올립니다."

– 숫따니빠따 5, 18 「피안 가는 길의 경」 / *Pārāyana-sutta* – *

* Sn 1143 ; 일아 스님 역, 『숫따니빠따』 p.399.

1. '붓다의 빛'으로 아침을 연다

[아침 광명진언]

'광명찬란 광명찬란

희망찬 하루가 밝았습니다.

부처님-, 감사합니다.

2019년 3월 29일 금요일

황금 복(福)돼지가 꿀꿀꿀-

하하하-'

'광명찬란 광명찬란-'

이것이 '광명진언(光明眞言)'이다.

이것이 오늘 하루를 여는 '아침 광명진언'이다.

우리는 이렇게 광명으로 아침을 연다.

찬란한 '붓다의 빛'으로 희망찬 오늘 아침을 연다.

잠에서 깨어나면 1~2분 누운 채로 다리와 팔을 가볍게 흔들며 일어날 준비를 하고, 자리에서 일어나면서, '광명찬란 광명찬란-' 외치면서, 번쩍- 불을 밝힌다. 그리고 부처님(방에 모셔놓은 불상이나 불화, 아니면 창문 쪽)을 향하여 큰 소리로 외친다. 그리고 큰 소리로 한바탕 웃는다.

'광명찬란 광명찬란-

희망찬 하루가 밝았습니다.

부처님-, 감사합니다.

2019년-, 하하하'

이 순간에 문득 부처님 광명이 눈부시게 솟아난다.

지난 밤의 어둠은 사라지고, 악몽도 사라지고,

부처님의 자비광명이 온몸 가득 솟아나고, 방 가득-, 세상 가득-
솟아난다.

'하하하-'

한바탕 크게 웃을 때 밤새 움츠러들었던 기운이 활짝 살아난다.

우울한 기운, 근심걱정, 어둔 기억들- 한 순간에 사라지고, 뇌신경
이 밝게 작동하고, 오장육부가 활짝 열린다. 우리 무의식을 짓누르고
있던 어둔 업력(業力)이 빛나는 지혜광명의 에너지로 전환한다. 미워
했던 생각들, 원망들이 감사한 마음으로 전환한다. 걱정할 것이 없다.
두려워할 것이 없다. 우울해할 것이 없다. 우리는 자유당당한 보살,
은혜 속의 주인이다. 전법전사-개척자들이다.

'광명찬란 광명찬란

부처님-, 감사합니다.-

하하하-'

이렇게 우리는 오늘 아침을 광명으로 혁신한다.

이렇게 우리는 오늘 하루를 부처님 빛으로 혁신한다.

2. [보살 수행일과(修行日課)]

① 따뜻한 미소로 먼저 다가가 인사하기
- 이것이 '보살 수행일과 제1조'다.
- 아침에 가족끼리 먼저 인사하기
- 집에서 출입할 때 인사하기 ; "다녀오겠습니다." "다녀왔습니다."
- 경비원, 청소미화원 어른들– 출입할 때마다, 만날 때마다 먼저 인사하기
- 직장 동료들, 법회 도반들 보고 먼저 인사하기
- 이웃들 보고 먼저 인사하기
- 산책, 등산 중에 마주치는 이웃들 보고 먼저 꾸벅 '안녕하세요.' 하기
- 거리에서, 전철에서 만나는 노인분들 꾸벅 인사하고 무거운 짐 들어드리기
- 전철에서 노인들, 임산부들, 어린이들에게 일어나 자리 비워드리기
- 절에서 스님과 대중들이 서로 먼저 인사하기
- 절에서 스님과 대중들이 면담할 때 서로 일배(一拜) 하기

② 아침일과(10분) ; 예경과 사띠수행–'사띠 일구'
③ 저녁일과(20분) ; 염불과 사띠수행–'광명사띠'
④ 아침저녁 가행(加行)정진(자유롭게) ; '사띠 사념처' '붓다 사띠' '염불' '진언/다라니' '백팔배' '독경 · 간경 · 사경' '불서 읽기' '선택수행–참선 · 위빳사나 …'
⑤ 매월 첫 법회(첫 일요일, Po-day / '포살의 날') ; '포살'하기

⑥ '우리 빠리사' 동참하기

⑦ 매월 보살보시금 만원 이상 자동이체하기

⑧ 매월 1회 이상 자원봉사하기

⑨ 매년 한 친구 부처님 결연하기

⑩ 법회 동참과 법회봉사 ; 사찰, 법회도량 청소, 공양간 돕기, 정리정
   돈 등

⑪ 공양감사

　"부처님— 감사하게 먹겠습니다."

　"부처님— 감사하게 먹었습니다."

　— 아침 · 점심 · 저녁 공양시간에는, 남의 눈치 보지 말고, 합장하고
　　이렇게 공양감사를 드린다.

　— 집에서는 가족들이 함께 둘러앉아 이렇게 공양감사 드린다.

⑫ 가족봉사 ; 집안일을 내가 먼저 한다.

　— 공양 마치고는 설거지도 온가족이 나눠서 함께 한다.

　　아버지 아들— 남자들이 먼저 나선다.

　— 현관 신발 나란히 정리하기

　— 내 방 침구 깨끗하게 정리하기

　— 내 방 청소하지

　— 화분 물주기

　— 거실 청소하기

　이것이 '보살 수행일과'다.

　이것이 우리 일상(日常), 우리 가정, 직장을 '붓다의 빛'으로 혁신하는
'눈에 보이고 즉각적인' 방법이다.

이것이 '기본수행'이고, 본인의 능력과 열의에 따라 얼마든지 자유롭게 더 깊은 '가행정진(加行精進)'을 할 것이다.

4. 보살의 조석(朝夕)일과

가)〔아침 수행일과(10분) ; 예경(禮敬)과 사띠수행〕

1) 준 비

'광명찬란 광명찬란'–

– 아침에 일어나, 먼저 몸과 주변을 청결히 하고 위의를 단정히 한 다음 부처님 앞에 앉는다.

– 방에 모신 불단(佛壇)이나 불상(佛像)·불화(佛畵), 또는 불서(佛書), 액자나 족자 등으로 부처님을 삼는다. 여의치 않을 때는 빛이 드는 창문 쪽으로 앉아 부처님을 맞이한다. 책장에 부처님 사진 한 분 모셔도 훌륭한 불단이 된다.

– 부처님 앞에 작은 향로를 놓고 향을 하나 피워 향(香)공양 올리면 불보살님들이 더욱 기뻐하실 것이다.

– 아침예경은 가족들이 모여서 함께 하는 것이 가장 고귀한 수행이고 가정의 행복이다. 시작은 어려울지라도 1년 2년 … 10년 노력하면 어찌 이루지 못하겠는가. 힘쓰고 힘쓸 것이다.

– 아버지나 어머니, 또는 가족 중 한 사람이 진행을 맡는다.

– 목탁이나 죽비를 사용할 때는 이웃에 방해되지 않게 조그맣게 한다.

2) 순 서 (실제하기) 〈부록 4-1〉

나) 〔 저녁 수행일과(30분) ; 염불과 사띠수행 〕

1) 준 비

– 아침일과 때와 같이 준비한다.

– 저녁에는 가족이 함께 모이기 어렵기 때문에, 혼자 수행하는 것을
기본으로 한다.

2) 순 서 (실제하기) 〈부록 4-2〉

다) '우리 법당' 만든다

"나의 믿음과 환희, 마음의 사띠는

고따마의 가르침에서 떠나지 않습니다.

광대한 지혜를 갖추신 님께서 어디로 가시던

저는 가시는 곳곳을 향하여 예배 올립니다."

– 숫따니빠따 5, 18「피안 가는 길의 경」–

이제 우리들 법당을 만들 것이다.

저 부처님께서 어디로 가시던, 우리는 부처님을 떠나지 않는다.

부처님 계신 곳을 향하여 믿음으로 기뻐하며, 사띠하며, 가시는 곳곳
을 향하여 예배 올린다. 이 부처님을 맞이하기 위하여 '우리 법당'을
만들 것이다. 부처님을 우리들 삶의 중심으로 맞이할 것이다. 붓다
석가모니를 우리들 마음자리 한 가운데 모실 것이다. 그리고 부처님을
중심으로 하여 그 주변에 우리들이 사랑하고 그리워하는 사람들– 자
리 잡게 할 것이다. 법당 탱화에서 보는 것같이, 부처님을 중심에 놓고,
우리들 그리운 사람들을 한 분 한 분 모실 것이다. 불보살님들, 신중(神
衆)들 모셔도 좋을 것이다.

붓다 석가모니
아미타불 관세음보살 지장보살 금강역사들
어머니 아버지 할머니 할아버지 외할머니 외할아버지
남편 아내 연인
아이들 손주들 친구들 동료들 도반들
가난하고 병든 사람들, 외로운 사람들, 가출아이들
'신(神)의 올가미' '사람들의 올가미'에 묶여있는 불쌍한 저 동포들―
이렇게 한 분 한 분 모셔놓고 우리들의 법당을 만들 것이다.

우리들 법당
우리 가족법당, 우리 직장법당
중심에 부처님 모시고
그 주변에 그리운 사람들 모시고―

가장 먼저 우리들 순결한 마음속에 우리들의 거룩한 법당 만들 것이
다. 그리고 가정, 직장, 병영, 일터― 정결한 처소에 우리들 거룩한 법당
만들 것이다. 서가(書架) 제일 높은 칸에 만들어도 좋을 것이다. 직장
책꽂이 제일 밝은 칸에 만들어도 좋을 것이다.

부처님 사진 한 장이라도 정결하게 모셔놓고
조그마한 향로 하나, 작은 향(香) 상자 하나
들꽃 한 송이―

여기가 '우리들 법당'이다. '우리 법당'이다.

정성을 다하여 이 법당, '우리 법당' 향기롭게 정결하게 가꿀 것이다.

'우리 법당'– 여기가 우리들의 성역(聖域)이다. 우리들 영혼의 안식처다.

지갑이나 헨드폰/스마트폰에도 '사진 부처님' 한 분 모시고 다닐 것이다. 또 주머니에 염주 하나씩 넣고 다닐 것이다. 문제가 발생할 때, 장애에 부딪칠 때, 순간순간 이 염주 굴리면서 이렇게 염불 기도할 것이다.

'부처님 부처님–

저를 인도하소서.

무한하신 원력대로 인도하소서–'

화가 날 때, 육신의 고통이 들이닥칠 때,

우울할 때, 죽고 싶을 때, 이 염주 꼭 쥐고,

'부처님 부처님–', 이렇게 염불 기도할 것이다.

그리하면 즉시 평정을 얻을 것이다. 즉시 마음의 고요함, 평정을 얻고 '연민 헌신의 열정'이 솟아날 것이다. '보살고행의 열정'이 솟아날 것이다. 이 '보살고행의 열정'으로, 그 왕성한 에너지로 우리가 원하는 모든 것이 성취될 것이다. 마침내 불사(不死)가 성취될 것이다. 죽어도 죽지 아니 하는 불사(不死, amata/아마따)가 성취될 것이다.

라) 이제 '우리 부처님' 모신다,

진신(眞身)부처님 모신다

이제 집안에 '우리 부처님' 모실 것이다.

이제 우리 집안에 '진신(眞身)부처님' 모실 것이다.

어- '우리 부처님?' '진신(眞身)부처님?'-, 여기 안 계시는데-

거실, 서재 등 집안 정결한 곳에 '사진 부처님' 한 분 모셔놓고, 간절한 마음으로 부처님 그리워하며 조석일과 열심히 하면, '사진 부처님'이 곧 '우리 부처님' '진신(眞身) 부처님'이시다. 단칸방이라도 햇빛 잘 드는 밝은 곳에 '사진 부처님' 한 분 모셔놓고, 예경삼배 올리고 사띠수행하고, 고요히 앉아 '숫따니빠따' '법구경' '금강경' 읽고 경청하고 마음 깊이 새기고, 작고 외로운 우리 동포들 생각하면, '사진 부처님'이 곧 '우리 부처님' '진신(眞身)부처님'이시다. 삼국시대, 고려 때 우리 조상들은 집집마다 다 '가족불단(家族佛壇)' 만들고 아침저녁으로 예불 기도하며 살았다. 그래서 복(福)받고 좌파/우파 안 싸우고 평화롭게 살았다.

필자는 공부방 서가 윗간에 '부처님 고행상(苦行像)' 모셔놓고 아침저녁 예불 올린다. 들며 날며 앞에 서서 합장하고, '부처님 다녀오겠습니다.' '부처님 다녀왔습니다.'- 습관처럼 꼭 이렇게 신고한다. '나의 진신불(眞身佛)'이시다. 그 밑 칸에는 그리운 우리 어머니 김씨 대광명(金氏 大光明) 보살과 먼저 간 집사람 김씨 상생화(金氏 上生華) 보살 모셔놓고 합장하고 손 흔들며 인사한다. 우리는 지금도 함께 있다.

아침에 눈뜨면, 저 부처님 바라보며 이렇게 외친다.

"광명찬란 광명찬란
희망찬 하루가 밝았습니다.
부처님, 감사합니다.
하하하-"

제4강

우리시대의 빠리사운동,
도처에서 '시민빠리사들' 일어나고 있다

·
·

[우리들의 팔정도] (2)

"Parisā / 빠리사 –

가정, 직장, 마을, 법회 –

도처에 '평등공동체 우리 빠리사' 개척하고

때때로 둘러(pari) 앉아(sā) 함께 공부하고 토론하고 공감, 합의하고

대중울력으로 거친 벌판 전법개척의 길 열어간다.

한 도반을 인도하기 위하여 일 년 십 년 – 일생을 건다."

여의도 포교원에서

십자가들 숲속의 외로운 등대같이 -

① 2019년 4월 11일 목요일-

필자는 아침 일찍 서둘러 5호선 전철을 타고 여의도역에 내렸다. '여의도 포교원' 현진 스님을 찾아가는 길이다. 묻고 물어서 가까이 다가갔을 때, 빌딩 높은 창문에 '여의도 포교원'이라고 쓴 글자가 눈에 들어왔다. 십자가들의 숲속에 빛나는 외로운 등대같이-

② 스님과 커피 한 잔 나누고 10시 반부터 시작되는 '목요법회'에 동참했다. 40년 전 수백 명의 우리 청보리 청년 대학생 청소년과 함께 수행했던 도량이지만, 세월이 무상하여 낯설다. 맨 앞줄에 앉아서 법회를 보는데, 50여 년 우리가 열정을 불태우며 개척해 온 법회 모습 그대로다. 감회가 새롭다.

필자는 벌써 팔십 넘은 늙은이, 이미 한물갔는데, 스님은 그 열정 그대로 하고 계신다. 특히 '우리도 부처님같이'란 찬불가를 오랜만에 들었다.

'우리도 부처님같이 – '

③ '우리도 부처님같이–'

필자가 40년 전 불교계에서 처음으로 선포한 슬로건이다.

1987년 '불일출판사'에서 출판한 『우리도 부처님같이』란 저서가 그 구체적 작업이다. 그동안 잊고 있던 '우리도 부처님같이'(작사 작곡은 다른 분들이 하셨다.)를 들으니까 감회가 새롭고 눈물이 났다. '나도 저런 때가 있었는데–'

'정진하세 정진하세–
물러남이 없는 정진
우리도 부처님같이–
우리도 부처님같이–'」

[푸른숲을 거닐면서]

1. 우리시대 빠리사운동의 현장에서

가) 여의도 포교원에서

필자는 법회를 보며 놀라움을 금치 못했다.

첫째, '청법가'를 하지 않는다.

둘째, 스님에게 삼배하지 않는다.

삼배는커녕, 일 배도 받지 않고 자연스럽게 법단으로 나아간다.

셋째, 설법이 첫마디부터 '부처님'이다. '부처님의 삶'이다.

현진 스님은 이렇게 얘기하신다.

"우리도 부처님같이 하심하고 맛있게,

맛있는 음식처럼 남들에게 기쁨 주며 살자.

이것이 중도고 무아다."

넷째, 설법이라기보다는 대화다.

평상시 음성 그대로 말하고 대중들하고 대화하고,

대중들이 응답하고 의견을 제시하고-.

'하아- 이것이 바로 빠리사구나.

둘러앉지만 않았지 이것이 바로 빠리사구나'.

나) 정무 스님, 무진장 스님, 현진 스님

필자한테도 말할 시간을 주셔서 10분 정도 몇 마디 했다.

"제가 가장 존경하는 출가승은 정무 스님, 무진장 스님이십니다.

(실제로는 현진 스님까지 칭했다.

생각해보면, 스님 누군들 존중 존경하지 않을 분이 있으랴.)

저는 30여 년 정무, 무진장 두 스님을 평생 스승으로 동지로 삼아

동덕-청보리와 함께해 왔습니다.

용주사 정무(正無) 스님은 진짜 '중같은 중'[4]이십니다.

항상 솔직하고 검소하고 스스로 엄격하며 대중들에게는 친구처럼 부담 없이 대하고, 세탁을 손수 하시면서 환경오염을 염려해서 합성세제도 쓰지 않고, 그 특유의 어투로 우스갯소리 잘 하고, 법을 설할 때는 힘을 다 하고, 평생 포교의 열정으로 살다 가셨습니다. 그래서 저는 정무 스님 같이 살지 않는 스님은 눈에 들어오지 않습니다.

무진장 스님은 평생 조계사 골방에서 사시다 가셨습니다.

대중들이 돈을 모아 절 하나 하시라 해도 듣지 않고, 모든 것을 포교 열정으로 불태우셨습니다. 청보리에서 "오세요." 하면, 밤이고 새벽이고 달려오셨습니다. 마지막 순간까지 설법하시다 가셨습니다. 뼈만 앙상한 채 돌아가셨습니다. 스님만 생각하면 눈물이 납니다.

오늘 와서 현진 스님과 차 한 잔 하며 말했습니다.

'스님 이제 연세도 있는데, 후계 준비를 하셔야지요?'

'저는 후계 준비 안 합니다. 이대로 할 만큼 하다가 갈 겁니다.'

'돌아갈 절도 없지 않습니까?'

'은사께서 설립하신 천안 각원사에 가면 작은 방 하나는 주겠지요.'

'보살님들, 현진 스님이 제이의 무진장 스님이십니다.'

---

4) 지금은 '중'이 비속어처럼 돼 있지만, 본래 '중(衆)'은 좋은 명칭이다. '중(衆)' '대중(大衆)' '사부대중(四部大衆)'이고, 중·대중은 곧 'Parisā'다. 둘러앉아 토론하는 평등한 불교도공동체. '중'은 이런 의미의 좋은 명칭이다. 출가승들을 부를 때는 마땅히 '스님'이라 할 것이고, '중(衆)'은 화합하고 단결하는 '사부대중'을 말할 때 쓸 것이다.

필자는 말을 마치면서 말했다

'스님, 구십 살까지 여의도 포교원 하십시오.
나도 구십까지 할 겁니다. 하하하 -'"

다) '모범NGO Mercy World'

현진 스님은 절에 돈이 남아돈다고 한다.

법회에서 돈 말 한번 안 하고 보시하는 순서도 없고 권선문 한 장
안 돌리는데, 돈이 남아돌아서, 그 돈으로 베트남 미얀마 등 남방불교
국가에 몸소 가서 학교를 12개나 짓고, 국내에서도 어린이집 6개를
맡아 한다. 조그마한 사무실 벽에 걸려있는 상패 하나- 외교부장관
이 수여한 '모범NGO Mercy World[5) 인증서'가 이러한 사실들을 차곡
차곡 증언해 주고 있다. 이 모든 것을 대중들이 자주적으로 한다. 무
늬만 '대중 중심'이 아니고 실제로 대중들이 주역이다. 필자 눈에 훤-
히 보인다.

한 기자가 말했다.

[기　　자] "월드머시-코리아'의 설립배경이 궁금합니다."

[현진스님] "어려운 이웃을 돕는 것이 종교인들의 당연한 도리가 아
　　　닌가요?
　　　불교의 중심사상은 생명구제의 사상입니다. 생명구제를 위해서
　　　부처님은 일생을 길에서, 고난과 고통의 중생을 구하기 위해 희

---

5) 'Mercy World/자비세계'는 현진 스님이 세운 공익복지법인이다.

생하고 봉사하는 보살행으로 사셨지요. 오늘의 종교인들이 짊어
져야 하는 당연한 일이지요."[6]

'부처님은 일생을 길에서
희생하고 봉사하는 보살행으로 사셨다-'
옳은 말이다. 그것이 바로 「붓다의 불교」이고 '보살고행'이다.
현진 스님 역시 「붓다의 불교」를 하고 있다. '보살고행'을 하고 있다.
「보살고행」으로 「붓다의 시대」를 개척해가고 있는 것이다.

여의도 포교원
교회들 숲속에 외로운 등불 여의도 포교원
찬탄- 포교원 대중들과 현진 스님
찬탄- 도처에서 소리 없이 헌신하고 있는 빠리사 개척자들,
출가 재가의 개척자들께 엎드려 삼배 드립니다.

2. 우리시대 빠리사운동의 선구자들

가) 1970년 작은 등불 하나 '동덕-청보리'

1970년 7월 18일, 50년 전
우리는 '붓다운동'의 첫 등불을 밝혔다.

---

6) 월간 『Seoul City』(2019, February Vol. 123) pp.39-40. 대담 「34년간 동토의 섬에
부처님 말씀 꽃을 피우다」

이날 정무 스님·무진장 스님 두 스님 모시고 동덕불교학생회를 창립하고, 이 동토(凍土)의 땅에 「붓다의 불교」「붓다의 시대」 그 첫 등불을 밝혔다. 우리는 창립하자마자 매주 '토요법회' '새벽법회'를 열고, 방학 때는 수백 명씩 싱싱한 청소년불자들이 전국사찰을 다니면서 수련대회를 열었다. 불교계에 전혀 예상치도 못했던 신선한 바람을 불러 일으켰다. '법회'하면 무진장 스님, '수련대회'하면 정무 스님이다.

또 우리는 매달 붓다의 일생을 공부하는 「보리지(誌)」 수천 권을 발간하여 청소년교화연합회를 통하여 전국의 스님들, 재가지도자들에게 배포하고, 해마다 10월이면 청소년불교축전 '연꽃들의 행진'을 열었다. 지도자들이 「보리지」를 고대하고, 2천여 명의 스님들, 불자들이 '연꽃들의 행진'에 모여들어 백팔 명의 여고생합창단이 부르는 찬불가를 듣고 불교연극 '바보 판타카'를 보면서 감동과 희망의 눈물을 흘렸다. 동덕-청보리들은 대불련(大佛聯) 운동에 앞장섰다. 대학에 들어가서 '동덕여대 불교학생회' '성신여대 불교학생회' '메디컬 센터 불교학생회' … 이렇게 해서 대불련(大佛聯)이 불길처럼 솟아올랐다.

붓다 불모지-붓다 망각시대
'붓다' '붓다 석가모니'를 까맣게 망각하고, 중국 선사(禪師)들이나 찾고 기복(祈福)이나 찾던 불교계에, 천여 명의 동덕불교학생들의 맑은 눈빛들은 「붓다의 불교」를 일으키는 작은 등불이 되었다. 30년간만 수천 명의 동덕-청보리들-, 하나의 등불이 백이 되고, 천이 되고, 만이 되고 … 이 땅의 불교 흐름을 바꿔놓고 새로운 꽃을 피우는 꽃씨들이 되었다. 1970~90년대는 불교중흥의 기운이 활활 넘쳤다. 2천 년 한국불교사의 작은 등불 하나, 작은 기적 하나다. 지금도 청보리들은 조그맣게 함께 모여서 붓다의 길을 가고 있다. 방 한 칸 없이 가난하지만, 이것이 붓다의 길 아닌가.

　우리는 먼저 봉사활동부터 시작하였다.
　시흥에 있는 '혜명보육원'을 정기적으로 찾아가서 우리 아이들과 보육원 어린이들이 서로 자매결연 하고 서로 돕기를 십여 년 계속했다. 어린이대공원, KBS, MBC 등 방송국에 출연하면서 찬불가 봉사를 펼쳤다. 세상 사람들이 '찬불가도 있나-' 하고 관심을 갖기 시작했다. 1978년에 서울 창신동 청룡사에서 창립된 청보리학생회-청년대학생회도 오랫동안 금촌·음성 한센병 환자들 찾아가서 같이 법회 보고 어린이들과 같이 놀고, 대림맹인촌을 찾아가 장애인들에게 붓다의 빛을 전파하였다. 수백 명의 눈푸른 청소년, 청년 대학생들이 모여들어 하늘 땅 진동하는 열정으로 공부하고 포살하고 자자하고 자비헌신하고-. '포살'이란 말도 잘 몰랐던 시절, 재가의 포살법회는 청보리가 최초일 것이다. 우리는 초기경전에 나와 있는 방식대로 포살법회를 열고, 재가들의 자자(自恣)법회를 열었다.

"첫째, 불살생계입니다.
산목숨 해치지 말라.
스스로도 해치지 말고, 남이 해치는 것, 묵인하지도 말라.
이제 대중들에게 묻습니다.
대중들은 이 계에 대해서 청정하십니까?
다시 묻습니다. 대중들은 이 계에 대해서 청정하십니까?

또 다시 묻습니다. 대중들은 이 계에 대해서 청정하십니까?"

학생들, 청년 대학생들이 벌떡벌떡 자리에서 일어나 삼배 올린다. 부처님 앞에 '불살생계'을 범한 허물을 삼배로 드러내는 것이다. 말할 수 없는 감동과 경건함이 법당을 휘감고 대중들의 가슴을 울렸다. 이것이 부처님 때 하던 포살방식이다. 요즘 재가의 경우, 포살이란 말도 잘 모르고, 하는 곳이 드물다. 또 포살 한다면서 갖가지 편법으로 하고 있지만, 무엇이던 적당히 하면 안 된다. 최대한 부처님 방식대로 하는 것이 의무다.[7]

다시 한 번, 출가던 재가던, 포살하지 않으면 불교도 아니다.

매월 첫 법회 때, 절에서, 법회에서, 아니면 직장이나 집에서라도 함께 모여 포살법회를 열어야 한다. 출가승이 없으면 재가 좌장, 선배, 연장자가 주관한다. 이것이 붓다께서 직접 제정하신 '불교도 청정의 법'이다. 청보리와 빠리사 도반들은 지금도 하고 있다.

이렇게 동덕-청보리 빠리사운동의 작은 등불은 고요히 빛을 발하고 있었다.

나) 2011년 '자비수레꾼', 2014년 '빠리사학교'

2011년, 10년 전, 우리는 새로운 등불 하나 밝혔다.

남지심 보살님, 이평래 교수님, 천문학자 이시우 박사님과 같이 '국제NGO 자비수레꾼'을 설립해서 캄보디아 변경 마을에 가서 초등학

---

7) 포살하는 방법 참고자료 ; 『화엄코리아』 pp.465-471. ; 『붓다의 일생 우리들의 일생』 pp.340-347.

고, 중학교 짓고, 주민들 복지사업 하고, 대학생들 한국어 강습하고, 장학금 지원하고 있고, 작년부터 후배도반들이 맡아서 금년에는 캄보디아 졸업생들의 사회진출을 위해서 전문기술학교를 설립할 준비를 하고 있다. 국내에서도 '수레꾼 봉사팀'이 다문화가족 지원활동' 등 활발히 해서 표창도 받았다. 남지심 보살님은 여기저기 탁발해서 수십 명의 탈북대학생들에게 매달 30만원씩 장학금을 지급해왔다. 50여 명이 거쳐 나갔고, 그중에 반이 불자가 되었다.

2014년, 우리는 또 한 번 작은 등불 하나 밝혔다.

10월 27일, 조계사 공연장에서 '10부작 영상 붓다 석가모니' 교계 시사회를 계기로 20여 분의 도반들이 순수 자발적 동기로 모여서 '개척자학교'를 열고, 2017년 이것이 '빠리사학교'로 진화하였다. '빠리사학교'는 개척자들이 모여서 둘러앉아 공부하는 곳이다. 「붓다의 불교」를 공부하고 「붓다의 시대」를 열어가는 개척자들이 꿈을 키우는 곳이다.

단순히 공부할 뿐만 아니라, 세상에 나가서 붓다의 빛-붓다의 가르침을 전하고 강설하는 '개척법사'의 자질과 기능을 연마한다. 돌아가며 '10분 발표' '10분 설법' 하고, 신랄하게 상호 평가한다. 기능이 눈에 보이게 쑥쑥 성장한다. 광학(光學)연구의 세계적인 학자도 오고, 재가의 저명한 법사, 지도자들도 오고, 영주에서 70대 농부시인도 오고, 춘천에서 40대 경찰간부도 오고-. 모두 '학인(學人)신분'으로 돌아가 허심탄회하게 공부한다. '개척강사' '개척법사' '개척교수'가 목표다. 아니, '붓다의 불교'를 공부하고, 세상에 나아가 '붓다의 시대'를 열어가는 '보살고행'이 목표다. 20여 분의 강사들이 탄생했고, 5분의 법사들이 나왔다. 우리는 평생 공부모임이다. 원로법사들과 신참 젊은이들이 한데 어울려 '아름답고 푸르른 빠리사 숲(山林/산림)'을 이뤄 가고 있다.

빠리사학교는 만인 앞에 열려있다.

언제든지 누구든지 오면 환영받고 평생도반이 된다.

우리는 둘러앉아 발표하고 토론하고 연구한다. 누구에게서 배우는 것이 아니라, 도반들끼리 상호 탁마 한다. 빠리사학교에는 어떤 권위주의도 없다. 지도법사도 없다. 필자도 '주임강사'에 불과하다.[8]

다) 찬탄— 삼배 올립니다,
그대들이 '빠리사운동의 선구자들'

찬탄— '여의도 포교원'

찬탄— '동덕—청보리' '자비수레꾼' '빠리사학교'

찬탄— '삼보법회' '대원회' '불광법회' '우리는 선우' '대불련' '대불련 총동문회' '불이회' '재가연대' '동산반야회' '열린 선원' '보리수아래' '여성불교개발원' '니르바나 필하모니 오케스트라' '운불연' '교사불자연합회' '교수불자연합회' '문사수회' …

찬탄 찬탄— 하늘의 별처럼 빛나는 수많은 개척자들,
      도처에서 소리 없이 헌신하고 있는 개척자들,
      출가 재가의 이름 모르는 개척자들, 선구자들—

---

8) 빠리사학교 연락처 ; 학인대표 신기윤 도반 010-8702-4150. 총무 변혁주 도반; 010-9447-2162. 공부장소 ; 종각역에서 조계사 가는 중간, 좌회전 50m, 두산위브빌딩 623호 탄허강숙. 공부날짜 ; 매월 2, 4주 저녁 7시~8시 반.

「붓다의 불교」

'팔정도-보살고행으로 당당 불멸의 주역으로 일어서기'

온갖 잡것들이 함께 눈뜨는 '만인견성-만인해탈의 화엄코리아' 실현하기

'붓다의 시대 다시 열어가는 빠리사운동'-

아직도 많은 도반들이 이 '빠리사운동'에 관하여 듣지 못하고 취지도 잘 모를 것이다. 「붓다의 불교」 '빠리사운동'- 생소하게 느낄 것이다. 그러나 우리 도반들이 각처에서 각자의 방식대로 열심히 하고 있는 것이 곧 「붓다의 불교」이고 '빠리사운동'이다. 목말라 하며 피땀 흘리며 걷고 또 걷는 붓다 석가모니의 삶이 '법(法, Dhamma)'이고, 이 부처님의 삶으로 돌아가려는 「붓다의 불교」 아니면 '불교' 아니다.

'우리도 부처님같이'- 팔정도의 등불 따라 연민 헌신의 보살고행으로 살아가는 것이 우리가 추종자의 어둠을 벗어나 당당 불멸의 주역으로 일어서는 길이고, 출가-재가의 불교도들이 부처님과 함께 둘러앉아 대화하고 토론하는 자유평등한 공동체운동, 곧 '빠리사운동' 아니면 우리불교 다시 살아날 길 없고- 이미 우리 도반들은 사무치게 느끼고 갈망해왔다. 이것은 누구도 부정할 수 없는 '눈앞의 fact', 엄중한 현실이다.

「붓다의 불교」

'붓다의 시대를 다시 열어가는 '빠리사운동'-

이것은 도도한 시대의 물결이다. 2천7백 년 불교사의 새로운 물결이다.

우리 도반들이 이 운동의 주역이며 개척자들이다. 의식하든 못하든, 우리불교 생각하며 밤잠 이루지 못하는 출가-재가의 불교도들이 이미 이 운동의 주역이며 개척자들, 전사들이다.

"도처에서 피땀 흘리시는 도반님들
그대들이 바로 '불멸의 보살주역들',
'빠리사운동'의 주역들-선구자들이십니다."
필자는 두 손 모아 합장하고
그대들 출가 재가의 보살들, 개척자들 앞에 찬탄 삼배 올립니다.
하늘 땅, 산천초목이 그대들 사부대중의 선구자들 앞에 삼배 올립니다.
붓다께서, 석가모니부처님께서 그대들을 미소하며 찬탄 찬탄하십니다.

3. 도처에 '시민빠리사' 만든다

가) '시민빠리사 운동'이 답이다,
지금 당장 5명, 10명 둘러앉는다

'은미네 가족-빠리사'
'삼창아파트 주민불자-빠리사'
'마산 제일여고 교직원불자-빠리사'
'서울사대 학생불자-빠리사'
'한일합섬 근로자불자-빠리사'

‘한일농원 불자빠리사'

‘마산상고 31회 동문불자-빠리사'

‘재경남원 향우불자-빠리사'

‘춘천경찰서 직원불자-빠리사'

‘서울구치소 선우불자-빠리사'

해병 1사단 11연대 3대대 해병불자-빠리사'

‘우리나라당 당원불자-빠리사'

‘국회정각회 회원불자-빠리사'

‘원양선 충무공호 선원불자-빠리사'

‘옥천암 청년불자-빠리사'

‘도피안사 보살불자-빠리사'

‘대각사 비구-빠리사'

‘청량승가대학 비구니학인-빠리사'

‘관음법회 포교사단-빠리사' …

가정, 직장, 마을, 절, 법회, 병영,

이 모든 빠리사들이 다 ‘시민빠리사'다.

사찰의 비구, 비구니 스님들도 시민빠리사 속에 들어올 때 비로소
시민적 사회적 역할을 찾고 동포들 속으로 들어갈 수 있다. 물 위에
기름처럼 떠돌면 아무것도 못한다. 출가는 중생 속으로 들어가는 것
아닌가? 보살은 진흙 속으로 들어가는 것 아닌가? 그래서 ‘보살고행'
아닌가? ‘시민빠리사'로, 시민 속에 들어갈 때, 비로소 승단의 문제 근본
적으로 치유될 수 있다. 출가승들끼리 남겨두면, 이 문제, 이 싸움
끝없다.

'시민빠리사 만들기

가정, 직장, 마을, 절, 법회, 병영, -

도처에 시민빠리사 만들기-둘러앉아 자유롭게 토론하기-'

이것이 '빠리사운동의 제일 목표'다. 많은 사람들-시민들을 '팔정도-보살고행의 삶'으로 변화시켜가는 것이 '빠리사운동의 제일 목표'다. 많은 사람들, 동포들, 시민들이 바뀌지 아니 하면, 불교의 모든 가치가 허구로 전락한다. 연기 무아 공 반야 자성- 헛소리로 전락한다. 깨달음 견성 한소식 정토- 헛꿈으로 전락한다.

그래서 우리는 처음부터 '온갖 잡것들이 더불어 눈뜨는 만인견성-만인해탈'을 빠리사운동의 기치로 높이 내건 것이다. 도처에 시민빠리사 만들고 둘러앉아 자유롭게 대화하고 토론하고 수다 떨 때, 이 시민빠리사가 국민적 형태로 확립될 때, 비로소 좌파/우파, 남/북, 노/사, 기독교/이슬람교의 진영논리, 차별우의, 폭력주의, 테러, 전쟁, 핵무기가 소멸된다. 우리 빠리사운동의 간절한 꿈- 이 땅의 평화가 실현된다. '시민빠리사'가 답이다. 우리시대의 평화를 위한 유일한 대안이다.

도처에 빠리사 만든다. '시민빠리사' 만든다.

제일 먼저 '우리가족-빠리사' 만든다.[9]

제일 먼저 '우리직장-빠리사' 만든다.

'가족-빠리사'와 '직장-빠리사'가 '시민빠리사 운동'의 핵심이다. 더이상 머뭇거릴 시간이 없다. 제2의 필리핀, 제2의 남미(南美)가 목전에 다다랐다. 정치인 믿고 기다리면 이미 늦다. 이제 서둘러서 우리불자

---

9) '가족빠리사' 하는 구체적인 방법 ; 『화엄코리아』 pp.434-441.

들이 나설 차례다. 나 혼자서라도 시작한다. 한 명, 두 명, 세 명-
도반들이 다섯 명만 모이면 정식으로 시작한다.[10]

나) '시민빠리사' 만들기

['시민빠리사' 준비하기]

5~10명의 도반만 모이면 준비모임을 갖는다.

① '우리직장-빠리사'의 명칭 정하기
  (보기) '삼보회사 보살빠리사' '제일아파트 경비원불자-빠리사' '번영시
  장 상인 불자-빠리사'

② 모임 일시 - '매주 한 번씩, 금요일 점심시간 30분간'을 기본으로
  하되, 매월 1, 3주 금요일로도 할 수 있다. 사찰, 법회 등 시간
  여유가 있는 그룹들은 한 달 두 번 1시간 정도가 좋다.

③ 장소 - 십여 명 둘러앉을 수 있으면 족하다.

④ 공부경전과 교재-경전은 먼저 「숫따니빠따」부터 시작하고, 교재
  는 「붓다 스터디」 시리즈 1부 『화엄코리아』부터 시작한다.
  '빠리사'의 특성에 맞게 하되 교리공부 등 일반적인 방식으로는
  하지 않는다.

⑤ 매월 1회 이상 정기적인 보살봉사활동 과업 - 회사 안팎 청소하
  기, 아파트 꽃나무 심기, 시장 거리 청소하기, 직장 마을 독거노
  인 돌보기 …

---

10) 빠리사 운동 참고자료 ; 앞의 책 pp.429-446. ; 『붓다의 일생 우리들의 일생』
  pp.365-381.

⑥ 살림꾼 뽑기 – 대표/좌장, 총무 각 한 명 정도.

[시민빠리사 모임 순서] (1시간 기준) 〈부록 4-3〉

(가정, 직장, 법회, 사찰 등 시민빠리사와 빠리사학교 공부 모임)

4. 춘천서 들려온 비장한 '메시지', '시민빠리사 운동' – 우리 동포들 미래가 달렸다

가) 빠리사운동이 가는 길

필자는 오직 부처님께만 삼배 올린다.

음지에서 몸 바쳐 보살고행의 길 가고 있는 출가–재가의 성중(聖衆) 들에게만 삼배 올린다.

우리 불교 살려내기 위하여 미움, 눈총 받아가며, '삼배 안 하기' 공 언한다.

동서고금, 인사는 서로 하는 것이고, 청정한 무아의 삶을 추구하는 불교도는 먼저 하는 것이 도리다.

'따뜻한 미소로 먼저 다가가 인사한다.'–.

이것이 '우리들의 팔정도' 제1조다.

이것이 우리불교 살려내는 눈에 보이고 즉각적인 길이다.

의도적으로 요구되는 삼배가 불교 망치는 단초를 제공하고 있다.

출가 · 재가 서로 공동체가 되지 못하고, 부처님의 거룩한 빠리사 되지 못하고, 경원하고 분열하고 무너져 내린다.

그러나 '빠리사운동'은 재가운동이 아니다.

'빠리사운동'은 출가불교의 대안이 아니다.

'출가승들이 분쟁을 일으켜서 불교가 안 되니까 재가가 나서서 대안 역할을 하자-', 아니다. 나는 그런 재가운동도 존중하고 후원한다. 많을수록 좋다. 재가가 살면 출가도 산다.

그러나 '빠리사운동'은 아니다.

필자는 스님들을 존중하고 사랑한다. 육친(肉親) 같은 친근감을 느낀다. 숙세의 DNA다. 뭐라고 해도 우리불교 지켜온 분들이 출가승들이고, 또 출가승들은 재가가 대신할 수 없는 동포들의 귀의처가 된다. 출가승들의 사찰불교는 존중되고 유지 발전돼야 한다. 승단의 잘못은 마땅히 비판할 것이다. '공양거부운동-', 2001년 『초기불교개척사』에서 처음으로 내세웠다. 그러나 승단-사찰불교 비판하되 부정해서는 안 된다. 그것이 우리들의 모체다.

출가 · 재가는 평등하다. 무차별(無差別)이다.

스님들은 지배자가 아니다. 재가들은 추종자가 아니다. '신도(信徒)' 아니다. 마땅히 '대중들' '성중(聖衆)들'이라고 불러야 한다. 출가승들이 스승이라 할지라도, 스승은 지배자가 아니라 '선우(善友, kalyana-mitta)'다. '스승' '선지식(善知識)'이 곧 '선우'다. '좋은 벗'이다. 그래서 붓다께서도, "벗이여, 선우여, 그대들은 나를 좋은 벗으로 삼아서 생사에서 해탈하라.-" 매양 이렇게 말씀하신다. 사부 평등(四部平等)-, 이것이 부처님의 지엄한 법도다. 출가도 주역이고 재가도 주역이다. 출가도 보살이고 재가도 보살이다. 출가도 빠리사고 재가도 빠리사다. 둘러앉아야 한다.

'빠리사운동'은 재가운동이 아니다.

'빠리사운동'은 출가·재가를 아우르는 보살운동-불교적 시민운동이다.

지금 우리가 열어가고 있는 '빠리사운동'은 '보살 부흥운동'이다. '보살고행 부흥운동'이다. '불교정체성 부흥운동'이다. '정법당간 다시 세우기운동'이다. '사제팔정도 다시 찾기운동'이다. 좌파/우파 진영논리·차별주의·폭력주의와 싸워 이기고, 도처에서 둘러앉아 대화하고 토론하고 공감 합의하는 시민빠리사를 실현해 가는 붓다적 사회개척운동이다.

'빠리사'는 개척자들이다. 거친 벌판 달려가는 개척자들이다.

'빠리사운동-시민빠리사 운동'은 「붓다의 불교-붓다의 시대」를 다시 열어가는 우리시대의 개척운동이다. 동포들의 사회적 각성-, 만인견성-만인해탈운동이다. 우리도 부처님같이-, 인간답게 한번 신나게 서로 사랑하며 살아보자는 많은 사람들(bahujana)-동포들의 간절한 열망이다.

나) 춘천서 들려온 가슴 아픈 '메시지'

"네- 비장한 마음입니다.

저는 붓다의 불교와 함께하는

빠리사 모임을 두 군데서 주도하며

부처님 법을 지키는 일에 힘쓰고 있습니다.

나무아미타불"

2019년 4월 25일, 목요일

춘천의 황태종 도반님이 보내온 메시지다.

우리 빠리사학교 카톡방에 전해 온 메시지다.

이름도 성도 전혀 몰랐던 춘천의 한 도반이 보내온 메시지다.

'붓다의 불교' 밴드에서 전해지는 우리 빠리사운동의 소식을 듣고, 황 도반님은 스스로, 누구의 도움도 없이 자력으로 두 개의 순수한 '시민빠리사'를 열고 있는 것이다. 한 달에 한 번씩, 우리 청보리가 전파하는 '포살법회 의식문'을 보고 '포살법회'를 봉행하고 있다고 한다.

필자는 이 짤막한 몇 줄의 메시지를 보고 충격 받았다.

마침내 우리 「붓다의 불교」가 퍼져가고 있다. 이것은 이제 우리 「붓다의 불교」 '빠리사운동'이 자생력(自生力)을 갖기 시작했다는 사실을 의미한다. 붓다 당시, 초기 불교도들이 했던 '포살법회'가 재가들 자신들의 힘으로 거룩하게 봉행되고 있다는 사실을 의미한다. 이렇게 우리 동포들이 지금 여기서 부처님과 함께 가고 있다는 것이 '눈앞의 fact'로 드러나고 있다.

필자는 가슴 벅찬 환희를 느꼈다.

50여 년 우리들이 작은 등불 하나로 밝혀 온 「붓다의 시대」가 이렇게 열려가고 있다는 역사적 사실 앞에서 어찌 기뻐하지 않겠는가.

그러나 기쁨도 잠시—, 필자는 가슴이 아팠다.

우리 황 도반님이 아무 연줄도 없이, 춘천에서 혼자 이리 뛰고 저리 달리면서, 남모르게 가슴앓이 하면서 외로운 빠리사운동을 펼쳐가고 있다는 것을 생각하면서, 그 외로움과 그 용기를 온몸으로 느끼면서 눈물이 솟아올랐다.

다) 비장한 마음으로 '시민빠리사 운동'을,
이것이 평화의 마지막 희망이다

"네- 비장한 마음입니다.-"
실로 그런 것이다. 우리 빠리사들은 지금 비장한 마음이다.
비장한 마음으로「붓다의 불교」하고 있다.
비장한 마음으로「빠리사운동」열어가고 있다.
비장한 마음으로「보살빠리사 운동」열어가고 있다.
비장한 마음으로「시민빠리사 운동」개척해가고 있다.

「시민빠리사 운동」
시민들이 둘러(pari) 앉는(sā)「시민빠리사 운동」
우리 가족들이 둘러앉고, 우리직장 동료들이 둘러앉고
우리 마을 이웃들이 둘러 앉고, 노-사가 둘러앉고
갑-을이 둘러앉고, 남-녀가 둘러앉고, 노-소가 둘러앉고
좌파-우파가 둘러앉고, 동-서가 둘러앉고, 남-북이 둘러앉고
불교-기독교-이슬람교가 둘러앉고
둘러앉아 함께 수다 떨고 대화하고 토론하고 공감, 합의하고-

「시민빠리사 운동」
여의도 포교원
청보리·자비수레꾼·빠리사학교
호수가 아름다운 춘천 황태종 거사의 두 빠리사 …
도처에서 빠리사들이 일어서고 있다.
출가·재가- 소리 없이, 이름 없이 보살빠리사의 길 가고 있다.

목말라 하며 '붓다의 빛(Buddha-ābhā)-보살의 빛'을 찾아 나서고 있다.

목말라 하며 피땀 흘리며 연민 헌신의 보살고행 찾아 나서고 있다.

「시민빠리사 운동」
이 '빠리사운동'이 이 시대의 물결이다.
우리가 함께 살아날 거의 마지막 출구다.
'빠리사는 평화, 보살은 불멸'-,
이 세상 평화의 거의 마지막 희망이다.

'이제 우리는 당당 불멸의 보살주역'-,
이것은 허황한 구호가 아니다. 꿈이 아니다.
「붓다의 불교」「붓다의 시대」가 다시 열린다-,
이것은 한갓 이상(理想)이 아니다. 꿈이 아니다.
도처에서 '눈에 보이는 것, 즉각적인 것'으로 일어나고 있다.
도도한 물결이다. 지금 미약해도 머지않아 창성할 것이다.
'여의도 포교원' '청보리' '자비수레꾼' '빠리사학교' '춘천빠리사'-
몇몇 도반들이 외롭게 나가고 있지만, 마침내 우리나라 불교사의
흐름을 바꿔놓을 것이다.

라)「평화의 약속」〈부록 1〉

'빠리사는 평화, 보살은 불멸'
친구들, 도반들- 우리 서로 손잡고
「평화의 약속」 다시 한번 외워보세.

이것이 우리 동포들 살려낼 진언(眞言)이라네.

문득 허리 곧게 펴고
들숨 날숨 헤아리며
무심히 무심히- 사띠 삼념한다. (목탁/죽비 세 번)

'들숨 날숨 하나-
제행무상(諸行無常) 제행무상(諸行無常)
마음이 허공처럼 텅- 비어간다. (삼념)' (목탁/죽비 세 번)

이제 따뜻한 미소로 서로 바라보며,
합장하고 낭랑한 목소리로 합송한다.

(목탁/죽비 내리며 서로 반배)

대중들 앞에 참회하는 붓다 석가모니
이제 내 차례, 우리 차례다

"대중들이여, 이제 나는 정성을 다하여 청합니다.

그동안 내가 몸이나 말로 행한 것 가운데

그대들이 비난할만한 것이 있습니까?"

— 쌍윳따니까야 8, 7 「자자의 경(自恣經)

/ *Pavāraṇā-sutta* / 빠와라나-숫따 —*

* S I p.190. ; 각묵 스님 역, 『쌍윳따니까야』 1권 pp.617-621. ; 마스타니 후미오
/이원섭 역, 『아함경』(2005, 현암사), pp.202-206.

자자(自恣, *Pavāraṇā*)
대중들 앞에 참회하시는 부처님

"내 행위와 말, 그대들이 비난할만한 것이 있습니까?"

「① 나는 이와 같이 들었다.

한때 세존께서는 5백여 명의 성중들과 함께 사왓티성 동쪽 숲(東園林)에 있는 미가라마따(鹿子母) 강당에 계셨다.

그때 세존께서는 보름날에 행하는 포살일에 자자(自恣, Pavāraṇā / 빠와라나, 자청하는 참회의식)를 하기 위하여 바깥마당에 대중들과 함께 둘러앉아 계셨다.

② 그때 세존께서는 고요히 침묵하고 있는 대중들을 둘러보고, 대중들에게 말씀하셨다.

"대중들이여,
이제 나는 그대들에게 정성을 다하여 청합니다.
그동안 내가 몸이나 말로 행한 것 가운데
그대들이 비난할만한 것이 있습니까?"

스승과 제자

③ 세존께서 이렇게 말하자, 사리뿟따 존자가 일어나서, 한쪽 어깨가 드러나도록 윗옷을 입고, 땅에 오른 쪽 무릎을 꿇은 뒤, 세존을 향하여 합장하고 이렇게 말하였다.

"세존이시여,
세존께서 몸이나 말로 행하신 것들 가운데,
저희들이 비난해야 할 만한 것들은 아무것도 없습니다. … "

④ 사리뿟따 존자가 대중 앞에 나가 말하였다.
"세존이시여, 저도 이제 정성을 다하여 청합니다.
그동안 제가 몸이나 말로 행한 것 가운데
세존께서 비난할 만한 것이 있습니까?"

세존께서 대답하신다.
"사리뿟따여, 그대가 몸과 말로써 행한 것 가운데
내가 비난할 만한 것은 아무것도 없느니라. …
사리뿟따여, 전륜성왕의 큰 아들이 아버지가 굴렸던 바퀴를 정의(正義)로써 굴린 것과 같이, 그대는 내가 굴리는 위없는 법의 바퀴를 정의로써 굴리느니라." … 」

– 쌍윳따니까야 8, 7 「자자의 경(自恣經)」/ *Pāvāraṇā-sutta* – [1]

---

1) S Ⅰ p.190. ; 각묵 스님 역, 『쌍윳따니까야』 1권 pp.617-621. ;

1. 장엄한 인류사의 대변혁

「저기 사왓띠(Sāvatthī) 동쪽

미가라마따(Migāramātā, 鹿子母) 강당 광장

7월 보름 밤, 우안거(雨安居, 여름철 안거) 끝나는 날

오백 명 눈푸른 성중(聖衆, ariya-parisā)들이 둥그렇게 둘러앉고

부처님께서 대중들 앞에 한 발 나서신다.

두 손 합장하여 높이 세우고,[2]

낭랑한 목소리로 말씀하신다.

두 번, 세 번 이렇게 묻고 또 묻는다.

"대중들이여, 나는 이제 청하노니〔자자(自恣)〕,[3]

─────────────

[2] 이 내용은 앞의 쌍윳따니까야 8, 7「자자(自恣)의 경」/ *Pāvāraṇā-sutta* 와는 다소 차이가 있지만, 초기율장의 규정에 의하면, 대중 앞에 나가 무릎 꿇고 합장하여 높이 치켜들고, "나를 가엾이 여겨 부디 지적해주십시오. 허물을 알면 마땅히 고치겠습니다.", 이렇게 청하게 규정되어있다. ; *The Book of The Discipline Vol. 4 / Mahāvagga* (tr. Horner I. B., 2000, Oxford, PTS, pp. 208-235.

[3] '자자(自恣, pāvaraṇā / 빠와라나)'는 승가에서 행하는 '포살(布薩, uposatha, posatha/뽀사타)', 곧 대중참회 의식의 하나로, 붓다 당시 우안거가 끝나는 7월 보름 밤에 붓다를 비롯한 대중들이 둘러앉아, '저를 가엾이 여겨, 저의 허물을 지적해주십시오.',

대중들은 내 행위와 내 언어에서 무엇인가 비난받을 만한 것을
보거나 들었거나 또는 미심쩍다고 생각을 하지 않았습니까?
만약 그런 일이 있다면, 나를 가엾이 여겨 부디 지적해주십시오.
허물을 알면 마땅히 고치겠습니다.”」[4]

하아– 하아– 숨이 막힌다.
아무 말, 아무 생각 할 수가 없다.
전율이다. 몸이 떨려온다. –

세상에 이러신 분 또 보았는가?
수백만 년 인류역사상 이러신 분 또 있는가?
“내 잘났다.” “내가 제일이다.”
“내가 진리요 길이다.” “내가 전지전능이다.” “나를 따르라.”–
모두들 이렇게 끊임없이 윽박지르기에 급급한데, 대중들 앞에, 제
자들 앞에 두 손 모으고 스스로 허물을 묻는 이러신 분, 또 어디서
보았는가?
이것은 실로 우리를, 이 세상 모든 생명들을 당당 주역으로 일으켜
세우시는 장엄한 ‘인류사의 대변혁 사건’ 아닌가?

이렇게 청(請)하는 것이다. ‘자자(自恣, pāvaraṇā / 빠와라나)’는 ‘스스로 청한다.’는
뜻으로 영어로 'Invitation', 곧 ‘초대’ ‘초청’이라고 번역한다. ; 초기율장 「대품(大品)」4,
‘자자(自恣)’ ; *The Book of The Discipline Vol.4 / Mahāvagga* (tr.Horner I. B.,
2000, Oxford, PTS, pp.208-235.
4) 마스타니 후미오/이원섭 역, 『아함경』, pp.202-206.

이제 이유가 명백해졌다.

왜 우리가 이렇게 부처님 좋아하는지—

왜 '불교'가 '불교'인지—

왜 우리가 신명을 바쳐 부처님을 찾아야 하는지—

왜 우리가 붓다 석가모니의 삶을 일생을 바쳐 찾아가야 하는지—

왜 우리가 목숨 걸고「붓다의 불교」로 돌아가야 하는지—

왜 우리불교, 우리 동포들 평화의 마지막 희망으로 '빠리사운동' '시민빠리사 운동' 외치고 외쳐야 하는지—

그 이유가 여기서 스스로 명백해졌다.

2. 우리들의 청정을 일깨우기 위하여

「두 손 높이 모으시는 붓다 석가모니

빠리사(대중들) 앞에 두 손 높이 모으시는 붓다 석가모니—」

지금 부처님은 우리들을 위하여 저리 하신다.

부처님은 청정범행(淸淨梵行, Brahma-cariya)이시라 어떤 허물도 있을 리 없다. '바르게 깨달았다.(sambodhi, 正覺)'는 것은 일체의 어둠(無明)과 더러움(煩惱)을 여의고 '완전한 청정(淸淨, pārisuddhi/빠리숫디)을 실현했다'는 것을 의미한다. 붓다께서 하나의 티끌도, 허물도 없다는 것을 의미한다.

그래서 기원전 589년 보드가야 정각의 새벽,

붓다께서는 첫 목소리로 이렇게 선포하신다.

"나의 청정은 이미 확립되었다.—"

(淸淨已立 / 청정이립)

부처님은 지금 우리들을 위하여 저리하신다.

우리들의 청정함을 일깨우기 위하여 저리 하신다.

붓다 자신 같이, 제자 사리뿟따 같이, 우리가 모두 지금 여기서 즉 각적으로 청정하다는 사실을 선포하기 위하여 저리 하신다. 우리들을 뿌리 깊은 종의식—죄의식—신(神)에 대한 공포의식에서 벗어나게 하시려는 절절한 대비(大悲)의 염원으로, 우리들을 종의식—죄의식—공포의식에서 벗어나 '당당주역'으로 '당당 불멸의 보살주역'으로 우뚝 일으켜 세우려는 지극한 서원으로, 우리 앞에 두 손 높이 드시고, "부디 나의 허물을 지적해주시오."—, 이렇게 청하고 계신다.

'우리들을 위하여

우리들의 청정을 일깨우기 위하여

종의식—죄의식—공포의식에서 일깨우기 위하여—'

부처님은 지금 '본래청정'을 말하려 하는 것이 아니다.

'본래청정'은 '원죄'와 더불어 맹목적 극단론이다. 우리는 이미 '본래청정' '본래부처'의 허구를 깨뜨리고 나왔다.

그럼 무엇인가?

붓다께서 저리 하시는 것은 무엇 때문인가?

우리들의 청정을 일깨우기 위하여— 이것이 무엇인가?

붓다께서는 지금 우리들의 청정한 삶을 촉구하고 계신다.

붓다께서는 지금 우리들의 청정한 행위와 말을 촉구하고 계신다.

붓다께서는 지금 우리들의 교만과 고집을 경책하고 계신다.

붓다께서는 지금 '내 잘났다.' '내게 절해라' '내 말이 진리다' '우리 주의가 진리다'라고 우기는 우리들의 교만과 고집을 경책하고 계신다.

붓다께서는 지금 우리가 한갓 중생이라는 엄연한 눈앞의 현실을 일깨우고 계신다.

붓다께서는 지금 우리들의 자아와 실체는 오로지 행위에 의하여, 삶에 의하여 결절된다는 부동(不動)의 진실을 일깨우고 계신다.

붓다께서는 지근 우리들의 보살고행을 촉구하고 계신다.

붓다께서는 지금 우리들이 피땀 흘리며 작고 외로운 동포들 속으로, 시민들 속으로 돌아가기를 촉구하고 계신다.

붓다께서는 지금 우리들이 작고 외로운 동포들, 시민들 속으로 돌아가 불교 할 것을 촉구하고 계신다.

붓다께서는 지금 우리들의 통렬한 반성과 참회를 분부하고 계신다.

3. '저희 허물을 지적해주십시오', 이제 내 차례다, 우리 차례다

이제 내 차례다.

이제 우리 차례다.

먼저 내가 대중들 앞에 나가 무릎 꿇고

두 손 모아 높이 치켜들고, 떨리는 목소리로 말합니다.

"거룩한 대중들이여,

이제 저는 그대들에게 정성을 다하여 청합니다.

그동안 제가 몸이나 말로 행한 것 가운데

그대들이 비난할 만한 것이 있습니까?

있다면, 부디 나를 가엾이 여겨 지적해주십시오.

허물을 알면 마땅히 고치겠습니다.

거룩한 대중들이여

그동안 저는 교만하지 않았습니까?

'내 잘났다.' '내 주장이 진리다.' —,

이렇게 교만하지 않았습니까?

그동안 저는 도반들 무시하지 않았습니까?

그동안 저는 도반들 원망하고 비난하지 않았습니까?

그동안 저는 남의 것 욕심내고 훔치지 않았습니까?

그동안 저는 화내고 욕설하고 폭력을 행사하지 않았습니까?

그동안 저는 거짓말하고 이간질하고 독한 말 하지 않았습니까?

그동안 저는 남의 여자 탐하고 추행하지 않았습니까?

거룩한 대중들이여, 저의 허물을 보셨거나, 들었거나, 속으로 의심하
지 않았습니까?

그러시다면, 저를 가엾이 여겨 부디 지적해주십시오.

허물을 알면 마땅히 고치겠습니다."

4. 희망의 노래-, 힘차게 "앞으로 앞으로-"

지금 기다리고 있다.
지금 모두가 우리를 지켜보며 기다리고 있다.
지금 온 세계가 우리 스님들, 불교도들 기다리고 있다.
앞으로 앞으로 달려 나오기 지켜보며 기다리고 있다.

빛나는 미소로
천진동자(天眞童子) 같이
허물을 벗어난 빛나는 미소로
박수치며, 모두 힘차게 노래할 것이다.
'앞으로 앞으로-',
'희망의 노래'-, 힘차게 함께 부를 것이다.
자 시작-

"앞으로 앞으로-
우리 손잡고 함께 나가요.
앞으로 앞으로, 앞으로 앞으로-
친구들 반가워요, 어서 오세요.
우리 부처님 찾아 손잡고 함께 나가요.
우리 부처님 참 좋아요. 참 멋지시네요.
배알도 없는지 항상 웃고 계시잖아요.
대포 쏘아대고 먹칠해대도 빙그레- 항상 웃고 계시잖아요.

앞으로 앞으로, 앞으로 앞으로-

친구들 반가워요, 어서 오세요.

우리 부처님 나라 찾아 손잡고 함께 나가요.

온갖 잡것들이 한데 어우러져 함께 눈뜨는 나라

우리 보살나라, 빠리사 나라, 화엄코리아- 참 좋아요.

우리 부처님 나라 참 신나네요.

당신이 주인이래요. 우리가 주인이래요.

하늘보다 땅보다 당신이 더 큰 주인공이래요.

앞으로 앞으로, 앞으로 앞으로-

친구들 반가워요, 어서 오세요.

우리 스님들 찾아 손잡고 함께 나가요.

우리 스님들 참 좋아요.

겉으로는 무뚝뚝, 속은 뚝배기래요.

어려운 사람들 보면 그냥 못 지나치시잖아요.

자기 바랑도 비었는데 만 원짜리 한 장 꼭 쥐어주고 가시잖아요.

앞으로 앞으로, 앞으로 앞으로-

친구들 반가워요, 어서 오세요.

우리 절(寺刹) 찾아 손잡고 함께 나가요.

우리 절 참 좋아요. 참 편안하네요.

예나 지금이나 절은 우리들 지친 영혼의 안식처잖아요.

낡은 풍경소리도, 노(老)보살님 미소도 포근히 안아주시잖아요.

앞으로 앞으로, 앞으로 앞으로-

친구들 반가워요, 어서 오세요.

우리 불자들 찾아 손잡고 함께 나가요.

우리 불자들 참 좋아요. 좀 바보 같지만요.

'예수 믿으세요' 들이대도, 민망해서 말 한 마디 못하잖아요.

그래도 그 바보들 때문에 우리가 이만큼이라도 평화롭게 살잖아요.

앞으로 앞으로, 앞으로 앞으로-

친구들 반가워요, 어서 오세요.

우리 동포들 찾아 손잡고 함께 나가요.

우리 동포들 지금 참 외로워요. 참 고단하네요.

취직 못하고 성공 못해서 다들 기가 죽어 있잖아요.

'힘내세요.', 다가가 인사 한마디 커피 한 잔 나누면,

금새 생기가 돌잖아요.

'좌파다.' '우파다.'- 만나기만 하면 원수같이 싸우잖아요.

'나는 그대 존중하고 사랑합니다.

생각이 달라도 주의가 달라도

우리는 동포잖아요, 우리는 피를 나눈 동포잖아요.'

이렇게 따뜻하게 손잡고 말하면,

어쩌겠어요, 옛날 그 순박했던 시절로 돌아가야지요.

친구들, 도반님들

이것이 불교 아닐까요?

이것이 깨달음 아닐까요?

이것이 '팔정도 – 보살고행' 아닐까요?

이것이 '빠리사' 아닐까요?

이것이 인간사는 도리 아닐까요?

하나 둘

하나 둘 셋 넷 –

앞으로 앞으로

앞으로 앞으로 –"」 (본문 끝)

2019년 5월 8일, 수요일, 밤 10시

안성죽산 용설리 도솔산 도피안사 玉川山房에서

「평화의 약속」

– 헤어질 때 둘러서서 이렇게 약속한다

(목탁/죽비 내리며 서로 반배)

"나마스테–

친구여, 건강하고 행복하십시오.

나는 그대 존중하고 사랑합니다.

내가 죽어도, 나는 그대 해치지 않습니다.

내게는 적의(敵意) 없고 증오 없습니다.

친구여, 우리는 좋은 벗들(善友)이며 동포입니다.

색깔이 달라도, 국적이 달라도, 주의가 달라도, 종교가 달라도

우리는 인류의 DNA를 공유하고 있는 벗이며 동포입니다."

(목탁/죽비 내리며 서로 반배)

합송이 끝나면 '작별인사' 나눈다.

「불교도의 작별인사」

[좌장/선배] "우리도–

[대중들] 부처님같이–"

(반배)

서로 돌아가며 손잡고
체온을 공유하며 축복한다.

"도반님–
건강하고 행복하십시오."

「원형(原形) 삼보귀의」

「원형(原形) 삼보귀의」
붓다 당시 우리 선대들이 실제로 하신
「원형(原形) 삼보귀의-삼귀의」다.
우리 빠리사들은 붓다께서 직접 가르치신 대로,
지금부터 이 「원형(原形) 삼보귀의-삼귀의」로
할 것이다.

(목탁 반배)

「 "거룩하셔라 세존이시여

거룩하셔라 세존이시여

마치 넘어진 것을 일으켜 세우듯이

덮인 것을 열어보이듯이

어둔 이들에게 길을 가리켜주듯이

'눈 있는 이들은 모습을 보라'-,

어둠속에 등불을 밝히고, 이렇게 말하듯이

이와 같이 세존께서는 갖가지 방법으로

법을 드러내 보이셨습니다.

저희는 이제 세존 정각자 석가모니 붓다께 귀의합니다.(절)

저희는 이제 구원의 등불 부처님의 가르침에 귀의합니다.(절)

저희는 이제 해탈 이룬 성현들의 승가(聖僧)에 귀의합니다.(절)

세존이시여, 저희를 부처님의 제자로 받아들여주소서.

지금부터 목숨이 다하는 날까지 귀의하겠습니다."(반배)

나무석가모니불(발음 ; 나무서가모니불)- (3념) 」

- 숫따니빠따 1, 7 「와살라-숫따」/ *Vasala-sutta* -

| 부록 3 |

「불자 하루송(頌)」

– 우리 가족, 동포들의 행복한 오늘을 위한 기도

우리는 거룩한 부처님의 자녀들

맑고 향기로운 연꽃보살들

오늘 하루의 삶을 기뻐하고 찬탄합니다.

내 속에서 미소하시는 불보살님의 무한한 자비가

나와 가족과 우리 형제들의 앞날을

항상 광명과 행복과 건강으로 인도하심을 믿습니다.

나는 내가 하는 일이 나와 이웃과 사회를 위하여

진실로 보람찬 창조 작업임을 믿기 때문에

정성과 능력을 다하여 일하고 또 약속을 지킵니다.

나는 항상 쾌활하게 웃고 콧노래를 부르며

우울한 얼굴을 하거나 불평하지 않습니다.

나는 이웃을 찬양하고 축복하며

결코 비난하거나 부정하지 않습니다.

내 앞에 닥친 고난과 실패는
그것이 어두웠던 내 마음의 그림자인 줄 아는 까닭에
그것이 나를 일깨우고 더 크게 성취시키려는
불보살님의 숨은 자비인 줄 아는 까닭에
오히려 기쁜 마음으로 더 한층 굳세게 정진합니다.

언제 어디서 부처님을 생각하고
그 이름을 부릅니다.
아침 햇살처럼 쏟아지는 불보살님의 은혜와
형제들의 사랑 앞에 감사드리며
나는 오늘 하루도 유쾌하게 노래 부르면서
배우며 전하며 또 개척해갑니다.

[축원 드리는 시간]

가족들 친척 동료들 사랑하는 사람들 외로운 이 땅의 동포들 생각하며,

그 얼굴 떠 올리며 마음속으로 잠시 축원 드린다.

 (이때 특별히 가족을 위하여 간단한 축원문을 써서, 또는 말로 외우고,

 '나의 기원'을 함께 외우면 좋다.)

[나의 기원]

[좌장 / 선배]

우리 함께 기원합시다.

[대중들 함께]

항상 함께 하시는 자비하신 부처님,

저희가 지극한 정성으로 부처님께 귀의하옵고

부처님의 정법 배우고 전하기 위하여,

온갖 고난 참고 이기오며,

굳센 신념으로 맹세코 큰 불사 성취하겠나이다.

저희에게 큰 지혜와 용기를 베푸소서.

나무석가모니불 (3념)

「보살의 아침수행일과」

(10분 기준)

① 입정(入定) ; 「사띠 일구」 삼념, 또는 십념

위의를 단정히 하고 참선자세로 앉아서 들숨 날숨 헤아리며

'사띠 일구' 외우면서 마음을 무심히 비워간다.

「들숨 날숨 하나-

제행무상(諸行無常) 제행무상(諸行無常)

마음이 허공처럼 텅- 비어간다. (삼념~십념)

② 예경(禮敬) ; 일어서서 불단(佛壇, 부처님 사진 등)을 향하여 「원형 삼보귀의(原形三歸依)-삼귀의」를 합송하면서 삼배 올린다. 〈부록 2〉

③ 발원 ; 「우리들의 팔정도」 합송 〈이 책 10~11쪽〉

('우리들의 팔정도' 대신 전통적인 '예불문'을 외워도 좋다.)

④ 회향축원 ; 「불자하루송」 합송한다. 〈부록 3〉

「불자하루송」 외우고, 가족 중에 한 사람이 그날 상황에 맞는 간단

한 축원문을 써서, 또는 말로 외워도 좋다. 끝에 '나의 기원' 함께
한다.

[축원문 보기]

'자비하신 부처님,

오늘 우리 사랑하는 명숙이가 새로운 출발을 위하여

취직시험을 보러갑니다. 우리 명숙이가 그동안 고생하며

참고 이기면서 열심히 공부하고 준비해왔습니다.

자비하신 부처님,

우리 사랑하는 명숙이가 혼란에 빠지지 아니하고

마음의 평정을 지키면서 최선을 다할 수 있도록,

크신 자비로 가피하여주소서.

세상에 나아가 열심히 일하고, 부처님의 정법을 몸으로 전파하고

개척하는 굳센 개척의 전사가 될 수 있도록, 손잡아주소서.

저희 가족들이 사랑과 정성을 다하여

부처님께 축원 올립니다.

[발원자]

우리 함께 기원합시다.

[가족들 함께] ('나의 기원' 외운다)

항상 함께 하시는 자비하신 부처님,

저희가 지극한 정성으로 부처님께 귀의하옵고

부처님의 정법 배우고 전하기 위하여,

온갖 고난 참고 이기오며,

굳센 신념으로 맹세코 큰 불사 성취하겠나이다.

저희에게 큰 지혜와 용기를 베푸소서.

나무석가모니불 (3념)

('불자하루송' 대신 전통적인 '반야심경'을 외워도 좋다.)

⑤ 사홍서원

⑥ 축복인사

(합장하고 서로 밝은 미소로 바라보며)

[좌장] "우리도—

[합께] "부처님 같이—. 건강하고 행복하십시오."

(서로 돌아가면서 손잡고 축복하고 체온을 나눈다)

「보살의 저녁수행일과」

(혼자서, 30분 기준)

① 입정(入定) ;「사띠 일구」삼념, 또는 십념

② 예경(禮敬) ; 일어서서 불단(佛壇, 부처님 사진 등)을 향하여 「원형 삼보
귀의(原形三歸依)−삼귀의」를 합송하면서 삼배 올린다. 〈부록 2〉

③ 발원 ;「우리들의 팔정도」합송 〈이 책 10~11쪽〉

④ 경전/불서공부(20분 정도) ; 숫따니빠따, 법구경, 쌍윳따니까야, 금강
경, 또는 「붓다의 불교」 3부작 등 불서를 읽고 새긴다.

⑤ 사띠 수행 ;「사띠 사념처」〈부록 5-2〉를 외우고 마음을 무심하게
비워간다.

⑥ 회향축원 ;「광명사띠」〈부록 5-1〉 외운다.

⑦ 염불정근 ; '석가모니불' '나무아미타불' '관세음보살' '지장보살' 등
자신이 좋아하는 불보살의 명호를 외운다.

부록 4-3

「시민빠리사 공부모임 순서」 (1시간 기준)

― 가족, 직장, 법회, 사찰빠리사 등 여러 시민빠리사와 빠리사학교 공부 모임

① 입정(入定) (목탁/죽비 3번) ;「사띠 일구」삼념, 또는 십념

② 예경(禮敬) ; 일어서서 불단(佛壇, 부처님 사진 등)을 향하여 「원형 삼
보귀의(原形三歸依)−삼귀의」〈부록 2〉를 합송하면서 삼배 올린다.

③ 발원 ;「우리들의 팔정도」 합송 〈이 책 10~11쪽〉
('우리들의 팔정도' 대신 전통적인 '예불문'을 외워도 좋다.)

④ 공부시간/붓다 스터디(40분) ;「붓다의 불교」 3부작 제1부 『화엄코
리아』부터 매번 1~2강씩 공부한다. 미리 정해진 프로그램에 따라
한 도반이 20분 정도 발표하고, 나머지 20분 정도 서로 자유롭게
토론한다.

⑤ 차담(茶談)시간 – 수다 떠는 시간(10분) ; 차를 나누면서 자유롭게
소식 주고 받고 수다 떤다. 협의나 공지사항도 이 시간에 한다.

⑥ 사띠수행 ;「광명사띠」〈부록 5-1〉, 또는 「사띠 사념처」〈부록 5-2〉

⑦ 「평화의 약속」 합송 〈부록 1〉

⑧ 회향축원 ; 「불자하루송」 합송한다. 〈부록 3〉
「불자하루송」 외우고, 좌장/선배, 또는 도반 중에 한 사람이 그날
상황에 맞는 간단한 축원문을 써서, 또는 말로 외워도 좋다. 끝에
'나의 기원' 함께 한다.

[축원문 보기]

'자비하신 부처님,

저희 삼보회사 빠리사,

우리 사랑하는 지평화 도반이 지금 어려운 병으로 인하여 괴로워하
고 있습니다.

자비하신 부처님,

우리 지평화 도반을 가피하시고 구원하여 주소서.

병석에서 툭툭 털고 일어나, 이전의 그 왕성하고 빛나던 모습으로
돌아갈 수 있도록 구원하여주소서. 사랑하는 가족들 품으로, 우리
빠리사들 품으로 돌아올 수 있도록 구원하여 주소서.

우리 직장과 우리나라의 큰 동량으로, 이 땅에 붓다의 정법 전파하
고 개척하는 자유의 전사로 돌아올 수 있도록 구원하여 주소서.

자비하신 부처님,

저희 빠리사 도반들이 사랑과 정성 다하여 축원 올리오니

섭수하고 가피하여주소서.

[발원자]

우리 함께 기원합시다.

[도반들 함께] ('나의 기원' 외운다)

항상 함께 하시는 자비하신 부처님,

저희가 지극한 정성으로 부처님께 귀의하옵고

부처님의 정법 배우고 전하기 위하여,

온갖 고난 참고 이기오며,

굳센 신념으로 맹세코 큰 불사 성취하겠나이다.

저희에게 큰 지혜와 용기를 베푸소서.

나무석가모니불 (3념)

(염불정근 계속해도 좋다.)

⑧ 사홍서원

⑨ 축복인사

(둘러서서 합장하고 서로 밝은 미소로 바라보며)

[좌장] "우리도—

[함께] "부처님 같이—. 건강하고 행복하십시오."

(서로 돌아가면서 손잡고 축복하고 체온을 나눈다)

「사띠 1 ; 광명사띠」

「들숨 날숨 하나−

제행무상(諸行無常) 제행무상(諸行無常)

마음이 허공처럼 텅− 비어간다. … (삼념)

광명찬란 광명찬란

불성광명이 눈앞에 찬란하다.

연민헌신의 보살원력이 온몸 가득 솟아난다.

불멸의 생명에너지가 온몸 가득 솟아난다.

(합장하고)

"모든 생명들이여− 부디 행복하소서.

사랑하는 이들이여− 부디 행복하소서.

(원생게)

사랑하는 가족들, 친구들

우리 내생에도 다시 만나요.

더욱 빛나는 대승보살로 붓다의 길 함께 걸어요.

빠리사의 길 함께 걸어요.

나무석가모니불" (3념) 」

「사띠 2 ; 사띠 사념처」

– 붓다의 마음관찰법

[사띠 일구] (죽비 3번)

들숨날숨 하나–

제행무상(諸行無常) 제행무상(諸行無常)

마음이 허공처럼 텅– 비어간다. (삼념)

[사념처 관찰]

<u>이것은 몸이다</u>〔신(身)〕. 이것은 몸이다.

이 몸은 끊임없이 늙고 병들고 허물어져가고

머지않아 한 덩어리 백골로 한줌 재로 흙으로 사라져가고–

   이 몸은 한때 생겨났다 소멸해가는 것.

   조건 따라 새롭게 새롭게 변화해가는 것

   '내 잘났다'–, 고집할 것이 없고

   '이것이 진리다'–, 고집할 것이 없고

물처럼 바람처럼 담담하게 지켜본다.
마음이 허공처럼 텅- 비어간다.

이것은 느낌이다〔수(受)〕. 느낌이다, 기분이다.
좋아하고 싫어하고 사랑하고 미워하고
즐거워하고 괴로워하고 외로워하고 우울해하고-

　이 느낌은 한때 생겨났다 소멸해가는 것.
　조건 따라 새롭게 새롭게 변화해가는 것
　'내 잘났다'-, 고집할 것이 없고
　'이것이 진리다'-, 고집할 것이 없고
　물처럼 바람처럼 담담하게 지켜본다.
　마음이 허공처럼 텅- 비어간다.

이것은 마음이다〔심(心)〕. 마음이다, 생각이다.
욕심 부리고 화내고 미워하고 어리석고
남 무시하고 의심하고 원망하고 비난하고
근심걱정하고 게으르고-

　이 마음은 한때 생겨났다 소멸해가는 것.
　조건 따라 새롭게 새롭게 변화해가는 것
　'내 잘났다'-, 고집할 것이 없고
　'이것이 진리다'-, 고집할 것이 없고
　물처럼 바람처럼 담담하게 지켜본다.
　마음이 허공처럼 텅- 비어간다.

이것은 안팎의 상황들이다〔법(法)〕.

안팎의 상황들, 사건들이다.

가고 오고 만나고 헤어지고

성공하고 실패하고 흥하고 망하고

손해보고 이익보고 싸우고 화해하고-

   이 상황들은 한때 생겨났다 소멸해가는 것.

   조건 따라 새롭게 새롭게 변화해가는 것

   '내 잘났다'-, 고집할 것이 없고

   '이것이 진리다'-, 고집할 것이 없고

   물처럼 바람처럼 담담하게 지켜본다.

   마음이 허공처럼 텅- 비어간다.

부처님께서 우리 앞에 오셔서

우리 손잡으시고 마지막 말씀하신다.

'제행(諸行)은 무상한 것이다.

게으르지 말고 사띠 하라. 마음 관찰하라.

이것이 여래의 마지막 말이다.'

(D Ⅱ p.156 ; 『대반열반경』 6, 7)

[무아(無我) 관찰]

제행무상(諸行無常) 제행무상(諸行無常)

생겨난 것은 그 무엇이건 반드시 소멸해가는 것

조건 따라 새롭게 새롭게 변화해가는 것
고집할 어떤 실체도 없는 것
아- 이것은 나의 것이 아니로구나.
이 몸도, 이 느낌도, 이 마음도, 이 상황들도
나의 것이 아니로구나.
이 세상의 그 무엇도, 그 누구도
나의 것이 아니로구나.

물처럼 바람처럼 담담하게 지켜본다.
끊임없이 흘러가고 사라져가는 것
근심 걱정도 사라져가고
분노와 괴로움도 사라져가고
공포와 절망도 사라져가고

텅- 빈 자리, 텅- 빈 자리
저 푸르른 가을하늘처럼 텅- 빈 자리
텅- 빈 그 자리 본래 생명자리
텅- 빈 그 자리 본래 부처님 자리

텅- 비우면 편안하고 고요하고
텅- 비우면 생명에너지가 샘물처럼 퐁퐁 솟아오르고
텅- 비우면 연민헌신의 보살원력이 온몸 가득 솟아나고
텅- 비우면 불멸의 생명에너지가 온몸 가득 솟아나고
텅- 비우면 희망이 연꽃처럼 살포시 피어나고

[자비 관찰]

(부처님같이 얼굴 가득 미소하면서)

이제 우리도 부처님같이

따뜻한 미소로 먼저 다가가 인사하고

작은 것 하나라도 함께 나누고

오계 굳게 지켜 산 목숨 해치거나 차별하지 아니 하고

부처님 정법 열심히 열심히 전하고 개척하고

불의(不義) 앞에 물러서지 아니 하고

광명찬란 광명찬란—

대자비 대광명 대행운

만사 잘 될 것입니다, 건강할 것입니다, 성취할 것입니다.

[축 원] (목탁 내리고 합장)

"모든 생명들이여— 부디 행복하소서.

사랑하는 이들이여— 부디 행복하소서— "

(가족들, 친구들, 도반들 얼굴

하나하나 지켜보면서

마음속으로 축원 올린다.

이때 좌장이나 미리 정해진 도반이 간단한 축원문을

써서 읽거나, 말로 축원 올려도 좋다.)

「나의 기원」

[좌장 / 선배] "우리 함께 기원합시다."

[대중들 함께]

"항상 함께 하시는 자비하신 부처님

저희가 지극한 정성으로 부처님께 귀의하옵고

부처님 정법 배우고 전하기 위하여

온갖 고난 참고 이기오며

굳센 신념으로 맹세코 큰 불사 성취하겠나이다.

저희에게 큰 지혜와 용기를 베푸소서.

나무석가모니불(발음 나무서가모니불) (삼념) (목탁 내린다)

[불교도의 인사]

(둘러서서 서로 바라보며—목탁 반배)

[좌장 / 선배] "우리도—

[대중들 함께] 부처님같이—,

도반님들, 건강하고 행복하십시오—" (목탁 반배)

(서로 돌아가며 손잡고

따뜻한 체온을 공유하며 서로 축복한다.)

☺「사띠—사념처」는 부처님께서 우리에게 물려주시는 황금빛 고결한 선물입니다. 우리 가정, 직장, 이 세상의 평화를 지키고, 우리 인생 한번 신나게 살아갈 수 있는 거의 유일한 길(Ekā-yana/에까야나)입니다. 가족, 동료, 동포들에게, 한 분에게라도 열심히 정성 다하여 전하고 전해 가십시다. 이것이 우리가 인간으로 태어난 도리이고, 동포들 살리는 길이고, 부처님 은혜 보답하는 길입니다.   ☺전법 ; 청보리/빠리사학교

참고문헌

● 1차 자료(경전 및 주석서)

『디가니까야』 전3권, 각묵 스님 역(2006, 초기불전연구원)

『맛지마니까야』 전5권, 전재성 역(2002, 한국빠알리성전협회)

『앙굿따라니까야』 전6권, 대림 스님 역(2007, 초기불전연구원)

『쌍윳따니까야』 전11권, 전재성 역(1999, 한국빠알리성전협회)

『쌍윳따니까야』 제1권, 각묵 스님 역(2009, 초기불전연구원)

『빠알리경전』 일아 스님 편(2010, 민족사)

『금강경』 현장 법사 역/각묵 스님 역해(2006, 불광출판부)

『한글대장경 본생경』 1권 (1988, 동국역경원)

『한글대장경 불본행집경』 1권 (1985, 동국역경원)

『한글대장경 잡아함경』 2권 (1985, 동국역경원)

『한글대장경 중아함경』 2권 (1985, 동국역경원)

『한글대장경 유마경 외』 (1985, 동국역경원)

『한글아함경』 (고익진 편, 1983, 동국대출판부)

『법구경』 전2권, 거해 스님 역(1992, 고려원)

『법구경-담마파다』 전재성 역(2012, 한국빠알리성전협회)

『숫타니파타』 전재성 역(2004, 한국빠알리성전협회)

『숫따니빠따』 일아 스님 역(2015, 불광출판)

『기쁨의 언어 진리의 언어』(우다나) (1991, 민족사)

『붓다의 과거세이야기』(자타카) (1991, 민족사)

『네 가지 마음 챙기는 공부』(개정판 1쇄), 각묵 스님 역(2004, 초기불전연구원)
고익진 편,

The Long Discourses of the Buddha (1995, tr. Maurice Walshe, Wisdom
        Pub., Oxford)

Dialogues Of The Buddha part II (1996, ed. T. W. Rhys Davids, PTS, Oxford)

The Middle Discourses of the Buddha (1995, tr. Bhikkhu Nanamoli, Wisdom Pub., Oxford)

The Book of The Dicsipline Vol. IV / Mahaāvaga (2000, tr. Horner J. B. , Oxford PTS)

The Book of The Dicsipline Vol. V / Cullavaga (2000, tr. Horner J. B. , Oxford PTS)

Udāna (1997, tr. P. Masefield, PTS, Oxford)

Buddhist Legends (1999, tr. Eugene W. Burlingame, Munshiram Manoharlal Pub., Ltd)

● 2차 자료

국내문헌 (저술, 논문, 편저)

각묵 스님, 『초기불교의 이해』(2010, 초기불전연구원)

광덕 스님, 『보현행원품강의』(1998, 불광출판부)

김재영, 『룸비니에서 구시나가라까지』(1999, 불광출판부)

_____, 『은혜 속의 주인일세』(1991, 불광출판부)

_____, 『초기불교개척사』(2001b, 도서출판 도피안사)

_____, 『히말라야를 넘어 인도로 간다』(2006, 종이거울)

_____, 『초기불교의 사회적 실천』(2012, 민족사)

_____, 『화엄코리아』(2017, 동쪽나라)

_____, 『붓다의 일생 우리들의 일생』(2018, 동쪽나라)

만해 한용운, 「朝鮮佛敎維新論」『韓龍雲全集』 2권(1972, 신구문화사)

월간 『Seoul City』(2019, vol. 129)

이봉순, 『菩薩思想 成立史硏究』(1998, 불광출판부)

이수창(마성 스님), 『사캬무니 붓다』(2010, 대숲바람)

_____, 『三法印說의 起源과 展開에 관한 硏究』(2015학년도 동
    방문화대학원대학교 박사학위논문)

이중표, 『아함의 중도체계』 (1991, 불광출판부)

임승택, 『초기불교』 (2013, 종이거울)

번역문헌

덧사나야캐 / 정승석 역, 『불교의 정치철학』(1988, 도서출판 대원정사)

마스터니 후미오 / 이원섭 역, 『아함경』(2005, 현암사)

中村 元 / 김지견 역, 『佛陀의 世界』(1984, 김영사)

平川 彰 / 이호근 역, 『印度佛敎의 歷史』 상, 하(1989, 민족사)

平川彰 외 / 정승석 역, 『大乘佛敎槪說』(1985, 김영사)

平川彰 / 석혜능 역, 『원시불교의 연구』(2003, 민족사)

玄奘법사 / 권덕주 역, 『大唐西域記』(1990, 우리출판사)

외국문헌

Ahir ed., *A Panorama of Indian Buddhism* (1995, Sri satguru Pub., Delhi)

H. W. Schumann, *The Historical Buddha* (1989, New York, Arkana)

John M. Koller, *The Indian Way* (1982, Macmillan Pub., Co., Inc. New
    York)

Rahula, Wolpola, *What the Buddha taught* (1978, London, Gordon Fraser)

이젠 좀 쉴 수 있을까?

2015년 10월 18일(일요일) 의정부 집에서 1부 『화엄코리아』를 쓰기 시작하여, 2018년 6월 21일 도피안사 산방에서 2부 『붓다의 일생 우리들의 일생』 후기를 쓰고, 오늘 2019년 5월 5월 22일(수요일) 의정부 집에서 3부 『새롭게 열린다 붓다의 시대』 후기를 쓰고 있다.

4년 가까이 이 3부작을 쓰면서 나는 한 순간도 부처님 생각을 놓지 않았고, 꿈에서도 이 글을 쓰고 또 썼다. '붓다 스터디 3부작' '붓다의 불교 3부작'- 과연 해낼 수 있을까?

'목숨 걸고 해내야지-', 다짐하고 또 다짐하고-. 한 권 끝날 때마다 한 번씩 앓아눕고, 이번 제3부 끝내고는 심하게 앓아 초파일 도피안사 연등법회도 갈 수 없었다. 그러나 나는 마침내 해냈다.

오로지 부처님 가피(加被)시다.

우리 사랑하는 청보리들, 빠리사학교 도반들, 가족들, 도피안사 송암 스님을 비롯한 대중들, 혜조 거사, 호주에서 끊임없이 힘을 불어넣는 제자 지설근—, 도솔산과 용설호수 길의 꽃들과 나무들, 작은 새들, 해와 달, 청량한 바람들의 원력이고 은혜다. 그리고 도피안사 모란동산에서 지켜보고 있는 집사람 상생화 보살과 먼저 간 제자 상품화 보살 김순정의 원력이고 은혜다. 김순정이 L.A. 불교전문서점 *Bodhi Tree* 에서 거금 내고 사준 빨리경전 PTS 영역본 전집이 내 불교공부의 비약을 가져온 초석이 되었다. 그리고 무엇보다 돈도 안 되는 이 어려운 작업을 스스로 감내하고 나선 도서출판 동쪽나라의 김형균 선생과 편집자의 원력이고 은혜다. 감사하고 감사합니다.

　이젠 좀 쉴 수 있을까?
　하기야 누가 시키는 일도 아닌데—. 사서 고행이지—.
　부처님께서는 돌아가시는 순간까지도 목말라 하며 걷고 걸으시며 숲속 외진 마을 작고 외로운 동포들 찾아가시는데, 마지막 제자 늙은 수밧다(Subhadda)까지 제도하고, 그 길에서 숨 거두시는데—.
　어찌 감히 내가 부처님 흉내 낼 수 있을까?
　만분의 일— 다만 꿈이라도 꾸어보는 것일 뿐—.

2019년 5월 22일(수요일) 오후 3시 반

의정부 집에서　**김재영**

찾아보기

사

새롭게 열린다
붓다의 시대

초판 1쇄 인쇄일 2019년 6월 21일
초판 1쇄 발행일 2019년 6월 24일
지은이 김재영
펴낸이 김형균
펴낸곳 동쪽나라
등록 1988년 6월 20일 등록 제2-599호
주소 서울시 강동구 고덕동 62길 55 3003호
전화 02) 441-4384

값 20,000원
ISBN 978-89-8441-276-7 03220